"十三五"江苏省高等学校重点教材(编号：20

互联网金融概论

HULIANWANG JINRONG GAILUN

主编 焦微玲 王慧颖

扫码申请更多资源

南京大学出版社

图书在版编目(CIP)数据

互联网金融概论/焦微玲,王慧颖主编. —南京:
南京大学出版社,2021.3(2023.8 重印)
　ISBN 978-7-305-21855-2

　Ⅰ.①互… Ⅱ.①焦…②王… Ⅲ.①互联网络—应用—金融—教材 Ⅳ.①F830.49

中国版本图书馆 CIP 数据核字(2021)第 047279 号

出版发行	南京大学出版社
社　　址	南京市汉口路 22 号　　邮　　编 210093
出 版 人	王文军
书　　名	**互联网金融概论**
主　　编	焦微玲　王慧颖
责任编辑	武　坦　　　　　　　编辑热线 025-83592315
照　　排	南京开卷文化传媒有限公司
印　　刷	常州市武进第三印刷有限公司
开　　本	787 mm×1092 mm　1/16　印张 18.75　字数 468 千
版　　次	2021 年 3 月第 1 版　2023 年 8 月第 2 次印刷
ISBN	978-7-305-21855-2
定　　价	49.90 元

网　　址:http://www.njupco.com
官方微博:http://weibo.com/njupco
微信服务号:njuyuexue
销售咨询热线:(025)83594756

* 版权所有,侵权必究
* 凡购买南大版图书,如有印装质量问题,请与所购
　图书销售部门联系调换

前 言
Foreword

　　互联网和信息技术的广泛应用与不断发展加速了互联网与各行各业的深入融合。作为国民经济的重要组成部分,金融业一直密切关注互联网的变化和发展,银行、保险和证券公司等传统金融机构利用互联网和信息技术改变其交易、客户管理和风险管理流程,降低经营成本,提高工作效率,从而为客户提供更为方便快捷的服务。而互联网与金融结合,不仅仅将其作为传统金融机构降低成本、提高效率的工具,还逐渐将其"开放、平等、协作和分享"的精神向传统金融业渗透,并通过云计算、大数据、物联网和人工智能等技术的扩散和商业化应用对金融业创新产生根本影响。如今,互联网金融已经逐步融入我们的生活,影响并改变着我们生活的方方面面。

　　社会经济的稳定发展、信息技术和新商业模式的持续推进、社会征信体系的不断健全和互联网金融监管体系的日益完善为互联网金融的健康稳定发展提供了动力。作为传统金融领域的重要补充,互联网金融将在提升金融服务质量和效率、深化金融改革与创新、扩大金融业对内对外开放和构建多层次金融体系等方面发挥越来越重要的作用,成为金融业态中不可或缺的部分。

　　本书有以下几个特点:

　　(1) 科学性与通俗性。既在总体上把握该学科的发展前沿,较为充分地反映互联网金融领域国内外研究的最新理论成果或研究进展,也用通俗易懂和多样化的表达方式对互联网金融现象进行剖析与解读,对其业务运作原理或理论基础进行分析与探索,有利于学生自学。

　　(2) 时代性与全面性。既有对互联网金融主要业务模式的详细介绍,也有对近年来"互联网+"和人工智能引领催生的互联网消费金融、大数据金融、供应链金融等应用的解读,较为全面地反映当前互联网金融的新模式和新业态,有利于学生及时了解和掌握互联网金融发展动态。

　　(3) 实践性与操作性。既有对监管政策的深入解读与应用,也有对业务操作过程的训练,理论联系实际,能够较好地诠释互联网金融原理与方法的实际应用,有利于培养学生的实践探索和创新能力。

（4）趣味性与交互性。既有代表性和时效性较强的国内外经典案例，也有精心制作的音频、视频、动画、三维动画和社区交流，富媒体和交互性特征较强，学生通过扫描二维码可以获取在线资源，有利于吸引学生的注意力，激发其兴趣。

（5）在知识传授中实现价值引领。在说明我国金融科技的应用与发展时积极引导当代大学生树立正确的国家观、民族观、历史观和文化观；分析和介绍我国互联网金融发展现状和趋势时进行爱国主义教育，激发学生的民族自豪感；在介绍 P2P 网络借贷、众筹等互联网金融主要创新模式时贯彻诚信理念，引导学生树立正确的世界观、人生观和价值观；在介绍第三方支付、消费金融运作与盈利模式时引导学生树立正确的消费观；在介绍互联网金融风险与监管时，强调遵守国家相关的法律、法规。

本书共 10 章，从内容上可以划分为以下三个部分：

第一部分包括第 1 章和第 2 章，这是互联网金融的基础知识，由焦微玲和王慧颖负责编写。第 1 章主要对互联网金融的概况进行介绍，第 2 章介绍互联网金融的理论基础。

第二部分包括第 3~8 章，这是互联网金融的核心内容，分别介绍互联网金融的几种常见业务模式——第三方支付（第 3 章，焦微玲负责编写）、P2P 网络借贷（第 4 章，侯洁和魏倩雨负责编写）、众筹（第 5 章，侯洁负责编写）、传统金融业务的互联网化（第 6 章，冯颖和魏倩雨负责编写）、互联网金融门户（第 7 章，王慧颖负责编写）、互联网金融业务的创新（第 8 章，冯颖负责编写）。这些章节从原理、运营和盈利模式、风险和监管等方面介绍各业务模式，是理论和实践的有机结合。

第三部分包括第 9 章和第 10 章，这是互联网金融的监管，由王慧颖负责编写。第 9 章探讨互联网金融的风险和监管，第 10 章涉及互联网金融发展与金融宏观管理的相关问题。

教材的出版凝结了所有主编和参编老师的辛劳和智慧，在此一并表示感谢；此次重印，教材融入课程思政及二十大精神。感谢赵永亮、王超和刘敏楼三位教授的悉心指导和大力支持，感谢南大出版社各位编辑的辛勤付出。此外，本书在编写过程中参阅了大量文献资料，编者在此对本书引用的文献资料的原作者表示衷心感谢！由于编者水平和时间有限，书中难免有不妥和疏漏之处，望广大读者不吝赐教。本书二维码包括视频、案例和阅读材料三类资源，欢迎广大读者扫描观看。

编　者

2023 年 7 月

目 录
Contents

第一章 导 论 1
  第一节 互联网金融概述 2
  第二节 互联网金融的业务模式 12
  第三节 互联网金融的产生与发展 16

第二章 互联网金融理论 41
  第一节 金融发展与技术进步 42
  第二节 金融中的成本约束 46
  第三节 产业经济学理论 52
  第四节 信息经济学理论 54
  第五节 金融中介理论 56
  第六节 产业融合理论 59

第三章 第三方支付 63
  第一节 第三方支付概述 65
  第二节 第三方支付的产生与发展 83
  第三节 移动支付及其发展 90
  第四节 第三方支付的风险和监管 98

第四章 P2P网络借贷 105
  第一节 P2P网络借贷概述 106
  第二节 P2P网络借贷的主体架构与业务模式 113
  第三节 P2P网络借贷的风险与防范 117

第五章　众　筹 ········· 130
第一节　众筹概述 ········· 131
第二节　众筹的主要业务模式 ········· 143
第三节　股权众筹融资 ········· 150

第六章　传统金融业务的互联网化 ········· 166
第一节　互联网银行 ········· 167
第二节　互联网证券 ········· 174
第三节　互联网保险 ········· 178
第四节　互联网基金 ········· 183
第五节　互联网信托 ········· 187

第七章　互联网金融门户 ········· 197
第一节　互联网金融门户概述 ········· 198
第二节　互联网金融门户的运营和盈利模式 ········· 208

第八章　互联网金融业务的创新 ········· 214
第一节　金融创新概述 ········· 215
第二节　互联网消费金融 ········· 218
第三节　大数据金融 ········· 225
第四节　互联网供应链金融 ········· 230

第九章　互联网金融的风险及监管 ········· 237
第一节　互联网金融风险 ········· 239
第二节　互联网金融监管 ········· 249

第十章　互联网金融与宏观管理 ········· 268
第一节　互联网金融与普惠金融 ········· 270
第二节　互联网金融与货币政策 ········· 278
第三节　互联网金融与金融稳定 ········· 288

第一章

导 论

本章导读

互联网金融是基于互联网及其思维和信息技术应用的新型金融业务模式,它降低了金融交易成本和信息不对称程度,拓展了金融交易可能性集合,提高了金融资源配置效率,影响和改变着传统金融的服务理念和业务方式,是传统金融的有益补充。互联网金融提倡让更多普通民众获得各种金融服务机会,更贴近百姓生活。从支付宝、微信支付等第三方支付,到余额宝、理财通等小额理财,再到各类众筹、消费金融、大数据金融平台,互联网金融正在改变人们的支付习惯和日常社会经济活动场景体验,为广大民众和中小微企业提供新的投融资渠道。那么,互联网金融的内涵、要素、创新之处和运行规则是什么,相比传统金融有何优势,经历了怎样的发展演变,发展动力和未来趋势有哪些?通过本章学习,可以得到这些问题的答案。

学习目标

理解互联网金融概念的内涵和外延,了解互联网金融的创新之处和主要优势,掌握互联网金融的运行规则;了解互联网金融的基本业态和主要业务模式;理解国内外互联网金融产生与发展的背景和驱动因素,熟悉我国互联网金融的发展演变和发展趋势。

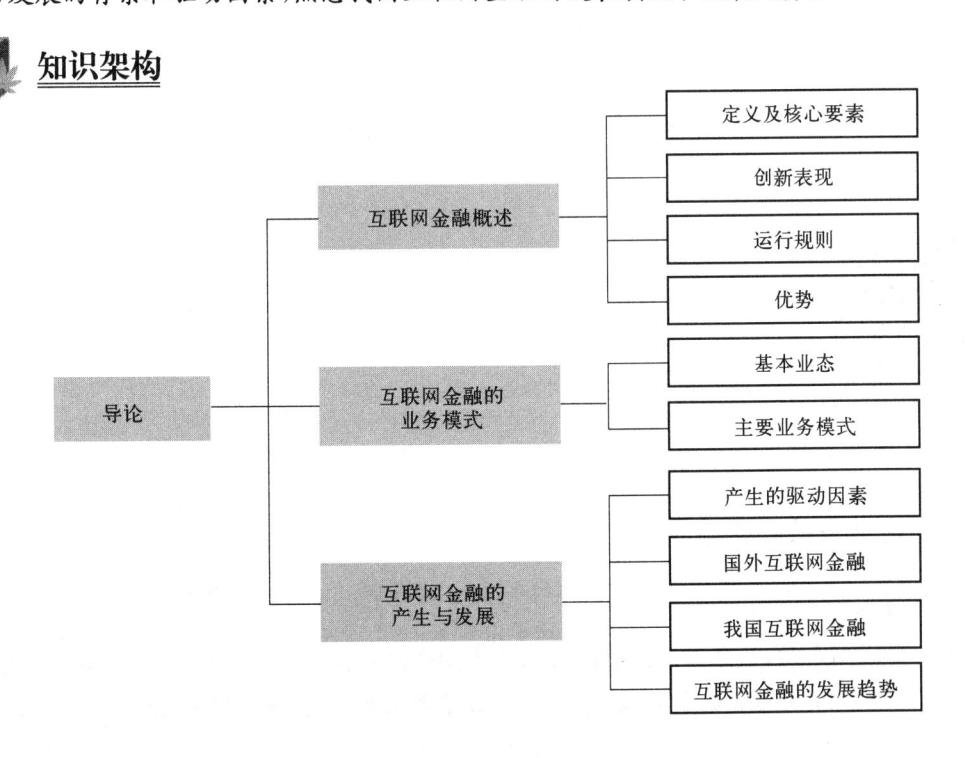

知识架构

```
                        ┌── 互联网金融概述 ──┬── 定义及核心要素
                        │                    ├── 创新表现
                        │                    ├── 运行规则
                        │                    └── 优势
                        │
导论 ──────────────────┼── 互联网金融的 ────┬── 基本业态
                        │     业务模式        └── 主要业务模式
                        │
                        │                    ┌── 产生的驱动因素
                        └── 互联网金融的 ────┼── 国外互联网金融
                              产生与发展      ├── 我国互联网金融
                                              └── 互联网金融的发展趋势
```

互联网金融概论

导入案例

互联网金融将改变什么？

余林在淘宝店经营一家专营汽车机油和润滑油的五皇冠店铺，每月的销售额达200万元，网络销售占比超过90%。余林说："我们这个行业利润不高，之前完全靠自有资金，发展比较慢。我也曾向银行申请过贷款，但是因为没有抵押没贷成。后来能够申请到阿里贷款，真是挺惊喜的。"余林说这两年他一直在使用阿里小微贷款，从申请到获得贷款只需要几秒钟，不用抵押担保，可以随借随还。

阿里小微小额贷款是阿里巴巴面向淘宝、天猫小微电商提供的小额贷款服务，分为订单贷款和信用贷款两种。淘宝、天猫订单贷款最高额度100万元，周期30天；信用贷款最高额度100万元，贷款周期6个月。阿里小微金融服务集团相关负责人介绍道："我们做的都是不起眼的小业务，而网络金融做这些小业务有着先天的优势。淘宝、天猫有成千上万家小网店，这些网店的注册信息、历史交易记录、销售额现金流等信息在阿里巴巴的数据库里一清二楚。只要网店有真实订单，阿里就可以给它放贷；经营状况好的网店，还可以凭借自己的信用获得贷款。比起传统银行一家一家地调查企业，一笔一笔地进行审核，成本和风险明显降低，效率则大大提高。"

由此案例可见，互联网和金融的结合创新了投融资渠道和贷款审核方式，将传统金融服务无法满足的对象纳入金融服务体系，为更多的中小微企业和中低收入人群提供更加个性化和人性化的金融服务，大大降低了金融业务成本，提高了金融服务效率，从而能够实现金融充分民主和普惠的目标。

第一节　互联网金融概述

初识互联网金融　请扫描二维码观看视频"初识互联网金融"，初步了解互联网金融。该视频主要介绍了互联网在互联网金融中的角色和作用、金融业面对信息技术快速发展做出的改变、互联网金融的内涵和实质、互联网金融的产生与发展、互联网金融的主要模式和互联网金融的基本格局等。

一、定义及核心要素

（一）定义

关于互联网金融，至今尚未形成被普遍认可的严谨定义，主要有以下几种观点或说法。

(1) 谢平将互联网金融定义为：受互联网技术和互联网精神的影响，从传统的银行、证券、保险、交易所等金融中介和市场到瓦尔拉斯一般均衡对应的无金融中介或市场情形之间的所有金融交易和组织形式。他认为互联网金融是一个谱系概念,既不同于商业银行间接融资,也不同于资本市场直接融资,具有创新特征。该定义强调互联网金融去中介化和新型金融业态等特征,关注互联网精神在金融中的应用和体现。

(2)银行从业者将互联网金融定义为:银行等金融机构利用互联网和信息技术为客户服务的一种新的经营模式,是信息时代移动网络数据处理技术与金融产业高度发展相结合的产物。该定义强调互联网和信息技术为金融服务和发展提供技术支持,是传统金融创新的工具,且创新由传统金融机构主导。

(3)2015年7月18日中国人民银行牵头,会同国务院十部委起草、制定并联合发布的《关于促进互联网金融健康发展的指导意见》(银发〔2015〕221号)将互联网金融定义为:传统金融机构与互联网企业基于互联网思维,利用互联网技术和信息通信技术实现资金融通、支付、投资和信息中介服务的新型金融业务模式。该定义强调互联网金融是随着互联网技术的发展为适应用户新的金融需求而产生的。

(4)从业机构将互联网金融定义为:以互联网为特征的现代信息技术在金融领域的应用。该定义强调互联网金融既包括作为非金融机构的互联网企业从事的金融业务,也包括传统金融机构通过互联网开展的金融业务。

上述定义有的强调了互联网金融去中介化和新型金融业态等特征,有的认为互联网及信息技术只是为金融提供必要技术支持的工具,有的则关注互联网精神在金融中的应用,大致可分为狭义和广义两种定义。

狭义的互联网金融,指的是通过互联网和信息技术等实现资金融通、支付和信息中介等功能,强调只要该金融业务通过互联网和信息技术实现,就是互联网金融。该定义侧重于如何利用互联网和信息技术实现互联网与金融的相互渗透,认为互联网和信息技术只是传统金融用于创新金融工具、构建新网络系统的工具,原有的运行结构和商业模式并没有相应地发生变化。因此,在其发展早期,互联网金融往往被认为是新型金融工具和金融资产交易渠道。

广义的互联网金融,指的是互联网精神、信息技术与金融行业功能与业态的结合体,它依托大数据和云计算等信息技术在互联网平台上形成开放式、功能化的金融业态及其服务体系,包括但不限于基于互联网平台的金融组织体系、金融市场体系、金融产品和服务体系、金融消费群体以及互联网金融监管框架等,不仅包含了狭义互联网金融对互联网和信息技术的运用,还注重互联网"开放、平等、协作和分享"精神在金融领域的渗透,凡是具备互联网精神的金融业态都可以被称为互联网金融。该定义强调将互联网的本质渗透到传统金融业,以信息技术为重要支撑构建"基于互联网思想的金融",认为互联网金融是20世纪最具创造力和活力的互联网与市场经济中最高级、最活跃和最复杂的金融要素的有机结合。

(二)核心要素

互联网与金融始终是互联网金融的核心要素,要充分理解互联网金融概念的内涵及外延,首先要充分了解这两个要素。

1. 互联网

互联网具有"跨界融合、创新驱动、重塑结构、尊重人性、开放生态和连接一切"等特征和"开放、平等、协作和分享"等精神，通过信息技术能够使得传统金融业务参与度更高、协作性更好、透明度更强、操作更便捷和中间成本更低。

1) 互联网思维

《德勤 2014 年全球科技创新趋势白皮书》指出：目前，互联网金融已形成对传统金融服务业的冲击，传统金融机构要接受并将互联网思维融入经营模式中，以此来重新定义其与客户之间的关系。香港永隆银行董事长、前中国招商银行行长兼 CEO 马蔚华在其演讲中表示：互联网金融的本质还是金融，不存在颠覆金融的问题，但是互联网对于客户体验至上的实现已远远超过传统银行，传统银行应该拥抱互联网，利用互联网思维谋求发展。

互联网思维

请扫描二维码观看视频"互联网思维"。虽然互联网金融对于传统金融的影响程度尚存在争议，但传统金融应当"拥抱互联网、利用互联网思维"已经得到较多认同。该视频介绍了企业界代表人物对互联网思维的理解，以及用户思维、产品思维、流量思维、大数据思维、跨界思维和平台思维六大互联网思维。

2) 互联网平台和信息技术

互联网平台主要指互联网和移动互联网，信息技术则包括搜索引擎技术、数据存储技术、数据处理技术和数据安全技术等，它们改变了基于营业网点和交易所模式的传统金融交易形式和组织形式，使得突破时空限制为用户直接提供便捷化的金融服务成为可能，是互联网金融产生与发展的重要支撑。近年来，移动互联网、社交网络、大数据、云计算、物联网和人工智能等新一代信息技术不断取得突破，大大提升了金融服务的可获得性、及时性、精准性和便利性，使得去中介化的开放、协作和连接更加顺畅，实现了金融应用场景质的变化。

新一代信息技术及其关系

请扫描二维码阅读"新一代信息技术及其关系"。该阅读材料主要介绍了与互联网金融密切相关的新一代信息技术，包括云计算、物联网、大数据和人工智能等技术的定义、它们与互联网之间以及它们相互之间的关系。

2. 基于互联网思维的金融

金融指资金的融通，核心是通过跨时间、跨空间的资源配置实现价值交换，从而达到社会效用最大化。所有涉及价值或者收入在不同时间、空间之间进行配置的交易都是金融交易，具体形式表现为资金在各个市场主体之间的转移行为。

1) 本质是金融

在互联网思维引导下，互联网金融不断创造出新的金融产品，并渗透到了包括存款、贷款、支付、股权、征信等在内的几乎全部传统金融业务领域。但是,互联网金融的本质仍然是金融,也就是说无论互联网金融如何创新发展,其资金融通、资源配置和风险管理的本质属性不会改变,支付清算、资金融通、投资理财、风险管理、信息中介服务等仍然是互联网金融的主要功能,如图1-1所示。这既意味着互联网金融的本质仍然是金融,也意味着互联网金融的规范发展仍然需要政府机构的有效监管。

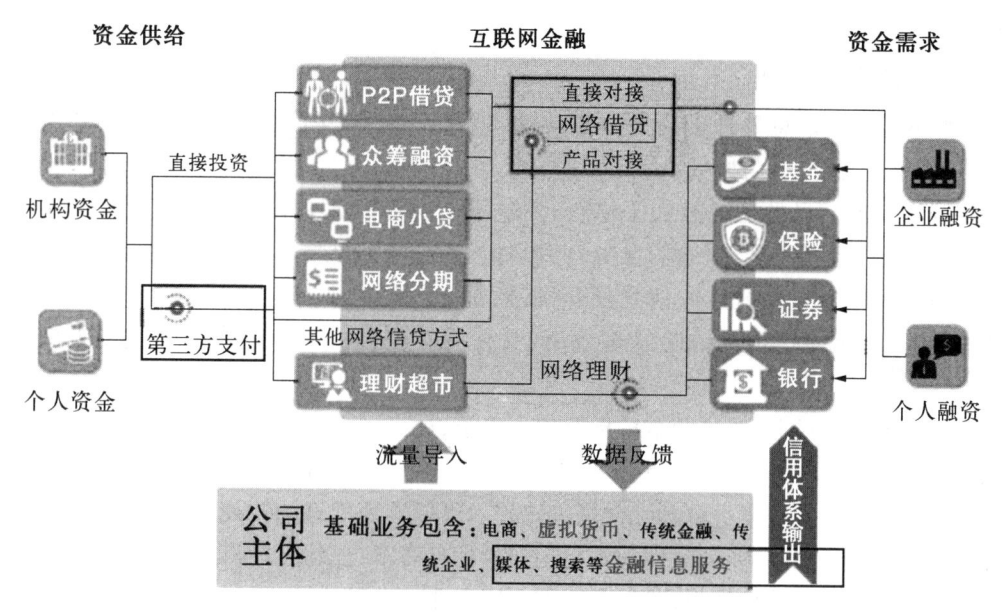

图 1-1 互联网金融的资金供给与需求

2) 不同于传统金融

当然,互联网金融又不同于传统金融,它是互联网思维与金融行业的深度融合。它以互联网为平台构建具有金融功能链且具有独立生存空间的投融资运行结构,对现有金融体系的理念、标准、商业模式、运行结构、风险定义和风险管理等方面均提出了挑战。互联网金融基于互联网思维和信息技术进行创新,这种创新由非传统金融机构主导。互联网思维促使互联网金融实现具有高效共享、平等自由和信任尊重特征的点对点、网格化的共享互联,从而形成信息交互、资源共享和优劣互补,并从数据信息中挖掘价值。互联网平台和信息技术为其发展提供了有力支撑,实现了金融服务和产品跨时空直接交易,提高了金融资源搜寻、匹配和风险管理效率,降低了交易成本和信息不对称程度,更好地发挥了传统金融的支付清算、资金融通、资源配置、风险管理和激励解决等功能。

从狭义的角度看,互联网与金融的结合仅仅是基于信息技术的创新与应用,目的是提高金融业务能力和效率,并未直接参与资金融通。例如,第三方支付,它是为方便互联网交易和解决多机构支付工具繁杂性而设置的一种中间网络账户,并未真正触及金融资源配置的核心。但是从广义的角度看,互联网金融在资金的汇聚和分散投资、信息的搜集与处理、风险的交易和收益匹配这三个层面或它们的某种组合中找到了方法和路径,并通过某种符合互联网精神的科技创新完全或部分替代传统金融机构或专业人士的作用,从而区别于传统金融。

二、创新表现

20世纪50年代末至60年代初，以华尔街为代表的金融从业者不断创造符合社会发展需要和投资者需求的各种各样的金融产品。从那时起，随着银行中介功能的改变，金融市场发生了巨大的变化。互联网金融是具有里程碑意义的一次金融创新，其创新主要表现在以下几个方面。

（一）信息处理创新

互联网金融的信息处理创新是全方位的，包括信息呈现、信息交互、信息传递、信息搜索、信息采集、信息分析与挖掘。

传统金融的信息处理通过人工进行，信息不对称且处理速度慢、效率低，呈现碎片化和静态化特征。互联网金融的信息处理和风险评估均基于互联网和信息技术进行，网络平台以自组织的方式自行完成信息的甄别、匹配、定价和交易，实现了数据的标准化和结构化，既提高了风险定价和风险管理效率，又使得互联网金融市场信息不对称程度大大降低。

在信息处理技术上，互联网金融拥有搜索引擎、社交网络、云计算、大数据和人工智能等信息技术，能够对金融大数据进行高效传播、采集、分析和挖掘，信息不对称程度大大降低，且呈现动态化特征。搜索引擎和社交网络等技术可以实现信息的快速检索、排序和重构，既能缓解信息超载问题，又能针对性地满足用户的信息需求；云计算能有效提高互联网金融业务所需的存储能力和计算能力，确保互联网金融企业对海量信息进行快速高效处理，从而保证资金供需双方的信息可以通过社交网络进行广泛生成、解释、发布和传播，并被搜索引擎快速捕捉、组织、排序、检索和标准化，最终形成动态变化、时间连续的金融市场信息序列；大数据技术在信息处理方面的应用体现为各种算法的自动、高速和网络化运算，大数据与超高速计算机结合进行相关性分析和预测，以极低的成本提供资金需求者的动态风险评估结果或动态违约概率，从而有效降低运营成本。例如，以ZestFinance、Kreditech、阿里小贷为代表的网络贷款模式基于机器学习和大数据技术对信贷申请人进行全面评估，为资金方提供庞大的数据支撑和信用基础，从而有效控制信用风险和操作风险。在大数据技术应用背景下，证券市场信息充分且透明，市场定价效率大大提高。在保险领域，大数据提高了保险精算的准确性，并且实现动态调整，从而使得保费可以充分体现个体差异性和投保标的的时变性。

信息处理方式的创新，一方面有效缓解了传统金融机构中存在的信息不对称难题，另一方面也为传统金融变革提供了途径，传统金融机构已经意识到信息处理技术对金融业发展的巨大推动作用，并已经采取措施利用信息处理技术为其服务。

（二）支付方式创新

与传统金融相比，互联网金融的支付终端发生了根本变化，现金、证券等的支付和转移均通过互联网或移动互联网络进行，即互联网或手机等移动客户端取代柜台、POS机等成为支付终端。其次，互联网金融的支付清算手段发生根本性变革，互联网金融完全通过电子货币支付。此外，二级商业银行账户体系可能不再存在，存款账户都在中央银行，这将对货币供给和货币政策产生重大影响。

互联网金融自身的支付方式也在不断创新,从最初的网关支付发展到快捷支付,再发展到后来的虚拟账户支付。

网关支付是互联网金融支付最原始的方式,比如,用户在网上购物选择"网银支付",网站便将页面导向银行支付网关,整个支付流程完全由银行操控,因此用户需要事先开通网银功能,而商家也需要跟每一家银行联系开通网关。早期的第三方支付机构模仿银联的思路建立起"通用网关",帮助用户和商家在线完成支付。但是,从对客户群本身及其交易信息的掌握情况来看,"通用网关"依然是银行主导,所以其本质上是第三方支付机构参与的网银支付,依然要走网银的流程,对用户而言,网购体验仍然很差。

为了简化支付流程,第三方支付机构和银行及用户签订三方协议,在支付时由第三方支付机构代替网银验证客户身份,并发送扣款指令给绑定银行账户,这被称为快捷支付,即无须开通网银,操作上也只需输入密码或者手机验证码,极大地提高了网络小额支付的便利性。快捷支付和网关支付的共同点在于资金均直接由银行转给商家,不同点在于快捷支付中第三方支付机构替代了网银,承担了对接用户和密保的职能。

就上述两种支付方式而言,第三方支付机构在整个交易过程仅起到了一个"支付通道"的作用,网络支付产生的手续费绝大部分归银行所有。此外,万一买家交了钱,卖家不发货怎么办,这个问题的解决导致了虚拟账户支付方式的出现。首家采用此方式的第三方支付机构是支付宝,消费者网购时先把钱交给支付宝保管,支付宝在消费者收到货物后再把钱打给商家。由于消费者付款和商家收到款之间有个时间差,资金在支付宝的账户上有个"沉淀"过程,这意味着支付宝不只是有现金流的"通道",而且是有存量的"虚拟账户"。该支付方式中,银行已不再直接掌握用户和商家的资金活动,而是由第三方支付机构主导并收取手续费的绝大部分,因此成为第三方支付最有价值的支付方式,也是目前最为主流的互联网金融支付方式。

(三)资源配置创新

互联网金融在资源配置方面的创新表现为实现了金融资源的直接配置。目前,互联网金融中以 P2P 网络借贷、众筹模式为代表的新型资源配置方式已经发展为全球性的新型资源配置模式,其配置方式是:资金供需信息直接在网上发布并匹配,供需双方直接联系,不需要经过银行、券商或交易所等中介。在这种资源配置方式之下,供需信息几乎完全对称,且交易成本极低,双方或多方交易可以同时进行,效率大大提高,各种金融产品均可如此交易。这就形成了"充分交易可能性集合",诸如中小企业融资难、个人投资渠道少等问题得到了解决。在这种资源直接配置模式下,由于信息充分透明,定价完全竞争,加上公平和高效,社会福利将实现最大化。

(四)客户开发创新

传统金融大多坐等顾客上门,依靠大堂经理或柜员面对面介绍发现和留住客户。而互联网金融则借助大数据等信息技术,对客户的信息进行分析和挖掘,通过引导客户需求、满足客户个性化需求和提供人性化服务等手段寻找潜在客户,在提供金融服务的过程中开发新客户。在客户基础和"入口为王"的时代,聚合大量客户基础的各类平台都成为互联网金融企业接触和留住客户的极佳场所。

(五) 信用评估创新

受信人的信用状况是金融活动中最主要的风险关注点,如果授信人能够获得受信人真实准确的历史信用记录,便可以对其信用进行全面分析,给出相应的信用等级判断,并对其信用风险做出合理评估。在我国,传统金融机构主要依靠中国人民银行征信系统对受信人的信用进行评估,因此,其业务开展对中国人民银行的征信体系有着较强的依赖性。此外,传统金融机构的信用数据收集与审核易受到人为影响和控制,且能获得的数据相对有限,所以在风险评估方面受到较大限制。

互联网金融企业采集个人或企业在互联网金融交易或使用互联网金融服务中留下的行为数据、信贷数据和其他相关数据,并利用大数据、云计算等技术结合其通过线下渠道采集的公共信息等数据对受信人进行信用评估,大大缓解了金融活动中的信息不对称问题,促进了信用资源的合理配置。与传统金融的信用评估相比,互联网金融基于大数据挖掘、整理和计算形成的信用评估结果更侧重于实际交易行为,据此授信可以拓展授信范围。此外,互联网金融将过去从未有信用记录的人群纳入金融信用体系,使得信贷客户数量快速增长,大大拓展了金融服务的目标范围。互联网金融信用评估基于机器学习、大数据分析和挖掘而进行,因此能够提供精准的信用评分。互联网金融通过信用评估模式创新既大大降低了成本,又极大地提升了交易效率和货币使用效益。例如,P2P网络借贷将传统的非正式人际借贷标准化,并让其扩展到借贷者的社交圈及所在区域,通过信用评估将借贷过程标准化和系统化,P2P网络借贷平台亦增加了借贷过程的透明度,降低了风险及信息不对称,从而让小额闲散资本以较低成本流向生产用途。

三、运行规则

在互联网金融中,金融生态系统的三个核心要素——金融环境、金融物种和金融生态规则正发生剧烈变化。其中,互联网金融运行规则呈现以下几个特征。

(一) "普惠金融"取代"二八定律"

传统金融业信奉"二八定律"。"二八定律"认为在任何一组东西中,最重要的只占其中一小部分,约20%,其余80%尽管是多数却是次要的。例如,银行一般认为其80%的利润来源于20%的高净值客户,应当优先服务好此类大客户。因此,传统金融机构主要将对贷款有稳定需求的大企业客户以及高端零售客户列为其服务对象。

互联网的长尾效应显著,二八定律不再占据主导地位。互联网金融基于互联网平台"连接一切",依托信息技术缓解金融信息不对称程度,降低金融服务成本和交易成本,改进金融服务效率,提高金融服务的覆盖面和可获得性,从而满足中小微企业和普通大众的金融需求,使得边远地区、小微企业和低收入群体也能享受方便、快捷的金融服务,使金融市场参与者更为大众化。简单地说,互联网金融满足了普惠金融的基本要求。互联网金融既能帮助中小微企业获得相对低息、稳定和快捷的贷款,又使大众理财用户获得相对高息、安全和有保障的回报。这不但促进了经济的健康发展,还保证了平台的安全运转,理财产品也由高大上的私人专属向普惠共享的全面理财转变,如表1-1所示。

表1-1 互联网金融的"普惠"特性

融资流程	互联网技术	途径与方法
客户获取	即时通信 移动互联网	信息推送,能够提供 Anytime、Anywhere、Anyhow 的"3A"服务
信息搜集	大数据	贷款审核材料手机拍照上传,打破时空限制
信用评估	云计算 社交网络	结合传统的信用模型和评分卡,利用数据挖掘和社交网络信息分析构建新的征信模型
资金获取	P2P,众筹	积少成多,积小成大,积累资金供给
客户能力建设和可持续还债能力培养	互联网教育 E-learning	通过移动学习普及传播金融和经营知识

长期以来,传统金融机构凭借其规模、网点等优势轻易获得超额利润,呈现"赢者通吃"的局面。随着"普惠金融"取代"二八定律",互联网金融将以"上善若水"之势改变传统金融"赢者通吃"的局面。

(二)"协作共赢"取代"同质竞争"

在互联网时代,协作共赢取代同质竞争,紧密的多方在线协同、联合竞争和合作共赢将成为主流商业模式之一。对外合作方面,金融机构与互联网社区、电子商务等企业进行深入合作,获取更多的用户行为信息,开展"大数据"分析。同业合作方面,金融产品将向多元化和综合化拓展,以满足客户综合金融服务的需要。

(三)"混业经营"取代"分业经营"

金融机构业务边界将经历传统的银行业务、全面的银行业务、全面的金融业务和全面的经济业务等四个发展阶段。目前,金融机构业务发展已经步入第四个阶段,即全面的经济业务阶段,逐步实现金融行业的全牌照混业经营以及互联网+跨界经营,根据市场需求围绕自身优势开发各种增值服务,通过综合化经营,吸引客户和留住客户,形成自身数据资源。

(四)"数据为王"取代"资金为王"

在互联网金融时代,金融业竞争的基础不再是占有金融资源的多少,而取决于其占有数据的规模、活性以及对数据的解释和运用能力,信息资源将成为金融机构最为重视的核心资产。金融企业对数据的掌控将决定其对金融市场的支配权,越靠近终端客户的机构,将在金融体系中拥有越大的发言权。此外,"信息为王"还可能导致"小而不倒"取代"大而不倒"。小型金融机构坚持服务实体经济,对社区居民和小微企业更为熟悉,拥有大银行无法比拟的"信息资产",从而成为后危机时代"小而不易倒"的机构。相反,在金融危机中,一些曾被认为越大越好的金融帝国丑闻百出、濒临破产,美国联邦存款保险的数据显示,大型银行的破产概率是社区银行的7倍。

(五)"效率优势"取代"规模优势"

随着互联网金融创新的不断推进,粗放式发展将不可持续,信息流、信用流、任务流和资金流加速流动,整个金融体系正处于持续动态变化中。与扩大规模相比,更为紧迫的是提高金融机构资源配置效率,打造智慧型金融机构,并促进其内生增长。金融机构需要能够迅速感知外界变化,及时分析和处理客户海量数据,清晰洞察客户的行为、态度、需求和发展趋势,随时调整自己的策略和行动。

(六)"个体风险定量"取代"总体风险定量"

目前,内部评级法在银行风险管理中仍处于核心地位,通过分析大量历史数据得到统计学规律,实质上是一种"总体风险定量"方法,对个体风险进行预测和管理会存在偏差。而在互联网金融中,机器学习、大数据和云计算等信息技术得到充分利用,且与行为分析理论深度融合,从而使得"个体风险定量"取代"总体风险定量"成为可能,这标志着信用评价体系与风险控制手段的重大进步。

(七)"为客户创造新需求"取代"满足客户现实需求"

随着互联网金融时代的到来,金融市场竞争日益加剧,客户对服务品质日益挑剔。金融机构必须满足客户尊重、自我实现等更高层次的需求,真正做到以客户为中心,在交易链中做好以产品定制为基础的个性化服务、以延伸服务为内容的增值性服务和以私人专属为标准的尊享型服务。互联网金融特别重视为客户创造新需求,因为客户的现实需求往往都是基础性的,只有潜在需求才具有超额价值。互联网金融机构往往先通过大数据分析帮助客户识别其潜在需求,如果客户的潜在需求难以得到满足,则会尝试对其进行转换,或拆分客户需求,仅专注于满足客户的一部分需求,或者合并需求,从单纯的提供金融产品转变为提供综合服务。

四、优势

(一)更强的客户需求掌控能力

金融业是与信息服务高度相关的行业,而数据是信息服务的重要决策资源和基础,因此,金融业扮演着数据生产者和应用者的双重角色。对于信息采集,互联网金融具有传统金融不可比拟的优势。对它而言,市场主体不是孤立存在的,市场的各主体之间会发生各种维度的关系,如与上下游供货商、客户和银行等金融机构之间联系。互联网金融借助互联网和信息技术从多个渠道搜集信息并拼接,可以对其要观察的市场主体形成整体认识,进而更清晰地甄别该市场主体的需求。例如,通过分析客户交纳水、电、煤气费的地址来判断客户是否有稳定的住所和较好的信用等。

几乎每一个互联网金融平台都集聚了大量的用户信息和数据。例如,阿里金融的企业征信系统,仅淘宝就有千万数量级的企业用户,内容包括买家基本信息、商品交易量、商店活跃度、用户满意度、库存、现金流和所有支付数据。基于云计算和大数据等强大的信息处理技术,互联网金融可以将这些碎片化的信息和数据进行组合,增加信息分析维度,从更全面的视角识别客户,根据客户的碎片化信息做用户需求挖掘和产品推荐,针对性地满足客户需求,从而实现精准营销、信用风险管理和个性化金融服务等。与此同时,互联网金融机构或平台还可以通过构建信息图谱,更科学地揭示平台产品及服务的特征,满足长尾投资者的投资需求。

(二)显著的成本优势

与传统金融相比,互联网金融具有显著的成本优势。

首先,互联网替代了传统金融市场中的物理网点和人工服务,使得互联网金融的业务成本大大降低。例如,网络银行、手机银行不需要设立分支机构和营业网点,也不需要购买相关设备和雇用大量工作人员等,这使得其运营成本和交易成本显著低于物理网点和人工柜员等方式。此外,互联网使得无论是传统金融机构还是互联网企业对信息的处理都越来越便捷,贷款、股票、债券等的发行和交易以及券款支付直接在网上进行,用户足不出户即可方便快捷地完成交易,或是通过网络平台自行完成信息的甄别、匹配、定价和交易。这个市场充分有效,接近一般均衡定理描述的无金融中介状态,能够大幅减少交易成本,而且透明度更强、参与度更高、操作上更便捷、中间成本更低。

其次,互联网促进运营优化,从而进一步降低互联网金融的交易成本。例如,第三方支付能够集成多个银行账户,不需要客户分别同每一家商业银行建立联系,只需要第三方支付企业通过在不同银行开立的中间账户对大量交易资金实现轧差,少量的跨行支付则通过中央银行的支付清算系统来完成。第三方支付通过采用二次结算的方式实现了大量小额交易在第三方支付公司的轧差后清算,从而既提高了支付清算效率,又降低了交易成本。交易成本和信息不对称程度的降低使得金融交易可能性集合拓展,使得原来不可能的交易成为可能。例如,在传统金融中,人与人之间的直接借贷一般只发生在亲友间,而P2P网络借贷中,陌生人之间也可以借贷。

第三,在互联网金融中,资金供求的期限、数量和风险的匹配可以通过互联网直接进行。例如,在信贷领域,个人和小微企业在消费、投资和生产中有内生的贷款需求,通过P2P网络借贷可以直接得到满足。这种去中介化特征缩短了资金融通的中间链条,也使得交易成本降低。此外,P2P网贷平台与借款者之间的反复博弈能抑制诈骗,金融民主化、普惠化与数据积累之间的正向激励机制得以发挥作用。因此,与传统的贷前调查、贷时审查和贷后检查的"三查"相比,互联网金融企业提高了对资金需求方进行辨识的维度,增强了风险控制能力,大幅降低了运营成本。对于消费者来说,交易双方在互联网平台直接匹配资金,银行、券商和交易所等中介都不起作用,因此分担成本非常低,而且通过互联网金融,消费者的资金支付越来越方便快捷,交易成本大大降低。

(三)更高的资源配置效率

传统金融业通过银行、证券公司、信托机构和交易所等中介匹配资金的借入方和借出方,效率低且准确度差。互联网金融的资金供需信息直接在网上发布并匹配,资金供求双方在互联网直接联系和达成交易,不需要经过银行、券商或交易所等中介就可以获得便捷高效的金融服务。同时,互联网金融依托大数据和云计算技术对金融业务进行批量、快速处理,使得互联网金融能够以点对点、多对多直接交易为基础进行金融资源快速配置,通过市场竞争定价机制,追求资金配置效率最大化,实现资金供求双方直接投融资,资源配置效率更高,精准性也大大提高。

此外,互联网金融平台积累了大量的用户信用数据,能够提供给用户进行信用评估,资金的供给方也可以凭借互联网、搜索引擎、社交网络等信息技术从更多维度搜集信息,从而缓解交易双方的信息不对称问题。由于信息透明度较高,资金供给方可以在决策前较为全面地辨识和分析资金的需求方,并据此进行相应的风险管理,从而有效提高资源配置效率和资金融通效率。

(四) 更强的普惠性

由于互联网金融减少了交易成本,提高了资金匹配效率和精准度,拓展了交易渠道,降低了市场信息的不对称程度,使得资金双方可以通过网络直接对接,加上金融服务的可获得性、及时性、精准性和便利性大幅提升,越来越多的客户被互联网金融吸引,享受互联网金融带来的各种好处。因此,互联网金融具有更强的普惠性。

互联网金融是伴随着互联网的发展与普及而诞生的,它依托互联网开展业务,所提供的服务存在于线上虚拟空间,因而突破了时间和地域限制,将金融服务延伸到互联网所能覆盖到的所有地区,使得金融产品交易能够随时随地进行,资金供给与需求信息可以通过互联网进行更为广泛的传播。另一方面,中小微企业和中低收入人群的金融需求既小额又个性化,在传统金融体系中往往得不到满足,而互联网金融在服务这类客户方面具有天然优势,可以高效地满足用户个性化需求,提升资源配置效率。

传统金融由于受经营风险、营业网点和人员等成本因素的影响,更倾向于将更多精力和资金放在20%的高价值客户上,这使得占比高达80%的中低收入人群和中小微企业的资金需求问题难以得到有效解决。互联网金融破解了这一难题,它属于直接融资模式,着重于解决中小微企业融资难问题,并且促进民间金融的阳光化、规范化,更有可能被用来提高金融包容水平,推动经济发展。传统金融机构也有类似的线上活动,但是它在资金流通过程中充当的仍是中介角色,其服务的对象也主要是规模较大、信誉度较高的企业,对于信誉度难以审查的小微企业则较少。互联网金融将传统金融机构忽略的80%的客户作为重要发展对象,消除了部分传统金融业务的服务盲区,有效拓展了交易的可能性集合。互联网金融与传统金融业务互相补充,实现了金融全方位的客户覆盖。因此,互联网金融的客户基础更加广泛,普惠性更强,更多的人群有机会通过互联网享受到种类更多、品质更优的金融服务。

请扫描二维码观看案例"互联网金融如何改变了我们的生活"。互联网金融正悄然进入我们的生活,改变我们工作和生活的方式。该案例介绍了在互联网金融时代移动支付、无现金对我们生活的影响,以及不去银行我们能够从哪里获得金融服务。

第二节 互联网金融的业务模式

互联网金融的产业链比较长,截至目前,其发展已经经历了网上银行、第三方支付、个人投融资、企业融资、大数据金融、消费金融等多个阶段,未来互联网金融将在资金融通、资金供求匹配等方面越来越多地向传统金融的核心业务渗透。

一、基本业态

清华大学五道口金融学院廖理将互联网金融业态划分为四大类:传统金融业务的互联网化、基于互联网平台开展金融业务、全新的互联网金融模式以及金融支持的互联网化,即基础业态、整合业态、创新业态和支持业态。

(一) 基础业态

基础业态指传统金融业务的互联网化,主要表现为网上银行、证券网上交易、保险产品的电话或网络销售等。例如,第三方在线支付平台、直营银行、在线折扣券商和直营保险等。

(二) 整合业态

整合业态指电商与金融的结合模式,主要表现为在电商平台上销售金融产品和服务,即基于电商平台上的客户信息和大数据,面向商户开展的小额贷款和面向个人开展的消费金融业务。我国该类业态的代表性业务有余额宝、阿里小贷、京东白条和建行善融商务等。

(三) 创新业态

创新业态指全新的直接基于互联网开展金融业务的业态,主要表现为以P2P网络借贷、众筹和消费金融为代表的全新的互联网金融模式。随着互联网与金融的深度融合、信息技术的不断发展和商业化应用的普及,互联网金融的创新业态(见图1-2)将层出不穷。

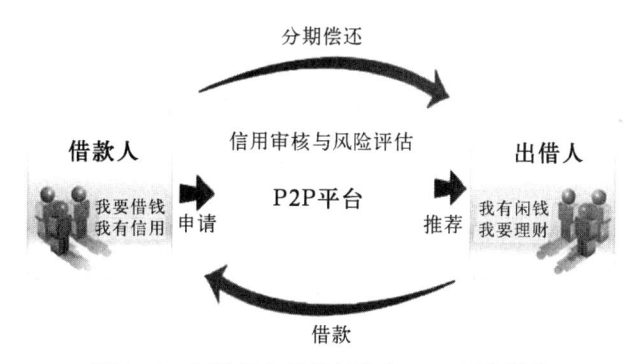

图 1-2 互联网金融创新业态:P2P 网络借贷

(四) 支持业态

支持业态指互联网金融信息门户或平台,该业态不提供互联网金融业务,但具有为互联网金融业务提供支持的功能,包括但不限于为公众提供金融产品和服务的信息发布和搜索服务、家庭理财服务、理财教育服务及金融社交平台等。由于支持业态为互联网金融提供"支持",所以它也是互联网金融的重要组成部分。

二、主要业务模式

(一) 软交所的分类

互联网金融的定义各有说法,其模式的分类也层出不穷。北京软件和信息服务交易所(以下简称软交所)互联网金融实验室系统梳理出六大互联网金融模式。

1. 第三方支付

根据央行2010年在《非金融机构支付服务管理办法》中给出的非金融机构支付服务的定义,第三方支付是指非金融机构作为收、付款人的中介所提供的网络支付、预付卡、银行卡收单以及中国人民银行确定的其他支付服务。目前在市场上比较有代表性的第三方支付有银联商务、支付宝、财付通、快钱支付、易宝支付和汇付天下等。

2. P2P网络贷款

P2P网络贷款,英文为Peer-to-Peer Lending,即点对点信贷,国内又称其为"人人贷",是指通过P2P网贷公司搭建的第三方互联网借贷平台为借贷双方进行资金匹配,是一种"个人对个人"的直接信贷模式。由具有资质的第三方公司作为中间平台,借款人在平台发放借款标的,投资人进行竞标,向借款人放贷的行为。国内的典型代表有陆金所、宜人贷和积木盒子等。

作为狭义互联网金融最初的一种典型形态,P2P网络贷款是一种将非常小额度的资金聚集起来借贷给有资金需求人群的商业模型。它的商业价值主要体现在满足个人资金需求、发展个人信用体系和提高社会闲散资金利用率三个方面,在一定程度上解决了中小微企业融资难的问题。

3. 大数据金融

大数据金融是指依托于海量、非结构化的数据,通过互联网、云计算等信息化方式对数据进行专业化挖掘和分析,并与传统金融服务相结合,创新性开展相关金融工作的统称。比如,大数据在证券投资及保险精算中的应用,利用大数据思维方式和逻辑架构给企业的转型升级注入新的活力。大数据金融按照平台运营模式可分为平台金融和供应链金融两大模式。

4. 众筹

众筹指发起人通过互联网和社交网络(Social Network Service,SNS),发动公众的力量,集中公众的资金、能力和渠道,为中小微企业、艺术家或个人进行某项活动、某个项目或创办企业提供必要资金援助的一种融资方式。众筹具有强大的连接投资群体的能力,能够为轻松地获得运作资金,作为另一种活跃在互联网上的融资方式,其发展也十分迅速,渐成规模,典型代表有Kickstarter、天使汇、点名时间、大家投和众筹网等。

5. 信息化金融机构

信息化金融机构指广泛应用以互联网为代表的信息技术对传统运营流程、服务产品进行改造或重构,实现经营、管理全面信息化的银行、证券、保险等金融机构。目前按照运营模式主要分为三大类:① 传统金融业务电子化模式,主要包括网上银行、手机银行、移动支付和网络证券等形式;② 基于互联网的创新金融服务模式,主要包括直销银行、智能银行和智慧银行等形式,以及银行、券商和保险推出的创新型产品;③ 金融电商模式,就是以建行"善融商务"电子商务金融服务平台、泰康人寿保险电子商务平台等为代表的各类传统金融机构的电商服务平台。

6. 互联网金融门户

互联网金融门户指的是利用互联网提供金融产品和服务相关信息的搜索和比价,或者提供金融产品销售并为金融产品销售提供第三方服务的平台。根据互联网金融门户的服务内容和方式,谢平等人将互联网金融门户分为三大类:① 第三方资讯平台,提供全方位、权威行业数据及行业资讯的门户网站,典型代表如网贷之家、和讯网等;② 垂直搜索平台,聚集金融产品信息的垂直搜索门户,消费者在该类门户上可以快速搜索到相关的金融产品信息,典型代表如融360、安贷客等;③ 在线金融超市,汇聚着大量金融产品信息,利用互联网进行金融产品销售,并提供与之相关的第三方服务平台,主要表现为在线导购、直接购买匹配等业务形态,典型代表如东方财富网、诺亚财富、大童网、格上理财和91金融超市等。

(二)《关于促进互联网金融健康发展的指导意见》中的分类

中国人民银行等十部委在《关于促进互联网金融健康发展的指导意见》中根据分类监管原则界定了互联网金融各业务模式的业务边界及准入条件。

1. 互联网支付

互联网支付指通过计算机、手机等设备,依托互联网发起支付指令、转移货币资金的服务,由中国人民银行负责监管。

2. 网络借贷

网络借贷包括个体网络借贷(即P2P网络借贷)和网络小额贷款,由银保监会负责监管。个体网络借贷指个体和个体之间通过互联网平台实现的直接借贷。个体网络借贷机构的性质是信息中介,主要为借贷双方的直接借贷提供信息服务,不得提供增信服务,不得非法集资。网络小额贷款指的是互联网企业通过其控制的小额贷款公司利用互联网向客户提供小额贷款。

3. 股权众筹融资

股权众筹融资指通过互联网形式进行公开小额股权融资的活动。股权众筹融资必须通过股权众筹融资中介机构平台进行,由证监会负责监管。

4. 互联网基金销售

互联网基金销售指基金销售机构与其他机构通过互联网合作销售基金等理财产品,其业务由证监会负责监管。基金销售机构及其合作机构要切实履行风险披露义务,不得通过违规承诺收益方式吸引客户;通过其他活动为投资人提供收益的,应当对收益构成、先决条件、适用情形等进行全面、真实、准确表述和列示,不得与基金产品收益混同;基金管理人应当采取有效措施防范资产配置中的期限错配和流动性风险。

5. 互联网保险

互联网保险指保险公司开展互联网保险业务,其业务由银保监会负责监管。从事互联网保险业务的保险公司应遵循安全性、保密性和稳定性原则,加强风险管理,完善内控系统,确保交易安全、信息安全和资金安全;应当坚持服务互联网经济活动的基本定位,提供有针对性的保险服务;应建立对所属电子商务公司等非保险类子公司的管理制度,建立必要的防火墙。

6. 互联网信托和互联网消费金融

互联网信托业务、互联网消费金融业务由银保监会负责监管。信托公司、消费金融公司通过互联网开展业务要严格遵循监管规定,加强风险管理,确保交易合法合规并保护客户信息。

当然,随着金融科技创新持续推动,互联网金融还会出现更多的新型业态和模式,并不会仅局限于目前所定义的四大业态、六种模式。

第三节　互联网金融的产生与发展

一、产生的驱动因素

（一）互联网和信息技术的发展与应用

金融业是信息敏感型行业，信息传递、交换、管理和应用贯穿金融活动的各个环节。互联网与金融行业有着先天的契合度，互联网、云计算、大数据、物联网和人工智能等信息技术的不断发展与应用为互联网金融的发展提供了前提条件和重要支撑。

1. 互联网的兴起与普及

互联网金融的产生与发展有其时代背景，从全球来看，互联网金融作为一种金融实践早在20世纪90年代便随着互联网的大规模商业应用而出现。1991年，万维网出现。1993年，欧洲核子研究组向社会免费开放万维网，开启互联网商业化应用。1994年，美国允许商业资本介入互联网建设与运营，互联网正式进入商业化应用阶段。之后，互联网迅速扩张，用户数和网站数都迅速增加，基于互联网的金融服务迅速发展。1995年，以银行、证券为代表的金融机构开始通过门户网站提供金融服务，纯网络银行开始出现。之后，第三方支付也在20世纪90年代末出现。进入21世纪，借助宽带、无线移动通信等技术的发展，互联网的商业化应用范围继续扩大，与人们生活的联系也愈发紧密。互联网与金融的融合更加深入，2003年诞生了众筹平台，2005年开始出现P2P网络借贷平台，2009年数字货币的代表比特币诞生，之后消费金融、大数据金融、区块链金融等新模式、新业态相继出现，互联网金融创新在互联网思维和信息技术的影响和推动下不断向前发展。

互联网改变了企业与客户之间传统的供求方式，越来越多的企业认识到互联网渠道的拓展对企业发展的重要性。对于企业而言，互联网作为营销渠道的优势在于成本节约和用户数量增长，而这两点也是互联网金融长期稳定健康发展的立足点。

通过互联网平台，金融服务的需求者和供给者可以直接进行交易，从而降低成本。移动互联网和大数据分析能够使金融交易双方迅速进行匹配，从而降低双方的搜寻匹配成本。基于互联网平台的评价体系日趋成熟，使得金融交易双方能够迅速建立了解和信任关系，降低双方的信息不对称成本。此外，互联网和移动互联网的普及深刻改变了用户的金融意识和行为，人们更偏向于自主获取信息并决策，自主选择接受服务的时间和渠道，使得金融机构不得不从"以我为主"向"以客户为主"转型。

请扫描二维码阅读"互联网金融理论基础—互联网交换经济"。交换是经济社会中最基本的经济形式，是实现资源配置的基本途径。该阅读材料介绍了互联网交换经济的基本要素与支柱，以及互联网交换经济的基本原理。强调互联网技术和互联网精神对人类交换模式的影响，解释互联网驱动互联网金融兴起的原因和提供的保障。

互联网金融理论基础—互联网交换经济

在互联网和信息技术的影响和推动下,互联网金融得到快速发展并不断创新,体现出不同于传统金融创新的特点。传统金融创新主要是金融产品创新,即使用金融工程技术和法律手段设计新的金融产品,使部分创新产品具有新的现金流、风险和收益特征,能够实现新的风险管理和价格发现功能,从而提高市场完全性,如期权、期货和掉期等衍生品;部分创新产品则以更低交易成本实现已有金融产品及其组合的功能,如交易所交易基金。总体来看,传统金融创新强调流动性、风险收益转换。

互联网精神的核心是开放、共享、去中心化、平等、自由、普惠和民主。而互联网金融创新则充分体现了互联网精神对金融的影响,具有人人组织和平台模式在金融业兴起、金融分工和专业化淡化、金融产品简单化、金融脱媒和去中介化、金融民主化和普惠性等特征。互联网金融的很多创新产品都与衣食住行和社交紧密联系在一起,且经常内嵌在其应用程序中,产品实用化、软件化,自适应生成,强调对行为数据的应用。例如,余额宝实现了支付、存款和投资的一体化;京东白条的本质是"免息赊购+商品价格溢价",即给消费者一定的信用额度,不计利息,但其最终能从商品价格中得到补偿;微信红包颠覆了传统红包概念,体现了互联网金融在社交中的应用。

2. **信息技术的推动**

信息技术的不断发展与商业化应用从需求和供给两个维度极大地改变了金融。从需求来看,互联网和移动互联网使得用户随时随地处于连接和在线状态,其偏好、行为甚至心情都能够被实时发现和追踪,从而使金融需求显性化,更容易被低成本发现。从供给来看,大数据分析丰富了营销和风险管控的手段,云计算降低了金融服务的成本,并提升了金融服务的效率,金融的需求和供给也因此得到了更好的匹配。总之,互联网和信息技术的发展大幅提升了金融服务的可获得性、及时性、精准性和便利性,使得去中心化的金融服务更加顺畅。

从宏观层面来看,互联网的普及和信息技术的发展为互联网金融发展奠定了强大的用户基础。在中国,根据中国互联网网络信息中心2020年4月发布的第45次《中国互联网发展状况统计报告》显示,截至2020年3月,中国网民规模达9.04亿人,互联网普及率达到64.5%,庞大的网民构成了中国蓬勃发展的消费市场,也为互联网金融发展打下了坚实的用户基础。

如今,移动互联网塑造的社会生活形态进一步加强,网民上网设备进一步向移动端集中。截至2020年3月,中国手机网民规模达8.97亿人,比2018年年底增加7 992万人,网民使用手机上网的比例比2018年年底提升0.7个百分点,达99.3%。其中手机网络支付用户规模达7.65亿人,手机网络购物用户规模达7.07亿人,手机即时通信用户规模达8.90亿人。随着移动通信网络环境的不断完善以及智能手机的进一步普及,移动互联网应用向用户各类生活需求深入渗透,促进手机上网使用率进一步增长,为移动金融的发展提供了庞大的用户基础。

3. **新一代信息技术在互联网金融中的应用**

互联网金融的产生与发展离不开信息技术创新与应用的支持,在经历了前期的快速发展之后,其发展随着各项监管政策的出台出现增速放缓的状态,互联网金融开始探索新的发展道路。云计算、大数据、物联网和人工智能等新一代信息技术利用强大的计算能力、广泛的数据分析工具和人工智能工具帮助互联网金融收集客户洞察力,推动创新,带来新市场、新机遇并产生新概念。比如,云计算与互联网金融融合产生的智能风控,大数据技术与互联网金融结合产生的智能投顾,人工智能与互联网金融结合产生的智能项目匹配。这些新一代信息技术与互联网金融深度融合产生的全新概念,不但能够规避传统互联网金融的问题和弊病,还能够完善互联网金融的运作逻辑,从而让互联网金融在新技术条件下获得更大发展。此外,这些技术应用于金融领域,还可以改变金融的模式和形态。例如,物联网的核心是创新,可以拓展金融服务空间,扩大金融服务市场范围;人工智能应用于银行服务、证券投资和财务管理领域,可以有效改进金融服务效率。未来,随着新一代信息技术的不断突破和商业化应用,以及新元素的不断加入,互联网金融在目前遭遇到的困境和问题有望得到破解,并真正实现新技术条件下的全新发展。

1) 云计算

金融业的发展离不开计算,支付清算、资金融通、资源配置、风险管理、信息传递与激励的底层技术就是计算技术。如今,云计算极大地提升了人类的计算能力,为互联网金融提供了强大的计算能力,极大地提升了其运行效率。

在国际上,互联网金融科技公司不断崛起,这些公司以云计算为依托,同时借助大数据技术以及人工智能技术改变其IT架构,从而能够随时随地访问客户,并为客户提供方便快捷的服务。云计算同样被广泛应用于传统金融业,尽管目前支持的大多是非关键业务,但是实践表明,云计算正逐步改变整个金融行业的服务模式和行业格局。

在我国,国家层面高度重视金融行业的云发展,随着国家"互联网+"政策的落地,金融行业"互联网+"的步伐也在不断加快。2015年,国务院颁布了《关于积极推进"互联网+"行动的指导意见》,明确指出互联网+普惠金融是推进方向,鼓励金融机构利用云计算、移动互联网、大数据等技术手段加快金融产品和服务创新。2016年,银监会颁布了《中国银行业信息科技"十三五"发展规划监管指导意见》,首次对银行业云计算明确发布了监管意见,是中国金融云建设的里程碑事件,明确提出积极开展云计算架构规划,主动和稳步实施架构迁移,正式支持金融行业公有云。除了金融私有云之外,银监会第一次强调行业云的概念,正式表态支持金融行业云的发展。2017年,中国人民银行颁布了《中国金融业信息技术"十三五"发展规划》,要求落实推动新技术应用,促进金融创新发展,稳步推进系统架构和云计算技术应用研究。基于云,互联网金融平台可以省去自建IT系统的成本,从而降低创新成本,缩短创新周期,提高平台的技术安全能力和效率。

云计算的兴起与大数据的广泛运用息息相关,正是因为数据量的爆炸式增长,才引起了这样一种新兴的计算模式的产生。在互联网金融中,云计算和大数据集合能够获取大量的客户资信数据和交易数据,使得互联网金融的交易成本和摩擦成本都大幅下降。大数据以云计算作为基础架构,并通过云计算平台进行分析和预测,从而让金融决策更为精准,释放出更多数据的隐藏价值。

2) 算法与数据挖掘技术

提升计算效率除了要提升硬件技术,还需要改进算法。算法是一系列解决问题的清晰指令,它代表用系统的方法描述解决问题的策略机制。金融活动与金融创新的复杂度不断提高,金融计算需要改进算法,以便应对大数据时代计算效率的要求。算法的改进是人类智力进步的体现,也是人机交互推进的结果。算法的进步为互联网金融,尤其是移动金融发展提供了有效的技术支持。

随着数据库技术的迅速发展以及数据库管理系统的广泛应用，人们积累的数据越来越多。数据背后隐藏着许多重要信息，人们希望能够对其进行更高层次的分析，这时候数据挖掘成为关键。算法的改进提升了数据挖掘效果，数据挖掘使数据库技术进入更高级的阶段，它不仅能对过去的数据进行查询，而且能够找出过去数据之间的潜在联系，从而促进信息的传递。除了算法与数据挖掘技术的发展，数据处理器技术也在不断发展，已经由 CPU 模式向 GPU 模式发展，其处理对象由结构数据向半结构和非结构数据转移。

3）大数据技术

社交网络和各种传感设备的发展使得数字化成为全社会的整体发展趋势，约有 70%～90%的信息已经被数字化。在这样的背景下，包含结构化数据、半结构化数据在内的大数据产生了。大数据有三个主要类型——记录数据、基于图形的数据、有序的数据，具有多维度、全息化和多属性等特征，是对社会经济活动的立体化和连续性记录。云计算和搜索引擎的发展，使得对大数据的高效分析成为可能，其核心问题是如何在种类繁多、数量庞大的数据中快速获取有价值的信息，并进行预测，其目标是发现和概括数据间的潜在联系，包括相关、趋势、聚类、轨迹和异常等，具体可通过分类、回归、关联分析、聚类分析、推荐系统、异常检测和链接分析等进行预测。

金融活动本身就具有大数据的属性。借助大数据分析和挖掘技术，可以解决金融活动中的信息不对称问题，提升金融资源配置效率，准确识别风险，完善金融调控机制。还可以通过对大数据进行挖掘和开发实现金融服务创新，如借助用户的大数据记录，可以全面评估用户的资产负债和信用状况、资金流状况、收入与消费状况、行为习惯和偏好兴趣等。在此基础上，借助大数据分析模型，还可以对用户进行净值分类或风险偏好分类，据此设计个性化的金融产品和服务，进而开展精准营销和定制服务。基于大数据的金融创新更贴近现实，产品和服务更加精准，能够更好地满足用户的个性化需求。另外，借助大数据技术从多个维度来评估项目的质量，能够真正提升项目的风险控制水平。

未来，各类传感器将更加普及，购物、消费、阅读等活动均会从线下转移到线上，互联网上将产生更多复杂的沟通和分工协作方式。在这种情况下，全社会信息中的 90%可能会被数字化，从而为大数据在金融中的应用创造条件。如果个人和企业的大部分信息都存放在互联网上，那么基于互联网上的信息就能准确评估这些人或企业的信用资质和盈利前景。

4）人工智能技术

人工智能技术也能强化互联网金融的风险控制能力。利用人工智能代替人类对金融进行审查监管，可有效控制金融活动中潜在的非法行为，避免人为隐患和道德风险，在避免人为风险控制造成效率低下的同时减少人为风控过程当中造成的诸多问题。除了智能风险控制，人工智能在互联网金融中的应用还表现在决策预警、智能投顾和智能客服等方面。

互联网金融领域基本上属于纯数据领域，无论是用户信息还是交易信息，都以数据形式存在，而人工智能所具备的复杂数据处理能力和准确的机器学习能力正好可以对海量的互联网金融数据进行运算、分析和学习。从用户角度来说，如果提前设置合适的评分规则和决策体系，那么人工智能可以作为在线智能理财顾问，根据运算分析结果和用户个人投资履历为其提供合适的金融投资计划,并且可以为用户计算风险以供参考。人工智能在互联网金融决策方面的运用,主要是指为客户提供基于算法的在线投资顾问和资产管理服务,通常被称为智能投顾。从平台角度来说,神经网络可以根据海量、复杂的大数据对经济形势、市场走向做出精准的判断,同时对系统性金融风险或者互联网风险进行预警。

语言识别与处理技术的成熟使得真正"能听会说、能思考会判断"的智慧型机器人正在逐步投入使用,智能机器人一方面专业知识精度很高,可以满足用户多方面的需求,另一方面可以通过深度学习识别用户的需求,真正做到"看人下菜碟"。同时,由于机器人不具备人类情感、用户对机器人客服的好奇心等因素,可能会有效提升用户对服务的满意度。被人工智能赋能的智能客服将变得更加聪明,能快速读懂用户的心思、需求,实现与用户的互动。通过语言识别和大数据的分析可以准确捕捉到用户的预期,可以根据用户心理活动准确告诉对方其需要的信息在哪里。由于每个人的需求不同,用户会感觉服务是为其量身打造的,有利于精准营销的开展。

总之,云计算、大数据和人工智能引领的新一轮科技革命正在重塑互联网金融。例如,阿里小贷的微贷技术包含了大量数据模型,需要使用大规模集成计算。微贷技术过程中通过大量数据运算,确定买家和卖家之间的关联度、风险概率的大小、交易集中度等。正是应用了云计算技术,阿里小贷才有能力调用如此庞大的数据,并以此判断小微企业的信用。这不仅保证了其信贷业务的安全、高效,也降低了阿里小贷的运营成本。阿里、京东等电子商务企业可以获得商户的日常交易信息、订单信息,通过对交易信息进行数据处理分析可以得出商户基于该平台交易本身的实际资信水平,从而确定是否向商户发放贷款以及贷款额度。在整个过程中增加了可信融资者的范围,之前未被纳入的基于平台交易的小微企业群可以获得一定的融资,大数据的运用使得企业获得贷款的过程更加快捷、灵活。

(二)用户需求

1. 电子商务用户的支付需求

互联网的迅猛发展与普及带动了互联网金融的产生与快速发展,但是,直接驱动互联网金融产生与快速发展的是互联网与贸易的结合——电子商务,传统金融机构之外的互联网金融活动基本上是随着电子商务快速发展而出现的。20世纪90年代末,基于互联网的电子商务进入快速发展阶段,对经济社会生活的渗透不断加深,实现了实体经济与网络经济、线上和线下的不断融合,且跨境合作与全球扩张趋势明显。

随着互联网经济活动多样性和即时性的增加,买家和卖家对于支付的需求越来越多样,如何快速而安全地支付成为买家和卖家最关心的问题,甚至成为电子商务发展的瓶颈。为了解决电子商务活动中小额支付难和信任问题,第三方支付产生。基于电子信息化技术的第三方支付不仅大幅度地提高了电子商务用户支付的便捷性,还增强了网络支付的安全性,优化了用户体验,实现了多方共赢。如今,现金支付正在逐步让位于更加便捷的第三方支付。随着智能手机的普及,移动支付正逐步成为第三方支付的主流。相比其他支付方式,移动支付具有明显的应用场景优势,客户体验更好,在民生、公共缴费、小型经济活动等支付领域应用广泛,如商场与超市购物、乘坐公共交通、旅游出行、医疗缴费等。由于移动支付能够为居民全方位提供场景化服务,其生态圈正逐步形成。

除了催生新的支付需求,电子商务还改变了用户对在线服务的态度,并养成了用户接受在线服务的习惯,改变了用户的生活方式和交易习惯。互联网金融正是电子商务被用户熟悉和接受后适应新的市场需求而产生的新业务和新领域。随着手机定位、移动支付和二维码等技术的应用,人们已经逐步将消费场所由线下转移至线上,并习惯于主动获取信息,决定和主导自己获得的互联网金融服务及投资决策。可以说,电子商务与互联网金融有着紧密的联系,既为互联网金融提供了应用场景,也为互联网金融打下数据和客户基础,而互联网金融又促进了电子商务的快速发展,从而形成一个良性循环。

2. 中小微企业和个人的投融资需求

中小微企业、个体经济单位、农户、个人等通过传统金融机构融资往往难度较大,存在利率较高、审批时间较长等问题。互联网平台在消除借贷双方信息不对称、降低融资匹配搜寻成本等方面具有优势。例如,P2P 网络借贷平台提供场所让借贷双方自由竞价,撮合双方达成交易,借款人能充分享受贷款的高效与便捷,有闲散资金的投资人能够通过 P2P 平台找到并甄别资质好的借款人,获得比银行存款更高的收益。这种融资模式提高了资金利用率,有利于经济发展。众筹平台为投资人带来了更多的项目,也拥有更高效的项目审核机制,能促进投资人与企业家的沟通,降低投资过程中信息的不对称性,使投资决策过程更加合理。

3. 广大民众的财富管理需求

收入和生活水平的提高催生了广大民众多样化和个性化的财富管理需求。传统金融提供的同质化产品已经不能充分满足民众的需求,他们需要更多的投资理财组合,使其可以根据自身实际财务状况进行选择,从而平衡收益和风险。互联网金融产品的推广和应用丰富了金融市场的产品与层次,满足了不同民众的投资需求,降低了融资成本,增加了民众的财富管理收益。通过互联网开展财富管理,资产的成本收益直观、明晰,一方面改善了投资者财富管理的体验,另一方面互联网财富管理公司也得到了更加丰富的用户理财需求信息,并基于这些信息通过大数据挖掘与分析进行金融产品创新,从而使得金融产品的供给与需求更加匹配。

另外,传统金融更关注的是高净值客户群、机构客户或 VIP 客户,导致相当一部分小额投资者的资产难以实现有效的保值增值。互联网金融能够很好地通过碎片化理财的方式解决这个问题。基于互联网行业的"长尾理论",互联网金融平台可以将无数的闲散资金汇集起来进行投资理财。由于互联网金融平台没有地域限制、支付便利、成本较低,可以实现广大民众对闲散资金"碎片化理财"的期望。

在中国,金融业经过数十年的发展取得了显著成就,但仍然存在一些问题,如资金的需求与供给不匹配。根据波士顿咨询公司 BCG 的调研结果,目前中国金融市场的主体仍然是普通家庭大众,他们代表了大部分金融需求,但是这些客户往往缺乏金融服务,因为他们通常达不到 5 万元的人民币理财门槛;缺乏有关股票和基金交易的专业知识和经验,因而不得不放弃股票和基金投资,而转向普通储蓄;缺乏有效的抵质押物和完善的信用体系,因而难以获得银行贷款。根据 2013 年 BCG 全球消费者信息中心调查数据显示,由于缺乏投资渠道,超过 30% 的中国消费者会将收入的 20% 以上用于储蓄,而在其他许多国家往往只有不到 10% 的消费者会这样做。可以说,中国客户的庞大金融需求在传统金融业中没有得到充分满足,这种金融需求与供给之间的不平衡也成了互联网金融在中国快速发展的原动力。

在中国，互联网金融是需求侧降低融资成本的推动力和供给侧现代信息技术发展创造的拉动力共同作用的结果。从需求侧看，金融业在市场运营、融资费用、信息不对称风险、时间消耗等方面成本的存在使得各个金融机构对通过金融模式创新来降低成本、增加利润具有强烈意愿，这种由需求推动的因素，逐渐改变着金融机构的思维习惯，成为互联网金融产生的强大内在驱动力。从供给侧来看，电子商务和移动互联网、物联网、云计算、大数据、人工智能等信息技术的发展，企业由于趋利性动机而产生的跨界经营，金融与互联网机构技术平台的创新等为传统金融业的转型和互联网企业进入金融业提供了可能，为互联网金融的产生和发展提供了外在的技术保障与支撑，成为一种外在的拉动力。从经济驱动的角度来看，实体经济中的企业，特别是广大中小微企业存在着巨大的金融服务需求，而规模庞大的民间资本迫切需要更多高效的投资方式与渠道，因而促进了P2P网络借贷和众筹等业务模式的快速发展。

（三）监管

互联网金融是基于互联网和信息技术对金融业务进行创新的产物，属于金融创新的范畴。金融创新与金融监管是一对相互矛盾的金融活动，出于规避监管动机的金融创新会导致金融监管失效，从而促使金融监管当局加强金融监管，进而引发新一轮金融创新，二者总是相互推动、螺旋式上升发展。

1. 基于规避监管动机的互联网金融创新

金融创新的动力之一就是规避监管，互联网金融创新也不例外。例如，P2P网络借贷的"个人—平台—个人"担保模式，在借贷双方之间引入担保是一种金融创新，但这同时又是出于规避银行业准入监管的动机，网络借贷平台事实上发挥了银行等金融中介的作用，本质属于影子银行。为了应对期限错配的风险，一些P2P网络借贷平台通过构建虚拟借款人来搭建资金池以获取资金，进而解决流动性问题。在"个人—平台—机构—个人"模式下，平台将金融机构或准金融机构的信贷资产通过互联网以极低的门槛对外销售，带有信贷资产证券化的属性。传统金融机构发售理财产品的门槛和风控要求都较高，然而在发展初期，互联网金融产品的销售并未被纳入监管体系，因而P2P网络借贷平台可以规避监管。

2. 监管的暂时缺位

互联网金融的开放性、交叉性降低了非金融企业或机构进入金融业的门槛，特别是在金融监管体系属于机构监管的模式下，对互联网金融服务提供机构的属性进行认定比较困难，导致监管缺位。以P2P网络借贷业务为例进行说明，P2P网络借贷业务属于信贷业务，原则上应由银行监管部门进行监管。然而，P2P网络借贷采用"个人—个人"模式，提供的是直接融资服务，应该由证券监管部门进行监管。例如，美国的P2P网络借贷就是由证券交易委员会监管的。但是，在中国，由于直接融资采用机构监管模式，而在互联网金融发展初期，尚无相应法规对P2P网络借贷企业属性进行界定，从而导致监管真空出现。

互联网金融产品与服务涉及银行、证券、保险、信托和基金等多个领域，具有金融综合经营的特征。跨市场、跨行业、跨区域经营的互联网金融既没有坚持分业经营原则，又规避了分业监管，成为事实上的无监管，在某种程度上成为互联网金融早期快速发展的重要原因。

3. 监管套利

监管套利指的是金融机构利用不同监管机构制定的不同监管规则甚至是相互冲突的监

管规则或标准,选择在监管相对宽松的金融领域开展经营活动,以便降低监管成本、获取超额收益的行为。在互联网金融发展初期,互联网金融领域的监管套利较为明显,不少P2P网络借贷平台以资金中介为名行"资金池"之实,使得资金流向脱离监管视野,资金投向高度不透明。这些网络借贷平台业务本质上属于银行业务,却没有受到像银行一样实名开户、信息披露、风险准备金计提等监管约束,导致这些网贷平台在某种程度上存在监管套利。

4. 监管包容

在中国,互联网金融发展初期的监管包容在一定程度上为互联网金融的快速发展提供了相对宽松的环境。2014年3月国务院总理李克强在政府报告中指出,要促进互联网金融健康发展,完善金融监管协调机制。这表明互联网金融已进入决策层视野,互联网金融创新在政府层面正式得到认可。2015年7月出台的《关于促进互联网金融健康发展的指导意见》是我国互联网金融发展的一个基础性政策文件,它明确了20字监管原则:"依法监管、适度监管、分类监管、协同监管、创新监管"。只要不触发系统性金融风险、不引发社会不稳定,互联网金融创新和发展依然会受到鼓励。

随着利率市场化等各项改革措施的深入推进,上述因素共同作用促使我国金融业开始谋求改变,在支付、融资、投资、理财、保险等传统金融各个领域相继出现"微突破",以互联网为代表的信息技术在这种微突破中担当了主力军,最终通过互联网的聚合效应促成了一定当量的"核裂变",即互联网金融诞生。

二、国外互联网金融

互联网金融出现于20世纪90年代中期。1995年10月首家互联网银行——安全第一网络银行(Security First Network Bank,SFNB)成立,标志着互联网和信息技术正式进入金融业。1998年12月,PayPal公司在美国成立,标志着创新业态第三方支付的出现。之后,随着互联网技术不断发展以及电子商务普及,P2P网络借贷、众筹融资等创新模式在欧洲和亚洲一些国家和地区相继出现并逐渐兴起,互联网金融谱系逐步完善。

(一)总体情况

作为互联网的起源地,欧美一直引领着全球互联网金融的创新发展,几乎所有具有代表性的互联网金融业态或模式都诞生于欧美,特别是美国。总体来看,国外互联网金融的主要业务模式有以下几种:互联网支付、P2P网络借贷、众筹融资、互联网银行、互联网证券、互联网保险和互联网资产管理。根据其自身的特征和依托平台,可以分为以下五种类型。

1. 网络金融

网络金融包括网络银行、网络保险和网络证券等形式,指通过互联网渠道经营传统金融业务。早在20世纪90年代中期,花旗、汇丰和富国等国际领先银行纷纷开始推出网上银行服务,在当时席卷全球的金融自由化浪潮推动下,美国第一联合国家银行(First Union National Bank,1995)、全球最大保险电子商务(Ins Web,1995)和美国证券公司代表亿创理财(E*TRADE Financial,1996)等纯网络金融机构纷纷诞生,并一度活跃于市场。网络银行是纯线上运营的直销银行,这些银行不是通过传统的营业网点和柜台服务,而是通过电话、信件、ATM机以及互联网终端、移动互联网终端来提供银行服务。到20世纪末,随着互联网金融泡沫的破裂,纯网络银行陷于沉寂,大部分破产倒闭或被吸收进银行的网络银行部门。此后,网上银行成为发达国家居民获取互联网金融服务的主渠道,物理网点与网上银行相结合,也成为商业银行的主流经营模式。

2. 电商金融

电商金融指非银行第三方支付机构为电子商务交易或基于电子商务平台提供的支付、理财、融资等金融服务,是电子商务类企业提供的金融服务与产品的总和,主要包括支付、借贷、供应链金融、预售订单融资和众筹融资等。电商金融的兴起源于1995年以后电子商务的大规模发展,可以说,电子商务为互联网金融创新提供了经济基础、数据基础和技术基础。美国 eBay 旗下的 PayPal 和谷歌钱包(Google Wallet)、荷兰的 GlobalCollect、英国的 Worldpay 和欧洲地区流行的 Moneybookers 等在线支付公司是主要代表。这些电商金融企业利用平台资金流、信息流和物流三者合一的优势走上了由支付向理财、融资全方位渗透的发展模式。1999年,PayPal 推出货币市场基金产品,2008年斥资10亿美元收购信用支付工具 Bill Me Later,形成了全球业态的金融服务链条。近年来,以 Amazon 为代表的大型电商逐步摆脱 PayPal 的控制,经营自己的电商金融,甚至出现了专门从事电商数据分析、信用评分、信贷评估的小贷公司、供应链融资公司和评级机构,金融与电商的跨界融合日益深入。

3. 社交金融

2003年以后,互联网进入以用户创造内容和深度交互为特征的 Web 2.0 时代,出现了 Facebook、Twitter 等社交服务网站,网络社交、即时通信与微博客等自媒体传播流行,互联网金融的业态创新开始融入社交、众包和自金融等元素,英国的 Zopa、美国的 Prosper 和 Lending Club 等 P2P 网络借贷公司相继出现,并在2008年全球金融危机爆发、传统信用萎缩的情况下得到快速发展。接着,Indiegogo 和 Kickstarter 等众筹公司先后成立。2012年,美国政府通过 JOBS 法案(Jumpstart Our Business Startups Act,创业企业促进法案),允许小企业通过众筹融资获得股权资本,以法律形式承认并支持众筹模式的发展。P2P、众筹融资对传统信贷、证券、票据业务呈替代之势,社交平台、电商和银行实现账户联合、接口互通,纷纷推出虚拟货币和社群支付应用。2011年,Facebook 推出 Credit 虚拟货币和社群支付应用,并开始向移动终端、线下社交和生活场景延伸,将社交金融服务拓展到购物、支付、缴费和理财等领域。

4. 移动金融

随着移动互联网的发展和移动智能终端的普及,移动金融逐渐成为互联网金融领域的主流模式。日本是最早运营3G网络的国家,早在2004年,日本 NTT DOCOMO 与 Edy 合作推出"手机钱包",实现小额移动支付功能。美国移动金融发展相对滞后,但2010年以后,竞争也趋于白热化,银行各类移动支付产品、谷歌手机钱包、Square 移动刷卡设备纷纷进入市场。之后,在移动金融领域,新型终端设备、生活社交应用、O2O 支付模式层出不穷,已经成为互联网金融创新的聚焦点。

5. 大数据与智慧银行

2012年以来,云计算、大数据、人工智能和语义网等新技术和新理念被广泛关注,商业应用也开始取得实质性突破,商业银行和一些非金融机构开始探索将大数据技术用于信用评估、欺诈侦测、精准营销、市场预测和运营优化;将生物识别技术应用在身份识别领域;使用自然用户界面技术使人机交互的客户体验更智能;对客户的信息展示、产品设计实现自定制;利用虚拟现实技术使线上、线下通过虚拟现实融为一体;将各种设备终端互联互通、无缝整合,"智慧银行"成为互联网金融的主流方向之一。

(二) 不同国家的互联网金融发展

从全球范围来看,结合互联网普惠性、高效性和规模化的优势,实现金融资源更有效配置已经是时代的共识和大势所趋,互联网金融在世界各国的不同发展路径促成了其不同的互联网金融生态并呈现出不同特征。

1. *美国:传统金融业互联网化占主导地位*

美国1986年完成了利率市场化,利率市场化、互联网和信息技术的快速发展使得没有营业网点的互联网银行成为可能。在证券行业,互联网和信息技术的发展直接催生了一批互联网券商,它们通过较低的佣金吸引客户,并积极提供资产管理等业务,互联网券商成为美国证券行业不可或缺的组成部分。20世纪90年代,美国互联网金融发展较为缓慢。2000年之后,互联网金融在美国开始加速发展,大型金融机构开始利用互联网推进金融业务。与此同时,互联网金融创业企业开始大规模出现。2005年之后,P2P和众筹模式相继诞生并取得成功。2012年,JOBS法案通过,这标志着互联网金融在美国进入一个新发展时期。网络技术发展、金融监管放松、信息体系完善和法律法规完备是美国互联网金融发展的重要因素。

1) *互联网银行*

美国互联网银行的发展主要存在三种模式:一是纯网络银行发展模式,也称虚拟银行,是完全基于互联网发展起来的电子银行;二是依附于传统银行的发展模式,包括传统银行向网络银行延伸式发展模式、并购模式和目标聚集模式;三是依附于非银行机构的发展模式。

1995年,美国第一家没有分支机构的纯网络银行SFNB诞生,接受美联储和各级政府监管,标志着互联网技术正式进入金融业,预示互联网金融将进入快速发展的新阶段,因此业内一般也将1995年10月SFNB成立作为互联网银行诞生的标志。网络银行的优势包括三个方面:一是使用方便,没有时空限制,属于7×24小时服务;二是经营成本较低,主要体现为技术投入、物理网点和营业人员成本很低;三是服务创新快,它基于大数据技术识别客户,能够提供更多定制化的金融服务。由于具有这些优势,SFNB创建初期发展迅猛,曾一度通过资产收购的方式一跃成为全美资产规模第六大银行。但是,网络银行也有先天不足,如网络安全问题。由于是网上交易,用户信息和资金被盗的风险较高,网络技术风险客观存在。此外,美国纯网络银行所吸收的存款出路狭窄,一般仅为买进一些以按揭抵押贷款为基础的证券类产品,或者拆借给银行,并不具备与传统商业银行竞争的实力。随着花旗、大通等老牌银行加快信息化建设,进行网络银行布局,SFNB优势不再,加上其内部风险管理不善,1998年被加拿大皇家银行收购。美国商业银行体系仍然是传统大银行一方独大。

2) *互联网支付*

PayPal成立于1998年12月,总部在美国加利福尼亚州圣荷塞市。它是全球最大的基于互联网的第三方支付公司,全球注册账户超过1亿,是跨国交易中最有效的支付工具。PayPal始终秉持"普惠金融服务大众"的企业理念,致力于提供普惠金融服务,通过技术创新与战略合作相结合,为资金管理、转账、付款或收款提供灵活选择,帮助个人及企业更好地参与全球经济活动。在美国,PayPal拥有官方支付牌照,在财政部注册,受联邦及州政府的两级反洗钱监管,其资金托管也受到联邦存款保险公司(Federal Deposit Insurance Corporation,FDIC)的监管。2007年,PayPal推出中文界面,进军中国市场。2019年,PayPal通过旗下美银宝信息技术(上海)有限公司收购国付宝70%股权,成为国付宝实际控制人并进入中国支付服务市场,取得中国支付牌照,成为境内首家外资支付机构。中国市场贡献了贝宝(PayPal在中国大陆的品牌名)跨境支付业务的20%,而跨境支付占贝宝支付业务总量的21%。

除了PayPal之外,美国还有三个较大的第三方支付平台,分别是Google旗下的Google Wallet、重点开发移动支付的电信公司联合体ISIS以及零售商联盟MCS。

3) 互联网证券

美国是最早开展网络证券交易的国家,也是网络证券交易经纪业最为发达的国家。20世纪90年代初期,美国券商陆续推出网络证券交易经纪业务,当时主要向机构投资者实时提供行情。1995年,折扣经纪商Charles Schwab(嘉信理财)成立了专门的电子商务公司从事互联网证券经纪业务,成为第一家开展证券电子商务的经纪商。之后,一批证券经纪商开始重视并涉足证券电子商务,并针对不同客户形成了不同的盈利模式。折扣经纪商Charles Schwab(嘉信理财)在营业部业务的基础上推出网上经纪业务,在提供经纪通道服务的同时附加咨询服务以收取费用;1996年,纯网络经纪商E*TRADE产品上线,通过极低的交易佣金吸引客户,尤其是个人投资者,由此开创了完全基于互联网交易的模式;1999年,以Merrill Lynch(美林证券)为代表的传统券商全面开展网络业务,针对机构投资者提供全套金融服务,收取高额佣金。

与互联网银行一样,美国网络证券业务也是伴随着互联网的普及和信息时代的到来而兴起的,只不过接受美国证券交易委员会(Securities and Exchange Commission,SEC)的监管。网络证券交易主要包括网上开户、网上交易、网上资金收付、网上销户四个环节,还提供投资咨询、信息送达、数据分析和投资者教育等服务。投资者可通过网上证券交易或手机证券交易进行投资和资产管理,如参与新股申购、基金申赎和理财产品购买等。互联网证券平台还可以根据用户的资产浏览习惯进行差异化的信息推送,也可以在大数据技术的支撑下帮助用户更好地配置资产。由于推广时间早、推广面广、对物理网点的依赖性更低,网络证券经纪业务被认为是美国互联网金融业务中最成功的领域之一。

4) P2P网络借贷

目前,美国市场占据前两位的P2P网络借贷平台是Lending Club和Prosper。其中,Prosper是美国第一家P2P网络借贷公司。Lending Club是美国P2P网络借贷的典型代表,主营业务是为市场提供P2P贷款中介服务,只收中介费,不提供担保,借款人主要依靠信用融资,筹款主要用于支付信用卡还债。Lending Club在运营初期仅提供个人贷款服务,截至2013年平台贷款总额达20亿美元规模。2014年12月,Lending Club在纽交所上市,成为当年最大的科技股IPO。之后,Lending Club开始为小企业提供商业贷款服务。在美国,P2P网络借贷接受SEC的严格监管,平台平均违约率约为4%。

5）众筹

在美国,众筹业务同样受SEC的严格直接监管,典型的代表是Kickstarter。Kickstarter成立于2009年,主要面向公众为小额融资项目募集资金,致力于支持和激励创新性、创造性、创意性的活动。Kickstarter为"有创意、有想法,但缺乏资金"的企业和个人与"有资金,也愿意捐款支持好创意"的公众搭建了平台,使得前者可以通过网络平台面向公众募集小额资金,获得所需要资金去实现梦想。2012年,美国通过JOBS法案,允许小企业通过众筹融资获得股权融资,这一举措使得众筹融资替代一部分传统证券业务成为可能。

6）互联网保险

美国是全球保险业规模最大的国家,也是最早出现互联网保险的国家。1995年2月,世界上最早的第三方网络保险平台Ins Web在美国创立,标志着保险行业正式迈入"互联网时代"。目前,美国几乎所有的保险公司都开展了线上业务,其中比较有影响力的包括Ins Web、Insure.com、Quicken、Quick Quote、SelectQuoto等公司,部分险种网上交易额已占其全部交易额的30%~50%,线上销售已经成为个人保险销售的重要渠道之一。

互联网保险业务在美国目前主要有代理模式和网上直销模式。前者指的是通过和保险公司形成密切合作关系,实现网络保险交易并获得规模经济效益的模式,优点在于通过其庞大的网络辐射能力获得大批潜在客户。网上直销模式指的是保险公司直接通过网络进行保险产品销售的模式,其优点在于能直接提升企业形象,有助于保险公司开拓新的营销渠道和客户服务方式。由于互联网和信息技术发展具有领先优势,加上良好的市场经济环境,美国成为互联网保险发展较为成熟的典型代表。

7）互联网资产管理

除了保险线上销售渠道,互联网也逐渐成为投资者买卖基金的主要渠道,投资者通过基金公司的网站评价基金业绩,进行基金交易。此项业务在美国发展相当迅速,据统计,美国目前大约有5%的新基金销售通过互联网进行,基金管理公司积极通过互联网拓展业务,如为企业提供管理退休基金和其他相关服务。典型的例子是PayPal,它是互联网货币市场基金的鼻祖,可以理解为我国余额宝的美国版,用户不需要开通货币基金账户就可以每月获得收益,所以受到很多用户的欢迎。2007年,PayPal货币基金迎来发展的黄金时期,其规模达到10亿美元的巅峰。2008年金融危机之后,美联储实行了超低利率政策,导致整个货币市场基金行业再次面临困难,PayPal的货币基金在经营了十余年后不得不于2011年7月告别市场。

2. 日本:互联网企业主导互联网金融发展

与美国不同,日本的互联网金融由互联网企业主导,并形成了以日本最大的电子商务平台——乐天株式会社(Rakuten)为代表的涵盖了银行、保险、券商等全面金融服务的互联网金融企业集团。

1）乐天公司与互联网金融

乐天公司是一家电子商务企业,于1997年成立,2005年通过收购建立了乐天证券,开始打造其互联网金融业务。利用乐天公司规模庞大的电子商务客户群,乐天证券在建立当年就成为日本开户数第三的券商。目前,乐天证券是日本第二大互联网券商,主营业务涵盖股票、信托、债券、期货和外汇等。由于其电商平台七成交易都是通过信用卡支付,乐天公司

2005年开始进入信用卡行业,利用其消费记录作为授信依据。2009年,乐天公司开办网络银行——乐天银行,目前该银行是日本最大的互联网银行。2012年,乐天金融贡献了1 564亿日元营业收入,占该集团总收入的30%。

乐天公司作为日本市场份额最大的电商企业,从其发展历程和商业模式来看,与阿里巴巴有着很大的相似度。乐天进军互联网金融的主要意图有四点:① 最大化用户对于乐天服务的黏性;② 提升电子商务购物和旅游的每用户平均每月贡献业务收入值(Average Revenue Per User,ARPU);③ 通过信用卡和电子货币等线下支付工具增加公司收入;④ 加速乐天生态系统中的服务交叉使用,发挥协同效应。目前,乐天已成功打造集团生态系统,并充分利用集团各个板块的协同效应为电商平台积累的客户提供优质金融服务,涉及证券、信用卡、银行、保险和预付卡等多个领域。

2) SBI控股株式会社与互联网金融

SBI(Strategic Business Innovator)控股株式会社,即SBI集团,成立于1999年,是日本互联网金融的先驱,它建立了全球独具特色的"网络金融企业集团体制",是世界最大的综合网络金融集团之一,也是亚洲最大的风险投资、私募股权资产管理机构之一。

SBI集团的业务领域涉及网络证券、网络银行、网络保险、网络外汇保证金交易平台、私设交易系统等金融服务业务,公募基金、风险投资基金、私募股权基金、不动产基金等资产管理业务,以及基于创投的资产管理和生物科技相关业务,其中金融服务业务是公司最主要的收入来源。

SBI集团的业务遍及北美、欧洲、南美、中东及东南亚各国,2012年成立SBI中国区总部思佰益(中国)投资有限公司,并加大对中国区的投资力度。例如,SBI集团与瑞士丰泰人寿保险公司、新加坡新政泰达投资有限公司共同入股泰康人寿保险有限公司,成为泰康人寿的外资股东。之后,SBI集团入股天安保险股份有限公司,并为其带来先进的互联网保险事业理念。SBI集团与上海陆家嘴(集团)有限公司、新希望集团有限公司签署关于在上海自贸区打造互联网金融服务平台、开展互联网金融服务业的战略合作备忘录,在一定程度上推动了中国互联网金融的发展。

3) Monex在线证券公司与互联网金融

Monex在线证券公司是日本网络证券交易巨头之一,由其社长松本大于1999年创办,是一家主要针对个人投资者的在线金融服务集团。Monex在互联网技术领域拥有竞争优势,它通过不断做强交易功能、增加交易品种、增强客户体验,并通过不断并购进行外延式扩张,在日本国内券商激烈的竞争环境中占据了一席之地。

近年来,Monex确定了扩大日本和海外虚拟货币业务的发展方向,并且将利用区块链技术加强新金融业务的基础。Monex认为这是一个很大的商机,并强调了包括虚拟货币业务在内的"加密资产项目"的可能性。

4) 电信运营商与移动互联网金融

此外,从全球范围来看,日本在移动互联网金融领域的发展处于领先,这与日本移动互联网的快速发展密切相关。日本是世界上最早运营3G网络的国家,并定制手机终端、配套的内容平台和收费业务链条,用户基数庞大且黏性很高,对移动商务和移动支付的需求不断提升。同时日本金融管制政策相对宽松,这就造成了在移动支付领域电信运营商占主导地位的发展模式。

以电信运营商为主导的模式特点是用户的账号注册在运营商的支付平台上,直接与运营商接触,移动运营商需承担部分金融机构的责任和风险,这就需要运营商参与银行业务。2004年前日本主要利用IC卡实现小额支付功能。例如,日本最大的移动通信运营商NTT DOCOMO与Edy合作推出的"手机钱包"集成了各类IC卡功能后,其业务得到快速推广。2004年日本政府放松了对银行信用卡业务的限制,移动网络运营商开始与银行结盟,进军大额支付。2009年,NTT DOCOMO的DCMX手机信用卡,即以ID为平台的一种非接触式IC芯片卡,其用户数量已经达到1 000万人的惊人规模。

3. 英国:P2P网络借贷发展的代表

英国的P2P网络借贷和互联网保险的发展均取得了突出的成绩,尤其是P2P网络借贷。

2005年3月,Zopa网络借贷平台在英国伦敦成立,它是全球第一家提供P2P金融信息服务的公司,也使得英国成为P2P网络借贷业务模式的发源地。Zopa网络借贷平台对接的一方为经过评估划分的可以接受不同程度风险的资金需求者,另一方为可以提供不同水平利率贷款的资金借出者。资金借出者的筛选和确定以竞标模式进行,利率低者胜出。Zopa凭借其网络借贷平台所形成的高效便捷的操作方式和灵活的利率定价机制受到借贷双方欢迎,也受到金融市场的广泛关注,其商业模式随后快速在世界各国被复制和传播。2008年,金融危机爆发,主导信贷市场的各大银行出于风险管理的考虑普遍提高了资本金充足率,使得中小微企业的融资需求更加无法得到充分满足。在此背景下,英国的网络借贷以及网络众筹等互联网金融模式得到迅猛发展,为中小微企业、个人创业者融资提供了新的渠道。

4. 法国:第三方支付与众筹快速发展

法国的互联网金融以第三方支付、众筹、在线理财、网上交易所和小额信贷等服务类型为代表,其中第三方支付和众筹发展最为迅速。在第三方支付领域,PayPal已占据法国48%的市场份额。为了与之争夺第三方支付市场,法国巴黎银行、兴业银行和邮政银行于2013年9月共同研发了新型支付方式。

在众筹方面,法国虽起步较晚,但发展十分迅速,2013年法国国内的众筹平台一共筹集了8 000亿欧元,比上一年度增长了一倍。法国互联网金融的其他领域的发展相对较慢,如P2P网络借贷,其起步较晚,有营利和非营利两种模式,其中非营利模式的代表是Babyloan。Babyloan平台主要为发展中国家的个人或小企业提供创业支持,借款金额从几百欧元到几千欧元不等,借款人不收取利息,可以自行选择感兴趣的项目或个人进行公益投资。

5. 德国:第三方支付发展迅速

德国的互联网金融主要包括第三方支付、P2P网络借贷、众筹融资、网络保险公司及网络银行等,但各业务模式的发展并不相同。例如,20世纪80年代,网络保险公司和网络银行就已在德国出现,其业务范围与传统金融机构无异,而P2P则直至2007年才开始运营。

随着网络购物的迅猛发展,第三方支付在德国发展也很快。2011年,德国网上支付金额已达217亿欧元,占全国商品零售额的7%。其中,31%的交易是借助第三方支付完成,通过第三方支付机构PayPal、SOFORT Uberweisung和Giropay完成的交易,分别占87%、9%和3%。德国第三方支付主要有两种模式:一是"预充值账户"模式。消费者可在第三支付机构开立个人账户,并向账户充值。需要支付时,消费者可要求第三方支付机构将资金转入商家或其他个人账户中。消费者也可将银行账户或信用卡信息提供给第三方支付机构,后者将指定账户中资金转入商家或其他个人账户中。二是"匿名预付卡"模式。消费者无须在第三方支付机构注册和开立账户,只需购买其发行的预付卡。预付卡可以是实物卡或虚拟卡,并附带密码。支付时,消费者直接输入预付卡信息,即可完成支付。

德国的 P2P 网络借贷起步较晚,典型代表为成立于 2007 年的 Aux Money 和 Smava 公司,它们主要借助网络平台为个人和个人间借贷提供小额贷款中介服务。德国的众筹融资起步较晚,尽管发展较快,但规模很小,几乎可以忽略不计。

(三) 优势和不足

总的来说,国外互联网金融的发展得益于以下两个优势:一是依靠互联网方便快捷的特点,接触到尽量多的客户,发挥了平台优势;二是依靠灵活及低成本的优势降低费率,吸引客户。国外互联网金融在其发展中暴露的不足主要包括:一是互联网金融企业尚缺乏专业的金融人才,导致复杂的金融业务难以开展,只能依靠复杂的互联网金融产品获取高收益;二是互联网金融企业的金融产品开发能力不足,导致大多数互联网金融企业只能销售其他公司的产品,而大型金融企业大多数有自己的销售平台,因此有好的产品都会放到自己的平台销售,难以销售的产品才会考虑依靠互联网金融企业的平台。

以上不足阻碍了国外互联网金融企业在金融行业中的进一步发展,导致其发展到一定程度后往往会遇到瓶颈,难以进一步做大,因此难以大规模冲击传统金融企业。到目前为止,传统的大金融机构依然是市场的主角,它们利用互联网作为一个新的营销渠道,提供金融产品和服务。

三、我国互联网金融

虽然国外互联网金融的发展态势对我们把脉国内互联网金融的发展趋势大有借鉴,但是,我国互联网金融的发展与国外互联网金融的发展表现出很大的区别。以欧美为例,这些国家并没有出现所谓"互联网金融"或者"金融互联网"的概念,这是因为这些国家是在高度成熟、发达的经济体系基础之上发展互联网业务,很多金融业务在互联网出现前已经成熟,只不过将其从线下直接移植到了线上,其互联网的特色并不明显,并不需要特别强调,互联网创新也并没有太突出的影响。而我国是在经济尚不发达的情况下拥抱互联网,很多业务首先出现在互联网上。由于我国线下经济相对落后,互联网作为新工具更有利于互联网金融业务的推广,因此,第三方支付等才能取得远远超出欧美同类产品的成绩,抢占大量原本可以属于线下金融产品的市场份额,这也是为什么我国互联网金融相对国外互联网金融看起来如此发达的原因之一。

(一) 总体情况

总体来看,我国互联网金融与国外互联网金融市场的模式和结构基本相同,但是,相比国外已经形成一定规模的传统金融业务纯线上模式,我国互联网金融正在探索一条有自己特色的道路。

我国互联网金融的发展历史可以追溯到 20 世纪 80 年代,自那时起我国银行业开始全面使用计算机系统,这意味着金融电子化时代的到来。90 年代初,我国金融专用网络体系建设获得了较大规模发展。1993年,中国政府宣布将金卡等一系列"金"字工程作为重要的国民经济信息化工程后,我国金融电子化建设进程加快,并取得了巨大成就。我国建成了金融卫星通信网络和中国国家金融数据通信网等金融骨干网络。基于这些骨干网,中国人民银行和各商业银行先后建立起国家现代化支付系统和网络联行系统。国内大部分城市中,本地清算系统、储蓄通存通兑系统、对公业务系统、银行卡自动处理系统等应用系统也先后投入运行。一个集国家宏观金融管理和监控、金融机构内部经营管理和对外提供金融服务等功能于一体的互联网金融体系已经初步形成。

20世纪90年代中期以来,随着互联网和信息技术的发展和普及,我国开始跨入互联网金融发展新阶段,工、农、中、建四大商业银行都已经建立了比较完善的通信网络系统。中国银行于1996年10月率先开始提供网络银行服务。2000年6月29日,由中国人民银行牵头,组织国内12家商业银行联合共建的中国金融认证中心全面开通,正式开始对外提供发证服务。与银行业相比较,我国的网络保险业起步较晚。1997年11月中国保险信息网开始运行,成为中国网络保险发展的里程碑,网络交易方式在我国券商中得到迅速推广。

随着汇率市场化、利率市场化和金融管制的放松,我国的金融业改革成为全球瞩目的大事。在互联网思想和信息技术应用的推动下,我国的金融效率、交易结构,乃至整体金融架构都发生了深刻变革。从政府不断出台的金融、财税改革政策中不难看出,惠及和扶持中小微企业发展是金融改革的重要领域,占我国企业总数98%以上的中小微企业对中国经济的发展具有重要影响。从互联网金融轻应用、碎片化理财的属性来看,相比传统金融机构和渠道而言,它更容易受到中小微企业的青睐,也更符合其发展模式和刚性需求。

1999年12月,首信易支付在北京成立,标志着互联网金融在我国正式出现。2012年,中国互联网金融理论奠基人、中国互联网金融之父谢平首次提出"互联网金融"(Internet Finance)的概念。2013年,互联网金融进入爆发式发展阶段,因此这一年被称为我国互联网金融发展元年。2014年,互联网金融在我国依然呈现飞速发展态势。互联网银行、互联网证券、互联网保险、互联网基金以及互联网信托等互联网金融业务逐渐渗透到社会经济生活的各个方面。互联网金融逐步发展成为我国金融业务的主流形态之一,对我国金融产业发展、现代化水平以及国际竞争力的提高发挥着重要作用。

2015年7月至2016年9月是我国互联网金融风险快速集聚与爆发的阶段,急需对互联网金融进行严格规范和管控。高风险引起了社会民众、企业界、投资界、监管机构乃至各级政府的高度关注。因此,2015年7月18日,中国人民银行、工业和信息化部、公安部、财政部等十部门联合印发了《关于促进互联网金融健康发展的指导意见》,首次明确了互联网金融的边界、业务规则和监管责任,我国互联网金融进入规范发展阶段。2016年10月起,我国互联网金融进入风险专项整治阶段,相关部门的监管条例相继出台,第三方支付、网络借贷、股权众筹、互联网保险、互联网资产管理、现金贷、虚拟货币、互联网金融交易所等业务模式及平台都被纳入互联网金融风险专项整治范畴。如今,我国互联网金融行业逐渐合规,金融乱象不断减少,整个环境更健康更安全。

(二) 特征

1. 多种模式竞相发展

总体来看,我国互联网金融呈现出以第三方支付和P2P网络借贷平台为代表的各种模式竞相发展的态势，众筹、大数据金融、互联网金融门户等新金融形态不断涌现，并得到快速发展。

第三方支付自产生后逐渐发展成为我国互联网金融的一个重要形态，从2011年5月份首次发放第三方支付牌照以来，央行迄今已发出了8批共270张支付牌照。2013—2019年，我国第三方支付综合支付市场交易规模逐年增长，2019年达到250万亿元，与2018年相比增长20.2%。

2012年和2013年是我国P2P网络借贷发展的爆发期，2012年P2P网络借贷平台在全国各地迅速扩张，2013年，P2P网络借贷平台更是以每天1~2家上线的速度快速增长，尤其是2013年9月之后，新增平台的上线速度达到每天3~4家。据统计，截至2015年2月底，我国P2P网贷平台数量已达2 134家。之后随着P2P网络借贷风险爆发，国家开始对其进行整顿。2016年开始对P2P网络借贷平台实行18个月的整顿期；2018年P2P行业在金融监管政策影响之下，违规违法的P2P平台不是自行清退就是强制清退；2019年P2P网络借贷金融全面整顿，全面清退僵尸平台与规模较小的P2P网络借贷平台，下半年P2P网络借贷进入常态化监管。进入2020年，P2P网络借贷行业的清退工作悄然加速，征信体系建设稳妥有序推进，P2P网络借贷市场逐步规范，P2P网络借贷风险大幅下降。到2020年11月，实际运营的P2P网贷机构完全归零。

2. 行业巨头纷纷涌入

在我国，互联网金融已经成为互联网企业和传统金融企业的新战场，两大主体分别代表了非金融机构和传统金融机构，共同构成当前的互联网金融格局，共同参与和推动互联网金融发展。

1）互联网企业涉足互联网金融

第一类主体主要指利用互联网技术进行金融运作的电商企业、P2P网络借贷平台、众筹投资平台、手机理财App以及第三方支付平台等非金融企业。大致可分为三类：一是电子商务类企业，它们利用网络经济交易基础，结合支付、消费和供应链等开展金融服务创新，包括为交易双方提供便捷支付、商务融资和股权投资等；二是拥有技术优势的互联网科技类企业，它们依托技术优势进入金融领域，其从事金融大多从支付开始，即利用自身的技术优势或进入电子商务领域搭建与商品销售相应的资金收付平台，或通过与银行、商户合作进入个人小额支付市场；三是民间不持有金融牌照的具有投资类性质的企业，包括金融信息服务公司、投资公司、投资咨询公司和资产管理公司等企业，它们在工商注册登记开展投资、投资咨询、信息服务和财务管理等业务，通过搭建互联网平台，开展投融资服务。这类企业有的开设了各类网络借贷平台，提供P2P网络借贷服务，如红岭创投、陆金所和宜信等。有的企业注册众筹平台，为小型众筹项目提供平台服务，如点名时间、网信等。还有的企业提供互联网金融信息、基金产品销售、各类金融交易通道、数据服务和智能投顾的收费增值服务等，如东方财富、同花顺、大智慧和网贷之家等。

互联网企业基于互联网平台提供各类金融服务，更加强调大众性、共享性、普惠性和互动性。它们进入金融业务领域，比传统金融机构拥有更多创新驱动力，驱使其创造和实现更多不同于以往业态的金融服务，如金融市场、金融机构甚至金融政策等。随着自身的逐步发展，互联网企业通过与资本市场接轨，借助高新技术等概念争取大量投资，面向大众，通过更为普惠的方式以几乎无边际成本的方式获得资金，逐渐积累了大量沉淀资金。通过运用该资金,互联网企业成为利用互联网技术向传统金融业务渗透的先锋。由互联网企业推动发展的互联网金融被称为互联网业务的金融化。

以 BAT(即百度、阿里和腾讯)为代表的三大互联网企业巨头以及具有支付业务的相关企业纷纷涌入互联网金融领域,不断向该行业延伸。阿里是互联网金融的领航者,它的产品有阿里小贷、余额宝、阿里信用支付等。其中阿里小贷通过对淘宝平台商家的大数据分析,形成了自有的风控模型。截至 2018 年,蚂蚁小贷和网商银行服务了近 1 200 万家小微企业和个体工商业者,发放了超 2 万亿元的贷款。财付通凭借腾讯用户量极大的社交网络软件微信平台,推出了微信支付,在移动支付市场取得成功。百度在谷歌退出中国市场的大好环境下,在中国搜索引擎领域可谓一家独大,这也决定了百度所处理的信息量很大。为了与阿里的支付宝业务相匹敌,百度推出了百度钱包等业务。但由于百度钱包晚于支付宝推出,国内移动支付领域已经基本被支付宝、微信占了先机,对百度钱包的发展带来了很大的挑战。

此外,阿里巴巴、腾讯等参与了首批民营银行试点,2014 年腾讯参股的前海微众银行作为国内首家民营银行正式上线,银监会批准阿里筹建浙江网商银行,阿里巴巴正式成立蚂蚁小微金融服务集团,整合支付宝、余额宝、招财宝、蚂蚁小贷和网商银行等业务。CHINAPAY(银联电子支付)、百度、新浪、汇付天下、中国联通和支付宝等非金融支付机构纷纷申请,以获取基金支付结算乃至销售牌照。自虚拟信用卡和信用支付业务被监管机构叫停后,天猫上线分期购、京东上线京东白条以及支付宝推出花呗。

2) 传统金融企业涉足互联网金融

第二类主体指利用互联网技术创新自身金融业务和服务的传统金融机构,其创新更多集中于金融产品和金融业务的创新上,如大额可转让定期存单、货币期货、股票期权、可变股息优先股、按揭贷款和融资租赁等。在长期独占金融业务之后,互联网技术以及互联网企业所带来的发展紧迫感,使得越来越多的传统金融机构开始使用互联网技术改造原有的金融产品,力图通过这种"倒逼"式的创新继续保持竞争实力。由传统金融企业推动发展的互联网金融业被称为金融业务的互联网化,包括传统金融业务的互联网创新以及电商化创新等。

在实践中,传统金融巨头以中国建设银行、中国工商银行和交通银行等商业银行为代表,它们以电商平台为渠道加大对互联网新技术的使用效率,期待在互联网金融时代到来之际以创新变革求进一步发展。例如,2013 年 9 月 18 日,北京银行举行直销银行开通仪式,并宣布:与其境外战略合作伙伴荷兰 ING 集团正式开通直销银行服务模式,并在北京、南京、济南和西安四地率先推出首批共计 6 个试点。之后,北京银行直销银行推出手机客户端,通过智能手机为用户在线提供金融服务,包括更惠存、更慧赚、更会贷、更汇付四大产品体系,其中会贷宝产品能提供全流程在线的贷款服务。

平安集团是传统金融机构发展互联网金融的另一类代表。平安集团作为传统金融机构对于互联网金融的探索属于内生的自我改造和自我革新,这种探索既包括传统金融业务的互联网化,也包括传统金融机构对空白市场的挖掘与开发。平安传统金融业务互联网化包括网上保险、网上银行、网上信托、网上基金超市和跨界电商等业务,逐渐形成了自己的互联网金融生态圈。

3. 各级政府积极支持

2013 年,面对热潮汹涌的互联网金融,各地政府也陆续出台政策,积极支持互联网金融发展。例如,北京市力促相关行业主体集聚,为推动互联网金融行业规范发展提供平台与机会;上海市推行金融创新新政,推出支持互联网金融相关企业落户的具体措施;浙江省依托发达的民营经济,为互联网金融行业提供快速发展的沃土;深圳市前海金融资产交易所,吸引民生电商等新型金融电商和互联网金融企业入驻。

4. 各种组织相继成立

2013年开始,各种与互联网金融相关的组织相继成立。2013年6月1日,软交所成立国内首家由企业运营的软交所互联网金融实验室;2013年8月9日,由京东商城、当当网、融360、我爱卡、好贷网等在内的33家单位发起成立中关村互联网金融行业协会,以发挥中关村在互联网、搜索引擎、大数据、云计算、科技金融等方面的优势,从而推动中关村互联网金融产业发展;2013年8月13日,中国互联网协会发起成立中国互联网协会互联网金融工作委员会。

5. 互联网金融投资兴起

随着互联网金融在中国的发展,其在投资市场的表现也引起人们的关注。根据IT桔子研究的数据显示:其跟踪的245家公司在其统计的2010年以来的投融资事件中,互联网金融领域发生了58起投资事件,占比24%;在投资金额分布上,互联网金融相比其他行业融资金额更高。截至2013年10月,多家获得规模融资的互联网金融企业再次掀起行业投资热潮。例如,91金融超市2013年7月宣布获得经纬中国、宽带资本的1 000万美金的B轮融资;融360贷款2013年7月宣布获得来自红杉资本中国基金领投的3 000万美元B轮投资;挖财2013年9月宣布获得IDG资本千万美元风险投资,继2011年6月获千万人民币天使投资后再获投资。

从金融投资的角度看,我国互联网金融发展的热潮大约始于2012年。据不完全统计,2009年4月至2014年4月,我国互联网金融行业风险投资(Venture Capital,VC)和私募股权投资(Private Equity,PE)融资事件共发生约85起,融资金额共计约8.5亿美元。互联网支付是资本流向最多的地方,占到了三成以上,这与当时我国电商的迅速发展,以及我国传统金融体系无法满足人们在互联网时代日益庞大的需求密不可分。其次是金融机构创新型互联网平台,即以互联网技术与我国传统金融机构相融合或整合各类金融需求的平台化模式为代表的各类创新,其融资金额和数量均大约占四分之一。P2P网络借贷获得的融资数量排在第三位,体现出借贷模式对互联网与生俱来的适应性。众筹融资的发展相对较晚,在我国现行法律之下,股权众筹平台还一直承受着"是否合法"的质疑,获得融资数量有限。公募基金公司的互联网销售平台获得的融资相对较少,其中一个原因是与公募基金直接对接的第三方支付平台占据了主要市场。

6. 创新与风险并存

我国互联网金融在迅猛发展的同时也面临着风险快速集聚。互联网金融领域作为一个新兴领域,从来不缺乏创新,然而在相关互联网金融机构积极服务企业促进经济发展的同时,P2P网贷平台跑路、众筹违规集资等事件也频频发生,互联网金融风险问题逐渐开始被社会各界所关注。作为一种新型金融模式,互联网金融发展可谓创新与风险并存,整个行业仍处于探索阶段,在确保坚守法律底线、防范风险并对少数违法的害群之马坚决予以严厉打击的前提下,提倡适度监管,积极包容创新。

请扫描二维码观看视频"国内外互联网金融发展"。国内外不同的背景导致了其互联网金融发展的不同特征和现状。该视频分别介绍了国内外互联网金融发展的宏观和微观背景,以及国内外互联网金融的主要业务模式、每一种模式的特征和市场概况。

国内外互联网金融发展

(三) 优势与不足

1. 优势

我国互联网金融的主要业务模式包括众筹、P2P网贷、第三方支付、数字货币、大数据金融和互联网金融门户等,在我国互联网金融的发展过程中体现出以下优势:

一是成本低。在互联网金融模式下,资金供求双方可以通过网络平台自行完成信息甄别、匹配、定价和交易,无传统的中介和交易成本,也无垄断利润。一方面,金融机构可以避免开设营业网点的资金投入和运营成本;另一方面,消费者可以在开放透明的平台上快速找到适合自己的金融产品,削弱了信息不对称程度,更加省时省力。

二是效率高。互联网金融业务主要由计算机处理,操作流程完全标准化,客户不需要排队等候,业务处理速度更快,用户体验更好。例如,阿里小贷依托电商积累的信用数据库,经过数据挖掘和分析,引入风险分析和资信调查模型,商户从申请贷款到贷款发放只需要几秒钟,日均可以完成贷款1万笔,成为真正的"信贷工厂"。

三是覆盖面广。在互联网金融模式下,客户能够突破时间和地域的约束,在互联网上寻找需要的金融资源,服务更直接,客户基础更广泛。此外,互联网金融的客户以小微企业为主,覆盖了部分传统金融业的金融服务盲区,有利于提升资源配置效率,促进实体经济发展。

四是发展快。依托于云计算、大数据等信息技术以及电子商务的发展,互联网金融得到了快速增长。以余额宝为例,余额宝上线18天,累计用户数就达到250多万,累计转入资金达到66亿元。据报道,截至2019年年底,天弘余额宝规模约为1.09万亿元,成为规模最大的公募基金。

2. 不足

我国互联网金融在其发展过程中也存在一些缺陷或不足,主要包括:

一是风控水平弱。目前,互联网金融还没有完全接入中国人民银行的征信系统。虽然互联网金融风险信息共享系统正式上线,由中国互联网金融协会组织建设的"互联网金融行业信用信息共享平台"正式开通,但是,互联网金融个人信用信息共享机制尚在建设中。互联网金融尚不具备类似银行的风控、合规和清收机制,容易发生各类风险问题,如多家P2P网络借贷平台宣布破产或停止服务,所以需要加强对互联网金融风险的防范,提高风险控制水平。

二是监管有待进一步完善。我国互联网金融在其起步阶段,虽然随着相关法律、法规陆续出台,监管逐步完善,互联网金融进入规范发展阶段,但整个行业仍然面临诸多政策和法律风险。未来,需要进一步完善相关法律法规和加强监管。

三是信用风险大。现阶段中国信用体系尚不完善,互联网金融的相关法律还有待配套,互联网金融违约成本较低,容易诱发恶意骗贷、卷款跑路等风险问题。例如,P2P 网络借贷平台,在其发展初期,由于准入门槛低和缺乏监管,许多平台成为不法分子从事非法集资和诈骗等犯罪活动的温床,多家 P2P 网贷平台先后曝出"跑路"事件。

四是网络安全风险大。互联网的安全问题一直都存在,在互联网金融领域,网络金融犯罪不容忽视。一旦遭受黑客攻击,互联网金融的正常运作将会受到影响,而这将直接危及消费者的资金安全和个人信息安全。

四、互联网金融的发展趋势

互联网金融本身是一个变化非常快的竞争性领域,就未来趋势看,它的边界还会不断变化。在大数据、云计算、物联网和人工智能等新一代信息技术发展的驱动下,互联网金融在降低社会融资成本、优化金融资源配置、推动金融产业改革和创新、提高金融体系包容性和实现金融普惠大众方面的独特优势将得到进一步的发掘和利用,并对社会经济以及金融发展本身形成更积极的影响。

就我国互联网金融而言,其发展正呈现以下几个趋势。

(一)科技发展持续推动互联网金融创新与发展

互联网金融是金融科技的一种形态,金融科技持续推动的金融创新将更好地解决信息不对称、融资搜寻匹配和风险控制等金融问题。随着深度学习、机器学习、AR 和 VR、云计算、大数据、物联网和人工智能等技术在金融领域得到广泛应用,互联网金融产品和服务不断创新,金融交易的便利性、安全性和效率不断提高,这些都将推动互联网金融进一步发展。

从历史发展来看,技术发展推动金融创新与发展是基本规律。互联网金融的发展离不开包括互联网在内的信息技术的推动,新一代信息技术的不断发展与突破正推动互联网金融创新与发展。如今,金融网络、金融数字化已经发展到了一个新时期。未来,IPV6、区块链、云计算和 5G 等技术将结合起来更好地为互联网金融服务,推动互联网金融进入新领域,驶入新阶段。一方面,互联网金融服务的广度、深度和宽度不断拓宽;另一方面互联网金融在业务流程、业务开拓和客户服务等方面得到全面的智慧提升,实现金融产品、风控、获客、服务的智慧化。

例如,区块链技术通过数据的分布式存储和点对点传输,打破了中心化和中介化的数据传输模式。应用前景方面,区块链的特性将改变金融体系间的核心准则,对于目前的金融行业而言,无论是各个银行之间还是银行本身的业务流程中都存在效率瓶颈、交易时滞、欺诈和操作风险等缺陷,区块链因其安全、透明、去中心化及不可篡改的特性能使这些问题通过技术手段得到解决,故可应用于数字货币改革、跨境支付与结算、个人与企业征信、供应链金融,以及证券发行与交易等领域。区块链去中心化、去中介化,将应用于我国的支付清算、交易等诸多领域。

大数据金融正逐渐成为互联网金融主流业务模式,中国金融业的大数据时代已经来临,而金融+大数据具备了深度"掘金"的潜力,也被认为是当今经济发展与改革不可忽略的重要因素与智能。大数据技术产业发展给金融行业带来的机遇和挑战,以及实现金融大数据、金融互联网、征信大数据、风险管理方向的战略布局,将推进大数据在金融领域的应用落地。大数据应用将进入平台化、商业化阶段,精准预测消费者行为,建立实时、低成本的风险管理体系。

金融云基础设施和云解决方案也将带动互联网金融的进一步发展。金融云最大特点就是有很强的可扩展性,可以随时扩容以应对互联网流量的变化,便于用户节约开支,建立灵活的架构,尤其有利于大量小型从业者进入互联网金融。我国农村商业银行、农村信用社、村镇银行超过2 000家,这些银行在三四线城市有大量用户,对金融云计算与存储服务形成了旺盛的需求;阿里云、IBM、华为等许多IT企业正在利用其技术专长,提供云解决方案和平台。随着越来越多的从业者进军互联网金融,金融云服务将带动更多充满活力的金融创新。

(二) 移动金融成为互联网金融主流服务模式

移动金融是指使用移动智能终端及无线互联技术处理金融企业内部管理及对外产品服务的解决方案,它突破了传统PC端网络金融服务的限制,降低了移动渠道产品价值的传递成本,带来了更智能化的操作和更优秀的用户体验,使得金融服务更具有灵活性和普惠性,从而激发出大量的市场需求。随着移动互联网和移动设备普及率提高,生物识别、NFC、4G和5G、二维码支付等技术日趋成熟,基于移动终端、以客户为中心的移动金融正成为互联网金融的主流服务模式,甚至是整个金融行业的发展趋势。移动金融已经逐步从单一的移动支付向"一站式金融生活移动平台"发展,主要涉及移动支付、移动理财、移动信贷、移动证券和移动保险等方面,各市场的规模不断扩大,多元化发展趋势明显。

移动金融的本质是金融普惠化,移动金融为普惠金融创造了条件,尤其是农村。农民群体作为新一批的长尾用户,所蕴含的金融消费潜力巨大。通过移动金融,能够向广大农村地区低收入人群提供可以负担的现代金融服务,提升全社会福利水平。比如,移动支付正加速向农村地区网民渗透,相关数据显示,到2017年年底我国农村地区网民线下消费使用手机网上支付的比例已提升至47.1%。

(三) 互联网金融发展呈现生态化与专业化

互联网金融发展已经呈现出两个非常典型的方向:生态化和专业化。生态化指大型互联网金融企业由单一业态向综合化、多样化业态融合发展,形成一个涵盖整个金融消费产业链的综合化和一体化金融服务平台。具体地说,就是对支付、基金、保险、银行、证券、信托、征信等多种金融业务进行整合,形成一个生态的价值服务的产品链条。例如,蚂蚁金服积极打造的全产业生态发展路径,其生态链已涵盖支付、银行、消费金融、众筹、网络保险、网络理财、供应链金融和金融云等众多领域。中小互联网金融企业则大多专注于某一个垂直细分领域,如众筹、保险和征信等。实施专业化经营策略的互联网金融企业聚焦专业市场领域,不断提升自身的专业化服务能力,并增强自身的运营实力。

这两种互联网金融的经营策略将呈现持续并存状态,两者之间可能会通过收购、整合等方式壮大自身规模。例如,通过采用生态化经营策略的互联网金融企业,可能会通过收购专业化的互联网金融企业来消除竞争对手,壮大自己的产品链。采用专业化经营策略的互联网金融企业则通过多元化发展来扩大自身规模,从而避免被收购和被整合。

(四) 监管逐步完善促进互联网金融健康发展

互联网金融风险有其特殊性,它具有传统金融的风险,如流动性风险、市场风险、利率风险和信用风险等,却又不在传统金融监管体系之内。目前,仅有部分互联网金融企业接入了中国人民银行的征信系统,一些互联网金融企业还不具备类似商业银行成熟的风控模型和合规机制。此外,互联网金融的风险更加复杂和多变、风险传导速度更快、诱导因素更敏感复杂、技术风险更明显以及监管难度更大,很容易触发各种风险问题。因此,合理有序的监管是互联网金融快速健康发展的必要保证。

在互联网金融发展初期,许多业务处于监管的灰色地带,一些企业踩着"监管红线"铤而走险,既无法保障消费者的利益,也不利于互联网金融业务的推广。2015年开始,国务院、银监会、中国人民银行和其他部门陆续出台相关监管法规、国家标准和行业标准,互联网金融政策框架初步确立。之后,一些细分领域的监管措施也开始逐步出台,互联网金融监管体系逐步完善。如今,互联网金融监管思路进一步明确,监管意见和实施办法越来越清晰,行业运作规则和成熟度不断加强。随着互联网金融监管日趋成熟,监管理念由机构监管向功能监管转变,跨行业、跨市场和跨部门的金融协同保护不断完善,互联网金融风险得到有效控制,互联网金融慢慢进入成熟稳健期,实现整个行业的健康发展。

(五) 互联网金融向智慧金融转型

智慧金融指依托于互联网和云计算、大数据和人工智能等技术使金融行业在业务流程、业务开拓和客户服务等方面得到全面的智慧提升,实现金融产品、风控、获客、服务的智慧化。金融主体之间的开放和合作,使得智慧金融表现出透明性、便捷性、灵活性、即时性、高效性和安全性等特征,加上智慧金融基于大规模的真实数据分析,因此其决策更加贴近用户需求。

在云计算、大数据和人工智能技术背景下,金融网络正在从交易结算型网络向服务型、营销型、智能型网络演变,使得金融行业面临巨大挑战。例如,金融风控、AI生物识别等大数据流量模型会使网络更容易出现拥塞,从而影响大数据系统的响应能力。因此,很多金融机构正尝试借助金融科技逐步向智慧金融转型,打造更便捷的服务、更普惠的产品、更智能的体验、更开放的生态和更安全的保障。互联网金融也不例外,正向"智慧化"方向迈进,以用户的需求和体验为立足点,以各类金融科技推动的创新为实现条件,为用户提供更加高效、安全、个性化和综合化的金融服务,包括前台的智能支付、智能营销和智能客服,中台的智能风控、智能投顾和智能投研,以及后台的智能数据等。

本章小结

互联网金融指传统金融机构与互联网企业利用互联网和信息技术满足用户支付清算、资金融通、投资(理财)、风险管理和信息中介服务等金融需求的新兴金融服务模式。其主体既包括持牌互联网企业及其设立的主要从事互联网金融相关业务的法人机构,也包括提供互联网金融服务的传统金融机构。两大主体共同参与和推动互联网金融的发展,构成了当前的互联网金融格局。

互联网金融出现于20世纪90年代中期,可分为第三方支付、P2P网络借贷、众筹、互联网理财与保险、互联网金融门户、大数据金融、消费金融和供应链金融等细分子行业,表现为基础、整合、创新和支持四大业态。

互联网的普及和信息技术的迅猛发展与应用、用户需求以及监管促进了互联网金融的产生与发展,第三方支付、P2P网贷、众筹、互联网理财和保险等创新模式层出不穷。由于受传统金融发展、科技创新能力、客户需求、政府监管等因素的影响,各国互联网金融发展表现出不同的特征和水平。随着金融市场动态发展和监管日趋成熟,我国互联网金融呈现科技发展持续推动互联网金融创新与发展、移动金融成为互联网金融主流服务模式、互联网金融发展呈现生态化与专业化、监管逐步完善促进互联网金融健康发展以及互联网金融向智慧金融转型等趋势。

问题与思考

1. 互联网金融的定义是什么?如何理解互联网金融的内涵和外延?
2. 互联网金融有哪些创新之处?
3. 为什么互联网金融能实现普惠金融和无缝金融服务?
4. 互联网金融有哪些运行规则和优势?为什么互联网金融时代"普惠金融"能取代"二八定律"?
5. 为什么说互联网金融真正实现了金融的"充分有效性"和"民主化"目标?
6. 国外主要国家互联网金融的发展现状是怎样的?
7. 我国互联网金融的发展现状和特征分别是什么?
8. 哪些信息技术促进了互联网金融的诞生和发展?
9. 你使用过哪些互联网金融产品?请简述你在使用过程中的体验。
10. 你如何看待互联网金融风险?应当如何防范这些风险?
11. 为了能够掌握我国互联网金融发展的现状及特点,梳理我国互联网金融发展的总体情况,请通过网络搜索,查找我国互联网金融发展的起源、进程和现状。以小组为单位整理资料,制作演示文档汇报我国互联网金融发展的总体情况并分析其发展的特点。
12. 讨论我国互联网金融的主要模式及典型代表。通过上网查找相关资料,了解我国现有的互联网金融业务模式及其代表,根据自己的兴趣分析其中一种,以演示的形式进行班级交流。

拓展阅读

阅读与"互联网金融对传统金融的影响"相关的报道、专著或学术论文。
请回答:
(1) 如何理解互联网金融是金融行业的一次彻底革命?
(2) 互联网金融的发展给传统金融业带来了哪些机遇和挑战?
(3) 如何正确看待互联网金融与传统金融的关系?

参考文献

[1] 2019—2025年中国互联网金融行业发展全面调研与未来趋势预测报告[R].中国产业调研网.

[2] 汪炜,郑扬扬.互联网金融发展的经济学理论基础[J].经济问题探索,2015(6):170-176.

[3] Anderson C. The Long Tail[M]. Internet delivered business book summaries,2004.

[4] Campbel T. S., Kracaw W. A. Information production, market signalling, and the theory of financial intermediation[J]. The Journal of Finance, 1980 (35-4):863-882.

[5] George J. B., Clifford W. S. A Transactions Cost Approach to the Theory of Financial Intermediation[J]. The Journal of Finance, 1976 (31-2):215-231.

[6] Scholtens B., Van Wensveen D. A critique on the theory of financial intermediation[J]. Journal of Banking & Finance, 2000(24):1243-1251.

[7] 李建军.互联网金融[M].北京:高等教育出版社,2019.

[8] 周光友.互联网金融[M].北京:北京大学出版社,2018.

[9] 果怀恩.互联网金融——概念、体系、案例[M].北京:人民邮电出版社,2017.

[10] 谢平,邹传伟,刘海二.互联网金融的基础理论[J].金融研究,2015(8):1-12.

[11] 吴晓求.中国金融的深度变革与互联网金融[J].财贸经济,2014(1):14-23.

第二章

互联网金融理论

本章导读

2013年开始互联网金融在我国呈爆发式增长,之后经历发展、风险与监管并存阶段,如今逐渐步入规范发展阶段。关于我国互联网金融的发展前景,乐观者认为互联网金融开启了金融创新的新时代,悲观者则认为互联网金融是金融监管套利的产物,一旦金融监管到位,其发展就会受到限制。要客观判断互联网金融的生命力,首先要厘清互联网金融的基础理论,夯实其理论基础也是互联网金融健康稳定发展的题中应有之义。那么,互联网金融发展的推动力是什么?互联网和信息技术是否改进了金融约束?为何互联网金融能够降低交易成本,减少逆向选择和道德风险?规模经济、范围经济和长尾经济在互联网金融中有何表现?金融中介是否还有存在的必要?互联网金融能否实现产业资本和金融资本的深度融合?本章旨在回答这些问题。

学习目标

了解金融发展和技术发展的关系,熟悉信息技术和网络技术的发展规律,掌握互联网金融发展的动力;理解和掌握互联网金融降低交易成本、资金供需双方搜寻和匹配成本、逆向选择和道德风险发生概率的原理;了解互联网金融中的规模经济和范围经济,理解和掌握互联网金融打开长尾市场、发挥网络正反馈效应的原理;了解信息不对称理论、搜寻理论和声誉机制在互联网金融实践中的体现;了解互联网金融中介产生的原因和类型,理解互联网金融中介存在的必要性;理解和掌握互联网产业和金融产业融合的原理、结果和意义;灵活运用相关理论分析互联网金融社会现象、热点问题和经典案例。

知识架构

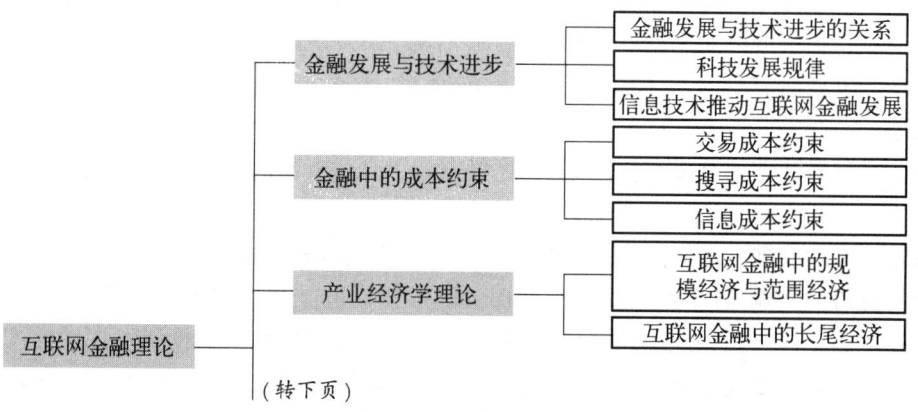

互联网金融理论
- 金融发展与技术进步
  - 金融发展与技术进步的关系
  - 科技发展规律
  - 信息技术推动互联网金融发展
- 金融中的成本约束
  - 交易成本约束
  - 搜寻成本约束
  - 信息成本约束
- 产业经济学理论
  - 互联网金融中的规模经济与范围经济
  - 互联网金融中的长尾经济

(转下页)

(接上页)

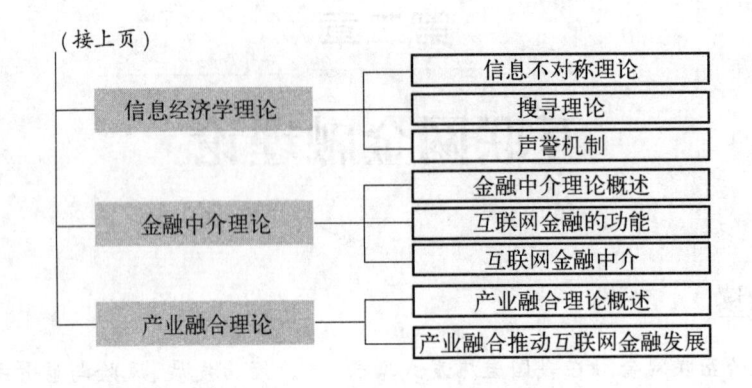

```
              ┌─── 信息不对称理论
  信息经济学理论 ┼─── 搜寻理论
              └─── 声誉机制

              ┌─── 金融中介理论概述
  金融中介理论  ┼─── 互联网金融的功能
              └─── 互联网金融中介

              ┌─── 产业融合理论概述
  产业融合理论  ┴─── 产业融合推动互联网金融发展
```

第一节 金融发展与技术进步

作为一种新兴金融服务模式,互联网金融充分利用互联网、大数据、云计算、社交网络和搜索引擎等信息技术,有效解决了金融市场的信息不对称问题,减少了金融领域的逆向选择和道德风险,降低了交易成本且扩大了服务对象,加速了金融去中介化进程,从而使虚拟经济服务于实体经济,并对传统金融的变革与宏观经济的发展产生积极效应。那么,互联网金融发展的推动力是什么呢?

一、金融发展与技术进步的关系

在人类历史发展进程中,金融发展和技术进步相互促进,一方面,技术进步离不开金融的支持;另一方面,金融发展也离不开技术进步对其运作方式与机制的改进。

(一)金融发展推动技术进步

金融发展会推动技术进步。早在1912年,熊彼特在其《经济发展理论》一书中就提出:"信贷使经济体系进入新渠道,使资本主义生产手段以特殊方法服务于新的生产目的","没有信贷,就没有现代工业体系的创立"。根据熊彼特的观点,经济发展的关键推动力是创新,而良好的信贷体系能把资金配置给那些最具有新产品开发和生产能力的企业,从而促进科技创新。希克斯在研究经济史时发现金融在英国工业革命过程中发挥了关键作用,金融体系通过股票、债券等金融工具将流动性的资金转化为非流动性的资本,推动了工业革命进程。麦金农在提出金融深化理论时也指出,在信贷充足的地方,放款和借款的高利率,会产生一种经济发展所需要的动力,它会促发新的储蓄,改变低效率投资,从而推动技术改造。格林伍德(Greenwood)和杰万诺维奇(Jovanovic)证明金融中介在筛选具有良好发展前景的技术创新项目时具有信息成本优势,这一优势提高了金融资本的投资效率,进而推动了技术创新。

高新技术的发展是一个国家国际竞争力的核心决定因素。由于高新技术产业发展的重要性及其自身的特点,各个国家都在积极探索能推动本国技术发展的金融安排。美国的技术创新在世界上居于领先地位,在美国企业的技术创新过程中,风险投资发挥了重要作用。风险投资是指向主要属于科技型的高成长性创业企业提供股权资本,并为其提供经验管理和咨询服务,在被投资企业发展成熟后,通过股权转让获取中长期资本增值收益的投资行为。风险投资很好地满足了科技创新和成果转化过程中资金按"风险、收益、流动性"相匹配的原则,有效地促进了科技创新。此外,美国的多层次资本市场满足了科技创新的融资需求。美国多层次资本市场包括主板市场、创业板市场和场外交易市场。主板市场针对的上市主体是已经进入稳定发展阶段、盈利状况良好的大型成熟企业,创业板市场针对的上市主体是高成长性中小企业和高科技企业,场外交易市场(OTC)针对的上市主体是处于初创阶段和幼稚阶段的企业。

在我国金融推动科技创新与科技成果转化的实践过程中,出现了科技金融一词。科技金融是促进科技开发、成果转化和高新技术产业发展的一系列金融工具、金融制度、金融政策与金融服务的系统性、创新性安排,是由向科学与技术创新活动提供金融资源的政府、企业、市场、社会中介机构等各种主体及其在科技创新融资过程中的行业活动共同构成的一个体系。

在推动科技金融发展的实践过程中,我国采取了一系列措施,主要包括培育和发展服务科技创新的金融组织体系;创新科技信贷产品和服务模式;拓宽适合科技创新发展规律的多元融资渠道;构建符合科技创新特点的保险产品和服务;建立健全促进科技创新的信用增进机制;深化科技和金融结合试点;创新政策协调和组织实施机制。

(二) 技术进步推动金融发展

技术进步也会推动金融发展。从工业革命的历史来看,在第一次工业革命中,煤炭动力、蒸汽动力技术及其应用带来了印刷业和运输业的革命;同时,第一次工业革命也推动了证券交易和证券市场的发展。在第二次工业革命中,电信技术与燃油内燃机的结合实现了电气化;同时,第二次工业革命也带来了金融国际化与金融效率的提升。二十世纪五六十年代,计算机技术改善了银行业会计系统,提高了其作业效率,实现了金融行业的后台电子化。20世纪70年代,银行业利用数据通信和电子计算技术推出了联机柜员系统,实现了电子资金转账,从而推动银行业进入了前台电子化时代。20世纪80年代,银行业利用新兴的信息传输技术、信息安全技术和人机交互系统,推出了自助银行业务处理系统,这标志着银行业进入了电子化服务时代。自20世纪90年代以来,互联网技术的发展引发了信息技术革命,催生了电子商务,改变了人们的社会生活习惯,互联网和金融的融合改变了金融业的业态。此外,互联网金融的发展也推动了传统金融机构互联网化,即传统金融机构利用互联网代替金融中介和市场网点、人工服务提供金融产品和服务。

二、科技发展规律

从历史经验来看,一项技术带动整个社会变革通常遵循以下模式,即"新技术+原有产业=新产业"这一模式。只有接受并实践该模式的企业家才会站在新时代的浪潮之巅。当前,信息技术和网络技术的快速发展已经彻底改变了金融业。为了更好地理解互联网金融,有必要了解信息技术和网络技术的发展变化规律。

(一) 摩尔定律

1965年,英特尔公司的创始人戈登·摩尔(Gordon Moore)提出,至多在10年内,集成电路的集成度会每两年翻一番。根据摩尔定律,当价格不变时,集成电路上可容纳的元器件的数目,约每隔18~24个月增加一倍,性能也将提升一倍。换言之,每一美元所能买到的电脑性能,将每隔18~24个月翻一倍以上。摩尔定律在信息技术行业一再得到验证,在计算机存储容量和网络传输速度等方面,摩尔定律也得到了验证。

(二) 安迪—比尔定律

安迪—比尔定律的原话是:"安迪给你的,比尔会拿走。"(What Andy gives, Bill takes away)。这里的安迪是指英特尔公司CEO安迪·格鲁夫,比尔是指微软公司创始人比尔·盖茨。安迪—比尔定律的含义是,在计算机领域,软件功能的增加和改进会不断抵消硬件性能的提升。

如果按照摩尔定律发展下去,许多与计算机相关的产品价格会持续下降。这对消费者来说是福音,但对信息技术整个产业链而言却是灾难性的。整个信息产业能持续增长的关键在于微软的操作系统和软件,为了追求更高的安全性和更多的功能,其占用的硬件资源越来越多,但是操作系统和软件的运行速度并没有更快。因此,尽管现在的计算机处理器等硬件计算速度比十年前快了100倍,但是软件的运行速度与十年前不相上下。

信息技术产业链遵循安迪—比尔定律发展规律。具体而言,以微软为代表的软件开发商提升软件性能,进而使得利用原有硬件用户的软件运行速度越来越慢。这将迫使使用原有硬件用户更新机器,进而让计算机生产厂家受益。这些计算机生产厂家再向英特尔等半导体生产厂商增加新芯片订单,同时向希捷等外设厂商增加新外设订单。这些新增加的订单使得半导体及外设生产厂商赚取大量利润。这些被赚取的利润的其中一部分被投入研发,进而按照摩尔定律开发新的产品提升硬件性能。微软等公司则再开发出更高版本的操作系统或者软件来进一步抵消这些硬件性能的提升。如此循环往复,推动整个信息技术产业不断向前发展。

(三) 反摩尔定律

Google公司前CEO埃里克·施密特(Erie Schmidt)在一次采访中提出了反摩尔定律:一个信息技术公司如果今天和18个月前卖掉同样多的同样产品,它的营业额就要降到一半。反摩尔定律意味着信息产业界的所有硬件设备生产商必须赶上摩尔定律规定的更新速度,这导致所有的硬件设备生产商都必须奋勇向前,否则就会被淘汰。从积极角度看,反摩尔定律促进了科技领域质的进步,为新兴公司的生存和发展提供了可能。

为了赶上摩尔定律预测的发展速度,靠技术的量变并不可行。当技术量变的潜力耗尽之时,必须有革命性的技术创新出现才行。因此,信息技术产业界的公司必须在研发上投入大量的资金,未雨绸缪。当市场上产品热销之时,就要完成下一代产品的开发。

此外,技术的革命性创新也给了新兴公司超越行业内龙头企业的机会。通常而言,在技术进步的量变过程中,行业内龙头企业具有巨大的优势,新兴公司无法与之争锋。然而,在技术进步的质变过程中,新兴公司和行业内龙头企业处在同一起跑线上,新兴公司由于没有历史包袱,灵活机动,甚至会后来居上,进而超越行业内龙头企业。为此,行业内龙头企业除了在研发上投入大量资金以保持优势外,还必须时刻关注行业内新技术的发展。例如,为了避免新兴公司的革命性技术创新颠覆行业格局,行业内龙头企业还会出高价收购一些具有革命性新技术的新兴公司。

(四) 梅特卡夫定律

罗伯特·梅特卡夫是计算机网络先驱、3Com 公司的创始人,以其名字命名的梅特卡夫定律(Metcalfe's Law)是关于网络价值和网络技术发展的定律。梅特卡夫定律指出:一个网络的价值等于该网络内节点数的平方,即网络价值与联网用户数的平方成正比。

梅特卡夫定律意味着规模是网络价值的基础,网络的用户越多,网络的整体价值越大。此外,网络价值与用户数量呈非线性关系。即随着新用户的加入,对原用户而言,从网络上所获得的价值越大。梅特卡夫定律背后的原理是网络的外部性,即网络用户之间存在正的外部性。

(五) 达维多定律

威廉·达维多(William Davidow)是英特尔公司前副总裁。1992 年,达维多提出了达维多定律:任何企业在本产业中必须不断更新自己的产品。一家企业如果要在市场上占据主导地位,就必须第一个开发出新一代产品。

达维多定律背后的原理源于信息技术产业的市场竞争和利润分割。通常而言,在信息技术产业第一个进入市场的公司会自动获得 50% 的市场份额。公司为了避免做市场的后来者,必须率先推出新一代产品以主导市场。因为只有不断推陈出新,以新产品淘汰老产品进而在技术上保持绝对领先,才能形成新的产品和技术标准,从而掌握制定市场游戏规则的权力。要做到这一点,信息技术领域公司必须投入大量研发经费,不断地否定并超越自己,通过技术创新来维持市场的主导地位。

(六) 贝佐斯定律

贝佐斯定律指在云的发展过程中,单位计算能力的价格大约每隔 3 年会降低 50%。根据贝佐斯定律,大多数企业都应该抛弃其数据中心,并且将他们的应用移动到共有云以节省资金。与建立和维护数据中心不同,对许多公司而言,云是更为经济的选择。

三、信息技术推动互联网金融发展

云计算、大数据、物联网、移动互联网等信息技术是决定互联网金融发展的核心要素,其发展为互联网金融的发展奠定了技术基础。通过互联网平台,金融服务的需求者和供给者可以直接进行交易,从而降低双方的交易成本。移动互联网的普及以及大数据分析能使金融交易双方迅速进行匹配,从而降低双方的搜寻匹配成本。基于互联网平台的评价体系日趋成熟,使得金融交易双方能够迅速地建立了解和信任关系,从而降低了双方的信息不对称成本。应用云计算技术,互联网金融平台可以调用相关交易主体的天量交易信息、订单信息,这些大数据客观地描述其履约状况和信用水平。和传统金融授信所依据的指标相比,基于大数据挖掘、整理、计算而形成的信用结果更侧重于实际交易行为,据此授信可以拓展授信范围。此外,利用云平台或互联网平台无须自建 IT 系统,从而能够降低创新成本,缩短创新周期,并提高效率,专业的云计算还可以提高互联网平台的技术安全能力。

根据摩尔定律和安迪—比尔定律,信息技术产业的硬件性能和软件性能会不断提升,这意味着:就发挥金融功能而言,相比传统金融,互联网金融的优势也会不断提升。根据梅特卡夫定律,虽然在互联网金融领域有许多企业在竞争,但由于跨过了网络临界点,互联网金融行业的龙头企业在未来仍会占据着主导地位。然而这并不意味着互联网金融行业格局会固化下来。根据反摩尔定律,互联网金融行业的龙头企业只是在消耗技术的量变过程中有优势,而在革命性的技术创新方面,互联网金融行业的新兴公司和龙头企业则站在同一起跑线上。根据达维多定律,无论互联网金融行业的龙头企业还是新兴企业,都必须投入大量研发经费,不断地通过技术创新开发新产品来占领行业主导地位。此外,互联网金融发展需要大数据做支撑。根据贝佐斯定律,互联网金融企业的未来在云上,从而互联网金融企业并不需要投入大量的经费建立自己的数据中心。

第二节 金融中的成本约束

一、交易成本约束

(一) 交易成本的概念和内涵

交易成本是制度经济学中的一个基本概念,首次提出该概念的是科斯,他认为交易成本包括事前搜寻交易对象的成本、事中讨价还价与签订合约的成本以及事后监督执行合约的成本。此后,威廉姆森对科斯的交易成本概念做了进一步拓展,把交易由市场扩展到企业内部,把科斯定义的组织成本或行政成本也纳入交易成本的范畴。可见,无论是科斯还是威廉姆森眼中的交易成本都是指具体交易过程中所产生的成本。

巴泽尔、阿尔钦及德姆塞茨从产权的角度对交易成本进行界定。其中,巴泽尔认为交易成本是产权确立的成本,而阿尔钦和德姆塞茨则认为交易成本是产权交换的成本。上述经济学家对产权的论述均建立在基本的经济制度已经确立的基础之上。阿罗则从制度的角度界定了交易成本,认为交易成本包括两部分:一是制度的创立成本、维持成本及实施成本;二是某种制度的机会成本,即当制度偏离最优制度时引起的损失。

不管从具体交易、产权角度,还是从制度的角度,交易成本均具有如下性质:交易成本损耗了社会财富和稀缺资源;交易成本会影响交易的达成;交易成本无法消除但可降低。

(二) 传统金融与交易成本约束

从货币的起源和发展来看,交易成本约束扮演着重要的角色。在原始社会早期,并不存在货币。随着生产力的提高,社会分工和商品交换开始出现,以物易物逐渐普及。随着交换数量、品种及范围的进一步扩大,以物易物的交易成本快速上升导致交易效率大幅下降,进而阻碍社会生产力的发展,经济的发展要求作为一般等价物的货币出现。

最初的货币形态为实物货币,后来又演变为金属货币,再发展为信用货币。货币形态的每一次演变都伴随着交易成本的下降和交易效率的提高。随着计算机网络技术、数据通信和数据处理技术的发展,电子货币逐渐在经济生活中流通起来。电子货币的出现,不但大大降低了货币的制造成本,而且由于使用电子货币进行支付和结算不受时空、服务对象的限制,从而进一步大幅降低交易成本。

在金融机构出现以前,金融交易的完成需要付出较高的交易成本。以直接融资为例,为实现借贷双方借贷金额和期限的匹配,借贷双方需要付出大量的时间、人力及物力,交易成本较高。当借贷市场的资金需求大于资金供给时,借款人的融资成本上升,如果所借款项带来的收入低于交易成本,借款人就会终止借款。较高的交易成本为高利贷的生存提供了土壤,高利贷市场上较高的利率抑制了借款需求,从而把大部分借款者排除在金融市场之外。

当银行等金融机构出现以后,交易成本从以下方面得到降低:首先,金融机构为数量众多的资金供给者和需求者提供交易的场所,能够更好地实现资金数量结构、信用结构和期限结构的转换。其次,金融机构雇用大量技术和专业性人才,能更好地实现专业分工,降低交易成本和资金的价格,使借款人的资金需求更容易得到满足。最后,金融机构通过聚集大量的资金和交易者,形成规模经济,从而降低信息处理、合约签订以及监督合约执行的成本。

在现实中,银行业倾向于为大企业、大客户提供较好的服务;而由于缺少必要的抵押资产,大量的中小企业和广大的低收入人群得不到很好的金融服务。由于传统银行业中单位交易成本和资金量成反比,大企业和大客户的单位交易成本较低,因此它们给银行带来的收益率更高。此外,把资金贷给大企业还可以降低银行的坏账率。因此,从银行角度看,银行的歧视行为是理性的。这意味着在中国目前以银行业为主导的金融体系下,较高的交易成本抑制了广大中小企业和普通家庭的金融需求。

(三)互联网金融与交易成本约束

与传统金融相比,互联网金融在技术和交易成本上更有优势。

(1)互联网金融可以部分替代传统金融中介的营业部和人工服务功能,从而减少大量的人工成本和设备成本,进而降低交易成本。例如,在P2P网络借贷平台上,借贷双方可以点对点地在线上完成交易,避免银行等金融中介所需的高昂运营成本。由于大部分借贷交易都在线上完成,进而降低借贷平台对人工服务的需求。

(2)由于跨越地理和时间限制,可以节省大量的时间成本。以银行小微贷款为例,传统银行的办理从申请到审批周期最短为几周。即使是小微贷款业务专业化程度较高的民生银行,至少也需要5天,但阿里小贷由于不受地理和时间限制,最快几分钟即可完成放贷。两者比较如表2-1所示。

表2-1 阿里小贷与民生银行商贷通的比较

比较项	阿里小贷	民生银行商贷通
担保	无抵押、无担保	担保贷款
申请材料	1. 企业资金的银行流水; 2. 企业法定代表人经过实名认证的个人支付宝账户; 3. 企业法定代表人的银行借记卡卡号; 4. 信用报告授权查询委托书	1. 相关担保人的身份证、户口本原件及复印件; 2. 拥有或控制企业的资产证明材料; 3. 此次借款将用于何处的相关材料; 4. 可以提供的担保材料,如房屋产权证明等; 5. 规定的其他相关材料要求
办理时间	不受工作日影响,最快几分钟	平均5天

(3)互联网金融机构可以利用互联网和信息技术优化运营,降低交易成本。比如,第三方支付可以集成多家银行账户,从而提高支付清算的效率。

(4) 互联网金融机构可以利用大数据和云计算技术更好地控制风险。凭借每日交易产生的天量数据进行风险控制,阿里小贷可将不良贷款率控制在0.9%左右。相比较而言,民生银行的不良贷款率为2.4%。良好的风险管理降低了阿里小贷的单笔贷款成本。目前,传统银行的平均单笔贷款成本为2 000元左右,而阿里小贷的平均单笔贷款成本仅为1.07元。

(5) 互联网金融企业能以较低的成本获取信息从而降低了每笔交易的交易成本。与传统银行相比,阿里小贷会根据会员在阿里巴巴平台上的活跃度、交易量及网上信用评价等方式对客户进行信用评估。传统银行则会根据内部的个人信用评分及信贷员对客户一对一的评估结果对客户进行信用评估。因此,无论是在信用评估方式上,还是在评级信息的获取途径上,阿里小贷都比传统银行有优势。

(6) 面对互联网金融的竞争,国内的券商纷纷下调佣金率,基金、保险等金融机构也通过互联网销售降低买卖双方的交易成本。

新兴互联网金融企业发展促进了普惠金融的逐步实现。原因在于,一方面由于互联网金融企业以较低的交易成本向广大中小企业和普通家庭提供金融产品和服务促进了普惠金融的发展;另一方面由于在金融市场引入了新的竞争者和新的机制,从而促使传统金融机构主动采取互联网技术降低金融服务的成本,使其金融服务向中小企业和低收入人群延伸。

值得注意的是,虽然互联网金融降低了金融活动的事前交易成本,但是如果缺乏互联网金融消费者保护机制,则可能导致金融活动的事后交易成本(监督、违约、救济的成本)上升。鉴于此,中国的金融监管机构应立足于互联网金融的长远健康发展,在构建监管框架时,建立一个保护金融消费者的有效体系。

二、搜寻成本约束

(一) 搜寻成本的定义

在金融学中搜寻成本是指金融市场中搜寻活动本身所要花费的成本,有时指搜寻活动所需要的开销,有时指等待下一次机会所付出的代价。搜寻成本包括显性成本与隐性成本。例如,为寻求金融资产的买方与卖方做广告所产生的费用为显性成本;为了了解交易对手所花费的时间为隐性成本。

在完全竞争市场中,价格会自动地调整供给和需求,一般均衡的结果是帕累托(Pareto)有效。现实中,由于市场的参与者存在不完全信息,一般均衡的结果不再是帕累托有效。搜寻理论提出了一个分析框架以分析不完全信息情形下的搜寻成本。经济学家广泛应用搜寻理论,试图回答为什么同一种商品在不同的市场上存在不同的价格,为什么劳动力市场同时存在工人失业和企业雇用不到工人的现象,为什么会存在货币等经济问题。

(二) 传统金融与搜寻成本约束

货币的出现不但降低了交易双方在交易中所面临的交易成本,而且避免了双方在搜寻过程中所耗费的大量人力、物力和时间成本。Kiyotaki和Wright(1989)证明当个体交易商品面临搜寻摩擦时,经济的均衡结果不是帕累托有效的。此时,一般等价物即货币会内生地出现,而且会改进福利。

在不存在金融中介的条件下,资金的供给方和需求方需要为每一笔交易都支付一笔搜寻成本。出现金融中介之后,金融中介通过雇用专业的人才可以在不同的投资项目之间进行广泛的搜寻,从而降低搜寻成本。此外,金融中介还可以通过将搜寻成本分散于众多的资金供给者,从而进一步降低每笔交易的搜寻成本。

尽管银行等金融中介降低了借贷双方的搜寻成本,但银行的理性歧视导致银行倾向于为大企业、大客户提供服务,而大量的中小企业和低收入家庭却很难获得与其自身需求相匹配的银行融资服务。因此,整体而言,小微企业只能通过银行之外的渠道获得融资。

但银行之外的市场存在区域分割性、组织形式多样性、融资模式多样性及利率定价透明度低等特点,这导致借贷双方之间的交易存在较多摩擦,迫使小微企业花费较多的搜寻成本才能找到合适的融资形式。较低的搜寻匹配程度及较高的搜寻成本提升了融资成本,增加了小微企业的负担。

此外,银行等金融中介提供的金融服务并不能使资金的供需双方在收益性、风险性、流动性等方面实现完美匹配,资金的供需双方仍有直接达成交易的动力,但双方面临的搜寻匹配成本较高。为此,产生了证券市场。

证券一级市场和二级市场的设立可以降低直接交易搜寻匹配成本。然而,随着证券发行机构数量的增加以及对其所发行证券收益性及风险性分析难度的增加,普通投资者搜寻合意证券的成本也快速增加。因此,成立专业的投资机构或者共同基金,则可以进一步降低普通投资者的搜寻匹配成本。同理,成立专业的投资银行可以降低证券发行的搜寻匹配成本。

(三) 互联网金融与搜寻成本约束

互联网是一个虚拟空间,这一空间具有两个特征:一是浩瀚的信息流集合;二是无限广阔的平台。互联网平台把人和企业联系在一起,企业可以及时有效地通过平台发布信息,而消费者可以及时有效地给予反馈,这一互动机制大大降低了社会的搜寻匹配成本。

伴随着电子商务的兴起,社会搜寻匹配成本不断降低。由于支付宝等第三方支付平台解决了中国电子商务发展中的支付问题和网上交易的诚信问题,中国的网络购物整体交易额不断攀升。

在互联网金融市场中,资金的供给者通过购买互联网理财产品而转向货币市场基金,而资金的需求者可不通过银行而是基于P2P平台获得资金。就这个意义而言,互联网金融意味着金融脱媒。利用大数据支持下的信息过滤技术、推荐技术,互联网金融企业为客户提供了刻画需求和推荐喜好等新搜寻功能,为客户推送定制信息,从而降低客户搜寻成本。刻画需求是指互联网金融平台允许客户自行设计金融产品并按客户要求及时反馈信息。推荐喜好是指互联网金融平台利用大数据主动分析每位客户的金融消费习惯,从而有针对性地向客户推荐金融产品。刻画需求和推荐喜好既改进了客户搜寻方式,又降低了客户搜寻成本。因此,即使客户有特殊的需求,互联网金融平台也能快速地推出符合其要求的金融产品。

在信贷领域,B2B或者P2P平台针对客户小额融资、创业融资的特点,利用大数据分析结果,提供有针对性的金融服务,甚至可以对客户提供跟踪放款服务,从而有效降低客户融资中所花费的搜寻匹配成本。

在证券领域,在严格监管之下,各家证券公司的业务趋同。随着大数据、云计算的广泛应用,互联网金融机构可以根据投资者的投资习惯分析其风险偏好,从而掌握投资者的投资需求。同时，互联网金融机构还可以通过构建信息图谱，更科学地揭示投资产品及服务的特征，满足长尾投资者的投资需求。这在促进证券市场投资产品及服务差异化的同时也降低了证券市场的搜寻匹配成本。

在保险市场，互联网保险改变了产品设计和营销渠道，从而导致行业竞争格局的改变。与传统保险相比，互联网保险机构可以根据上网保险人群的特点，利用大数据和云计算推断出潜在客户的风险偏好，从而设计出符合其需求的险种。此外，客户可以越过保险代理公司或代理人，直接在线上了解互联网保险机构推出的保险产品。无论对保险公司还是对客户，互联网金融均降低了其搜寻匹配成本。互联网金融对基金业搜寻匹配成本的影响，与此类似。

在互联网金融时代，一些有盈利潜力或资质比较好的企业不需要通过股票市场或债券市场融资，而是直接在众筹融资平台或自己的网站上融资。企业可以根据自己的融资需要，动态地为投资者提供股票、债券和混合型等投资产品。投资者也可以依据自身的风险收益偏好动态地调整其投资组合。为确保投资产品的流动性，投资者之间还可以转让和交易投资产品。众筹融资平台在融资者和投资者之间直接建立联系，有效地降低了两者之间的搜寻匹配成本。

值得注意的是，从交易成本论的角度来看，一方面，尽管互联网金融在一定程度上降低了金融活动"事前的交易成本"（搜寻、谈判、签约的成本）和资金供需双方的搜寻匹配成本，但同时也可能在某些方面增加成本。例如，由某一个体将大数据加工成"知识"需要成本，为了在互联网上收集相关信息而必须拥有的符合一定标准的软硬件设施需要支出，收集信息则要付出时间成本。尤其是随着信息爆炸的发生，虚假信息和无用信息大量充斥网络，这增加了人们识别、判定和利用信息的难度，时间成本会更高。另一方面，"事后的交易成本"（监督、违约、救济的成本）因互联网金融消费者保护机制的欠缺而可能有所提高。委托金融中介作为监督者可以实现规模经济，同时通过契约设计解决"监督监督者"的问题，使监督金融中介的成本低于直接监督交易个体的成本，因此监管机构可通过对互联网金融中介的规制，以较低的成本维护互联网金融市场的秩序。

三、信息成本约束

（一）信息成本的定义

信息同实物资产、人力资产、技术、财务资源及知识一样，是经济发展必不可少的生产要素。在多数情况下，信息并不构成企业产品实体，这与人力不构成产品实体的道理是一样的。信息产品的品种纷繁多样，从本质上说，任何可以被数字化（编码成一段字节）的事物都是信息。信息对不同的消费者有不同的价值，不管信息的具体来源是什么，人们都愿意为获得信息付出代价。

当市场交易存在非对称信息时，均衡的结果不再是帕累托有效的。当交易达成之前存在非对称信息时，会出现逆向选择问题；当交易达成之后存在非对称信息时，会出现道德风险问题。金融市场普遍存在信息不对称问题。借款人作为拥有私人信息的一方比贷款人更清楚投资项目的潜在收益和风险。为了保证本息安全，贷款人会花费成本进行项目评估并动态监督贷款使用情况。即使法律要求借款人进行信息披露，借款人仍然有动机选择披露对自己有利的信息。金融市场上信息不对称会导致逆向选择问题：信用风险较高的借款人在借贷时一般会表现积极且给出各种承诺,贷款人则由于缺乏对借款人所提供信息的甄别能力往往把资金贷给信用风险较高的借款人。金融市场上信息不对称还会导致道德风险问题:借贷发生后,信用风险较低的借款人不按照承诺使用资金而从事高风险的投机活动。

(二) 传统金融与信息成本约束

银行等金融中介机构的出现在一定程度上降低了借贷双方信息不对称问题,其采取的一系列措施可以有效地降低借贷过程中信息不对称问题。

首先,银行会要求借款者提供包括经审计的财务报表等资料以全面了解借款者的经营状况,还会通过专业的信用评级机构来了解借款者的信用。此外,银行的调查人员具有专业化的信息筛选和处理能力,能对贷款的合法性、安全性、营利性等进行深入分析,测定贷款风险度,并提交分析报告。银行的审查人员还要对分析报告进行审核,复测贷款风险度,对贷款的发放提出意见。这样,银行严格的贷款审批程序能有效地避免逆向选择问题。

其次,贷款发放以后,为保证贷款者能按期还本付息,银行会组织检查人员定期或者不定期地对借款者的经营状况和财务状况进行调查,并对资金的用途进行动态追踪。这有效地缓解了道德风险问题。如果贷款者不能按期还本付息,银行还可采取一些制裁措施,包括依法处理贷款者的抵押物或质押物,或要求保证人承担还本付息的连带责任。此外,银行也可以采取法律手段追回本息,确保信贷资金的安全。

证券市场在资金融通、资源配置及价值发现等方面发挥着重要作用。但与银行借贷市场不同,证券市场上存在着两种信息不对称:融资者和投资者的信息不对称;投资者之间的信息不对称。投资者之间的信息不对称还分为两种,包括机构投资者和个体投资者之间的信息不对称以及各机构投资者之间的信息不对称。融资者和投资者之间的信息不对称产生的原因在于,融资者信息披露不充分以及融资者所披露信息的真实性和实效性有问题。投资者之间在信息搜集、甄别及加工能力方面的差别则解释了投资者之间存在信息不对称的原因。证券市场上的信息不对称同样造成了逆向选择与道德风险问题,影响着证券市场功能的发挥,造成了社会的福利损失。完善信息披露制度,提高上市公司的质量,大力发展机构投资者促进证券市场理性投资则可以有效地缓解逆向选择与道德风险问题,降低信息不对称所带来的社会成本。

(三) 互联网金融与信息成本约束

信息是金融行业最重要的资源,互联网金融依托于支付、大数据、云计算、社交网络以及搜索引擎等工具,在处理信息方面比传统金融具有独特的优势,不仅成本低,效率还大大提高了。互联网的核心精神就是传播信息,基于互联网大大地降低了获取信息的成本,进而降低了不同个体之间的信息不对称程度。

互联网金融为市场的参与者提供了一个信息充分且交易公开透明的平台,降低了市场参与者的信息不对称程度。信息不对称程度的降低也会降低信息搜寻成本和信息错配成本从而改善社会福利。此外,信息不对称程度的降低会使市场竞争更充分、交易更公平,这本身也会使市场交易结果更接近帕累托最优。更重要的是,信息不对称程度的降低可以减少逆向选择与道德风险发生的概率,提高社会福利。

请扫描二维码观看视频"成本约束视角下的互联网金融",了解互联网金融产生与发展的必然性。该视频主要从理论视角探讨互联网金融为何和如何突破交易成本、搜寻成本和信息成本约束,与此同时提高资源配置效率,从而得到迅速发展。

第三节 产业经济学理论

一、互联网金融中的规模经济与范围经济

规模经济和范围经济是产业经济学的两大重要概念。规模经济分为"供方规模经济"和"需方规模经济",分别指同一供方内部成本随规模扩大而下降,需方所获价值随规模扩大上升。范围经济是指同一供方内部品种越多,成本越低。

互联网金融表现出明显的规模经济和范围经济效应。互联网使得信息、知识和技术等要素超越传统经济中居于首位的资本与劳动力要素,打破了边际成本递增、边际收益递减的传统经济学规律。信息、知识和技术等要素能够零成本地复制与应用,随着其投入的增多,产出越多,供方的成本与收益就分别呈现出递减与递增态势。标准化是实现规模经济的前提条件,否则互联网金融服务就需付出与传统金融服务相当的高单位成本。互联网保险是供方规模经济的典型案例。互联网保险销售平台不受货架和仓储的物理限制,成本主要包括平台建设投入和宣传费用,投入运营后,依托计算机系统推行自助业务办理,打通标准化产品生产与流通通道,实现"批量化生产"和"程序化服务",边际成本很低,在客户人数增加的同时不断摊薄刚性成本,并通过动态交易创生大量集成资产,从而低成本地调配各种金融合约风险,形成了供方规模经济,进一步提高盈利能力。

需方规模经济存在于市场主体的外部。余额宝等互联网货币基金显示出了较强的需方规模经济性。余额宝问世初期价值并未突显,所对应货币基金的客户数量较少;随后较高的收益吸引客户不断集聚,使边际成本递减的同时也加强了效益示范作用,越来越多的人发现其值得购买。客户数量和产品价值因"正反馈效应"相互助长。当到达客户数量的临界值后,该类基金的规模迎来爆发式增长,价值的增长速度变得非常惊人。于1973年提出的梅特卡夫定律(Metcalfe's Law)是对这一现象的精练总结:"网络价值以用户数平方的速度增长",这也意味着在需方整体角度来看,边际效用递增。

"网络外部性"(Network externality)是需方规模经济背后更深刻的定义,也是产业经济学分支——"网络经济学"的重要概念。在互联网金融领域,具有网络外部性的产品对于某一金融消费者的价值将随着其他金融消费者人数的上升而递增。因此,金融消费者在做选择时除了考虑互联网金融产品本身的性能,还会关注其是否受众广泛。"交叉网络外部性"

和"自网络外部性"都是双边市场中常见的效应,前者表现为双边市场一方客户的效用随着另一方客户人数的变化而变化;后者表现为双边市场因同一方存在集聚效应和竞争关系而分别带来的正负两面性的影响。P2P平台同时具有上述两种效应,它撮合资金供需双方,既利用平台集聚功能促进双边用户规模与效用的交互增长,又在每一方用户内部形成集聚和竞争关系。与此同时,P2P网络借贷领域也存在网络外部性减弱的情况。由网络外部性导致的"锚定效应",往往使客户不愿在不同供方之间转换,因此传统金融领域常出现"强者愈强"和"赢家通吃"的局面。但在P2P网络借贷模式中,市场的激烈竞争迫使P2P企业维持较低的服务费率、积极推出差异化产品和在细微处改善服务,以满足需方不断提高的要求,从而使得需方的选择非常丰富、转换成本低廉且手续便捷,因此,"锚定效应"被明显弱化,客户迁移极易发生。

范围经济在互联网金融领域也有所体现。如在股权众筹领域,众筹平台新增单个融资方的边际成本很低,融资方越多,吸引的投资者越多,平台成本协同节约能力也就越高。又如,第三方支付平台嫁接了手机话费充值、信用卡还款、公用事业缴费、保险理财、日常生活服务等多元化业务,能吸引更多客户、增加客户黏性,同时只要妥善解决技术兼容性和安全问题,就能将业务叠加所带来的额外成本控制在较低水平,使平台收入增加。

二、互联网金融中的长尾经济

长尾理论最先由克里斯·安德森在其著作 *The Long Tail* 中提出,核心是利用成本优势打开大量 Niche(利基)市场,这些利基市场的市场份额可能等于或超过主流产品的市场份额。长尾经济与范围经济都注重品种的增多和降低协同成本,但前者是就整个市场而言,包含大量冷门需求,后者则是同一企业内部的长尾经济,且限于增加相对热门的品种。根据现有研究和实践,长尾理论适用于解释某些传统经济学未能充分解释的互联网金融现象。

互联网金融居于金融产业的长尾之上,催生出一系列充分满足"普惠金融"需求的产品与服务,提升了金融的便捷性、平等性和开放性。互联网货币基金增加了小额、零散的投资机会,提供了"零门槛"的投资途径,从而开发了那些对手续简便度、额度灵活度十分敏感的尾部客户。互联网微贷公司凭借信息处理优势,全流程、高效率和低成本把控借款人的信用水平,使微贷业务规模化成为可能。这些微贷公司通过设置灵活的期限与额度政策实现服务人性化和个性化,同时迅速释放大量小微借款,甚至碎片化借款的尾部需求,从而改善传统金融信贷体系中的信贷配给困境。

互联网金融对长尾的开拓打破了短缺经济学的假设。当互联网改变了市场环境,长尾理论作为"二八定律"的补充出现,分别解释了同一需求曲线的短头和长尾现象,并对应着丰饶经济学和短缺经济学的假设。谢平与邹传伟指出,互联网在相关科技手段的支撑下,能超越传统的商业边界,创造足够大的"交易可能性集合"。传统金融市场上,流行的金融产品销量很大,但并不等同于其需求很大,可能是因为金融消费选择短缺;互联网将金融业引入丰饶经济时代,客户越来越追求个性化。互联网金融企业必须坚持创新战略,通过对庞大多样化需求进行柔性整合和提取共性精细化打造非标产品和推出"私人定制",开辟传统金融业缺乏动力开发的新的盈利空间。以专供互联网销售的保险产品为例,如保费每份8元/月的某肠胃健康险,保费每份3元/年的某手机资金安全险,保费每份100元/年的某电商平台医药险,保费每份15元/季的高温中暑意外险,保费每份0.01元/月的某公交出行意外险等,它们既满足了大众的异质化需求,同时又具有保费低廉和手续便捷等优势,因而具有较强的吸引力,可以与传统保险产品形成错位竞争。

互联网金融的成本优势是其延伸长尾的基础。降低成本的终极办法就是用可以无限复制和传播的字节处理一切。传统银行应用互联网平台打造直销银行,摆脱了物理网点与运输仓储,突破了时空限制,简化了业务流程,减少了基层人员,改变边际成本—效益关系,而节省下来的成本,以更具吸引力的存款利率和服务费率等形式回馈客户,从而吸引新的客户群体,即那些习惯使用互联网、收入较高、追求简便高效的群体,并进一步增加其黏性。

第四节 信息经济学理论

起源于20世纪60年代的信息经济学(Economics of Information)以信息不对称为起点,逐渐形成了包括逆向选择与信号传递、委托—代理理论与激励机制设计、价格离散理论与信息搜寻理论等内容在内的庞杂的学科体系。如今,信息经济学在互联网金融的实务中得到了新的延伸。

一、信息不对称理论

金融机构的核心职能是降低交易成本,减少信息不对称,实现风险的定价与交易,因为信息不对称增加了金融产品提供方和购买方的搜寻成本,而金融机构由于掌握了双方信息从而能够撮合交易完成,并从中获取利润。另外,信息不对称使得资金提供方不能对风险和收益进行准确评估,而金融机构由于具有信息优势,能够更好地承担风险,从而获取风险调整后的收益。信息成为金融行业最重要的资源,改变了产业价值链。

互联网金融与传统金融最大的区别在于信息处理,互联网和信息技术的不断发展增加了信息的透明度,降低了信息不对称程度和搜寻成本。互联网金融企业充分利用云计算、大数据、人工智能、社交网络和搜索引擎等技术,大大提高了其信息处理的效率。例如,凭借信息处理优势,互联网微贷企业探索出解决借贷前和借贷后两大信息不对称问题的全新路径。"阿里小贷"基于卖家自愿提供的基本信息以及阿里巴巴电商平台多年来数亿笔交易记录所形成的类目庞杂、更新频繁的数据库,自建信用信息体系。信息系统的固定投入较高,但一旦开始使用,运行成本较低。贷前,从数据库提取数据,导入信用评估模型,并引入交叉检验技术,将隐性的"软信息"转变为显性的"硬信息",提高了信用水平甄别的精确度;贷中,分散、无序的信息形成了动态、连续的信息序列,以趋于零的边际成本给出任何借款人处于动态变化中的动态违约概率及风险定价,为远程监测、实时预警提供了可能;贷后,电商平台和小贷系统设有严格的曝光、禁入等违约惩罚措施,从而减少机会主义行为倾向。

P2P网络借贷也是互联网时代突破传统借贷瓶颈的一大创新。P2P网络借贷平台根据借款人上传的身份信息和证明材料,进行信用初评,信用评价结果随着其借款成功次数、逾期率、逾期天数等信用记录的改变而动态调整。贷前,贷款人通过观察公开的借款人信用评价结果、信用记录、该笔借款特征、借款人的人口统计学特征等"硬信息"做贷款决策,并可利用社交网络,甚至"人肉搜索"(Cyber-manhunt)掌握更多"软信息",使 P2P 网络借贷的逆向选择风险得到一定程度的遏制。贷后,P2P 网络借贷平台及业内有关第三方组织的"黑名单"和"曝光栏"能及时发布失信借款人情况,较为有效地防止了道德风险的发生。

二、搜寻理论

搜寻行为之所以存在,广义原因是信息不对称所导致的"搜索前置"。狭义原因是"价格离散",即信息在交易双方之间的非均衡分布所引发的同地区、同质量产品的价格差异,信息搜寻因此才有利可图,专业化信息服务机构才得以产生。搜寻成本影响着定价和价格离散程度,搜寻成本越高,价格竞争越弱,离散程度越高,搜寻所获收益越大。目前,互联网信息搜寻效率已达较高水平。我国学者韩民春、陈小珞率先以实证方式证明了互联网使信息在市场中呈现均衡分布,成本与价格的透明度被提高,从而网上商品价格也趋于收敛。与传统金融市场相比,若互联网金融市场搜寻成本的降幅不大,就会失去发展后劲。

以货币基金市场为例。传统市场上搜寻成本较高,信息扭曲严重,寻找高口碑供方的难度较大。只要低口碑供方有可能凭借降价弥补口碑劣势,而高口碑供方受到建立、维护、宣传口碑的成本限制就不可能占据全部市场,因此就会出现高口碑供方的产品价格和市场份额较高,而低口碑供方的产品价格和市场份额较低的均衡,价格竞争较弱,离散程度较高。而在互联网市场上,搜寻成本大大降低,高口碑供方更易被需方选择,供方群体内部将加强价格竞争,均衡时的价格离散程度发生改变;低口碑供方不得不进一步降价,最终可能因产品价格低于成本而难以生存,市场结构发生质变,促成"良币驱逐劣币"的局面。

互联网信息搜寻中,搜寻方式代替搜寻成本成了核心内容。随着互联网信息技术不断进步,传统金融信息被动获取方式已转变为主动搜索方式。不过,互联网上的信息数量空前丰富,"信息噪声"也相应增多,单纯的主动搜索可能仍然无法满足个体的个性化需要。大数据技术支持下的信息过滤技术、推荐技术,为互联网金融消费者提供了"刻画需求"和"推荐喜好"等新的信息搜寻手段,实现了"信息的定制化供给",进一步降低了搜寻成本。与此同时,搜寻成本的下降和搜寻方式的改进,促使拥有特殊需求的需方在互联网上快捷地匹配具备条件的供方,供方也可利用大数据挖掘技术主动寻找少数具有相似需求的需方,从而解决生产规模过小带来的成本问题,这为互联网金融产品的"私人定制"提供了便利。

三、声誉机制

声誉机制建立在信息经济学、博弈论基础之上。声誉模型是由戴维·克雷普斯、保罗·米格罗姆、约翰·罗伯茨和罗伯特·威尔逊在 1982 年所构建,也称为 KMRW(Kreps, Milgrom, Roberts and Wilson,1982)模型。他们证明,参与人对其他参与人支付函数或战略空间的不完全信息对均衡结果有重要影响,只要博弈重复的次数足够多,合作行为在有限次重复博弈中就会出现。该理论解释了当进行多阶段博弈时,声誉机制能起到很大作用,上一阶段的声誉往往影响到下一阶段及以后阶段的收益,现阶段良好的声誉意味着未来阶段较高的收益。

声誉机制是促进博弈双方合作的重要机制。相关研究被纳入两个框架:一是在完全信息无限次重复博弈理论的框架内,"触发战略"意味着一旦背叛合作,声誉就会消失。二是在 KMRW 标准声誉模型的框架内,依靠声誉机制能够解决囚徒困境。之后,坎多利等人利用拓展标准声誉模型论证,若信息传播机制完善,除了"自我实施"机制,声誉的形成和维持还可通过"社会实施"机制实现,因此交易者有足够的积极性保持良好声誉。在各类互联网交易中,互联网信息技术的发展极大地提高了声誉信息的采集与传播效率,降低了声誉约束成本,并将声誉机制的作用范围拓展到全球。

声誉机制在借贷市场发挥了较为重要的作用。例如,在P2P网络借贷市场,借款人的借款记录和还款记录是其"声誉"的主要构成因素。现实中存在借款人凭借小额借款建立"好声誉"后再行诈骗、一旦留下失信记录后伪造身份信息重新"入场"的现象,因此针对P2P借款人的声誉机制要想真正生效,必须满足两个基本条件:一是信息高效率、低成本地传播,确保借款人不良声誉被及时披露和识别,促成集体惩罚;二是信息真实、完整,通过建立P2P网络借贷信用信息共享系统并接入国家征信系统,使来自各个P2P网络借贷平台的借款人信息互相补充和校验,构建网上网下统一联防机制,从而最大限度地提高信息造假的成本、降低信息甄别的难度,切实保障P2P贷款人的合法权益。

互联网金融企业可能与金融消费者形成委托合同关系,扮演代理人的角色。声誉能够替代"显性激励"给代理人带来"隐性激励"。在P2P网络借贷行业中,P2P网络借贷平台必须接受借贷双方委托人的审视和检验。每一位客户的评价经互联网广泛传播,以及第三方组织的正式评价,形成P2P平台的"声誉",是客户在众多P2P网络借贷平台中"用脚投票"的决定性因素。好的声誉将提升盈利、促进经营规模的持续增长,因此即使没有显性激励,P2P网络借贷平台也有积极性采取高度诚信与尽责的策略,以便改进和维持声誉。

第五节 金融中介理论

一、金融中介理论概述

现代金融中介理论的两大"基石"是信息经济学的不对称信息论和交易成本经济学的交易成本论,认为由于金融市场存在着信息不对称和交易成本,而金融中介不但可以降低信息不对称程度、交易成本和不确定性,还能发挥价值创造和风险管理功能,所以被投资者依赖,并在金融交易市场占据重要地位。

互联网和信息技术的发展促进了金融创新,降低了交易成本和信息不对称程度,伴随着金融市场逐渐开放,直接融资市场快速发展,金融中介的资金来源减少,金融中介的重要性开始逐步减弱。与此同时,全球通货膨胀的出现以及各国对银行利率和业务的管制使得银行体系提供的服务和产品不能满足客户日益增长的高收益和风险管理需要,"金融脱媒"的浪潮出现。互联网金融正是在这一时代背景下金融中介理论的实践,进一步丰富和延伸了金融中介理论。

二、互联网金融的功能

从金融中介的能动性来看,金融创新不断深化的过程实际上包含了各类金融中介的发展演进,这些金融中介基于社会分工不断细化,不断创新产品和经营模式,从而塑造差异化优势。互联网金融依靠高效、便捷的信息技术,能够在一定程度上解决金融市场上的信息不对称问题,交易双方通过互联网直接对接,互联网金融的资金需求者和供给者对于中介机构的依赖性明显减弱,但这并不意味着互联网金融市场没有中介机构,而且金融中介仍将在互联网金融领域扮演重要角色。

金融中介"功能论"起源于20世纪90年代,金融中介的功能是稳定的,但是其结构和形式是不稳定的,主要取决于市场环境、技术变迁以及创新、竞争带来的功能改善。作为互联网、信息技术与现代金融相结合的产物,互联网金融具有以下几个方面的功能。

(一)支付结算功能

互联网金融模式的出现改变了传统金融模式中以商业银行为主体的支付体系。互联网金融平台可以克服时间和空间的限制,加快资金周转速度,最大限度地保证双方资金尤其是资金接收方的利益。利用互联网平台,可以提供更加方便、快捷、高效的支付清算服务,大幅提升金融的支付清算功能效率。

互联网金融能够通过第三方支付组织完成金融的基础清算功能。第三方支付公司利用其互联网和信息技术优势,不断创新产品,通过灵活多样的方式为社会提供支付服务,帮助客户便捷高效地完成支付结算,满足社会公众的支付需求,逐步成为支付结算的重要媒介,在一定程度上影响了传统支付平台的垄断地位。

过去商业银行提供的信用卡、票据或现金等支付方式,受到多种限制,互联网金融的发展向传统金融机构发起了挑战。传统金融机构也通过互联网技术不断升级完善支付和结算金融业务,扩展其支付方式,包括网上银行、手机银行、手机钱包等。

(二)资源配置功能

传统金融主要通过银行、券商等金融机构吸收存款和发放贷款的方式来实现资源配置,提供的是间接融资的方式,而互联网金融则将中介的角色去除,提供直接融资的融资方式,实现资源的合理配置。互联网金融通过P2P网络借贷、大数据金融、众筹平台、金融门户网站都可以实现资源配置功能,资金供求双方借由互联网金融平台发布借贷信息,利用搜索引擎、平台的自动匹配功能撮合成交,不需要经过银行、券商或交易所等中介,供需双方直接联系和交易,实现资源配置的去中介化。

相比于传统金融,互联网金融能够更好地发挥资源配置功能。首先,由于在互联网金融模式下,资金供求双方通过网络平台自行完成信息甄别、匹配、定价和交易,因此互联网金融进行资源配置成本更低。其次,互联网金融依托互联网技术开展业务,其业务主要由计算机处理,操作流程完全标准化,客户不用排队等候,业务处理速度更快,资源配置的效率更高。第三,互联网金融对资源配置有很好的平衡作用,它注重发展商业银行的业务空白领域,提供小额贷款,为中小企业提供融资机会,从而改善资源的不合理配置。

(三)信息收集和处理功能

首先,互联网金融能够快速高效地实现信息的收集。由于传统金融机构之间业务独立性的原因,信息资源分散在不同的金融机构中,而不同的金融机构之间缺乏有效的信息共享机制和平台,庞杂的信息数据难以得到有效的处理及应用。在互联网金融模式下,用户可通过互联网平台发布需求信息,并且利用互联网技术,实现数据获取和处理的标准化、结构化,提高数据使用效率。

其次，互联网金融具备更强的信息提供功能。目前金融市场上已经具备了非常丰富的信息，互联网时代的到来还提供了社交网络、搜索引擎等新兴工具，社交网络增加了信息的来源渠道，对交易者的了解可以深入到日常生活中，搜索引擎则能够组织和标准化信息资源，形成连续、动态的丰富信息集合。

（四）风险管理功能

风险的出现很大程度上归因于信息不对称的存在，而大数据金融在化解信息不对称方面的能量远大于传统金融机构。现代社会是个信息爆炸的社会，对数据进行核查和评定，及时发现并解决可能出现的风险点，才能够较为精准地把握风险发生的规律性，从而有效地规避风险的发生。

互联网金融提供的开放平台能够收集并分析用户的日常交易行为，通过数据处理手段对用户的交易情况、历史信用、资金运转情况以及行业发展导向进行分析，并通过平台实现资源共享，很大程度上解决了市场信息不对称的问题，从而降低了交易成本，分散了操作风险、信用风险等市场风险。

（五）经济调节功能

金融的经济调节功能主要是指货币政策、财政政策、汇率政策、产业倾斜政策等通过金融体系的传导实现调节经济的目的。但是，在经济调节方面，互联网金融发挥的作用较弱。一方面是因为互联网金融具有自发性，政府并没有对其进行宏观调控，其发挥作用的程度主要取决于市场活力；另一方面是因为互联网金融虽然具有良好的发展势头，然而起步较晚，因此在现阶段占有的市场份额并不多，发展规模较小，难以实现对整个金融市场的经济调节功能。

三、互联网金融中介

（一）存在的必要性

互联网金融依托互联网、移动互联网、社交网络、云计算和大数据等信息技术突破时空限制，简化金融交易过程，降低信息不对称程度和交易成本，提高服务效率和水平，因此能够在短时间内赢得广大民众欢迎，得以快速发展，在一定程度上影响了银行等传统金融机构中介职能的发挥。例如，第三方支付影响了传统金融中介机构的支付功能，对商业银行的业务发展产生一定威胁；P2P和众筹等互联网融资平台使得用户的资金需求与供给在平台实现直接匹配，从而影响了传统金融中介机构的融资功能，其中P2P作为一种基于互联网的债务融资方式，部分替代了资金融通过程中银行的中介地位，众筹则主要影响商业银行在小额直接融资市场上发挥中介作用。

互联网金融在一定程度上加速了"金融脱媒"的进程。当然，这并不意味着互联网金融平台能够取代金融中介。从不对称信息理论视角来看，互联网金融中介的产生源于互联网金融领域信息服务专业化的需求。首先，互联网不能彻底消除私有信息或隐藏信息，且即便缓解了过往信息的不对称，未来信息的不对称也永远存在；其次，互联网仅披露了可依法律法规、商业惯例、信息相关人授权而披露的"名义信息"，"实际信息"尚不透明，因此互联网信息搜寻与处理仍需依赖金融中介；最后，互联网在提高了信息交换的数量、频率和密度的同时带来了信息爆炸,而且拉远了经济活动个体之间的距离,降低了虚假信息制造成本,这都使得调查和鉴别的难度更大,互联网金融消费者并不完全具备处理和解读信息的能力,依靠金融中介才能筛选出有经济价值的信息或根据需要将信息转变为"知识"。

请扫描二维码阅读"数据、信息和知识"。数据、信息和知识是三个不同的概念,既有联系又有本质的区别。该阅读材料介绍了数据、信息和知识各自的概念,比较了三者的不同,分析了三者之间的关系以及它们在互联网金融中的应用。

数据、信息和知识

(二) 类型

根据功能来划分,当前在互联网金融领域存在以下几类新型互联网金融中介:① 支付中介,作为互联网金融发展最早也最成熟的分支,提供货币流通所需的支付服务。② 信息中介,只承担信息生产功能,主要从事互联网投资和信息咨询两类业务。前者包括股权众筹平台、信息中介型 P2P 网络借贷平台;后者挖掘、汇总信息,帮助客户更快捷地从海量信息中"消除噪声""过滤杂质",有的还提供定制咨询服务。③ 信用中介,主要指互联网微贷和部分信用中介型 P2P 网络借贷平台,不同程度地介入借贷关系,实现资金融通、分配、管理风险。④ 综合中介,指涵盖上述多项中介业务的服务平台,是金融混业趋势在互联网上的表现。这些中介基于外部环境变化,细化与完善自身功能,以新的业务形式和组织结构履行传统中介的支付、信息、信用等方面的功能,提高了生产服务效率和风险管控能力,优化了客户参与金融活动的方式与流程。与此同时,"功能论"也可以很好地解释互联网金融中介对互联网金融市场兴起的作用。中介和市场相互补充,先后履行不同的功能。中介是互联网金融产品走向市场的孵化器,是撬动社会资源、加速资产流动的助推器。中介推出高度定制化或创新的互联网金融产品,以此为基础构成新市场,负责检验品质、扩大交易成熟的新产品为大多数人所接受后,市场将其付诸大规模、标准化的生产与交易,降低供需双方的成本,最终形成了新的金融品种交易市场。

第六节 产业融合理论

一、产业融合理论概述

产业融合是科学技术变革与扩散的过程中出现的一种新型经济现象,其思想最早源于 Kosenberg 对美国机械工具业演化的研究。20 世纪 70 年代以后,学术界对由数字技术革命引发而出现的信息产业领域的融合现象给予极大关注,并把这一现象称为产业融合现象。近几十年学术界分别从不同的角度对产业融合进行了讨论,至今都没有形成统一的关于产业融合的基本定义,较为准确和完整的表述为,产业融合指的是由于技术进步和放松管制,发生在产业边界交叉处的技术融合,改变了原有产业产品的特征和市场需求,导致产业的企业之间竞争合作关系发生改变,从而导致产业界限的模糊化甚至重划产业界限。

早期关于产业融合的研究主要集中于对科学技术革新基础上的计算机、通信以及广播电视业等产业的交叉与融合,即三网融合。Negrouponte对计算机、通信及广播电视业三者的技术边界进行了描述,并发现计算机、通信及广播电视产业的交叉地带成长最快、创新最多。随着计算机技术与网络技术的发展,人们可以通过网络传输照片、音乐、文件,并且进行视频通话,借由互联网和终端媒介的发展,各媒体彼此之间的相互关联得到加强,从而形成"数字融合"。数字融合进而推动着通信、广播电视和出版等相关产业的融合,最终形成了巨大的多媒体产业。研究发现,技术在许多产业被广泛使用与扩散,进而出现一系列创新活动。伴随着信息技术的广泛渗透和应用,产业融合现象出现得越来越频繁,成为一种普遍性的产业发展范式。

作为一种新的经济现象,产业融合伴随着社会生产力的进步及产业结构的优化而发生,推动产业融合发生的主要原因如下:一是政府管制的放松有效促进了市场从垄断走向竞争,降低了市场的准入壁垒,导致其他相关产业的企业加入本产业的竞争中,推动新产品和新商业模式诞生,从而为产业融合提供外部环境;二是技术革新与发展,技术革新改变了原有产业产品或服务的技术特征和路线、不同产业之间技术水平并推动技术水平之间的融合,从而推动产业融合;三是市场需求的不断变化,为满足市场需求,企业需要不断地创新产品和服务,不断地进行转型与升级,为产业融合提供更多的市场空间;四是商业模式的创新,商业模式创新不仅与技术相关,甚至可能会超越技术。

产业融合往往发生在产业边界和交界处,产业融合的发生导致产业边界的模糊或者消失,从而改变传统的市场结构。首先,产业融合能够改变原有的竞争关系,使产业竞争格局发生变化,催生新的产业组织结构。其次,产业融合促进了企业的合并与并购,改变了市场集中度,降低了产品的差异度,进一步加剧了市场竞争。再次,产业融合会导致市场的不确定性增加,增加企业发展过程中的不确定性,为了应对产业融合带来的风险及不确定性,企业需要形成一种灵活的企业管理体制和组织模式,并且更加注重企业之间的合作关系,形成"合作中竞争,竞争中合作"的关系。最后,由于产业融合会优化市场上的资源配置,一方面形成规模经济和范围经济,从而降低成本;另一方面给消费者提供更多的选择,促进消费,从而提高企业的经济效益。

由于产业融合实现了不同产业或同一产业内的不同行业之间相互渗透,促进了产业边界动态变化,产生新的产业业态,其发展态势将对全球产业的结构形态产生重要影响。伴随着互联网和信息技术的迅速发展,行业边界日趋模糊,高度依赖市场信息和客户信息的互联网信息服务业与金融业在发展过程中逐步融合,并最终形成互联网金融。

二、产业融合推动互联网金融发展

互联网作为信息化时代的技术代表,在各行各业都表现出强大的适应性和渗透力,尤其是在与金融行业的交叉融合过程中,取得了令人瞩目的进展。可以说,互联网金融是信息化技术变革时代背景下产业融合的典型代表。

互联网金融模式实际上是围绕投融资关系而形成的一系列企业的组合,从宏观层面上讲,互联网产业和金融产业的融合形成了互联网金融模式。根据产业融合理论,互联网行业的信息技术为互联网金融模式提供了技术基础,金融机构放松监管为互联网金融降低了准入门槛。金融行业承载的信息依托互联网技术取得了进一步的发展,尤其是云计算、大数据、搜索引擎和人工智能等技术的出现,带动了互联网经济的飞速发展。金融机构作为经济主体监管的重要部门,一直以来都受到严格监管,但是随着金融行业发展的逐步僵化,以及社会上越来越多的金融需求无法得到有效的满足,监管机构逐步放松了对金融机构的监管,这两个条件共同促进了互联网行业与金融行业的深度融合,从而产生了互联网金融这个新的业态。

互联网金融能够实现产业资本和金融资本的逐步融合,产业资本在发展过程中逐步摆脱金融资本的控制,由于传统金融机构一直处于行业的垄断地位,产业资本往往受制于银行等传统金融机构,处于不利地位。产业资本与金融资本结合,能够改善企业在与银行资本合作中的地位,降低其在不利条件下受到的影响。

互联网与商品贸易融合推动了电子商务的发展,而这又推动了互联网金融的发展。各产业都可以发展电子商务业务,实现业务在线化。它们自己搭建电子商务平台,高效率、风险可控地自发提供或发掘金融资源,不再必须完全依靠传统金融机构或资本市场,因此摆脱了对外部金融资本的完全依赖,从而能够更好地完成资本增值的目标。例如,京东旗下的京东金融、阿里巴巴旗下的余额宝、腾讯旗下的微信支付,都是在产业融合背景下诞生的,依托互联网金融平台,将客户用于消费的资金化零为整,进行资本运作。

本章小结

在人类历史发展过程中,金融发展和技术发展是相互促进的,技术进步离不开金融的支持,金融发展也离不开技术进步对其运作方式与机制的改进和完善。互联网、搜索引擎、社交网络、云计算、大数据、物联网和人工智能等信息技术为互联网金融的产生与发展提供了重要支撑,是决定互联网金融发展的核心要素。

从成本约束的角度来看,互联网金融降低了金融交易成本、资金供需双方的搜寻及匹配成本、信息成本,同时提高了资源配置效率。从金融市场特征来分析,互联网金融表现出明显的规模经济和范围经济效应,它凭借其信息处理优势,打开了被传统金融机构所忽视的长尾市场,并发挥网络效应,使得互联网金融企业在达到一定的网络临界点以后金融自我扩张的正反馈状态,从而实现持续盈利。从信息经济学视角来分析,互联网金融降低了信息不对称程度,并利用声誉机制降低逆向选择与道德风险发生的概率。

互联网金融实现了金融资源的直接配置,在一定程度上加速了"金融脱媒"进程,但这并不意味金融中介在互联网金融体系中消失。相反,根据金融中介功能论,互联网金融具有支付清算、资源配置、信息收集和处理、风险管理和经济调节等功能,表现为支付中介、信息中介、信用中介和综合中介几种类型。

产业融合是科学技术变革与扩散的过程中出现的一种新型经济现象,伴随着以互联网和信息技术的迅速发展,高度依赖市场信息和客户信息的互联网信息服务业与金融业在发展过程中逐步融合,形成互联网金融。

问题与思考

1. 举例说明金融发展和技术进步是相互促进的。

2. 从技术发展规律的角度阐述互联网金融产生的必然性。
3. 互联网金融为什么能够降低交易成本、搜寻成本和信息成本？
4. 为什么互联网金融能够提高资源配置效率？
5. 规模经济和范围经济在互联网金融中有何体现？
6. 举例说明互联网金融可以打开传统金融机构所忽略的长尾市场。
7. 互联网金融为什么能够和如何降低金融交易中的逆向选择和道德风险概率的？
8. 互联网金融有哪些功能？
9. 为什么金融中介在互联网金融体系中不可替代？如何看待互联网金融加速"金融脱媒"？
10. 互联网金融的发展能够推动普惠金融发展吗？为什么？
11. 基于产业融合理论分析互联网金融的产生与发展。
12. 用所学理论分析金融创新与监管之间的关系。

拓展阅读

《金融科技：变迁与演进》，机械工业出版社，2019年版．
阅读后请回答：
（1）金融科技的发展对金融业产生了什么影响？
（2）如何看待金融科技的发展趋势及其应用前景？
（3）随着金融科技的发展，金融业与其他行业的融合趋深，金融的创新与监管面临怎样的时代要求？
（4）金融科技在我国的发展与应用现状以及存在问题是什么？

参考文献

[1] 李建军.互联网金融[M].北京：高等教育出版社，2019.
[2] 谭玲玲.互联网金融[M].北京：北京大学出版社，2019.
[3] 唐勇,赵涤非,陈江城.互联网金融概论[M].北京：清华大学出版社，2018.
[4] 周光友.互联网金融[M].北京：北京大学出版社，2018.
[5] 赵永新.互联网金融理论与实务[M].北京：清华大学出版社，2017.
[6] 林强.互联网金融教程[M].北京：中国人民大学出版社，2017.
[7] 赵华伟.互联网金融理论与实务[M].北京：清华大学出版社，2017.
[8] 果怀恩.互联网金融——概念、体系、案例[M].北京：人民邮电出版社，2017.
[9] 谢平,邹传伟,刘海二.互联网金融的基础理论[J].金融研究，2015(8):1-12.
[10] 吴晓求,等.互联网金融：逻辑与结构[M].北京：中国人民大学出版社，2015.
[11] 李建军,王德.搜寻成本、网络效应与普惠金融的渠道价值：互联网借贷平台与商业银行的小微融资选择比较[J].国际金融研究，2015(12):56-64.
[12] 党鹏君.产业融合视角下的互联网金融[J].国际金融，2015(10):13-16.

第三章

第三方支付

本章导读

支付是金融的基础设施，没有支付，结算、理财、借贷等金融活动都无法完成。第三方支付是互联网金融的起点，计算机、互联网和相关信息技术在向金融领域渗透的过程中首先在支付领域出现大规模应用，不仅从效率、成本等多方面改变了传统支付体系，还缓解了传统金融中的逆向选择和道德风险问题。那么，为什么第三方支付能够做到这些？本章主要基于经济学理论分析第三方支付的作用机理，解释第三方支付是支付手段与支付方式的最新演进，探讨其兴起与快速发展的原因、存在的风险和监管，并分析移动支付成为主流支付手段的驱动因素及其发展趋势。

学习目标

理解第三方支付的概念，了解第三方支付的主要交易模式、虚拟账户管理、优势和劣势，灵活运用经济学理论分析第三方支付的作用机理；理解第三方支付是支付手段与支付方式的最新演进，理解第三方支付的本质及其快速发展的原因，了解第三方支付与银行的关系；理解移动支付快速发展的原因，了解移动支付的发展现状和趋势；了解与熟悉第三方支付中存在的风险、监管法规、监管机构以及市场准入标准。

知识架构

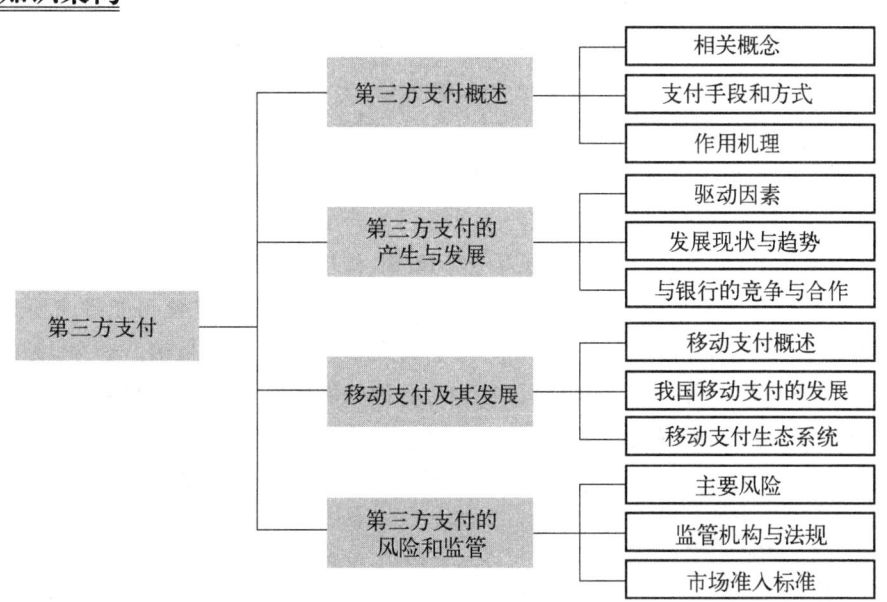

```
                              ┌── 相关概念
              ┌── 第三方支付概述 ──┼── 支付手段和方式
              │                  └── 作用机理
              │
              │                  ┌── 驱动因素
              ├── 第三方支付的 ──┼── 发展现状与趋势
              │   产生与发展       └── 与银行的竞争与合作
第三方支付 ──┤
              │                  ┌── 移动支付概述
              ├── 移动支付及其发展 ┼── 我国移动支付的发展
              │                  └── 移动支付生态系统
              │
              │                  ┌── 主要风险
              └── 第三方支付的 ──┼── 监管机构与法规
                  风险和监管       └── 市场准入标准
```

导入案例

支付宝给我们带来的变化

支付宝诞生于2004年,致力于为用户提供更加便捷、高效、安全、个性化和人性化体验的支付方式。从推出的那一刻起,支付宝的用户数量便不断上升,成交额也不断地上升,在每年的"双十一"期间更是达到了惊人的业绩,手机端的支付更是节节攀升。那么支付宝到底给我们带来了什么?为何能取得如此显著的成绩呢?

1. 破解了电子商务发展的瓶颈制约

由于国内征信体系建设不完善,网上购物消费存在严重的信息不对称问题,支付宝的成立首创了全球的担保交易模式,凭借自身的信誉和市场良好的口碑,解决了商家和客户之间信息不对称导致的诚信以及欺诈问题。买家在确认了商品后,将资金划拨到支付宝账户,支付宝作为第三方机构,替商家和用户保管资金,待商家发出货物,用户收到货物并且确认无误后,再在网上确认,支付宝里的资金将会自动划拨到商家的账户上。这样一旦交易的瓶颈被打破后,积累的消费需求便会被打开。

2. 极大地提振了市场潜力

支付宝是互联网支付发展的一个里程碑事件,它凭借良好的诚信、独创的担保交易模式和强大的安全保障体系得到了用户的一致好评,加上其庞大的用户群,越来越多的互联网商家主动选择使用支付宝产品及其服务。这些商家涉及虚拟游戏、数码通信、商业服务、机票订购等几乎日常生活的所有领域,在享受支付宝服务的同时更是拥有了一个极具潜力的消费市场。另一方面,很多网络用户开始了互联网创业,如在网上开网店,相比实体店来说,节约了很大的固定成本和税收,带来的与之相关的物流、交通运输、货物配送等就业,很大程度上提振了市场潜力。

3. 给百姓生活带来了极大便利

支付宝具有强大的支付功能,用户在选择支付宝支付时可以选择以下几种付费方式:网上银行支付、支付宝卡通支付、支付宝账户余额支付、支付宝花呗支付和信用卡支付等。其中,支付宝卡通支付是将支付宝账户与银行卡账号相关联,并不需要开通网上银行,在网上购物时还可以享受"先验货再付款"的担保服务。

支付场景也在不断扩展和丰富,人们除了使用支付宝在网上购物消费外,还可以使用支付宝缴话费,完成水、电、煤气、有线电视等生活缴费,信用卡还款,购买火车、汽车和飞机票,打车,缴纳个人所得税和进行账户管理等等,甚至人们在境外也可以使用支付宝消费、退税。几乎所有的支付活动都可以通过支付宝来完成,大大方便了人们的生活。如今,支付宝仍致力于通过多方合作让支付范畴大大扩展,有些支付途径我们可能还没有想到,所有的这些尝试都让第三方支付功能变得更丰富、更快捷。

第一节 第三方支付概述

一、相关概念

(一) 互联网支付

1. 定义

互联网支付指付款方通过计算机、手机等设备，依托互联网自主发起支付指令，将自己账户的货币资金转移到收款方账户，主要表现形式包括网银支付、第三方支付和移动支付等。

请扫描二维码观看视频"新常态下的互联网支付"。"第三方支付"和"互联网支付"是两个经常被同时提及且容易被混淆的概念。该视频介绍了互联网支付的起源与发展，以及国内外互联网支付市场发展概况。

（二维码：新常态下的互联网支付）

在我国，互联网支付业务由中国人民银行负责监管，互联网支付应始终坚持服务电子商务发展和为社会提供小额、快捷、便民小微支付服务的宗旨。银行业金融机构和第三方支付机构从事互联网支付，应遵守现行法律法规和监管规定。第三方支付机构与其他机构开展合作的，应清晰界定各方的权利义务关系，建立有效的风险隔离机制和客户权益保障机制，要向客户充分披露服务信息，清晰地提示业务风险，不得夸大支付服务中介的性质和职能。

2. 发展演变

第三方支付与互联网支付在概念上存在交叉。狭义的互联网支付，也称网络支付，通常仅指通过商业银行网络支付平台实现的支付，而广义的互联网支付则指的是一切依托互联网和信息技术的货币资金的转移与支付，主要包括网银支付和第三方支付等。第三方支付与狭义上的互联网支付的差别主要在于支付主体。狭义的互联网支付通常以商业银行为主体，而第三方支付则以非金融机构为主体。

以商业银行为主体的网络支付适应了电子商务发展的需要，从效率、安全和成本等多个方面弥补了传统支付体系的不足。但是，以商业银行为主体的网络支付并不能很好地解决电子商务中的异步交易和信任问题。由此，第三方支付诞生了。事实上，第三方支付也是基于互联网平台，为通过网络进行交易的客户提供货币支付或资金流转等现代化支付结算手段。因此，随着第三方支付的出现，互联网支付的范畴已变得更为宽泛。此外，随着支付载体的变化，以商业银行为主体的互联网支付和第三方支付从计算机端转移到移动端，移动支付成为主流支付方式。因此，本书将以商业银行为主体的互联网支付称为狭义互联网支付，将包括第三方支付、移动支付在内的所有基于互联网进行货币支付和资金流转的支付结算手段称为广义的互联网支付。

3. 参与主体

互联网支付主要涉及产业链上银行、第三方支付公司和商户之间的关系，它们各自扮演着不同的角色，它们的竞争与合作正不断演绎着这个市场中的新规则。银行、第三方支付公司和商户是互联网支付市场的培育者，三者缺一不可，在互联网支付中，消费者与商家和银行间存在两个相互独立的合同关系，即买家合同和金融服务合同。

（二）第三方支付

1. 定义

各国先后对第三方支付进行了定义。美国 1999 年《金融服务现代化法案》将第三方支付机构界定为非银行金融机构，将第三方支付视为货币转移业务，本质上是传统货币服务的延伸。欧盟 1998 年电子货币指令规定第三方支付的媒介只能是商业银行货币或电子货币，将类似 PayPal 的第三方支付机构视为电子货币发行机构；2005 年支付服务指令规定第三方支付机构为"由付款人同意，借由任何电信、数码或者通信设备，将交易款项交付电信、数码或网络运营商，并由他们作为收款人和付款人的中间交易人"。中国人民银行 2010 年 6 月正式公布的《非金融机构支付服务管理法》规定：非金融机构支付服务是指非金融机构在收付款人之间作为中介机构提供下列部分或全部货币资金转移服务，具体包括网络支付、预付卡的发行与受理、银行卡收单和中国人民银行确定的其他支付服务，这实际上是广义的第三方支付。目前，第三方支付已不仅仅局限于最初的互联网支付，而是成为线上线下全面覆盖，应用场景更为丰富的综合支付工具。

综合各国对第三方支付的定义，第三方支付是指由独立于商户与银行的、具备一定实力和信誉保障的第三方独立机构通过与产品所在国家以及各大银行签约而提供的交易支付服务。第三方是买卖双方在缺乏信用保障或法律支持的情况下的资金支付中间平台，买方将货款付给买卖双方之外的第三方。第三方提供安全交易服务，其运作实质是在收付款人之间设立中间过渡账户，使汇转款项实现可控性停顿，只有双方意见达成一致才能决定资金去向。第三方担当中介保管及监督的职能，并不承担任何风险，因此严格来讲属于一种支付托管行为，通过支付托管实现支付保证。

2. 支付变革和金融产品货币化

第三方支付在很大程度上活跃在银行主导的传统支付清算体系之外，并且显著降低了交易成本。如果第三方支付的发展规模足够大，并联合起来形成中央银行之外的支付清算系统，从理论上有可能挑战中央银行作为支付清算中心的地位。此外，如果所有个人和机构通过互联网在中央银行的超级网银开账户，二级银行账户体系将不再存在，货币政策操作方式将完全改变。

在互联网金融中，支付一旦与金融产品挂钩，会催生丰富的商业模式，突出的例子如以余额宝为代表的"第三方支付＋货币市场基金"模式，即平时投资货币基金以获取收益，需要时快速转换为支付工具。通常情况下，当一种金融产品的流动性趋向无穷大的时候，收益会趋向于 0。但余额宝通过"T＋0"和移动支付，使货币市场基金既能作为投资产品，也能用作货币，同时实现支付、货币、存款和投资四个功能。未来，随着支付的发展，在流动性趋向无穷大的情况下,金融产品仍可以有正收益。许多金融产品将同时具有类似现金的支付功能,这被称为"金融产品货币化"。比如,可能用某个保险产品或某只股票来换取商品。但是,这对货币政策和金融监管都是挑战,需要重新定义货币、支付、存款和投资。

3. 在互联网金融中的地位和作用

第三方支付业务模式灵活、创新速度快,比网银支付更快捷方便,相比银行业机构受到的监管较松,客观上更适合支持互联网金融业务,因此已成为互联网金融各个领域的主流支付方式,是互联网支付产业链中的重要纽带。第三方支付一方面连接银行,处理资金结算、客户服务、差错处理等一系列工作;另一方面连接商户和消费者,使客户的支付交易能顺利接入。由于拥有款项收付的便利性、功能的可拓展性、信用中介的信誉保证等优势,第三方支付较好地解决了长期困扰电子商务的诚信、物流和现金流等问题,在电子商务中发挥着重要作用。第三方支付服务商与多家银行合作,提供统一的应用接口。这样,无须分别安装各银行的专用接口,商家就能够利用不同银行的支付通道,在支付手段上为顾客提供更多选择。同时,第三方支付也帮助银行节省网关开发费用,创造更大的利润空间。因此,第三方支付既可以节省买卖双方的交易成本,也能节约资源,降低社会交易成本,有利于提高网上交易的效率,促进电子商务的拓展,创造更多的社会价值。

随着电子商务的快速发展,人们对互联网支付的需求进一步提升,而第三方支付凭借其对交易过程的监控和交易双方利益的保障,获得了广大个人用户及商户的青睐。此外,企业逐渐开始利用第三方支付进行跨地区收款及各类资金流管理,行业应用逐渐普及。如今第三方支付应用于互联网金融市场各个领域,起到了资金流动的"通道"作用,甚至对一些互联网金融领域起到主导与支撑的作用。

(三)第三方支付平台

1. 定义

第三方支付主要通过第三方支付平台向收款人和付款人提供支付服务。第三方支付平台指通过通信、计算机和信息安全技术,在用户和银行之间建立连接,从而实现消费者、金融机构以及商家之间货币支付、现金流转、资金清算和查询统计的平台。

第三方支付平台是建立在网络安全平台之上的在线支付服务平台,作为买卖双方交易过程中的"中间件",它将交易信息和物流信息进行整合,为资金流、信息流和物流提供一体化的解决方案;为买卖双方提供实时交易查询和交易系统分析,提供及时的退款和止付服务,并随时对交易进行相应处理;为买卖双方提供信用担保,从而化解网上交易风险的不确定性和电子商务交易中的欺诈行为;在交易后提供相应的增值服务,从而增加网上交易成交的可能性。

由此可见,第三方支付与第三方支付平台不是一个概念,但它们之间存在密切关系。首先,第三方支付是一种支付方式,或者说是一种支付渠道。在这种支付方式中,由第三方支付机构担当买卖双方的"信用中介",同时提供与多家银行支付结算系统的对接,保障了买卖双方的合法权益。第三方支付平台则是一种由网络、技术、软件和服务等构成的实现第三方支付的平台系统。不同的第三方机构可以建立不同的支付平台,如目前主流的支付宝、财付通和首信易等平台。其次,第三方支付平台是第三方支付方式得以实现的媒介,或者说第三方支付平台是看得见的第三方支付形式,没有第三方支付平台,第三方支付只能停留在理论层面。正因为第三方支付与第三方支付平台之间存在如此紧密的关系,人们往往不会对二者进行严格区分。其实,第三方支付平台是第三方支付系统,第三方支付是第三方支付服务机构对第三方支付平台的运营。

2. 主要类型

第三方支付平台主要包括银行网关代理支付和账户支付两类。

1) 银行网关代理支付类

银行网关代理支付类的第三方支付平台通过与各大银行签订代理网关的合同,将银行提供的支付网关接口与本企业的支付系统进行无缝连接,建立集成了众多银行支付网关的支付系统平台,从而为用户提供跨银行的支付服务。银行支付网关是连接银行网络与互联网的一组服务器,主要作用是完成两者之间的通信、协议转换以及进行数据加密、解密,以保护银行内部的安全。因此,银行网关代理支付服务与直接通过银行网关支付的区别在于前者的支付服务提供者是第三方支付企业,而后者则是银行本身。

2) 账户支付类

账户支付类的第三方支付是基于用户账户进行支付的方式。支付宝、快钱等都是基于用户账户进行支付的方式。账户支付的特点是不需要频繁地输入银行卡的密码和账号,因此比较安全。但是,该类型抵抗假冒网站和账户欺诈的能力比较低,存在一定的安全隐患。使用账户支付存在两个过程:一是充值过程;二是实际支付过程。充值过程与实际支付过程相对独立,完成充值的用户不一定立即就进行支付,进行支付也不需要每次都充值。账户支付的优点在于可以避免银行卡号在互联网中传输的危险。账户在银行卡账号和互联网之间形成了一个隔离层。但是,支付服务器有时会发送邮件或短信等账户信息给用户,这些信息的存在导致了账户欺诈的产生。例如,一些不法分子冒充支付服务商发送信息给用户,骗取用户的账号、银行卡等敏感信息。

二、支付手段和方式

(一) 以电子货币为支付手段

电子货币是互联网新型货币的主体。互联网金融新型货币指通过计算机技术生成的非实体货币的总称,天生具有国际性和超主权性等特征,丰富了可兑换货币的种类。

1. 定义

电子货币,又被称为网络货币、数字货币、电子通货等,是20世纪90年代后伴随互联网金融出现的一种新型支付工具,是各发行者自行设计、开发的产品。电子货币种类较多,已经成型的包括赛博硬币(Cyber Cash)、数字现金(Digital Cash)、网络现金(Net Cash)和网络支票(Net Check)等系统。尽管各种不同电子货币的具体形式差异较大,但在基本属性方面完全一样,既具有传统纸币体系所包含的大部分货币性质,又不以实物形态存在。

传统货币理论主要根据货币的职能或者本质从不同的角度给货币下定义,而电子货币迄今为止还没有统一的定义,有的从货币的职能和本质属性方面进行界定,有的从使用方式和形式上进行界定,而且随着电子货币的发展其定义处于不断延伸和演变中。

现有关电子货币的定义可以分成狭义和广义两种。学者们给电子货币所下的定义大多基于货币的职能和本质属性,如日本学者岩琦和雄、佐藤元所下的定义:电子货币指的是"数字化的货币",凡是付款、取款、通货的使用、融资存款等与通货有关的信息经过数字化的便叫电子货币。姜建清的定义为:电子货币就是将现金价值通过二进制数码(0,1)的排列组合预存在集成电路晶片内的一种货币,是适应人类进入数字时代的需要应运而生的一种电子化货币。显而易见,这两个定义较为宽泛。姚立新的定义是:电子货币也称数字货币,是以电子信息网络为基础,以商用电子化机具和各类交易卡为媒介,以电子计算机技术和通信技术为手段,以电子数据形式存储在银行计算机系统中,并通过计算机网络系统以电子信息传递形式实现流通和支付功能的货币。较之前两个定义,该定义更为详细具体。

在国际上,比较权威的定义是巴塞尔委员会 1998 年发布的,属于狭义的电子货币定义:电子货币是指在零售支付机制中,通过销售终端、不同电子设备之间以及在公开网络上执行支付的"储值"和"预付支付机制"。"储值"指保存在硬件或卡介质等物理介质中可用来支付的价值,如智能卡、多功能信用卡等。这种介质亦被称为"电子钱包",类似于我们常用的普通钱包,当其储存的价值被使用后,可以通过特定设备向其追储价值。"预付支付机制"指存在于特定软件或网络中的一组可以传输并可用于支付的电子数据,通常被称为"数字现金"或代币(Token),由一组组二进制数据和数字签名组成,持有人只需要输入电子货币编码、密码和金额,就可以直接在网络上使用。

中国人民银行 2009 年起草的《电子货币发行与清算办法(征求意见稿)》第 3 条规定:本办法所称电子货币是指存储在客户拥有的电子介质上、作为支付手段使用的预付价值。根据存储介质不同,电子货币分为卡基电子货币和网基电子货币。前者指存储在芯片中的电子货币,后者指存储在软件中的电子货币,仅在单位内部作为支付手段使用的预付价值,不属于本办法所称的电子货币。该定义与巴塞尔银行监管委员会的定义基本一致。

广义的电子货币指以计算机网络为基础,以各种卡片或数据存储设备为介质,借助各种与电子货币发行者相连接的终端设备,在进行支付和清偿债务时,使预先存放在计算机系统中的电子数据以电子信息流的形式在债权人和债务人之间进行转移的具有某种货币职能的货币。

2. 产生与发展

进入 20 世纪中期以后,随着科学技术进步和生产力水平提高,现代化大规模生产得以实现,经济结构发生重大变化,商品流通渠道迅速扩大,交换日益频繁,市场经济进入大规模、多渠道和全方位发展时代。高效、快速发展、大规模的商品生产和商品流通方式对传统货币提出了新挑战,对货币支付工具提出了新的要求。电子货币正是适应市场经济高速发展、能够体现现代市场经济特点的货币形式。

1) 产生的原因

在数千年的货币历史发展过程中,随着商品经济的不断发展,货币的形式也在不断演变。人类经历了以实物、贵金属和纸币作为通货的不同阶段。最初的货币形式是实物货币,解决了物物交换的矛盾,有力地促进了商品经济的发展和人类社会的进步。随着商品经济发展和生产力的提高,实物货币的缺点日益显露,实物货币逐步被金属货币所取代。贵金属货币既弥补了实物货币的不足,又满足了当时商品交换的需要。最初的贵金属货币的名义重量与实际重量之间没有明显差别。随后,足值的与经过磨损不足值的金属铸币在市场上同样发挥货币的职能作用,使人们认识到货币可以由不足值或无价值的符号来代替。随着金属货币不能满足商品经济发展的需要,货币进入代用货币阶段。代用货币代表贵金属货币,从形式上发挥交换媒介作用,可以自由地向发行单位兑换贵金属货币,是货币发展史上的一次重大革命。信用货币是代用货币进一步发展的产物,是以信用作为保证,通过信用程序发行和创造的货币。目前,世界上几乎所有国家采取的货币形态,包括纸币、银行存款,都是信用货币。

随着网络技术和电子技术的飞速发展,信用制度的不断完善,出现了在交易或消费过程中充当"支付职能"的货币替代品——电子货币,货币形式从有形向无形转变,如表3-1所示。货币形式的演变证明了货币是商品经济发展的必然产物,其形式伴随着商品经济的不断发展而演变。从实物货币到信用货币,从代用货币到电子货币,货币发展史上两次重大变革都伴随着商品经济的迅速发展和生产力的不断进步。

表3-1 货币的发展阶段

发展阶段	性质	表现形式	特征
实物货币	货币发展的最原始形式,用常见的社会普遍接受的商品作为固有的一般等价物	贝壳、布帛、牛、羊、兽皮、盐、可可豆等	体积笨重、不便携带;质地不匀、难以分割;容易腐烂、不宜储存;大小不一、难于比较
金属货币	实体货币,弥补了实物货币的不足,又满足了当时商品交换的需要	铜、白银、黄金	单位体积价值高、价值稳定、质量均匀而易于分割,耐磨损、便于储藏等
代用货币	实体货币,作为货币物品本身的价值低于其代表的货币价值	不足值的铸币、政府或银行发行的纸币和票据	十足的贵金属符号,可以自由地向发行单位兑换贵金属货币
信用货币	以信用作为保证、由国家强制发行的货币符号,通过信用程序发行的货币	纸币和小面额硬币	完全割断了与贵金属的联系,国家政府的信誉和银行的信誉是基本保证
电子货币	一种抽象的货币概念,以电子信号为载体的货币	信用卡、智能卡、数字现金	无面额约束、货币流通效率高、货币流通费用降低

2)产生的条件

首先,信用存在是电子货币产生的基础。电子货币的表现形式是计算机中的数字账号或价值符号,是货币流通现代化的产物,是信用制度发展的产物。在国外,金融行业已普遍使用信用来评估一个人或一家公司。一个人的信用就是价值,价值最直接的表现形式就是货币。例如,金融机构推出的贷记卡,就是根据每个人的收入、家庭和还款情况等评定出一个信用等级,然后给予相应的贷款额度。电子货币为信用从虚拟到真实提供了良好的载体。

其次,市场形势改变对电子货币产生需求。电子货币经历了从商业信用到银行信用的发展,从开始发行零售店信用卡到后来发行银行信用卡,传统货币和电子货币的职能是一致的。传统市场有固定场所,随着银行网络化进程加快,市场和消费的场所从有形到无形,从固定到流动,以银行卡为载体的网上银行业务得到迅速发展,持卡人可以通过互联网在任何时间、地点和任何形式的金融网络终端进行交易。电子货币携带方便安全,能够满足现代消费者不断变化的需求,成为经济生活和金融领域不可或缺的工具。

第三,信息技术的快速发展与广泛应用为电子货币提供技术保障。银行与其他金融产业运用现代科学技术不断改进业务管理和服务系统,推出新的高科技含量的现代金融产品,将现代电子信息技术、管理科学和金融业务紧密结合。电子技术应用和信息化发展是电子货币产生的必不可少的技术条件,它们使得电子货币得以从原先概念上的信用卡发展到现在科技含量更高、对网络依赖更强的支付系统。银行的结算、核算和划转都需要计算机的支持和安全保障。网络时代的到来,为依赖于银行结算体系的电子货币发展提供了通道,无线通信技术的发展则使得手机银行成为可能,更多的消费者能够接受和使用计算机,电子货币使用有了更广阔的空间。

第四,信用卡是电子货币的雏形,是电子货币产生的重要标志。信用卡是随着商品经济发展和科学技术进步产生的现代支付工具。银行作为买卖双方以外的第三者发行信用卡,使信用卡由商业信用发展成为银行信用,从而使其应用范围迅速扩大。信用卡在相当一部分国家和地区得到了普及,取代现金成为交易中介。随着现代科技的快速发展,信用卡的功能日益增强,使用范围更加广泛,成为电子货币时代的重要标志和主要表现形式。

3. 特征

传统货币具有交易行为自主性、交易条件一致性、交易方式独立性和交易过程可持续性等通货应具有的特性。电子货币作为一种新的货币形式,同样具有传统通货的属性。电子货币必须具有交易媒介的自主性、一致性、独立性和持续性。电子货币执行支付功能时本质上类似于传统通货,只是电子货币是通过销售终端、不同的电子设备之间以及在公开网络上执行支付。但与通货相比,电子货币还具有一些特征,在一定程度上弥补了传统通货的不足。

1) 发行主体趋于分散

从发行主体看,传统的通货是以国家信誉为担保的法币,由中央银行或特定机构垄断发行,由中央银行承担其发行成本,其发行收益则成为中央银行的铸币收入。商业银行即使具有发行存款货币的权利,也要受到中央银行存款准备金等机制的影响和控制,货币发行权属于中央银行。电子货币的发行机制有所不同,呈现出分散化趋势。从目前的情况来看,发行主体既有银行,又有一般金融机构,甚至是成立特别发行公司的非金融机构,如信用卡公司和IT企业,它们发行电子货币并从货币发行中获得收益,构成了一个特定的电子货币发行市场。在这个市场中,大部分电子货币是不同的机构自行开发设计的带有个性特征的产品,其担保主要依赖于各发行机构自身的信誉和资产,其使用范围则受到设备条件、相关协议等的限制。电子货币以类似于商品生产的方式被生产出来,发行主体按"边际收益等于边际成本"这一规则来确定其"产量"。电子货币的总量不再受中央银行控制,其数量规模基本由市场决定。

2) 流通突破主权范围

一般来说,货币使用有严格的地域限定,一般一国的货币是在本国被强制使用的唯一货币,而且在流通中可能被持有者以现金的形式窖藏,造成货币沉淀、货币流通速度缓慢。电子货币则以数字文件的形式依托于虚拟的互联网空间在一个没有国界、没有地域限制的一体化空间内快速流通,消费者因此可以较容易地获得和使用不同国家发行机构发行的以本币或外国货币标值的电子货币。但是,电子货币的使用必须借助于电子设备,不能像纸币一样直接流通。而电子设备的设置并不是交易双方所能决定的,这在很大程度上影响了电子货币的便携性。

3) 交易行为更加隐秘

传统货币具有一定的匿名性,但做到完全匿名不太可能,交易一方或多或少可以了解到使用者的情况。电子货币支持的交易都在计算机系统和电子网络上进行,没有现钞货币或其他纸基凭证,要么是非匿名的,可以记录详细的交易内容甚至交易者的具体情况;要么是匿名的,其交易完全以虚拟的数字流进行,交易双方根本无须直接接触,几乎不可能追踪到使用者的个人信息。电子货币采用数字签名技术来保证其匿名性和不可重复使用,对于交易有一定的隐秘性,为保护商业秘密、尊重交易双方隐私提供了可行途径。但是,绝对的匿名性也带来了消极影响,极易被洗钱等非法活动所利用。

4) 交易过程更加安全

传统的货币总是表现为一定的物理形式,如大小、重量和印记等,其交易中的防伪主要依赖于物理设备,通过在现钞上加入纤维线和金属线、加印水印和凹凸纹等方法实现。电子货币主要是用电子脉冲依靠互联网进行金额的转账支付和储存,其防伪主要采取电子技术上的加密算法或者认证系统的变更来实现。使用电子货币支付需要资金的拥有人持有一定的身份识别证明,如个人密码、密钥或指纹等来验证交易的合法性,这些电子保障措施的安全性要远远高于现钞货币的安全防伪措施,因此,安全可靠程度更容易被接受。

5) 交易成本更加低廉

传统货币流通要承担巨额的纸币印钞、物理搬运和点钞等大量社会劳动和费用支出,而电子货币本质上是一组特定的数据信息,使用时电子货币经由电子流通媒介在操作瞬间借记和贷记货币账户,一系列的识别、认证和记录数据瞬间完成。电子货币的使用和结算不受金额、对象和区域的限制,信息流所代表的资金流在网上的传送十分迅速、便捷。这些特征使电子货币相对传统货币而言更为方便、快捷,从而极大地降低了交易成本。

4. 分类

1) 不以计算机为媒介的电子货币

不以计算机为媒介的电子货币以储值卡为代表,其基本模式是发行人发行存储一定价值的储值卡,消费者购买储值卡用于支付所购买的货物或服务,出售货物或提供服务的人再从发行人处回赎货币价值。卡片储值的电子货币有单一发行人发行的电子货币和多个发行人发行的电子货币。前者如1995年英国Mondex模式的货币,后者如维萨集团推出的曾在1996年奥运会中实验过的维萨货币(Visa Cash)。美国联邦储备委员会将储值卡进一步划分为线下储值卡和线上储值卡两种。

线下储值卡即交易时不用进行授权和证实的储值卡,持卡人直接可以像使用钱一样用储值卡来购物,交易的信息通常是在交易后的一段时间之后再传送给金融机构。利用线上储值卡进行交易则涉及线上授权和证实,客户的资金余额保留在发行人的中央资料保存系统中,而不是记录在储值卡上,交易时,交易的信息从销售终端传到持有客户资金的金融机构,通知金融机构交易数额和客户储值卡上的余额,金融机构进行证实后达成交易。

2）以计算机为媒介的电子货币

以计算机为媒介的电子货币是将货币价值储存在计算机中，通过计算机网络进行电子交易，买卖双方即使距离很远也可以进行交易，其基本模式是买卖双方通过互联网进网上交易，双方就主要条款达成一致后，买方通过网络通知其银行向卖方付款，银行在得到买方指令并加以确认之后，向卖方付款，主要有 Digital Cash 和 Cyber Cash 两种模式。

5. 主要职能

货币职能是货币本质的具体表现，一般认为，货币具有价值尺度、流通手段、储藏手段和支付手段等职能。就现阶段的电子货币来说，它是以实体信用货币为基础而存在的"二次货币"，因此，要能够完全执行货币职能必须达到一定条件。

1）价值尺度

电子货币具有传统货币的基本特征，但是缺少传统货币的价格标准，因为价格标准是一个人为的约定基准。作为价值尺度，货币必须是公认的、统一的和规范的，与其他度量单位相同，需要法律强制执行。没有价格标准支撑的电子货币，就缺乏人们普遍接受的信用。电子货币对商品价值度量的标准是建立在纸币或存款账户基础上的，遵循中央银行货币的"价值尺度"标准，电子货币要以中央银行货币单位作为自己的计价单位，发行主体要保证其与实体货币能够以 1∶1 的比率兑换。电子货币由于带有明显的发行人特征，而不同的发行人对价值判断的标准不同，因此电子货币体系需要通过一个"外部"标准统一规范。

2）流通手段

当商品流通中买和卖两个阶段的完成是以电子货币充当交换媒介时，电子货币就发挥了流通手段的职能。作为流通手段的电子货币具有以下特点：资金汇划快捷，即可以使用电话、个人电脑或借助互联网，向国内外汇划电子货币，在几分钟或几秒钟之内就可以使资金转往目的地账户；携带方便，即可以使用电子钱包完成各种交易支付，免去了携带现金的麻烦和不安全；方便交互，即可以随时利用电话或网络，通过画面、声音传递信息，并选择付款方式；兑换快捷方便，即可以在网络上直接兑换货币，汇率立即可知；便于管理，由于电子货币在充当交易媒介时留下了数字记载，可以随时记录消费的时间、地点等资料，有利于家庭、个人有计划地设计消费方式和时间，便于银行适时分析、识别确切的资金流，从而了解国民经济动向，对地下经济和黑钱交易形成一定约束。

3）支付手段

当电子货币实现价值单方面转移时，就发挥了其支付手段职能。如单位以银行卡的方式发放工资奖金、缴纳税收，银行通过发放银行卡的形式吸收存款，办理其他代收代付业务，消费者使用信用卡进行交易，在电子货币存款不足时购买商品，银行履行付款责任，同时消费者和银行形成借贷关系。

4）储藏手段

货币的储藏手段是与货币自然形态关系最为密切的职能。利用货币"储存"价值的先决条件之一是货币积累所代表的价值积累，没有风险，或者风险极低。纸币代表一个债务符号，是发行国家与纸币本身的法律契约，是发钞国家对持有者的负债，国家信誉是有限信誉，尽管国家会努力承担其法律责任，但持有者无法控制发行国增加纸币发行的行为。电子货币的储存以数字化形式存在，目前其价值储存功能仍依赖于传统通货，即以现金或存款为基础,不可能摆脱持有者手中原有通货的数量约束。也就是说,电子货币的储存功能是所有者无法独立完成的,必须依赖金融中介。

(二) 以异步支付结算作为支付方式

支付方式的历史变革

请扫描二维码观看视频"支付方式的历史变革"。从支付方式的发展演变来看,大致经历了从"物物交换"到"用货币购买商品"和从"同步支付结算"到"异步支付结算"。该视频介绍了实物支付、信用支付、电子支付和移动支付四个阶段支付方式的发展演变,分析了驱动支付方式变革的驱动因素。

支付方式与购物方式有着紧密的联系,当买卖双方在同一个地方,可以面对面交易时,双方一手交钱一手交货,实现同步交换,也称一步支付方式,常见的一步支付方式有现金结算、票据结算和汇转结算等。当买卖双方不在同一个地方,双方不熟悉时情况变得复杂,买卖双方对彼此可能产生不信任,买方先付款可能遭到欺诈的风险,即卖方不发货或者发次等货;卖方先发货则可能遭遇拒付风险,即买方收到货物不付款。先付款还是先发货,于是买方和卖方之间产生博弈,交易在一定程度上也受到了影响。在长期的实践中,产生了异步支付方式,即买卖双方借助银行和非银行机构完成货、款的对流,主要的异步支付方式有信用证和保函。

在电子商务市场,由于买卖双方不在同一个地方,相互之间也许根本不认识,因此存在同样的问题。由于网络的虚拟性,买卖双方对彼此不信任程度进一步加深,交易的风险性和不确定性更高。在长期的实践中,类似异步支付方式的解决方案产生,即由第三方为买卖双方提供钱货交换的中间平台,为买卖双方提供结算信用担保中介服务,第三方有一套详细的纠纷解决程序、裁决方法和有保障的第三方支付交易流程。根据第三方支付运作原理和大多数服务机构的运作模式,基于第三方支付的交易流程如图 3-1 所示。

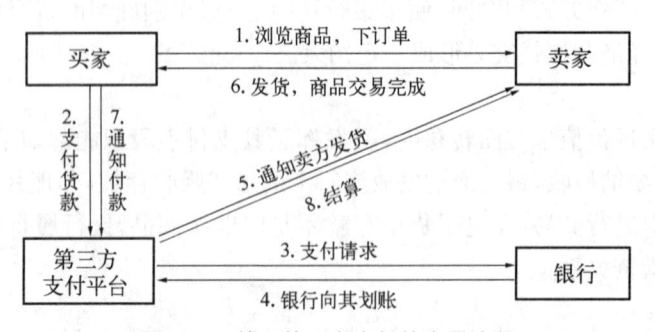

图 3-1 基于第三方支付的交易流程

步骤1:卖方在电子商务网上发布自己的商品信息,包括产品的名称、规格、包装、图片、性能说明、价格、运输方式及运费、服务承诺等;买方在电子商务网上浏览需求商品的相关信息,通过电子邮件、即时聊天工具、电话等通信工具与卖方进行沟通,确定商品规格、数量、价格和运输方式等。

步骤2:买方按约定将所购商品的费用暂时付给独立的第三方支付平台。

步骤3:第三方支付平台向买方开户银行发出支付请求。

步骤4:银行将买方账户的钱转至第三方支付平台的账户,成为电子货币。

步骤5:第三方支付平台在收到银行划拨的货款后通知卖方发货。

步骤6:卖方接到第三方支付平台发货通知后,立即按约定方式发货。

步骤7:买方收到所购货物并检查合格后确认收货,并通知第三方支付平台付款给卖方。

步骤8:第三方支付平台得到买方的付款指令后,将货款最终付给卖方。

以上8个步骤描述了一个成功的电子商务活动的交易过程。

电子商务活动中的退货流程主要步骤如下:买方收到所购货物并检查,发现不合格或不符合约定时,退货给卖方;卖方收到退货后,通知第三方支付平台退货款给买方;第三方支付平台接到卖方的退货款指令后,退款给买方。

第三方支付的介入弥补了电子商务的先天不足,即非面对面交易使交易双方难以相互信任,因为任何一方都不愿意使自己在交易活动中处于被动的高风险位置,通过第三方支付平台,难以相互信任的交易双方有效地防范了自身风险,电子商务活动得以顺利进行。电子商务因此得到快速发展。

(三) 对第三方支付"虚拟账户"的监管

第三方支付独创的"独立支付+提供担保"的支付模式,即"虚拟账户"模式,是第三方支付最有价值的模式,也是目前最为主流的互联网金融支付模式。在该模式中,第三方支付机构主导并收取手续费的绝大部分,银行已经不直接掌握用户和商家的资金活动。这样的模式有诸多好处,但也带来了风险。

对于支付方式演变中出现的代理风险与电子货币风险,目前中国人民银行采取了发放牌照的监管方式,从法律层面监管第三方支付企业的准入门槛。到2020年,中国人民银行已经给269家企业发放了第三方支付牌照。在支付方式发展过程中,网络支付与电子支付的高度整合催生了网络虚拟货币行,如比特币、Q币、魔兽世界G币、亚马逊币(Amazon Coins)、脸书币(Facebook Credits)等。这些虚拟货币绕过了银行的数字货币流通体系,催生出比较复杂的市场机制,也带来了一些新的金融问题,引起了部分国家金融监管部门的高度警惕。这里主要介绍我国对第三方支付"虚拟账户"的监管。

1. 绕开央行二级支付体系

一个完整的跨行支付包括结算、清算两个环节(见图3-2)。用户通过网银把钱从A银行账户转到B银行账户里,网银显示的金额变化是即时的,然而A银行并没有把钞票运到B银行去,这其实是B银行先垫付的,因此A银行欠了B银行一笔钱,两银行互相算账的过程便是清算,两银行跟用户算账的过程便是结算。从银联的角度而言,每天A、B银行停止营业后,银联通过跨行转账记录计算出两银行到底谁欠谁钱,然后划拨双方央行账户的资金填平债务。中国人民银行通过这个"结算—清算"二级支付体系,能够对转账记录进行监督,打击洗钱、诈骗等犯罪活动。

这就产生了一个问题,如前所述,"虚拟账户"模式下没有跨行交易。以支付宝为例,一切交易都发生在支付宝自己的账户内,简直是支付宝的"银联化",这无疑绕开了央行的清算监管。支付宝平均每日支付额超过百亿元,2015年,"沉淀"现金已经超过300亿元,仅利息就有10亿元。万一支付宝挪用这些资金,或者说支付宝破产了,无疑是很大的风险。此外,支付宝在多个银行开有账户,每个账户的用途并不透明和统一,这也增加了监管难度。

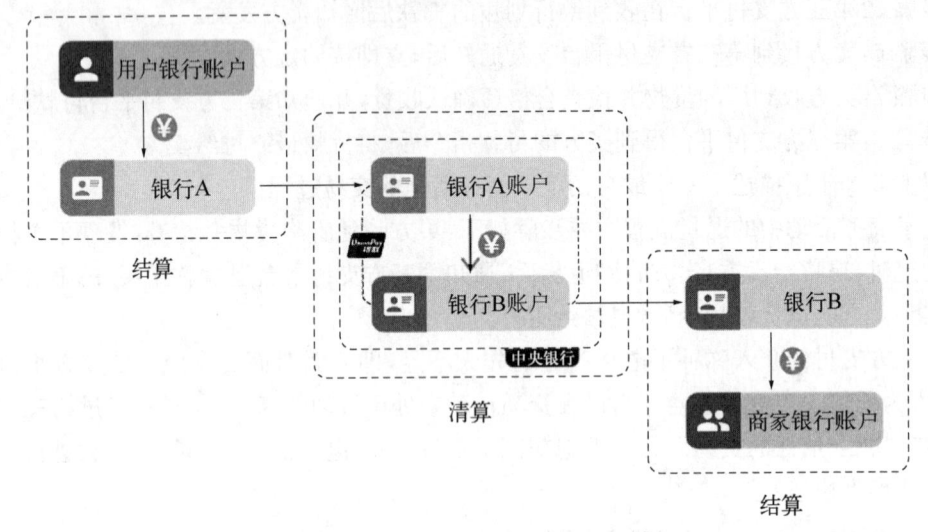

图3-2 央行主导下的银联清算

2. 客户备付金监管

首先,客户备付金是指支付机构为办理客户委托的支付业务而实际收到的预收代付货币资金,凡是不属于"预收待付"以及虽属于"预收待付"但未实际收到的资金均不是客户备付金。

央行颁布的《非金融机构支付服务管理办法(2010)》《支付机构客户备付金存管办法(2013)》和《非银行支付机构网络支付业务管理办法(2015)》做出了如下规定:第三方支付机构应取得《支付业务许可证》;客户备付金不属于支付机构的自有财产,不得擅自挪用、占用和借用客户备付金,不得擅自以客户备付金为他人提供担保;客户备付金不是银行存款,不受《存款保险条例》保护,以支付机构名义存放在银行,并且由支付机构向银行发起资金调拨指令;支付机构对不能有效证明因客户原因导致的资金损失应及时先行全额赔付。

以上几项规定,虽然提高了支付机构客户备付金的安全性,但依然没有建立起有效的监督制度,即监管机构依然看不清支付机构的资金操作。因此,《支付机构客户备付金存管办法(2013)》给第三方支付机构建立起了一种新的"两类银行、三类账户"(见图3-3)资金周转模式。

如图3-4所示,支付机构要在备付金合作银行(A、B)开设备付金首付账户,其可以(跨行)收取资金,但只能向同一银行的用户(消费者、商家)支付,或者在备付金存管账户进行转账。

支付机构还要选择一个银行(C)作为备付金存管银行,这里"存管"可以理解为带有监督性质的保管,开立备付金存管账户。

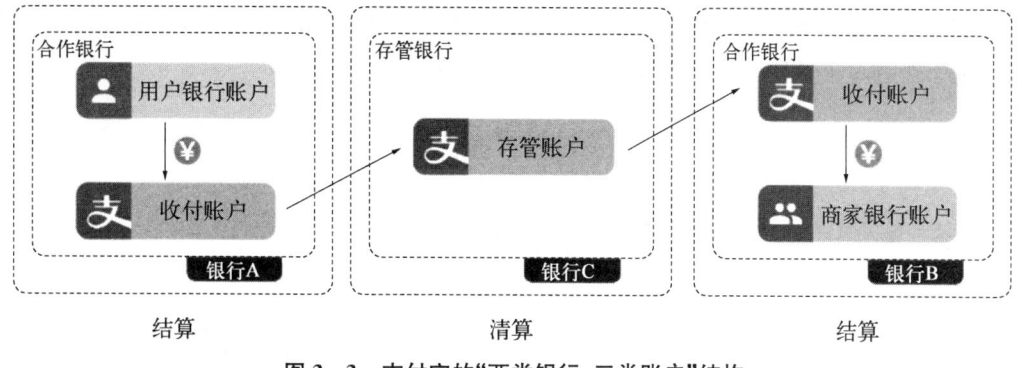

图 3-3 支付宝的"两类银行、三类账户"结构

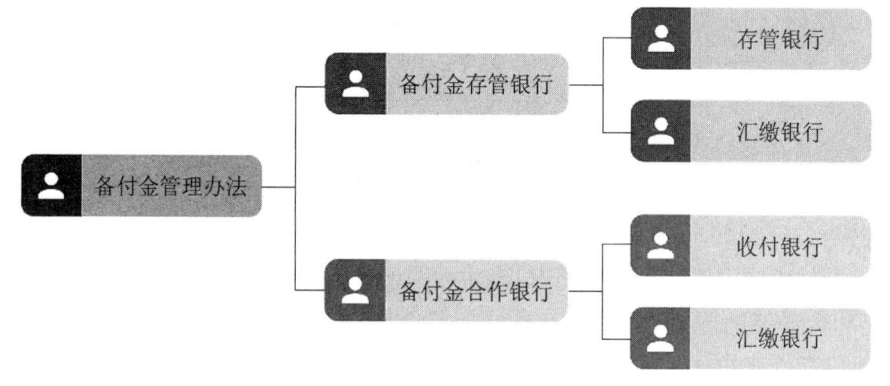

图 3-4 备付金管理办法

备付金存管账户有以下 4 个功能：

（1）同行跨行划拨：必须通过此账户来办理跨行付款业务。

（2）结转手续费：将计提的手续费从此账户转入其自有资金账户。

（3）计提风险准备金：按季计提风险准备金，转入在备付金存管银行或其授权分支机构开立的风险准备金专用存款账户，用于弥补客户备付金特定损失。备付金收付账户数量越多，风险准备金计提比率越高。

（4）调整不同备付金合作银行的备付金账户头寸：支付机构每月在存管银行存放的备付金日终余额合计数，不得低于上月所有备付金账户总余额的 50%，即大约 50% 的备付金应该存放在存管账户里，确保其有钱可付。

存管账户和收付账户在开户数量上也有限制。存管账户在同一个省、自治区、直辖市或计划单列市只能选择一个当地的分支机构开立一个账户，如选择中国工商银行作为存管银行，在中国工商银行各省分行分别开设一个账户。收付账户在每个合作银行的单个分支机构只能开设一个账户，如几家合作银行在广东省共有 40 家支行，则每家支行最多开设一个收付账户。

至于汇缴账户，在备付金合作银行或者备付金存管银行都可以开，数量也没有限制，但只能收钱，如果客户通过转账形式转入资金则必须来自同一银行的账户，除了原路退回的收款外不能付钱。如图 3-5 所示，用户将钱存入支付宝可能是通过汇缴账户，但取钱时的钱则来自收付账户。比较特别的是，每日日终账户里的钱转入本行收付账户或是跨行归集到存管账户,汇缴账户里不留余额,因此大大降低了资金被挪用的风险。考虑到汇缴账户数量众多,这个规定对于监管而言十分重要。

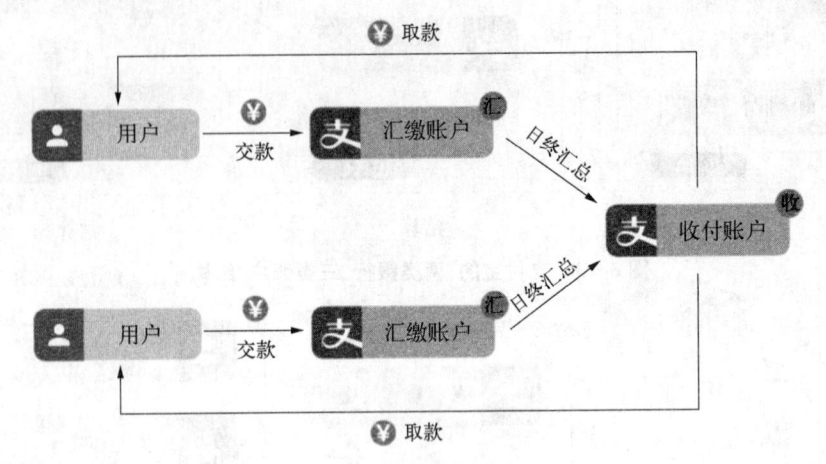

图3-5 支付宝用户的存款与取款

"两类银行、三类账户"从监管的角度而言,具有以下意义:

(1) 对支付机构能够使用的银行账户,主要是具备付款功能的存管账户、收付账户的开户行、功能和数量等进行了限制。

(2) 通过存管账户嵌入了央行清算环节,如果用户进行跨行付款则必须通过央行清算环节,增加了支付机构跨行资金运作的透明度。银行的备付金存管系统掌握支付公司在自己银行开设的所有备付金账户的每日余额和资金调拨明细,对汇缴账户每日清零,控制收付账户、汇缴账户的跨行转账权限,最终能生成报表报送给央行。

3. 客户备付金的管理

在第三方支付模式下,仍以支付宝为例,客户备付金在支付宝的银行账户里会有一个"沉淀"的过程,考虑到支付宝现在巨大的资金流量,如果支付机构能够利用这笔资金进行投资,便能够获得巨大收益。因此,必须对客户备付金进行管理。

1) 备付金存放规定

《支付机构客户备付金存管办法(2013)》(以下简称"办法")规定,客户备付金应当主要以活期存款形式存放,支付机构在充分满足办理日常支付业务需要的前提下,可以以单位定期存款、单位通知存款、协定存款等方式存放备付金,单位定期存款的存放期限最长为12个月;在备付金合作银行以活期存款之外的其他形式存放的客户备付金的期限,不得超过3个月。对于流动性充足、风险控制能力强、经营状况好的支付机构,允许其以"央行认可的其他形式"存放备付金。

2) 备付金利息归属规定

央行在《支付机构客户备付金存管办法(2013)》的记者会上表示,客户备付金利息归属问题较为敏感、争议大,在前期征求意见及专家论证过程中,各方意见分歧明显。一种意见认为,如果向客户返还利息,支付机构有吸收存款嫌疑,也存在操作难度,同时支付机构业务发展也需要支持,建议《办法》明确备付金利息归属支付机构;另一种意见反对备付金利息归属支付机构,认为《办法》明确客户备付金权属关系为客户,而非支付机构,为此产生的利息应归客户,由支付机构占有应视作其不当得利。《办法》回避了利息归属问题,实践中,由支付机构和客户通过协议约定明确备付金利息归属问题。

2016年10月13日,国务院办公厅公布了《互联网金融风险专项整治工作实施方案》,其中提到"非银行支付机构不得挪用、占用客户备付金,客户备付金账户应开立在中国人民银行或符合要求的商业银行。中国人民银行或商业银行不向非银行支付机构备付金账户计付利息,防止支付机构以'吃利差'为主要盈利模式,理顺支付机构业务发展激励机制,引导非银行支付机构回归提供小额、快捷、便民小微支付服务的宗旨"。

(四) 优势和劣势

第三方支付是支付手段和方式的最新演进,电子货币、"虚拟账户"支付方式和担保结算模式使得第三方支付具有其他支付所不可比拟的优势,同时也存在劣势。

1. 优势

1) 操作简单方便

第三方支付平台支持多家银行的多卡支付,方便且安全。平台还根据不同的用户提供更加人性化的界面和操作服务,商家和用户之间的资金往来可以通过第三方支付平台快速完成,从而使得网上交易更加简便。

2) 能够解决网上交易的诚信问题

网上交易由于用户和商家不能见面,同时,用户对商品的真实性和质量无法分辨,存在严重的信息不对称。根据信息经济学,在信息不对称的情况下,市场会出现道德风险和逆向选择。第三方支付解决了这个问题,避免了市场效率的损失。不管是国际上还是国内,第三方支付企业都是颇具信誉的公司发起成立的,用户在进行网上消费支付时,先将资金存入第三方支付账户,然后待商家确认后发货,用户收到货物并且确认无误后,在网上通过收货认证,第三方支付再将资金打入商家自有账户,完成支付过程。这样,交易中的商家和用户信息不对称问题便得到了很好的解决。

3) 能够提高市场交易效率

电子商务从起源至今都是线上交易。在互联网还未普及之前,传统支付方式必须采用邮电汇兑等方式,既浪费时间,又不能保证资金安全,而第三方支付很好地解决这个问题,大大缩短了用户和商家之间的交易时间,在途资金减少也使用户和商家的资金利用效率更高。

4) 促进银行服务质量提高和服务创新

第三方支付是与银行或者类似于中国银联这样的非金融机构合作的独立支付平台,一方面打破了银行对传统支付业务的垄断,迫使银行金融机构提升自身服务水平,提升管理水平,创造更多利润;另一方面,银行面对第三方支付的竞争,也不得不对自身业务进行创新,如利用互联网技术成立网上银行便是对激烈竞争的一次升级。不管是传统的支付方式还是新兴的支付方式,资金的划拨与清算都必须通过银行系统来运行,在互联网如此高效的今天,银行自身必须做出改变,迎合互联网技术的大浪潮。

5) 有效解决互联网时代资金在时空上的不对称问题

第三方支付在商家与顾客之间建立了一个安全、有效、便捷、低成本的资金划拨方式,保证了交易过程中资金流和物流的正常双向流动,有效缓解了电子商务发展的支付压力,成为解开"支付死扣"的一种有益尝试。

2. 劣势

1)结算周期长

由于第三方支付的存在,一般用户在网上消费后,商家并不能立即回收资金,得等到用户收到货物并且在网上确认无误后,第三方支付平台才会通过银行将资金划拨到商家账户上,这个过程一般需要十天左右,由于物流配送等原因,用户收到货物的时间并不能确定,这更延长了资金结算的时间。

2)面临银行和银联的强势竞争

在第三方支付出现后,传统商业银行为了应对竞争推出了网上银行支付业务,中国银联也凭借自己的独特优势,推出了第三方支付系统平台。这在一定程度上导致第三方支付的用户数量流失。银行和中国银联都是国有垄断,而第三方支付一般都是草根出身的民营企业,面对强烈的竞争压力,只能逼迫自身不断提高效率,以创造更多利润。

3)盈利少

第三方支付的维护运营成本比较高,基本上处于低利润状态。幸好,第三方支付平台有大量用户和用户数据,这些是第三方支付的核心资产,通过挖掘可以成为其盈利来源。

4)必须与银行合作

由于第三方支付缺乏认证系统,为了保障支付信息安全,必须依赖于银行的专业技术,同时资金的流动也依赖于银行的清算。

三、作用机理

信息不对称和交易成本的存在是金融中介存在的传统理由。信息不对称是指交易的一方对交易的另一方了解不充分,因而影响其做出准确决策,导致交易中出现逆向选择和道德风险。交易成本是指金融交易所花费的时间和费用,构成交易成本的重要元素是搜寻成本、监控成本,目的是获取信息以减少风险。比如,作为金融中介机构代表的银行具有信息生产和加工的专长与规模经济,能够降低交易成本,减少信息不对称,缓解由于逆向选择和道德风险而发生的问题。从风险交易和风险管理角度看,投资要求很高的专业性,银行可以通过多元化资产组合和管理技术减少风险,降低参与成本,提供信息及代理投资。

通过对第三方支付的交易模式进行分析可以看到,第三方支付的介入使得电子商务交易过程变得更加公平,有效降低了交易风险。下面将运用现代信息经济学中的道德风险模型、逆向选择模型和信号传递模型,从理论上解释第三方支付的作用机理。

(一)道德风险模型

道德风险是指从事经济活动的人在最大限度地增进自身效用时做出不利于他人的行为。道德风险的实质是制度约束软化和个人追求收益最大化之间的矛盾所导致的一些不合乎道德规范的社会现象。道德风险行为使得最优契约结果发生了偏离。道德风险常常发生在签订合约之后,在电子商务发展初期,道德风险现象较为突出。当卖方发货后,由于处于信息劣势,卖方无法准确和完全地监督买方的行为,当买方故意拒付货款或者退货时,就有可能出现道德风险。

按古典经济学理论,信息是对称的、完全的,卖方出售商品 M,获得均衡利润 R,效用为预期效用 U_s;买方支付货款 K,获得商品 M,效用为预期效用 U_b,市场是一个完全均衡的市场。

在电子商务发展的初期,卖方与买方直接交易,卖方通过电子商务网站展示商品,买方在网上预订选中的商品,然后通过传统的交易方式在网下进行交易。按交易中付款时间不同可以将交易方式分为"先付款后发货"和"先发货后付款"两种。其中"先发货后付款"包括"货到付款",因为"货到付款"与"先发货后付款"在此分析中属于同一性质,产生的结果也相同,因而将这两种归为同一类交易方式。由于不对称信息的存在,就有可能产生道德风险。在"先付款后发货"模式下,可能会发生卖方收到款后不发货、少发货、拖延发货或发次品货的道德风险行为。此时,卖方不仅没有出让商品 M,而且获得了超过均衡利润的超额利润,此时卖方效用最大化。而买方支付货款 K 后却一无所获,效用为零。当然,买方可以直接寻找卖方或通过法律手段要求其发货或退款,但却会产生更多的资金成本和时间成本。在这种情况下,买方的最优选择就是不再参与交易活动,从而退出市场。而在"先发货后付款"模式下,可能会出现相反现象,即可能发生买方收到货后不付款、少付款、拖延付款甚至拒绝付款的道德风险行为。这时,卖方出让商品 M 后却没有得到货款 K,不仅没有获得均衡利润 R,而且还损失了生产成本与交易成本,卖方的效用为零,而买方没有支付货款 K 却获得了商品 M,获得超过预期效用的最大化效用。此时,卖方可以直接寻找买方或通过法律手段要求其付款或退货,但却会产生更多的资金成本和时间成本,并且卖方不一定能达到目的。在这种情况下,卖方的最优选择就是不再参与交易活动,从而退出市场。因此,在这两种情况下,交易活动都不可能继续下去,造成一种无效的市场。这就是电子商务中的道德风险模型。

为了防范由于不对称信息而产生的道德风险,必须在买方与卖方之外引入一个独立的第三方作为信用中介,此时,第三方支付应运而生,为电子商务买卖双方交易提供信用保障。同时,对电子商务交易中的订货、付款、发货、退货等流程进行了改进。买方在网上订货后,将货款先打到第三方支付账户中,然后第三方支付通知卖方发货给买方,买方收到货后通知第三方支付平台付款给卖方。这样就有效地杜绝了"先付款后发货"模式下卖方收到款后不发货或推迟发货的道德风险行为和"先发货后付款"模式下买方不付款或少付款的道德风险行为。

(二) 逆向选择模型

乔治·阿克洛夫在《柠檬市场:质量不确定性和市场机制》中提出逆向选择理论,并指出,由于市场上存在质量信息的不对称,消费者只能以平均质量定价,所以低质量的产品会把高质量的产品驱逐出市场,从而导致市场的萎缩和社会福利的损失。他认为:在不对称信息市场中逆向选择导致了市场运行的低效率和无效率。

逆向选择问题来自买方和卖方对有关商品质量的信息不对称,是事前隐藏信息的行为。在电子商务中,卖方知道该商品的真实质量,而买方不知道。假定将电子商务中待交易的所有商品按质量从高到低分为三种商品,分别为上等商品 Q_1、中等商品 Q_2、次等商品 Q_3,其内在价值分别表示为 V_1、V_2、V_3,其中 $V_1>V_2>V_3$,其市场价格分别表示为 P_1、P_2、P_3。按古典经济学理论,在市场均衡条件下,$P_1=V_1$,$P_2=V_2$,$P_3=V_3$,其中 $P_1>P_2>P_3$,每种商品按其本身价值成交,即确定市场价格,每个卖方获得平均利润,买方获得等价商品,这是一种完美的市场秩序,即在完全对称信息下的交易模式。但现实情况是,由于信息不对称,卖方会有以次充好以获取超额利润的动机,企图将中等商品 Q_2 以 P_1 的价格卖出。当然,买方也不傻,尽管他们不了解该商品的真实质量,却知道商品的平均质量,在第一阶段交易中,买方只愿意按平均质量接受中等价格 P_2。这样一来,那些高于中等价格的上等商品 Q_1 就可能会退出市场。接下来,在第二阶段交易中,由于上等商品 Q_1 退出市场,买方会继续降低估价,只愿意接受中等价格 $(P_2+P_3)/2$,而 $(P_2+P_3)/2<P_2$,那么,中等商品 Q_2 就会退出市场。最后结果是:在第三阶段交易中,在市场上只剩下了次等商品 Q_3,在极端情况下一件商品都不成交,这就是电子商务中的逆向选择模型。

由于不对称信息而产生的逆向选择,使得现实市场中社会实际成交量小于均衡成交量。这就需要一种新的制度安排,产生一种质量不合格的退货机制。为了公平起见,退货合约不能单方面地由买方或卖方制订,必须由独立的第三方来约定。同时,为了能有效地实施退货机制,第三方必须参与进来,对交易和退货过程进行监督。在这种情况下,第三方支付作为信用中介,为电子商务交易双方提供信用保障。

(三) 信号传递模型

信号理论之父迈克尔·斯宾塞在开拓性论文《劳动力市场的信号传递》中提出信号传递理论。在不对称信息市场中,为了克服逆向选择带来的市场失灵和低效率,交易双方都会寻求一种方式来传递信息,以提高市场效率,即信号传递。信号传递是指拥有信息优势的市场参与者采取行动,使处于信息劣势的市场参与者了解产品的价值或质量,消除逆向选择,并从中获利,使市场有效率。市场中具有信息优势的个体为了避免逆向选择行为发生,将"信号"可信地传递给在信息上处于劣势的个体。信号要求经济主体采取观察得到且具有代价的措施以使其他经济主体相信他们的能力,或相信他们的产品的价值和质量。

在电子商务活动中,卖方拥有一些买方所没有的与效用或支付相关的信息,买方只能看到卖方发出的信号,而看不到卖方所拥有的全部信息。卖方发出信号,买方接收到信号后做出决策,交易结束,买卖双方的效用得到确定。他们的效用既是私人信息,又是公开信息,同时也是买方所选择行动的函数。这就是电子商务中卖方的信号传递模型,其实质是一个动态不完全信息博弈。这一模型可以合理地解释现在为何广告越来越多,也可以解释卖方为何不断提高其服务质量。

电子商务活动中的卖方为使买方了解自己产品的质量,常常用广告、注册资本、质量认证、荣誉证书和良好的售后服务等方式作为传递信号,这些信号传递手段要花费大量成本。如市场中存在高质量商品 M_1 和低质量商品 M_2,其销售量分别是 Q_1 和 Q_2。若两种商品同时进行广告宣传、质量认证和售后服务,其成本均为 C。由于高质量商品 M_1 可以给消费者带来较大的效用,使用安全方便,维修率较低,从而受到消费者的欢迎而产生重复购买行为和正向的口碑效应,使得更多的人购买该商品,销售量 Q_1 不断扩大,因而,高质量商品 M_1 的单位成本,即 C/Q_1 较小,进行广告宣传、质量认证、参加评优和进行良好的售后服务等信号传递的单位成本较低,收益较大,风险较小。而低质量商品 M_2 也可以进行广告宣传、质量认证、售后服务等信号传递活动,但由于自身质量和技术等问题只能使消费者对其产品仅购买一次而不会重复购买,甚至会产生负的口碑效应,使得销售量 Q_2 较小,因而,单位产品的信号传递成本 C/Q_2 很高,收益较小,经营风险就比较大。在这种情况下,买方就有可能以广告、注册资本、质量认证、荣誉证书和良好的售后服务等作为甄别不同商品质量高低的信号。

在我国,随着国家对第三方支付的重视与规范管理,国家只对符合规定的第三方支付服务商颁发牌照,这将有利于提高市场的信心和降低相关风险。这里的牌照既是一种行政许可,从现代信息经济学上讲又是一种信号传递,它向市场各方传递"获得牌照的服务商有实力在这一领域里做得更好"的信号,这有助于增强市场各方对获得许可服务商的认可与信赖,有利于电子商务快速持续发展。

同时,第三方支付的出现本身就是强信号,因为它独立于买卖双方之外,向市场传递出中立、公平、公正的信号,起到了信用中介的作用,增强了买卖双方的交易信心。这就是第三方支付的信号传递模型,它解决了双方不对称信息造成的交易不畅问题,增加了人们对电子商务交易活动的信心与交易本身的安全性。

电子商务活动最大的优势在于信息搜集和交易的低成本以及交易的跨越时空限制,但跨越时空交易却使交易双方互不信任的程度加深,从而导致交易很容易中断。作为交易的任何一方都是风险厌恶者,都不愿意使自己处在风险之中,而使对方获利,在这种情况下,交易难以完成。为了克服这种交易模式的弊端,电子商务活动中引入独立于买方和卖方之外的第三方支付,由于第三方支付与买卖任何一方都没有利益上的联系,处于中立地位,可以用其自身的安全性和稳定性替代电子商务活动中使用商业信用的风险性和不稳定性,从而以此为基础建立了交易信用关系,解决了电子商务活动中买卖双方的信用问题。

第三方支付实质上是一种信用中介。通过构建电子商务中的道德风险模型说明,早期电子商务活动中由于不对称信息会产生"先付款后发货"模式下卖方收到款后不发货或推迟发货的道德风险行为和"先发货后付款"模式下买方不付款或少付款的道德风险行为。电子商务中的逆向选择模型说明,早期电子商务活动中由于不对称信息会产生逆向选择行为,将会使该市场完全沦为次品货市场。电子商务中的信号传递模型说明,如果没有信号显示与传递,人们无法对商品的质量进行判断,从而无法做出理性选择。因此,人们必须在交易的买卖双方之外,引入一个独立的第三方服务机构作为信用中介,为交易的支付活动提供一定的信用保障,从而消除由于买卖双方不对称信息而产生的信用风险。

请扫描二维码观看视频"第三方支付的作用机理及其解读"。该视频基于信息经济学理论,通过道德风险模型、逆向选择模型和信号传递模型,从理论上解释了第三方支付的作用机理,分析了第三方支付介入电子商务活动后有效降低了交易双方的交易风险,特别是减少了电子商务活动中的道德风险和逆向选择行为,同时通过信号传递增强了交易双方的相互信任程度,推动了电子商务的快速持续发展。

第三方支付的作用机理及其解读

第二节　第三方支付的产生与发展

第三方支付的产生源于电子商务的支付需求。贸易的核心是"货"和"款"的交换,在传统的线下市场,一手交钱一手交货,形成货与款对流,不存在支付问题。但是在电子商务中,由于时空限制无法了解对方的真实情况,也无法一手交钱一手交货,此外,网络的虚拟性还会加剧"欺诈"或"拒付"等风险发生。总之,"货"和"款"无法顺利交换。第三方支付解决了电子商务发展的这一瓶颈,它为买家和卖家提供了一个"货"和"款"交换的"中间平台",同时为双方提供支付结算的"信用担保"服务,解决了上述的时空限制、信任危机和网络虚拟性等问题,使得"货"和"款"可以顺利交换,从而促进双方达成交易,极大地推动了电子商务的迅猛发展。

与此同时,第三方支付也迅速发展起来。1998年12月,世界上最早的第三方支付平台PayPal成立。2004年12月,马云推出支付宝,并在全球首创担保交易模式,将第三方支付的影响推到了一个新的高度。之后,财付通、易宝支付、快钱等一大批第三方支付相继出现,第三方支付在中国进入快速发展阶段。

请扫描二维码观看视频"第三方支付解读——基于双边市场理论"。从实践来看,第三方支付的产生和发展源于电子商务的需求。但从理论上来看,第三方市场快速扩张有着深层原因。该视频基于双边市场理论对第三方支付的本质、快速发展的原因和免费定价策略等进行了深入解读。

一、驱动因素

(一) 内部驱动因素

1. 支付先进且安全

首先是技术安全。第三方机构具有雄厚的资金作为支撑,大多数企业采用目前最成熟和最先进的电子支付相关技术,如防火墙技术、VPN技术、密码技术、SSL协议和SET协议等。这些互联网企业往往自身都拥有非常好的安全防护体系,如SSL128位加密通道配合PKI密钥体系,而且还有银行的支付网关作为安全后盾,提供的是双重安全保障。

其次,第三方支付的支付模式安全。如前所述,第三方支付采用的是第三方结算保证模式,第三方支付机构是一个中立机构,独立于买方(付款人)和卖方(收款人)而存在,为双方提供信用担保,起着"资金托管"和"支付监管"作用,一方面保证交易的顺利进行,另一方面实现"资金可控性停顿"。

第三,第三方支付的支付信息是透明的。全部的交易和支付信息都保留在第三方支付平台上,交易信息得以完整保留。用户可随时追溯,信息基本对称,既维护了买卖双方的合法权益,又增加了交易环境的可信度。

2. 操作方便快捷

除了安全,第三方支付吸引用户的另一个原因是方便快捷。

首先,第三方支付有方便的用户界面。互联网企业大多注重用户体验,第三方支付具有统一的支付界面且用户界面友好,用户操作起来非常方便,从而吸引了很多用户参与使用。

其次,第三方支付提供的是全方位的支付服务。第三方支付平台一般支持市场上常见的几十种银行卡,用户无须再为带着很多银行卡而烦恼,而且第三方支付平台支持全方位的支付领域,支付场景几乎覆盖生活中的各个领域,因而给用户带来了极大便利。

第三,第三方支付有多元化的支付终端。除了有传统的固定支付终端,如PC机、电话和收款机,用户还可以使用移动支付终端,包括移动PC机、智能手机和其他手持设备(PDA)。随着移动互联网和智能手机在中国的流行和普及,移动支付正逐渐成为第三方支付的主流。移动支付有许多好处,尤其是使得用户可以随时随地支付,为用户提供了极大的便利。

(二) 外部驱动因素

1. 商品经济的发展

从历史发展角度看,货币从来都是伴随着技术进步、商品经济活动的发展而演化的,从早期的实物货币、商品货币到后来的信用货币,都是适应人类商业社会发展的自然选择。随着全球化的"地球村"浪潮的影响,各国经济得到了快速发展,人们的物质文化需求越来越高,需要更为安全快捷的大规模商业支付。此外,进入互联网时代后,线上经济活动的多样性和即时性增加,互联网经济主体的支付需求越来越多样,第三方支付恰好满足了这些需求。

2. 技术变革的驱动

信息技术为第三方支付提供了技术支持,尤其是支付网关、数据管理技术、信息安全技术(防火墙、加密、PKI等)、电子数据交换技术等,这些为第三方支付的发展提供了支付保证和安全保障。此外,互联网、移动互联网和新一代信息技术更是加速了第三方支付的发展,使得移动支付成为第三方支付的主力军。

3. 电子商务发展的现实需求

由于国内征信体系尚在完善中,网上购物消费存在严重的信息不对称问题以及由此导致的互联网交易的欺诈风险。此外,电子商务还面临B2C和C2C领域小额支付难的问题,如银行卡不一致所导致的货款转账不便,这甚至成为电子商务发展的瓶颈。支付宝的成立首创了全球担保交易模式,凭借自身的信誉和市场良好的口碑,解决了商家和客户之间信息不对称导致的诚信以及欺诈问题。一旦交易的瓶颈被打破,积累的消费需求便会被打开。

二、发展现状与趋势

(一) 交易规模不断增加

中国用户数量大、安全系数高的第三方支付平台当属银联、支付宝、银联在线、快钱和财付通。其中,阿里巴巴旗下支付宝的用户数量快速增加。2009年支付宝用户数量超过两亿,超越PayPal成为全世界最大的第三方支付平台。如今,支付宝已经渗透到人们生活的方方面面,并逐步占领国际支付市场。2019年1月,支付宝公开宣布其全球用户数量突破10亿,其中3亿用户来自海外。2019年6月,支付宝全球用户数量达到12亿,数量已超腾讯QQ。在2022年度中国金融理财类App月活排行榜中,支付宝月活跃人数超过6亿,已成为国内最大的移动支付平台之一。

其实,我国最早的第三方支付公司是成立于1999年的北京首信和上海环迅,两家公司主要面向 B2C 的支付业务。2004 年下半年,第三方支付开始受到市场的极大关注,国内各大商家纷纷涉足。之后,各大 C2C 购物网站如淘宝网、易趣网都分别推出了各自的第三方支付工具——支付宝、财付通。2005 年,PayPal 与上海网易公司合作建立了本土化支付产品"贝宝"。与此同时,快钱、银联电子支付等国内专营第三方支付平台的公司纷纷出现,共同来分享这块市场。

根据艾媒咨询(iiMedia Research)发布的 2015 年中国电子支付市场数据,2014 年中国第三方互联网支付市场交易规模达 8.076 7 万亿元,同比增长 50.3%,整体市场持续高速增长,在国民经济中的重要性进一步增强。伴随着我国电子商务环境的不断优化,支付场景不断丰富以及金融创新的活跃,网络支付持续迅速增长,而第三方支付机构的互联网业务随之快速增长,其交易规模及结构如图 3-6 所示。

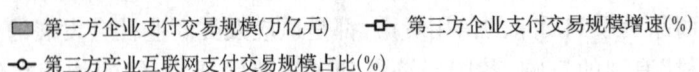

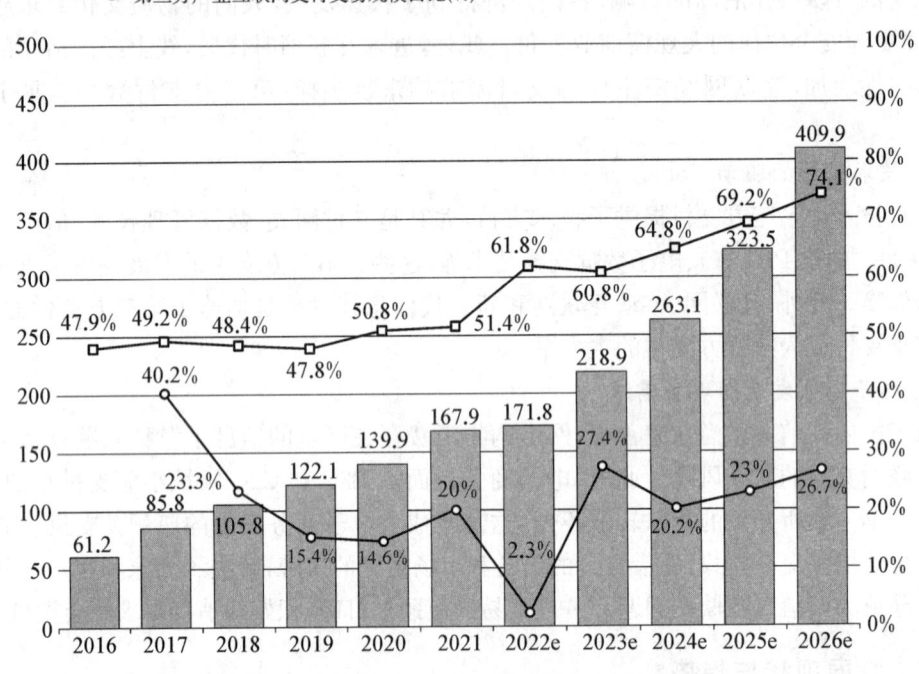

图 3-6 中国第三方支付交易规模及交易结构情况

数据来源:艾媒咨询。

艾媒咨询发布的《2022 年第三方支付行业报告》显示,基于云计算、大数据、人工智能、物联网等技术积累,以第三方支付为切点的金融科技创新爆发着强大的生命力。预计到 2026 年,第三方企业支付交易规模可达 409.9 万亿元,其中产业互联网支付交易规模占比 74.1%,约合 303.74 万亿元。

(二)第三方支付企业纷纷推出其他金融产品

第三方支付公司纷纷推出其他金融产品,以余额宝为例,它是由第三方支付公司支付宝打造的一项全新的余额增值服务。首期便支持天弘基金的增利宝货币基金,在 2013 年 6 月 13 日上线。用户通过余额宝可以在支付宝网站购买基金等理财产品,可以获得相对于银行活期存款较高的收益,同时余额宝内的资金可以随时用于网上购物、支付宝转账、信用卡还款、充话费等支付功能。余额宝内的资金主要是用于投资国债、银行存单等安全性高、稳定的金融工具,收益每天发放。余额宝总体来说具有以下几个方面的优势:

(1) 资金转入余额宝即为向基金公司等机构购买相应理财产品,余额宝首期支持天弘基金"增利宝"货币基金。货币基金作为基金产品的一种,理论上存在亏损可能,但从历史数据来看收益稳定,风险极小。

(2) 转入、转出到余额和使用余额宝付款都是实时的,无须等待,使得用户的资金既有收益,又不耽误使用。

(3) 操作流程简单。余额宝服务是将基金公司的基金直销系统内置到支付宝网站中,用户将资金转入余额宝,实际上是进行货币基金的购买,相应资金均由基金公司进行管理,余额宝的收益也不是"利息",而是用户购买货币基金的收益,用户如果选择使用余额宝内的资金进行购物支付,则相当于赎回货币基金。整个流程就跟给支付宝充值、提现或购物支付一样简单。

(4) 最低购买金额没有限制。余额宝对于用户的最低购买金额没有限制,一元钱就能买。余额宝的目标是让那些零花钱也能获得增值的机会,让用户哪怕一两元、一两百元都能享受到理财的快乐。

(5) 收益高于银行存款,使用灵活。跟一般"钱生钱"的理财服务相比,余额宝更大的优势在于,它不仅能够提供较高收益,还全面支持网购消费、支付宝转账等几乎所有的支付宝功能,这意味着资金在余额宝中一方面在时刻增值,另一方面又能随时用于消费。

支付宝为什么要推出余额宝呢?之前支付宝里的资金赚取的是客户无利息的沉淀资金和银行给予的协定利息之间的差价,也一样是躺着赚钱,推出余额宝之后,反而要将一部分收益分红给用户。其实,支付宝推出余额宝是不得已而为之,为了应对央行备付金管理制度,即要求支付机构的实缴货币资本与客户备付金日均余额的比例不得低于10%,其中实缴货币资本是注册资本最低限额。这意味着,第三方支付暂存周转的客户资金越多,其需要另外准备的保证金也就越多。于是,余额宝顺利地将息差转化为投资者的投资行为,不仅顺利地将息差转化为代销费用,还缓解了备付金压力,吸引了更多用户,最终看来是一个双赢的决策。但是余额宝的推行对传统商业银行还有一点致命的威胁就是它会倒逼利率市场化的改革,在后利率市场化时代,银行会面临更加激烈的竞争,促使金融资源更加优化配置,提高金融机构的市场效率,但也加剧了金融市场的不稳定性。从短期看,银行的成本会因此上升,利差会进一步缩小,在存款保险制度推出后,银行也会面临倒闭的风险,这是一个金融市场优胜劣汰的过程,银行必须接受,并且要习惯在市场中寻求更好的盈利点。从这一点看,余额宝的推出对社会融资效率的提高会有一定的作用。

(三) 第三方支付机构回归"支付"本位

截至 2016 年,第三方支付渗透了互联网金融的各个领域,其许多业务游走于政策监管的边缘。例如,许多 P2P 网络借贷平台对外宣称将客户资金托付给第三方支付机构进行存管/托管,来宣传投资的安全性。

《关于促进互联网金融健康发展的指导意见》提到,互联网支付应始终坚持服务电子商务发展和为社会提供小额、快捷、便民小微支付服务的宗旨;除另有规定外,从业机构应当选择符合条件的银行业金融机构作为资金存管机构,对客户资金进行管理和监督,实现客户资金与从业机构自身资金分账管理。

2015年12月,央行发布《非银行支付机构网络支付业务管理办法》,其中规定:支付机构不得为金融机构以及从事信贷、融资、理财、担保、货币兑换等金融业务的其他机构开立支付账户;支付机构不得经营或者变相经营证券、保险、信贷、融资、理财、担保、信托、货币兑换、现金存取等业务;个人支付账户根据实名制验证程度分为Ⅰ、Ⅱ、Ⅲ三类支付账户;支付机构采用不包括数字证书、电子签名在内的两类(含)以上有效要素进行验证的交易,单个客户所有支付账户单日累计金额应不超过5 000元,不包括支付账户向客户本人同名银行账户转账。

上述规定的意图是让第三方支付机构去除资金沉淀与清算功能,回归小额纯支付,例如,放弃第三方存管/托管业务,仅作为用户支付的渠道。但是,在实践中,资金存管/托管业务由于要求高、利润薄,很多银行开展此类业务的热情不高,所以有一些支付机构和商业银行合作开展"联合存管",支付机构提供账户系统、支付结算、数据运营等服务,银行则为互联网金融平台开立资金存管账户,按独立存管账户进行监管,对相关业务进行备案管理。总而言之,安全与效率本身是矛盾的。银行支付对应大额安全,第三方支付对应小额便利,这是互联网支付稳定发展的保证。

三、与银行的竞争与合作

(一) 对银联的冲击

请扫描二维码阅读案例"双十二:支付宝正式向银联宣战"。互联网金融的发展无疑对传统金融造成了一定程度的冲击,形成了一种竞争与合作关系。该案例介绍了支付宝于双十二向银联宣战这一营销事件,介绍了支付宝的实力、业务范围、支付场景和发展策略,并在此基础上分析了以支付宝为代表的第三方支付在支付市场对银行的影响。

1. 银联的角色

中国银联是中国的银行卡联合组织,其通过银联跨行交易清算系统,保证银行卡跨行、跨地区和跨境使用。银联的收入主要来自线上、线下的通道费。以其线下收单业务为例,实行"721"分成制度,即70%归发卡行,20%归收单机构,10%归银联,这也是银联的主要收入来源。这里主要讨论第三方支付对于银联线上业务通道费收入的影响。

2. "虚拟账户"的影响

虚拟账户模式下第三方支付的网络支付业务,可以选择绕开银联的清算系统,直接连接与其建立了合作关系的银行,支付宝、财付通等议价能力强的主流第三方支付机构一般通过和个别银行谈判建立低费率直连通道。目前第三方支付机构向主要银行支付的手续费大约在0.1%,远远低于银联网络内的0.3%。

3. "网联"的出现

《互联网金融风险专项整治工作实施方案》规定,非银行支付机构,如第三方支付机构,不得连接多家银行系统,变相开展跨行清算业务。2015年4月,国务院发布《国务院关于实施银行卡清算机构准入管理的决定》,提出符合要求的机构可申请"银行卡清算业务许可证",在中国境内从事银行卡清算业务,这意味着在中国清算市场,银联一家独大13年的局面被打破。

2016年8月,由央行牵头、中国支付清算协会参与筹建的线上支付统一清算平台(简称"网联")的整体方案框架成型并获央行通过,2016年年底建成。网联在功能上与银联类似,但主要针对非银行支付机构发起的网络支付业务以及为支付机构服务的业务,满足网络支付跨行资金清算处理的需求。

网联的出现是央行准备切断第三方支付机构直连银行模式,是支付和清算独立开来的信号。从效率的角度考虑,第三方支付机构与网联一点接入,即可接入所有银行,可大幅度缓解支付机构独立建设清算系统的成本问题。网联为所有第三方支付企业提供同样标准的服务,抹平了支付企业之间实力差异带来的安全性和透明度不同的问题,实现了整个互联网支付清算体系效率和安全的平衡,也为客户备付金统一存管提供了技术支持。

网联未来可能会成为银联最大的对手。但业内有一种看法认为,目前支付宝、财付通等主流支付机构凭借其自身地位,可和各银行自行商议有利的费率;而银联的价位制定则有政府参与指导,且所有银行、支付机构一视同仁,如果不能够掌握足够的议价能力,争取到优惠的费率来吸引主流支付机构,那么网联就难以发展壮大。

(二) 与银行的竞争与合作

两者之间的竞争关系目前主要反映在第三方支付业对商业银行零售业务以及支付结算类中间业务发展的影响上,而且这种影响还将持续、深入、强化。《中国第三方支付产业市场前瞻与投资战略规划分析报告》显示,在网络技术和电子商务快速发展的大背景下,第三方支付的服务功能和服务范围不断深化,第三方支付与商业银行的业务交叉、功能替代也处于动态发展的趋势中。

从过去十多年第三方支付业的发展实践来看,第三方支付与商业银行之间的关系日趋复杂,从不同角度来看,两者是业务上竞争合作、商业模式方面融合渗透、竞争上博弈互动、发展过程中补充替代等多种类型的相互关系。在科技引领现代金融发展的大趋势下,这种综合性、多样化的复杂关系还将长期存在。

除了对商业银行业务经营方面的影响外,第三方支付还对商业银行现有服务边界及运行模式产生着深刻的影响。第三方支付的迅猛发展在一定程度上消除了传统银行业务中形成的各类服务壁垒,"冲撞"传统银行服务边界;金融服务信息化代替银行传统物理网点,并且沿着网络银行和互联网金融方向转变已经是大势所趋。

> **商业银行与第三方支付的竞争与合作**
>
> 请扫描二维码观看视频"商业银行与第三方支付的竞争与合作"。第三方支付的发展无疑对传统金融造成了一定程度的冲击,形成了一种竞争与合作关系。本视频主要基于商业银行视角介绍了商业银行在第三方支付的冲击之下与第三方支付机构的竞争与合作,包括商业银行对互联网支付的尝试与转变,与第三方支付从初步合作、模仿、阻止、超越到并购,携手第三方支付共建支付生态圈,与第三方支付从备付金、影响、信用、安全再到跨境支付等实现全方位合作。

第三节 移动支付及其发展

随着移动互联网的发展,智能手机、平板电脑和无线 POS 机等移动智能终端的普及,以及移动社交平台的爆炸式增长,移动支付逐渐成为第三方支付的主流模式。移动支付不仅为用户提供了更为便携、高效和快捷的支付服务,明显改善了其用户体验,还给金融机构和运营商带来了巨大商机,发展空间巨大。

一、概述

(一) 定义

关于移动支付的定义,主要有以下两种观点:一种认为移动支付是一种支付工具,主要包括平板电脑、手机、移动 PC 等;一种认为移动支付指的是移动支付网络,即通过 Wi-Fi 等无线通信网络或移动通信网络实现支付。从事移动支付研究的全球性组织"移动支付论坛"(Mobile Payment Forum)对移动支付的定义是:移动支付(Mobile Payment)是交易双方为了某种货物或者服务,使用移动终端设备为载体,通过移动通信网络实现商业交易。

总的来说,移动支付的定义有广义和狭义两种。广义的移动支付指为了达到购买实物产品、缴纳费用或接受服务等交易目的和以手机、PDA 等移动终端为工具,通过 WAP、GPRS、RFID、蓝牙和红外无线等通信方式,进行资金交换的行为。简而言之,移动支付就是指通过移动设备进行的财物交易行为。狭义的移动支付仅仅指手机支付,基于移动运营支撑系统的一项移动增值业务方面的应用,由移动运营商、金融机构和移动支付服务商联合提供服务。

(二) 参与主体

移动支付的本质就是在客户购买商品和享受服务时,应用移动终端完成资金从客户账户向商户账户转移的过程。由于移动支付是一个开放的市场,因此其产业链涉及的环节众多。如图 3-7 所示,移动支付的主要参与者包括监管机构、电信运营商、商业银行、第三方支付服务平台、商户、消费者和设备制造商等,其中移动运营商、商业银行和第三方支付服务提供商在整个产业链中处于核心地位。

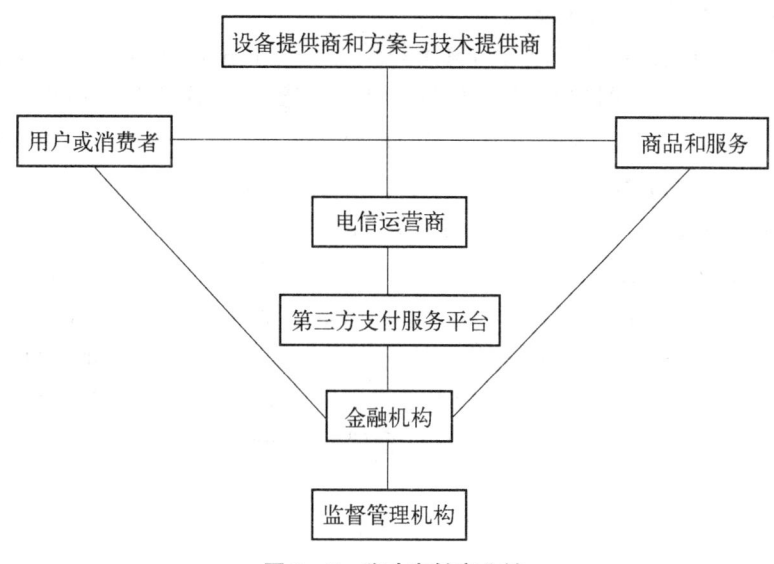

```
          设备提供商和方案与技术提供商
                      |
  用户或消费者 ─────────┼───────── 商品和服务
          \           |           /
           \      电信运营商      /
            \         |         /
             \   第三方支付服务平台  /
              \       |       /
               \   金融机构   /
                     |
                监督管理机构
```

图 3-7 移动支付产业链

1. 移动运营商

移动支付渠道需要移动通信网络的支持,因而支付渠道资源主要为移动运营商所控制。移动运营商是移动支付业务的运营主体,是整个产业链的核心,它为移动支付搭建基础通信平台,制定业务发展规划,整合各参与方的资源直接参与移动支付交易。移动运营商在移动支付产业链中发挥着至关重要的作用,主要体现在以下几个方面:

(1) 移动通信运营商拥有完善的移动通信网络和庞大的客户群体;

(2) 移动运营商掌握了语音、短信、WAP 等较为成熟的通信方式,能够为所有移动支付业务提供基础的通信支持以及对不同级别的支付业务提供安全服务;

(3) 移动支付服务依赖于移动运营商的通信技术,且通信技术直接服务于消费者,因此移动运营商能通过加固自身技术提高支付效率,缩短用户缓冲等待时间,提升用户体验,促进移动支付业务的有效推广;

(4) 由于移动运营商掌握了庞大的客户资源,因此,能够利用其资源优势,加大移动支付的推广力度,扩大移动支付业务覆盖度,增加用户数量,从而促进行业发展。

在我国,有三家著名的网络运营商,即中国电信、中国移动和中国联通,如表 3-2 所示,它们各有优势,处于整个移动支付产业链的核心地位,不仅负责软件开发、维护和升级等,还为用户提供各种线下场景的支付服务。例如,中国联通"沃支付",它在提供话费缴纳等业务场景服务的同时,也提供水电缴费等生活场景服务,并不断开发新型软件以适应用户需求。

表 3-2 三大运营商移动支付平台与主营业务

运营商	移动支付平台	主营业务
中国移动	和包支付	GSM、TD-SCDMA、TD-LTE
中国联通	沃支付	GSM、WCDMA、FDD-LTE、固网
中国电信	翼支付	CDMA、CDMA2000、FDD-LTE、TD-LTE、固网

2. 商业银行

金融行业涉及资金流通、结算业务，就需要银行的参与，银行是用户账户的直接管理者，掌握了大量的客户资源，同时也是移动支付产业中用户资金的最终清算机构，拥有成熟的资金结算经验，因此是移动支付业务不可或缺的重要参与方。商业银行在移动支付产业链中的主要任务是为用户和其账户提供完整的支付结算通道，并且记录用户的资金流动情况和信用情况。商业银行发展移动支付业务的主要原因如下：

(1) 由于传统支付业务的便携性不强，为了其固有的支付不被便携性较强的移动支付取代，保证其支付业务的竞争地位，因此要发展移动支付业务以完善和补充传统支付业务。

(2) 为客户提供差异化的服务，提供多样化的支付手段以满足客户的不同需求，提升用户体验。目前商业银行拥有以现金、信用卡及支票等为基础的传统支付系统作为其移动支付基础和支撑，而且银行拥有全面的用户信用管理系统，能够有效避免其他部门面临的信息不对称和道德风险问题。

(3) 移动支付扩大了银行的业务范围，银行通过开展创新型多样化的移动支付业务，实现了盈利的有效增长。

3. 第三方支付企业

在移动支付的产业链中，第三方支付企业的主要作用是提供信用担保，降低支付安全风险，协调各方资源，为用户提供丰富的移动支付业务。第三方支付企业作为银行和运营商之间的枢纽环节，是连接通信运营商和金融机构的重要桥梁。第三方支付企业主要发挥的作用如下：

(1) 第三方移动支付企业通过客户在平台上建立的账户，实现银行资金账户、手机话费账户之间的连接。

(2) 第三方支付企业具有整合并协调移动运营商和银行等各方面资源的能力，借由第三方支付平台，用户可以在不同银行卡之间实现转换，第三方支付企业对内整合各方资源，对外向用户提供统一的支付端口，简化了用户的操作流程。

(3) 集成丰富的移动支付业务服务于平台，实现"一体化"服务，吸引用户购买实体商品和服务，可以提高客户黏性。

(4) 第三方支付企业拥有基于庞大的互联网用户群体的客户资源，还有大量交易数据和访问情况，能够了解互联网用户的购买心理和用户需求，进行更全面的互联网市场分析。

如表3-3所示，三大核心主体各有其优劣势。

表3-3 移动支付产业链三大主体优劣势分析

核心主体	优势	劣势
商业银行	具有雄厚的资金实力和良好的支付信誉	缺少支付服务创新能力，且银行间移动支付业务不能互联互通，产生较大的资源浪费
第三方支付服务平台	具有庞大的线上用户规模与商户规模，且支付服务创新能力强	线下商户规模不大，缺乏像金融机构一样的支付业务运作经验
电信运营商	用户基础良好，远程支付能够被较好控制，技术实现简便	不能完全控制近端支付通道，同时还需扮演部分金融机构的角色；税务处理复杂

4. 其他主体

1）监管机构

移动支付涉及金融行业和电信行业两个国家严格监管的领域。移动支付作为新兴产业,多数业务都处在监管政策的"灰色地带"。国家监管政策的调整和实施,将会对移动支付业务产生很大的影响,并可能决定其发展趋势。监管机构在移动支付产业链中的主要作用是:制定相关的政策法规和行业标准来保障行业的有序竞争,通过有效的监督管理,协调产业链各方的利益,促进行业的健康发展。

2）商家

商家接入移动支付渠道,使得消费者可以通过移动支付的方式购买产品和服务,商家利用部署便捷的移动支付终端与消费者进行交易,减少支付的中间环节。对消费者而言,消费者只需使用随身携带的移动终端即可完成支付,提高用户满意度,扩大移动支付的使用范围;对商家而言,可以提高资金往来和结算的效率,提高便利性。

3）消费者

消费者是移动支付的最终使用者,也是移动支付业务的价值来源,他们的使用习惯和接受程度是决定移动支付产业发展的重要因素。消费者一般更为关注移动支付操作的便捷性和支付的安全性,其对移动支付业务的认知度、接受度和使用习惯决定着该业务的发展方向。

4）设备终端提供商

支付终端主要是客户使用的各类移动终端设备,支付终端需要移动终端设备制造商的支持,设备制造商为运营商提供移动通信系统设备,以及包括移动支付业务在内的数据业务平台和业务解决方案,为用户提供支持移动支付的终端设备,并且同时提供移动支付业务的解决方案。为了适应客户对移动电子商务的需求,移动终端设备制造商投入了大量资源来从事移动支付相关设备、软件的开发与推广。目前,越来越多的设备制造商选择与移动运营商结成伙伴关系,合作生产定制和推广设备与终端。这些厂商为移动支付业务的发展提供技术支持,同时也依赖于该项业务促进自身发展。

(三) 主要类型

移动支付的种类繁多,根据不同的分类标准可以分为不同的类型。不同形式的移动支付在安全性、可操作性、技术成本等方面都有各种不同的要求,最终的实现模式也大不相同,不同的领域可以依据需要选择适合的形式。目前,大体上有以下几种分类标准和方式。

1. 使用账户

根据账户的不同,移动支付可以分为基于后台账户的移动支付和基于银行卡账户的移动支付。移动运营商的小额支付、各种储值卡的刷卡支付是基于后台账户的移动支付;中国银联开展的移动支付以及商业银行推广的手机银行则属于基于银行卡账户的移动支付。

2. 受付方指定

根据移动支付事先是否指定受付方,移动支付可以划分为非定向支付和定向支付。例如,手机购物属于非定向支付,而手机话费的支付就属于定向支付。

3. 支付金额

根据移动支付的金额大小,移动支付可以划分为微支付、小额支付和大额支付。至于移动支付金额大小的划分,取决于每个国家的经济发展程度和居民的生活水平,在不同国家的经济发展水平上,微支付、小额支付和大额支付划分的标准有所差异。目前我国的移动支付主要以小额支付为主,大额支付的情况比较少。

小额支付是指用户预存费用,然后通过手机发出划账指令来支付服务费用,该支付方式通常是通过手机话费账户支付。大额支付通常指的是银行与运营商通过合作,建立一个与用户手机号码和本人身份号码相关联的支付账户,该支付账户的作用相当于电子钱包,为移动用户提供通过手机进行交易支付和身份验证途径,用户可以通过多种方式进行交易操作。

4. 支付距离

根据使用的传输方式和技术,移动支付又可以划分为近距离支付和远距离支付,或者称为近场支付和远程支付。近场支付主要是利用手机通过射频识别技术(Radio Frequency Identification,RFID)、红外通信技术、蓝牙技术和近场通信技术(Near Field Communication,NFC)等,实现手机与自动售货机终端等设备之间的本地通信,如使用手机在自动售货机购买饮料、支付加油费、乘坐公交车、地铁和缴停车费等。远程支付主要指银行账户与手机绑定,利用短信息服务(Short Messenger Service,SMS)、WAP、IVR 和 USSD 等技术实现手机银行转账支付、第三方账户支付、充值卡支付等,如通过手机完成在线订单、网上购物或购买数字化产品等。

5. 传输方式

根据传输方式不同,移动支付可分为空中交易支付和广域网(WAN)交易支付。空中交易支付需要通过移动通信网络完成,如手机银行等。广域网交易支付则仅需终端具备近距离交换信息的功能,无须通过移动通信网络,如手机通过连接 WiFi 进行网上购物等。

(四)特征

作为货币电子化和移动通信相结合的产物,移动支付有很多优点,这些优点决定了移动支付的发展前景。

1. 支付更灵活便捷

移动支付具有随身携带的移动特性,方便易行,能够消除地域上的限制,同时结合了先进的移动通信技术,只需拨打相应的电话、发送短消息、连接移动互联网络即可随时随地购买实物、享受服务、分享信息和娱乐。与其他支付工具相比,用户黏性更强,支付更加便利。

2. 交易成本更低

相对而言,移动支付的交易成本更低。因为它节约了用户的时间成本,用户可以随时随地享受移动支付带来的便利,大大缩短了往返银行或商家的交通时间。而且移动支付借由移动互联网技术,不仅能够提高支付效率,缩短支付处理时间,还可以充分利用用户的碎片化时间。此外,移动支付为用户节约了交易费用,因为用户使用移动支付只需要向移动运营商交纳很低的电话通信费、短消息费用或者是更为低廉的数据流量费用。

3. 兼容性好

在常规支付模式下,用户拥有的账户种类繁多,如银行账户(包括不同银行提供的不同种类的信用卡、借记卡)、移动通信账户。不同的运营商,不同第三方支付平台的注册账户不同,所以要让销售终端兼容支持所有账户的难度较大。移动支付可以将银行账户、第三方账户等多账户集合于一机,用户只需要通过一部移动终端即可实现在线支付与线下近场支付,能够较好解决兼容性的问题。

4. 服务场景更丰富

移动支付能够涵盖线上线下等不同的支付场景,应用领域非常广泛,如近场支付能够支持线下的传统卡业务所支持的场景,包括商场、超市、便利店的线下消费、线上付款等;远程支付可以完成其他互联网支付所能完成的绝大部分内容,包括转账、网络购物、公共事业缴费等。

二、我国移动支付的发展

我国移动支付发展较快,取得了较好的成绩。在 3G 还没有在全国普及时,2013 年 12 月底工信部便向中国联通、中国移动、中国电信三大运营商发出 4G 牌照,移动网络的升级,不仅使用户上网更加方便快捷,也促进了移动支付的蓬勃发展。中国工信部数据显示,2009 年中国移动手机用户成功跃居世界第一位,2012 年中国移动手机用户数突破 10 亿。2022 年,中国移动互联网用户规模再度大幅增长,总规模突破 12 亿。

如今,智能手机在中国已经相当普及,人们不管走到哪里都习惯用手机上网,移动支付越来越成为一个大众化的趋势。移动支付市场用户数量不断增加,移动支付市场规模越来越庞大,如图 3-8 所示。

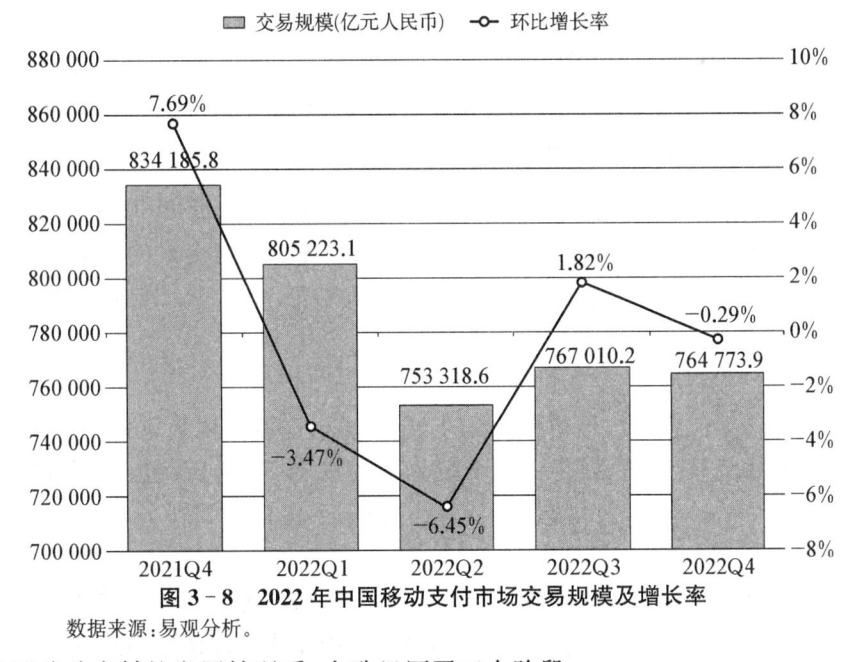

图 3-8 2022 年中国移动支付市场交易规模及增长率

数据来源:易观分析。

从我国移动支付的发展情况看,大致经历了三个阶段。

(一)萌芽和起步阶段(2000—2005 年)

发达国家移动支付业务的迅猛发展给中国移动支付市场展现了扩展该业务的美好前景,并且提供了参考。2000 年 5 月 17 日,中国移动正式推出短信服务,把短信应用于手机代扣费信息服务，标志着移动支付探索的开始。最初主要是将短信支付应用于互联网和移动互联网的小额支付领域，如缴纳会员费、下载彩铃和图片等，用户需要向内容提供商支付一定的费用，结算资金以话费为主，由移动通信公司代收，移动通信公司再向内容提供商收取一定的手续费。

短信支付的运营模式成功后，移动运营商也逐步扩展移动支付业务。移动通信运营商与银联签署了战略合作协议，开展了以手机和银行卡绑定为主要形式的移动支付合作。中国移动通信和商业银行合作推出"手机银行"业务，通过"手机银行"可以使用银行卡账户缴费，并实现对个人账户的管理。中国联通和建行推出新一代手机银行业务，以建行"e 路通"电子银行平台为依托，能够通过手机实现理财、支付和电子商务的功能。

自 2003 年以来，不同类型的参与者加入移动支付市场，服务供应商迅速发现了移动支付领域的市场机会，以第三方为主体运营移动支付平台的模式在国内兴起，提供了更多的移动支付模式。

这一阶段我国移动支付发展的特点如下：

（1）移动支付业务在国内刚刚起步，不具备相关经验，主要参考国外的发展模式，尚处于萌芽起步期，导致整个市场发展缓慢。

（2）移动运营商借助自身业务优势，在这一阶段表现得最为突出和积极，陆续推出了使用手机短信下载图片和彩铃等业务，在市场上得到了比较大的认可。同时，移动运营商和金融机构开展的合作也较之以前有所增加，合作点覆盖了更多区域和更多领域的移动支付业务。但是移动运营商仍存在经验不足的问题，而且相关技术也不够成熟稳定。

（3）国内的移动通信业务发展较快，手机用户的数量和普及程度增加，移动增值业务和网上支付也逐渐被人们认可和接受，为移动支付的发展奠定了良好的用户和环境基础。

（二）探索阶段（2006—2008 年）

2006 年 9 月 8 日，工信部下发《关于规范移动信息服务业务资费和收费行为的通知》，规定移动运营商不允许服务供应商与其他公司或者网站提供任何形式的扣费业务，并设立扣费前用户二次确认机制，对手机话费作为支付资金来源进行了严格限制，手机话费短信支付从此步入低谷。

手机代扣费被限制后，移动支付寻求新的支付模式，银行和第三方支付迅速进入到移动支付的产业链中。第三方支付移动和银联的合资公司——联动优势成为中国移动总公司话费支付业务的独家代理，一方面，推广创新型业务，大力推广手机钱包业务和移动通信打包服务（银信通）；另一方面，独家代理中国移动总公司手机代扣费业务，通过垄断赚取高额利润。

随着国外移动支付技术和系统的不断改进与完善，移动支付业务的安全性、稳定性和便捷性都大大提高。与此同时，国内的移动支付业务基础设施建设也在不断发展完善，使该业务的物理基础得到改进。一是近距离通信技术（NFC）的发展，带动了近场支付模式的兴起。2006 年，中国移动率先在厦门市启动了近场移动支付商用试验，开启了中国移动支付业务发展的新篇章。二是 3G 技术给 WAP 支付的发展带来了广大的空间。2009 年，工信部颁发 3G 牌照和分配 3G 频谱后，3G 技术在我国取得了广泛的运用，我国正式步入 3G 元年，3G

技术的发展为 WAP 支付的发展提供了有力支持。

这一阶段我国移动支付发展的特点如下：

(1) 由于移动支付仍处于探索阶段，因此产业链的构建不完善、合作机制不健全，使得相应的各类标准和规范不统一，导致整个市场的发展比预期的要缓慢很多，无法吸引商户使用移动支付业务，限制了移动支付业务的发展规模。

(2) 移动支付发展尚未完善，能够向用户提供的移动支付的业务和服务相对比较匮乏，仍然做不到为用户提供真正的便利，这一时期无法保证良好的用户体验，用户黏性较差。

(3) 这一时期新兴技术的不断涌现，在摸索过程中对新技术的不断运用和实践，为日后移动支付发展奠定了良好的技术基础。

(三) 规范发展阶段(2010 年至今)

自 2010 年起，我国移动支付稳步进入规范化发展阶段，支付牌照的颁发为支付运营企业确定了合法身份，也明确了监管体系，远程支付和近场支付稳步发展。

(1) 远程支付应用领域不断扩展。2013 年 12 月 4 日，工信部正式向三大运营商发布 4G 牌照，进入 4G 时代，无线数据传输速度高达 100 Mbit/s，伴随超高传输速度的是移动通信的高质量、高效率和低费用，能够有效助力远程支付发展。通信技术的发展提高了数据传输的速度，促进了移动电子商务的发展，远程支付的应用场景由以原有的虚拟产品、服务为主逐步拓展到包括生活缴费在内的多种方式。

(2) 近场支付逐步普及。移动运营商垄断了远程支付的通信渠道，因此，近场支付就成了各方争夺的业务领域，近场支付主导权的争夺促进了产业链各方的合作。如中国移动入股浦发银行，三大运营商与手机制造商合作推出定制机，银联与 TCL 和 HTC 合作推出定制机等。

这一阶段我国移动支付发展的特点如下：

(1) 互联网的覆盖率和网速都得到了全面提高，为移动支付业务的推广提供了必要条件。同时，数据传输的效率提高既提高了信息处理效率，又提升了用户体验。

(2) 第三方支付企业全面参与移动支付业务，余额宝、微信支付的兴起带动了新一轮移动支付发展的浪潮，实现了线上线下相结合的支付模式，移动支付业务日益完善。与此同时，移动支付行业竞争加剧。

(3) 监管政策不断完善，商业模式日趋成熟，促进移动支付价值链朝着更好的方向发展。2010 年，中国人民银行出台《非金融机构支付服务管理办法》及其实施细则，规定非金融机构可以通过申请支付许可证的方式获得合法地位，依法接收监管，从而为第三方机构从事移动支付业务扫清了法律障碍。2011 年 5 月 18 日，央行发放了第一批"第三方支付牌照"，共 27 家企业上榜，包括财付通、支付宝、银联商务、快钱等知名企业。2012 年 12 月 14 日，央行正式发布了中国金融移动支付系列技术标准，涵盖了应用基础、安全保障、设备、支付应用、联网通用 5 大类 35 项标准，引导和规范我国移动支付业务发展，实现资源共享和有效配置。央行同时批量发放牌照和颁布移动支付技术标准，表明其对银行业、运营商、手机厂商和第三方支付行业竞争移动支付市场持开放态度。2020 年的银保监会官网显示，目前全国共有 238 张第三方支付牌照，涉及互联网支付、移动电话支付、预付卡发行与受理、POS 收单、货币汇兑、固定电话支付、电视支付等业务类型。这意味着国家已经对第三方支付行业进行了规范化管理，也意味着第三方支付行业进入更加细分领域的竞争。

三、移动支付生态系统

（一）概念

移动支付生态系统指的是在移动支付系统中那些具有协同效应及相乘效果的个体经过互联网金融中不同业态不同个体之间的相互融合与淘汰有效地组织在一起，形成能够实现动态自我更新与进化的集群。移动支付生态系统是在互联网金融的基础上编织的一个网络，网络中各个部分彼此影响和延伸，是互联网金融发展的更高阶段，其监管模式和发展模式在国内外都是一种"创新"。

（二）要素

移动支付生态系统的第一个要素是平台，即移动支付生态系统首先要有一个平台架构或系统架构，移动支付基于第三方支付平台；第二个要素是数据，即在移动支付生态系统中产生的各种类型的数据，不同的数据种类具有不同的特征；第三个要素是技术，即保证整个生态系统正常运转的信息与通信技术，包括互联网和移动互联网技术、移动支付相关技术以及云计算、大数据、物联网和人工智能等新一代信息技术。

移动支付业务的生态链涉及的主体十分广泛，涵盖标准的制定者、设备制造商、银行、移动运营商、移动支付服务提供商、商业机构、用户等多个环节。其中，标准的制定者是指国家独立机构、国际组织和政府，他们负责标准的制定和统一，协调各个环节的利益。

第四节 第三方支付的风险和监管

一、主要风险

第三方支付在其运营过程中存在着安全隐患和安全漏洞，概括起来，其安全问题主要涉及信息安全、信用安全、安全管理以及安全法律法规等问题，必须确定第三方支付中可能出现的各种风险，分析其危害性，并进行有的放矢的安全管理。

（一）宏观层面的安全风险

1. 信息不对称带来的违约风险

网络经济是一种虚拟的经济形态，交易者无法确切知道交易对手的真实情况和身份。在交易过程中，商品和资金的流动从时间上、空间上都存在着不对称，这些都增加了人们对于信息鉴别的成本，使得买卖双方的博弈更加复杂，导致了交易双方的安全感不足。

2. 安全技术风险

第三方支付服务的核心是在线提供支付服务，支付产业链中的任何一个环节出现了安全隐患,都有可能转嫁到第三方支付平台上。另一方面,网络技术的变化日新月异,对于提供第三方支付的服务商,其安全性级别不及银行的安全性级别,需要不断投入,时刻监控,对各种纠纷进行应急处理等。

3. 道德信用风险

在虚拟空间内完成物权和资金的转移,信用问题尤为突出。第三方支付平台存在的信用风险主要是买卖双方对对方信用的怀疑和商家担心来自第三方支付平台的欺诈。买卖交易双方的行为受到必要的约束和控制,是交易顺利进行的前提。

(二) 微观层面的安全风险

1. 卖家面临的安全问题

(1) 入侵者的破坏。例如,入侵者假冒成合法用户来改变用户数据(如商品送达地址)、解除用户订单等。

(2) 竞争者的信息窃取。例如,恶意竞争者以他人名义订购商品,从而了解有关商品的递送状况和货物的库存情况,或者冒名损害其他企业的名誉。

(3) 买家的恶意退货。尽管不存在产品质量问题,但部分买家收货后对货物不满意,找各种理由退货。卖家为了自己的信誉不得不接受退货,与此同时还要承担运费。或者部分买家虽然顺利收到货物,但在确认收货后却不给卖家好评。

(4) 虚假交易及交易诈骗。在 B2C 和 C2C 模式下,最常见的违约方式是个人在网上注册信息不真实、下虚假订单,或进行虚假拍卖,操纵交易结果。由于网站无法对个人的真实信息进行核实,最后的确认信息也只是依托于用户已经申请的电子邮箱,而提供电子邮箱的网站也不会进行用户的真实信息确认,所以给一些居心不良的交易者以可乘之机,致使商家遭遇无效订货(查无此人)或送货地址不符等问题。

2. 买家面临的安全问题

(1) 虚假信息。在网络经济这一新兴媒体中,发布信息不像传统媒体受到那么多的制约,一般消费者即使已经觉察到信息有误,也很难向发布信息的商家进行追究,甚至根本就不知道商家的地址。而很多网站和支付平台为了吸引交易者,不断简化注册手续和验证程序。因此,一些不良卖家肆无忌惮地在网上发布各种虚假信息,对商品进行虚假宣传,致使商品品质、声音、色彩、形状等与实物存在较大差异,借此欺骗买家下单。部分商家还制造虚假的商品销售排行榜、所谓的让利促销活动等,借此吸引买家或者创造所谓的点击率以扩大自己的商业影响,谋求经济效益。

(2) 中间人攻击。如果攻击者设法使用户和服务提供商间的通信变成由攻击者转发,那么该中间人可完全控制移动支付的过程,并从中非法牟利。或者破坏服务网络,使得系统丧失服务功能,影响移动支付的正常运行,阻止用户发起或接受相关的支付行为。

(3) 卖家不履行服务承诺。交易中买家付款后收不到商品,或者即使卖家履行了交易承诺,但是在送货时间、方式或者售后服务、退货等方面没有按照网上的条款或者承诺进行。

(4) 机密性丧失。买家可能将秘密的个人数据或自己的身份数据发送给冒名为销售商的机构。同时,这些信息在传递过程中也有可能受到窃听的威胁。窃听是最简单的获取非加密网络信息的形式,这种方式可以同样应用于无线网络。由于无线网络本身的开放性特征,以及短消息等数据一般都是明文传输,使得通过无线空中接口进行窃听成为可能。攻击者通过窃听有可能了解支付流程,获取用户的隐私信息,甚至破解支付协议中的秘密信息。攻击者截获传输中的交易信息,并把交易信息多次传送给服务网络,多次重复传送的信息有可能给支付方或接收方带来损失。攻击者有可能通过窃取移动终端或 SIM 卡来假冒合法用户,从而非法参与支付活动,给系统和交易双方造成损失。通过本地和远程写卡方式,攻击者还有可能修改、插入或删除存储在终端上的应用软件和数据,从而破坏终端的物理或逻辑控制。

二、监管机构与法规

(一) 监管机构

由于第三方支付自身存在风险,相关机构必须对其进行监管。《关于促进互联网金融健康发展的指导意见》规定:互联网支付业务由中国人民银行负责监管。

(二) 监管法规

与第三方支付相关的监管法规如表 3-4 所示。

表 3-4 与第三方支付相关的监管法规

时 间	法规名称	制定部门
2013 年 1 月	《国家发展改革委关于优化和调整银行卡刷卡手续费的通知》(发改〔2013〕66 号)	国家发改委
2013 年 2 月	《关于开展第三方支付机构跨境电子商务外汇支付业务试点的通知》(汇综发〔2013〕5 号)	国家外汇管理局
2013 年 6 月	《支付机构客户备付金存管办法》(2013 年第 6 号公告)	中国人民银行
2013 年 6 月	《证券投资基金销售管理办法》和《证券投资基金销售结算资金管理暂行规定》	证监会
2013 年 7 月	《银行卡收单业务管理办法》(2013 年第 9 号公告)	中国人民银行
2014 年 4 月	《中国银监会中国人民银行关于加强商业银行与第三方支付机构合作业务管理的通知》(银监发〔2014〕10 号)	银监会、中国人民银行
2015 年 7 月	《关于促进互联网金融健康发展的指导意见》	中国人民银行等十部委
2015 年 10 月	《金融电子认证规范》	中国人民银行
2015 年 12 月	《非银行支付机构网络支付业务管理办法》(2015 年第 43 号公告)	中国人民银行
2016 年 9 月	《关于完善银行卡刷卡手续费定价机制的通知》(发改价格〔2016〕557 号)	国家发展改革委、中国人民银行
2018 年 11 月	《关于支付机构撤销人民币客户备付金账户有关工作的通知》(银支付〔2018〕238 号)	中国人民银行

三、市场准入标准

中国人民银行《支付业务许可证》规定，第三方支付的申请人应当具备下列条件：① 在中华人民共和国境内依法设立的有限责任公司或股份有限公司，且为非金融机构法人；② 有符合本办法规定的注册资本最低限额；③ 有符合本办法规定的出资人；④ 有5名以上熟悉支付业务的高级管理人员；⑤ 有符合要求的反洗钱措施；⑥ 有符合要求的支付业务设施；⑦ 有健全的组织机构、内部控制制度和风险管理措施；⑧ 有符合要求的营业场所和安全保障措施；⑨ 申请人及其高级管理人员最近3年内未因利用支付业务实施违法犯罪活动或为违法犯罪活动办理支付业务等受过处罚。

对于申请人的相关规定：申请人拟在全国范围内从事支付业务的，其注册资本最低限额为1亿元人民币；拟在省（自治区、直辖市）范围内从事支付业务，其注册资本最低限额为3 000万元人民币。注册资本最低限额为实缴货币资本。

申请人的主要出资人应当符合以下条件：① 为依法设立的有限责任公司或股份有限公司；② 截至申请日，连续为金融机构提供信息处理支持服务2年以上，或连续为电子商务活动提供信息处理支持服务2年以上；③ 截至申请日，连续盈利2年以上；④ 最近3年内未因利用支付业务实施违法犯罪活动或为违法犯罪活动办理支付业务等受过处罚。主要出资人是指拥有申请人实际控制权的出资人和持有申请人10%以上股权的出资人。

本章小结

第三方支付指具备一定实力和信誉保障的独立的非金融机构作为收、付款人的支付中介，采用与各大银行签约的方式，为收、付款人提供与银行支付结算系统接口的交易支持平台以及网络支付、预付卡、银行卡以及中国人民银行确定的其他支付服务。第三方支付平台是第三方支付系统，第三方支付是第三方支付服务机构对第三方支付平台的运营。信息经济学相关理论是第三方支付作用机理的理论基础，其独特的担保结算方式避免了传统金融中的逆向选择和道德风险。

第三方支付是支付手段与支付方式的最新演进，是一种安全便捷的支付解决方案。它依托微电子技术和电子货币实现异步结算，为结算双方提供信用保障。随着电子银行的兴起和微电子技术的发展，第三方支付技术日趋成熟，支付工具不断丰富，能够方便快捷地实现现金存取、汇兑、直接消费和贷款等功能，在一定程度上对传统商业银行造成了竞争压力。

移动支付已成为第三方支付的主要组成部分，它的快速发展是技术、组织和环境等多个维度因素共同驱动的结果，经过一段时间的发展，已经逐渐形成移动支付生态系统，成为互联网金融发展的高级阶段。平台、数据和信息技术是移动支付生态系统的三大要素。

第三方支付虽然有诸多优势和好处，被称为安全快捷的支付解决方案，但是在宏观层面和微观层面都存在着风险，必须由相关的监管机构依照监管法规和市场准入标准对其进行监管，以保证第三方支付的健康稳定发展和我国金融市场的稳定。

问题与思考

1. 请梳理支付手段和支付方式的发展演变。
2. 请用现代信息经济学的相关理论分析第三方支付的作用原理。
3. 简要论述我国第三方支付的发展现状与未来趋势。
4. 请谈谈支付宝对传统金融行业的冲击。
5. 简要分析传统金融行业与互联网公司未来的关系。
6. 移动支付在我国为什么能够迅速发展？请分析其原因。
7. 请举例说明移动支付生态系统的构成和运行。
8. 作为一名网购者，你如何看待恶意退货这一现象？你是否会抵制恶意退货？
9. 你是否遭遇过网络刷单？遇到虚假交易或交易诈骗应当如何处理？
10. 案例分析：

微信支付"单挑"支付宝，背后的移动支付迷局

大众点评的数据显示，2014年2月19日18:30到24:00，通过微信支付的团购交易总订单较前一工作日同一时段增加700%，而使用微信支付的用户数量增长10倍。继支付宝停止受理微信场景下的支付接口申请之后，腾讯发起猛烈攻势。被腾讯收购20%股份的大众点评宣布，2014年2月19日—22日首次使用微信支付购买团购的用户优惠20元，非首次使用微信支付购买团购的用户优惠10元。随着大众点评与腾讯的合作，未来支付宝支付是否会受到影响？对此，大众点评创始人兼CEO张涛表示，不会影响大众点评与支付宝的合作。

"整个互联网其实竞合的观念还是比较重要的。你看美国，亚马逊、Facebook、谷歌互相竞争又互相合作，中国互联网也在往这个方向转移，其实任何几家公司之间总是会有业务竞争和业务合作，怎样处理好竞合的关系，主要看每家公司老大的智慧。所以我相信大公司的老大应该有这种睿智，不会去做一些相对过激的行为，这对中国互联网的发展也是有利的。"张涛说。

然而，腾讯刚刚宣布与大众点评合作，就将"补贴"的战火烧到了团购，类似的营销活动必然加大微信支付的用户量。业内人士分析，腾讯利用刚投资的大众点评发动一场全国的餐饮、娱乐、消费用微信支付优惠扣减战役，将进一步挤占支付宝在O2O线下支付的市场，以后整个线下手机端消费将迅速被微信占领。

此前不久，支付宝停止了微信业务场景下的支付接口申请。微信海联合创始人程小永认为，当微信支付强大起来后，上述情况迟早会出现，只是早与晚的问题。"如果在微信场景下用支付宝完成支付，支付宝就沦为支付通道，相当于给微信做嫁衣。"支付宝与微信生态的竞争愈发激烈。2013年7月份，阿里巴巴方面暂停了与微信相关的第三方应用服务，这些微信营销应用帮卖家在微信上建立专属店铺或页面，用户浏览后可直接在微信内浏览商品并购买。

对IT人士而言，马年春节除了那"审美疲劳"的春晚之外，估计抢红包会成为很多人热衷的一件趣事。当然，抢红包本身固然有吸引力，但更重要的是"二马"在移动支付领域的

"智斗"比较精彩,这为马年的到来平添了很多不同之处。

从已经过去的这一个回合看,似乎马化腾占了不小的优势,以至于马云称"微信"抢红包对支付宝"讨红包"的逆袭为"珍珠港偷袭"。但实际上,马云的说法有些夸张,因为要满足这一点,其前提是微信支付必须对支付宝产生足够持久而强大的威慑作用,同时移动支付必须呈遍地开花的态势。很明显,这两个条件尚不具备,但既然马云将此次事件定义为"珍珠港偷袭",未来他是否会如同当年美国对日本那样,以"核武器"的方式来应对呢?

(1) 支付宝在移动端的"黔驴技穷"。

2014年微信总用户数高达6亿,无论是用户活跃度还是用户黏度,微信都堪称数一数二的移动App,很明显,腾讯希望通过微信承载更多更复杂的应用,其中就包括移动支付。所以,对微信而言,发展移动支付的任务是对用户进行积极引导,并扩充微信支付的应用场景即可,毕竟,只要用户安装了微信,他们就有可能成为微信支付的潜在用户。

相比之下,支付宝在移动端却有些"黔驴技穷"。前不久,为促进移动支付业务发展,支付宝宣布对电脑上进行支付宝账户转账全面收费,但在手机上使用"支付宝钱包"转账继续免费。这说明,支付宝搭建的移动端尚未获得用户的认同,因此只能通过收手续费的办法"强制"用户转移到移动端,如果支付宝能轻松发展移动支付用户,又何须用这种相对低级的招数?

所以,当微信本来就在移动端树立一定优势之后,发展移动支付是水到渠成,而支付宝原本的优势在PC端,发展移动端显得不太给力,这也为本次微信支付偷袭支付宝提供了机会。虽然支付宝寄托于通过新浪微博发力移动端,但目前尚无特别有效的模式出现。

(2) 微信红包的"虎头蛇尾"效应。

相比支付宝的讨红包,微信的抢红包确实更能抓住用户的娱乐心理,腾讯将社交与抢红包有机结合之后,在声势和数据上完全压倒了支付宝。但这反而会让我们更担心微信红包是否会是一场"虎头蛇尾"的炒作。一方面,几百万的用户相比超过6亿的微信总用户无异于杯水车薪,此次的微信红包无法整体拉动微信用户去接受和使用微信支付;另一方面,微信抢红包之所以火爆,并不在于支付模式和支付服务上相比支付宝有多大的优势,而在于腾讯的策划极其成功,让用户沉浸在抢红包的欢乐之中,而忘记了微信发起这项活动的根本目的在于发展移动支付。

所以,即便需要绑定银行卡,用户也不会太在意,你要相信,如果很多用户不是为了从中赚点小钱,压根儿不会注意到微信红包,更不会绑定银行卡,而在这之后,没有后续活动或者服务跟上,他们就会将微信支付抛到九霄云外。

业界人士普遍认为,决定移动支付发展前途的首要前提就是支付场景,即用户必须存在很多需求,才可能去使用。从这个角度分析,支付宝很明显是占巨大优势的,从房租水电,到信用卡还款,支付宝涉猎广泛,这可能会成为马云对抗微信支付的"核武器"。如果微信红包要避免虎头蛇尾,在支付场景上需要大力拓展,好在腾讯已经意识到了这个问题,与滴滴打车的合作被认为是腾讯拓展支付场景的重要举措。

(3) 二马"智斗"背后的移动支付迷局。

其实,无论是支付宝还是微信,都在从各方面弥补自己的短板,以求在移动支付全面来临时能分得一杯羹。马化腾的微信可以屡屡成功偷袭,而马云也拥有自己的核武器,二者的竞争将推动移动支付深入发展,但移动支付能否就此盛行?还不完全取决于二马究竟有多大能耐。

首先是安全问题,相对其他支付方式而言,移动支付面临的安全威胁要大得多,而且这似乎也不是二马能完全解决的问题。移动支付要发展,必须在便捷性、易用性上有所突破,否则,就手机那点屏幕、那点触控空间,无法让人感受到移动支付的优势。但如果太方便、太人性化又会带来安全上的问题。举个简单的例子,使用银行卡网上转账一般会用到U盾,如果你在手机上使用移动支付,根本无法使用;再者,手机被盗、手机卡被复制、手机木马病毒都是安全隐患。

其次是场景问题,相比其他支付方式,移动支付的优势在于能随时随地提供支付服务,但这也得要看用户是否有这个需求,如使用移动支付功能实现包括点菜、订房、打车等功能,这些功能即便能给用户带来方便,但由于使用频率不高,当用户真正需要时也未必会想到。换言之,其实移动支付还是很难诠释用户主要的使用场景,因为用户使用智能手机可以干很多事儿,不会投入太多时间去适应移动支付所带来的变化,如果非要使用,他们又可能会担心其中存在各种安全隐患,总之很难两全其美。所以,二马智斗更像是两人的游戏,这背后的移动支付迷局仍难以解开。

(资料来源:中国新闻周刊网)

请仔细阅读上述案例,谈谈你对此事件的看法。同时结合所学知识,分析互联网支付未来的布局,并从用户体验与消费者行为学的角度分析未来支付宝与微信支付的走势。

拓展阅读

1. 搜索互联网金融新闻或查看互联网金融网站对于其业务的说明,了解第三方支付在互联网金融各个领域中的应用。

2. 根据《非银行支付机构网络支付业务管理办法》关于Ⅰ、Ⅱ、Ⅲ三类账户的具体区别,对自己的支付宝、微信等支付账户进行分类。

参考文献

[1] 李建军.互联网金融[M].北京:高等教育出版社,2019.
[2] 谭玲玲.互联网金融[M].北京:北京大学出版社,2019.
[3] 唐勇,赵涤非,陈江城.互联网金融概论[M].北京:清华大学出版社,2018.
[4] 林强.互联网金融教程[M].北京:中国人民大学出版社,2017.
[5] 李鼎,杨玲.电子商务基础[M].北京:首都经济贸易大学出版社,1999.
[6] 帅青红.网上支付与安全[M].北京:北京大学出版社,2010.
[7] 帅青红,军飞.网上支付与电子银行[M].大连:东北财经大学出版社,2009.
[8] 师群昌,帅青红.移动支付及其在中国发展探析[J].电子商务,2009(2):58-64.
[9] 帅青红,王宇,刘家芬.现代支付系统概论[M].成都:西南财经大学出版社,2010.

第四章

P2P 网络借贷

本章导读

P2P 网络借贷作为互联网金融的一种业务模式,为民间借贷双方提供了直接投融资的渠道,有效提高了社会闲置资金的利用率,成为部分个人和小微企业的新型融资渠道。由于 P2P 网络借贷具有高风险集聚特征,平台良莠不齐,阻碍了其发展。随着国家对 P2P 网络借贷监管的加强和清退工作的持续进行,P2P 网络借贷行业逐步进入规范化和标准化发展阶段,其风险得到有效控制。那么,P2P 网络借贷的内涵、发展现状与趋势是什么? P2P 网络借贷的主要业务模式有哪些? 存在哪些风险及如何进行防范? 通过本章的学习,可以对这些问题有初步了解。

学习目标

理解 P2P 网络借贷的概念,了解 P2P 网络借贷的特征,理解 P2P 网络借贷的理论基础,了解 P2P 网络借贷的现状与发展趋势;了解 P2P 网络借贷的主体架构与业务模式;掌握 P2P 网络借贷的风险及防范措施,了解 P2P 网络借贷平台清退工作动态。

知识架构

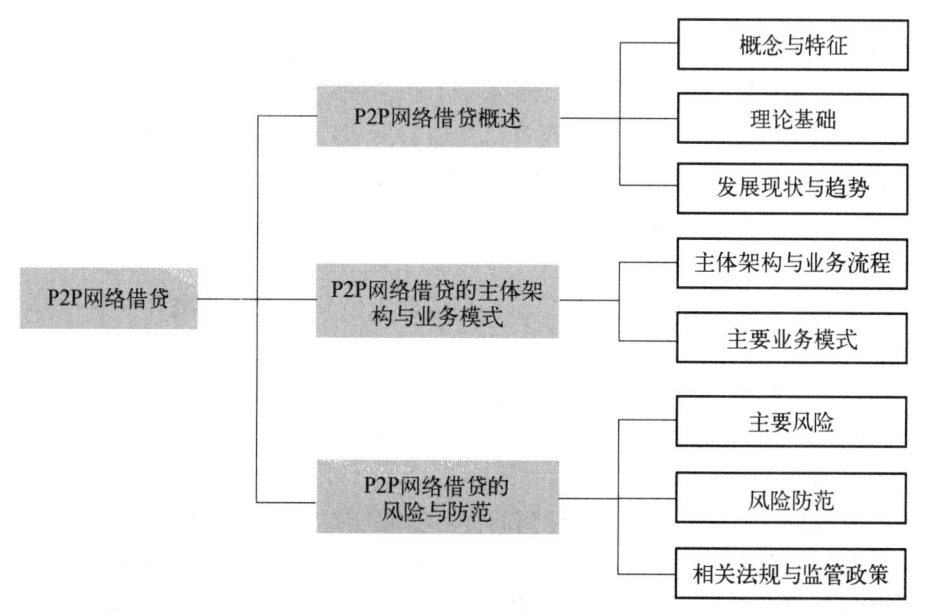

- P2P网络借贷
  - P2P网络借贷概述
    - 概念与特征
    - 理论基础
    - 发展现状与趋势
  - P2P网络借贷的主体架构与业务模式
    - 主体架构与业务流程
    - 主要业务模式
  - P2P网络借贷的风险与防范
    - 主要风险
    - 风险防范
    - 相关法规与监管政策

> **导入案例**
>
> **宜人贷成功登陆美国纽约证券交易所**
>
> 美国时间 2015 年 12 月 18 日上午 9 时 30 分,随着一阵清脆的铃声,宜信公司旗下在线 P2P 网络借贷机构宜人贷正式登陆美国纽交所,股票代码为 YRD。宜人贷是国内互联网金融和 P2P 网络借贷机构登陆海外市场的第一股,同时也是纽交所乃至全美股市 2015 年最后一个 IPO。
>
> 宜人贷上市的时间是 2015 年底,而这个时间点正好是中国 P2P 网络借贷疯狂增长的拐点。不少大平台接连暴雷,特别是"e 租宝"平台集资诈骗被公安机构立案侦查,投资人超过五百亿资产未兑付,随后引发 P2P 网络借贷行业大地震,监管层对 P2P 行业的政策开始全面收紧。随着监管的规范,P2P 网络借贷行业进入规范发展阶段。
>
> 由此案例可见,国际资本是认可中国 P2P 网络借贷行业的,更认可中国优质的 P2P 网络借贷公司。宜人贷的成功上市不仅是中国 P2P 网络借贷行业发展的里程碑,也促使中国 P2P 网络借贷优胜劣汰的新市场格局的形成,成为行业发展的分水岭之一,也为后来的信而富、和信贷和拍拍贷在美国上市创造了更好的融资环境和估值预期。

第一节 P2P 网络借贷概述

一、概念与特征

P2P(Peer to Peer)网络借贷,是指利用网络中介平台实现直接借贷的行为,即借款人在平台发放借款标,出借人进行投标向借款人放贷。其中,中介平台被称为 P2P 网络借贷平台。网络借贷平台负责对借款方的经济效益、经营管理水平、发展前景等情况进行详细的考察,并收取账户管理费和服务费等。实质上,P2P 网络借贷是一种基于互联网的民间借贷方式。

借款人通过在网络借贷平台上发布自己的借款需求,网络借贷平台根据借款人资料对其进行信用评级,出借人可以根据借款人的信用等级、借款金额、借款期限以贷款利率竞标,利率低者胜出。P2P 网络借贷平台主要起到信息展示、供需对接、信用评估等作用,但并不参与双方的交易。

因此 P2P 网络借贷最大的特点是借贷平台取代了借贷过程中的银行中介,具有以下区别于传统民间借贷的特点:

(1)信息公开透明。出借人与借款人是直接交易方,能够互相了解对方的身份信息、信用信息,网络借贷平台也会有借款人的相关信息公布,出借人及时获知借款人的还款进度和生活状况的改变。

(2)投资借贷双方广泛。由于互联网的传播功能,P2P 针对广泛的非特定的主体,借贷方可以是个体,也可以是中小企业,具有一定闲散资金的用户都可以成为投资者。

(3)风险分散。在平台上可以把贷款分别贷给很多人,避免单个投资人把大量资金借给一个或少数借款人所带来的投资风险。

(4) 信用甄别。在 P2P 模式中,出借人可以对借款人的资信进行评估和选择,平台也会对用户进行信用评级,进行风险控制。信用级别高的借款人将得到优先满足,其得到的贷款利率也可能更优惠。

(5) 门槛低、渠道成本低。P2P 网络借贷使每个人都可以成为信用的传播者和使用者,信用交易可以很便捷地进行,每个人都能很轻松地参与进来。

(6) 交易直观、效率高。P2P 网络借贷交易流程相对银行等金融机构简单便捷,借贷双方可直观地看到整个交易过程和资金流动情况,从需求发布到借贷完成可在几天内完成。

二、理论基础

(一) 信息不对称理论

信息不对称是 P2P 网络借贷的最突出问题。借款方对资金的用途、收益以及还款意愿、能力等方面都很清楚,而出借方就很难获得真实的信息。因此信息不对称可能导致道德风险或逆向选择,并有可能带来资本市场上的"市场失灵"现象。信贷市场中的道德风险即出借方不完全拥有借款方的真实信息,而借款方会故意隐瞒对自身借贷不利的信息,如将获得的资金应用到其他高风险的行业中,导致逾期违约而使得出借方利益受到损害。逆向选择即出借人在无法准确获得借款方借款用途、还款能力和意愿等真实信息的情况下,最终只能贷款给相对信用情况较差的借款人,而信用良好的借款人被排挤出了交易市场,导致借贷市场运行效率下降。

(二) 信贷配给理论

1981 年,美国经济学家斯蒂格利茨和韦斯发表了《不完全信息市场中的信贷配给》,提出了信贷配给理论:在相同的借贷利率下对信贷额度进行分配,这样只有部分人可以获得自己想要的贷款或者只有部分需求能得到满足,而其他的人不能获得贷款或者不能得到想要的需求。他们认为:以银行为代表的传统金融机构愿意贷款给规模较大的企业,因为这些企业有财务报表规范、抵押担保和经营稳定等优势。而如果要贷款给小微企业,它们要付出更多的监管和交易成本,这样才能减少信息不对称。因此,中小微企业特别是个体工商户就很难获得传统金融机构的贷款。

由于存在这种原因,那些被排挤在制度之外的中小微企业和低收入人群为了摆脱信贷配给困境的内在要求,在急需资金时才会将资金需求转向民间借贷市场。虽然民间借贷利率都在 20% 以上或者更高,但是可以解决中小微企业或个人的紧急资金需求。而网络借贷把民间金融以更加透明化和市场化的方式放到了线上,为信贷配给提供了解决路径。

P2P 网络借贷平台在网络借贷中起到了金融中介的作用,为资金需求者和供应者架起了一座桥梁,各平台利用其评价体系将借款人的"软信息"转化为其可以评价的信息,缓解了信息不对称问题。同时,借贷平台利用竞标原则或者网站根据借款人的评级为其提供最低借贷利率,使得平台借贷利率接近于市场利率,借款人和出借人直接进行资金融通,消除了银行等传统金融机构吸储—放贷的模式,有效缓解了信贷市场的信贷配给问题。金融中介在执行其功能时不仅要分析借款人的信息,而且要承担相应的风险。在传统金融中介模式中,这些风险都是集中在一起的。资金的期限配置过度集中会导致风险集聚,银行在发放贷款后便持有该非流动性资产,到期一旦发生违约现象容易引发连锁反应。为了防范此类信用风险,将非流动性资产转化为流动性资产,20世纪80年代起,各类创新性金融产品诞生,资产证券化就是其中一种。但是,这样就将风险从银行转移到了资本市场,从而引发信用风险回流问题,一旦资金链中的任何一环出现问题,就会发生系统性连锁反应。

P2P网络借贷平台出现时仅以单纯中介平台的方式提供服务,后来平台为了增强风险控制能力,又采取对借款人进行信用评级和对出借人进行本息保障等诸多措施。在我国更常见的是线下和线上结合,除了依托借贷平台给借贷双方提供相关信息,还会在线下进行审核监管等。这些发展改进不但没有改变平台的中介职能,反而更加增强了平台中介职能的有效发挥,提高了资金借贷的效率和成功率。

P2P网络借贷作为直接融资方式,也是将信贷风险转移到信贷市场中,不同的是,平台自身只作为金融中介行使其功能,并没有传统信贷中吸收存款、发放贷款的流程。投资者根据自身的风险偏好直接承担借款人的信用风险,平台只提供信息咨询、借贷支持服务而不直接参与到借贷活动中。随着网络借贷平台参与度越来越高,投资者的风险承受能力也逐步提升,P2P网络借贷平台利用其基于平台优势的金融中介功能实现了信贷风险转移,有利于解决信贷配给难题。

请扫描二维码收看视频"P2P的作用原理及其解释"。P2P网络借贷是一种基于互联网的民间借贷方式,以开放、平等、协作、分享的互联网精神为前提,以互联网信息技术、大数据技术和点对点交易理念为基础,通过促成借贷双方信息交互,以投标竞价等方式撮合借贷交易,并通过互联网平台发布包含借款金融、完成进度、借款利率、借款期限、还款方式、综合收益率等借贷信息,是通过网络平台达成上述条款并开展资金记账、款项清算与交割等程序的一种信用借贷模式。

P2P的作用原理及其解释

三、发展现状与趋势

(一) 国外P2P网络借贷的现状

P2P网络借贷起源于小额借贷,小额借贷模式是由获得2006年"诺贝尔和平奖"的孟加拉国经济学家穆罕默德·尤努斯教授首创,通过乡村银行(Grameen Bank)平台进行运作。小额借贷发展初期的主要目的是向低收入阶层和弱势群体提供一种可持续发展的金融服务方式,侧重于扶贫功能,主要形式也是传统的"网下"模式。随着经济的增长、互联网的普及和信息技术的迅速发展,小额借贷的服务人群范围逐步扩展,除了社会低收入人群之外,还包括一些白领阶层、个体工商户及私营小企业主等有着各种生产及生活贷款需求的人群,主要形式也演变为"网上"和"网下"并行模式,"网上"模式就是P2P网络借贷。

2005年,世界上第一个P2P网络借贷平台Zopa在英国诞生,随后美国的Prosper、Lending Club等P2P网络借贷平台也迅速建立。其中Prosper是在2005年成立的,

Lending Club 则成立于 2007 年。2008 年金融危机爆发,使得大型金融机构收缩信贷,导致很多消费者开始转向 P2P 平台借贷。可以说,互联网技术提供了 P2P 借贷产生的可能性,而金融危机的爆发则是 P2P 借贷成长的助推器。

Zopa、Prosper 和 Lending Club 的创始人有着相似的创业理念。这几家机构的创始人都不认同银行用同样的方式和要求来对待有着不同需求的金融消费者,无论是借款人还是投资者(即放款人)。Zopa 的创始人 Richard Duva 希望创造一种自由的方式,让消费者在使用资金时有更大的话语权;Prosper 的创始人 Chris Larsen 希望"推进借贷过程的民主化";Lending Club 的创始人 Renaud Laplanche 希望利用消费者的"同质性"来为借款人和放款人提供更好的交易。这几年,P2P 网络借贷平台的模式发生了一些变化,但是 P2P 网络借贷平台都很忠实地执行着成立之初为消费者提供价值的目的。

美国 P2P 网络借贷行业的发展被业界视为典范。推动美国 P2P 网络借贷行业发展的重要因素包括先进的金融理念、商业管理模式,大量的资金投入尤其是经验丰富的风投公司的支持,以及拥有合适的创始人。此外,还有两大原因值得重视,一是其合理的证券化模式;二是成长过程中,监管重视并及早介入,立下规范。正因为这两点,美国 P2P 网络借贷行业保持了很高的活跃度,且没有乱象丛生;证券化所需的商业和监管成本,使一般的 P2P 网络借贷公司不容易做大,却为有能力和有创造力的公司提供了较为规范的路径和较好的环境。至少到目前为止,投资界的大佬们还在用自己的资金和声誉为其"背书"。

P2P 网络借贷平台依靠互联网的力量将借款人和放款人有效地联系在一起,为借贷双方创造显著的价值,P2P 网络借贷服务行业在世界各地蓬勃发展。已有数十年历史的 Zopa 仍在迅速发展,其 2014 年的总贷款规模为 2.68 亿英镑,在 2019 年全年,该平台继续发展 P2P 业务,并宣布已向投资者返还 2.5 亿英镑利息。此外,在不包括英国的欧洲地区,德国、法国和北欧国家的 P2P 业务发展程度较高。据统计,德国、瑞典和法国占据 3/4 以上的欧洲主要 P2P 平台的总贷款量。

(二)我国 P2P 网络借贷的发展

由于网络借贷模式灵活便捷、投资回报率高,很快在全球得到复制,并于 2007 年引入我国。2007 年 6 月,我国首家 P2P 平台拍拍贷在上海成立,从此开启了中国网络借贷的新篇章。我国 P2P 网络借贷发展大致可分为以下几个阶段。

1. 第一阶段(2007—2012 年):探索发展期

2007 年国内首家 P2P 网络借贷平台在上海成立,让很多敢于尝试互联网投资的投资者认识了 P2P 网络借贷模式,其后一部分具有创业冒险精神的投资人随之尝试开办了 P2P 网络借贷平台。

这一阶段,全国的网络借贷平台大约发展到 20 家,活跃的平台只有不到 10 家,截至 2011 年年底月成交金额大约 5 个亿,有效投资人 1 万人左右。

网络借贷平台初始发展期,绝大部分创业人员都是互联网创业人员,没有民间借贷经验和相关金融操控经验,因此他们借鉴拍拍贷模式以信用借款为主,只要借款人在平台上提供个人资料,平台进行审核后就给予一定授信额度,借款人基于授信额度在平台发布借款标。但由于我国的公民信用体系并不健全,平台与平台之间缺乏联系和沟通,随之出现了一名借款人在多家网络借款平台同时进行信用借贷的问题,最为著名的是天津一个网名叫坦克的借款人,在多家平台借款总额高达 500 万元,这笔借款最终因逾期成为各个平台的坏账。

一些具有民间线下放贷经验同时又关注网络的创业者开始尝试开设 P2P 网络借贷平台。同时,一些软件开发公司开始开发相对成熟的网络平台模板,每套模板售价在 3~8 万元左右,弥补了这些具有民间线下放贷经验的创业者开办网络借贷平台技术上的欠缺。截至 2012 年年底月成交金额达到 30 亿元,有效投资人在 2.5~4 万人之间。

由于这一阶段开办平台的创业者具备民间借贷经验,了解民间借贷风险。因此,他们吸取了前期平台的教训,采取线上融资、线下放贷的模式,以寻找本地借款人为主,对借款人实地进行有关资金用途、还款来源以及抵押物等方面的考察,有效降低了借款风险,这个阶段的 P2P 网络借贷平台业务基本真实。但由于个别平台老板不能控制欲望,在经营上管理粗放、欠缺风控,导致平台出现挤兑倒闭情况。

2. 第二阶段(2013—2014 年):野蛮生长期

这一阶段,网络借贷系统模板的开发更加成熟,甚至在淘宝店花几百元就可以买到前期的网络借贷平台模板。由于 2013 年国内各大银行开始收缩贷款,很多不能从银行贷款的企业或者在民间有高额高利贷借款的投机者从 P2P 网络借贷平台上看到了商机,他们花费 10 万元左右购买网络借贷系统模板,然后租个办公室简单进行装修就开始上线圈钱。此阶段国内网络借贷平台从 240 家左右猛增至 2 000 家左右,2013 年年底月成交金额在 110 亿元左右,有效投资人 9~13 万人之间。

这个阶段上线平台的共同特点是以月息 4% 左右的高利息吸引追求高息的投资人,这些平台通过网络融资后偿还银行贷款、民间高利贷或者投资自营项目。由于自融高息加剧了平台本身的风险,2013 年 10 月这些网络借贷平台集中爆发了提现危机。其具体原因分析如下:10 月份国庆 7 天小长假过后,很多平台的资金提现积累了几百万元以上,由于这些平台本身没有准备或者无法筹集现金应对提现,造成追求高息的投资人集体心理恐慌,集中进行提现,使这些自融的平台立刻出现挤兑危机,从 2013 年 10 月到 2013 年年末,大约 75 家平台出现倒闭、跑路或者不能提现的情况,涉及总资金在 20 亿元左右。

3. 第三阶段(2015 年至今):整顿规范阶段

针对互联网金融野蛮生长状况,为促进互联网金融持续健康发展,2015 年 7 月 18 日,中国人民银行、工业和信息化部、公安部、财政部、国家工商总局、国务院法制办、中国银行业监督管理委员会、中国证券监督管理委员会、中国保险监督管理委员会、国家互联网信息办公室联合印发了《关于促进互联网金融健康发展的指导意见》(银发〔2015〕221 号,以下简称《指导意见》)。《指导意见》表明了国家对于互联网金融创新的态度,落实了监管责任,明确了业务边界等。《指导意见》按照"鼓励创新、防范风险、趋利避害、健康发展"的总体要求,提出了一系列鼓励创新、支持互联网金融稳步发展的政策措施,积极鼓励互联网金融平台、产品和服务创新,鼓励从业机构相互合作,拓宽从业机构融资渠道,坚持简政放权和落实、完善财税政策,推动信用基础设施建设和配套服务体系建设。《指导意见》按照"依法监管、适度监管、分类监管、协同监管、创新监管"的原则,确立了互联网支付、网络借贷、股权众筹融资、互联网基金销售、互联网保险、互联网信托和互联网消费金融等互联网金融主要业态的监管职责分工,落实了监管责任,明确了业务边界。《指导意见》在互联网行业管理、客户资金第三方存管制度、信息披露、风险提示和合格投资者制度、消费者权益保护、网络与信息安全、反洗钱和防范金融犯罪、加强互联网金融行业自律以及监管协调与数据统计监测等方面提出了具体要求。之后,各监管层就分管业务制订了相应的监管办法。

从 2016 年 8 月到 2017 年 8 月,《网络借贷信息中介机构业务活动管理暂行办法》《网络借贷信息中介备案登记管理指引》《网络借贷资金存管业务指引》《网络借贷信息中介机构业务活动信息披露指引》逐步下发,网贷行业一个办法三个指引框架基本搭建完成,初步形成了较为完善的制度政策体系。P2P 网络借贷行业开启合规、出清的过程。

五年来,经过集中整治,互联网金融领域风险形势明显好转,过去"遍地开花"的乱象得到整治。一大批违法开办的互联网理财、保险、证券、基金机构被取缔。全国实际运营的 P2P 网络借贷机构,由高峰时期约 5 000 家压降至 2020 年 11 月末的完全归零,专项整治工作基本结束,转入常规的监管。

2020 年是打好防范化解金融风险攻坚战收官之年,互联网金融风险专项整治是其中非常重要的一部分。2020 年以来,国家金融监督管理总局持续披露 P2P 网络借贷机构清退进展。8 月,国家金融监督管理总局主席郭树清披露,全国实际运营 P2P 网络借贷机构,由高峰时期约 5 000 家压降至 2020 年 6 月末的 29 家,借贷规模及参与人数连续 24 个月下降;9 月,国家金融监督管理总局普惠金融部副主任冯燕披露,截至 2020 年 8 月末,全国在运营网贷机构 15 家,比 2019 年年初下降 99%,借贷余额下降 84%,出借人下降 88%,借款人下降 73%。机构数量、借贷规模及参与人数已连续 26 个月下降;10 月,国家金融监督管理总局副主席梁涛表示,互联网金融风险形势根本好转,全国实际运营的 P2P 网络借贷机构压降至 9 月末的 6 家,借贷规模及参与人数连续 27 个月下降;11 月 6 日,国家金融监督管理总局首席律师刘福寿表示,全国实际运营 P2P 网络借贷机构已经由高峰时期约5 000家,压降到目前的 3 家。借贷规模及参与人数连续 28 个月下降;11 月 27 日,刘福寿宣布,全国实际运营的 P2P 网络借贷机构到今年 11 月中旬完全归零。此言一出,意味着 P2P 网络借贷机构全面清退。

请扫描二维码收看视频"P2P 网络借贷对金融业发展的影响"。P2P 网络借贷作为一种新兴的金融业态,提高了借贷双方的资金对接效率,在一定程度上部分解决了个人和中小微企业的投融资难题,对于我国的金融体制改革起到了一定的推动作用,对于促进我国民间金融的阳光化、规范化发展具有重要意义。

(三) 发展趋势

任何一个行业的发展一般都经历很长一段时间技术准备期和孕育期,自产业形成后进入发展阶段,市场在这一阶段趋于成熟,行业内部竞争加剧,继而经历一系列整合,留下的企业形成基本稳定的行业格局,进入稳定成熟期,随着新技术的不断发展,最终将进入智能化时期。我国的 P2P 网贷行业已然度过准备期和孕育期,这几年正逐渐升温发展迅速。未来,P2P 网络借贷将出现四大发展趋势。

1. 资金的大量涌入

网络借贷平台对普通借款者的限制较低，任何小微企业甚至个人都很容易达到借贷要求，从而吸引大量资本流入。在过去的一段时间中，无论是网络借贷平台数量还是网贷交易额都在激增。继 P2P 监管细则出台之后，行业发展逐渐明晰，银行、基金、保险、券商等金融机构甚至上市公司有大举进军 P2P 行业的倾向。在 P2P 行业迅速发展的浪潮下，各大电商企业、互联网公司，如京东、阿里、联想等，也逐步对 P2P 网贷行业展开布局。

2. 征信系统日益完善

总体来看，过去一段时间内中国征信机构规模较小，产品种类少，信息透明度不高，企业征信政策环境无明显变化，难以满足 P2P 网贷平台对征信产品和服务的强烈需求。考虑当前网贷的发展模式，大多面临征信的难题。在这种情况下，适当放开央行的征信系统，可以有效地降低 P2P 网络借贷平台的风险，提高服务效率。一旦建立完善的征信系统，骗子平台和危险借贷者将无所遁形，投资风险将大幅度降低，征信系统将能广泛服务于民间信贷、债券众筹、P2P 网贷等领域。当各平台的信用评估在同一高度时，可信度更强，更能吸引资本，加速行业发展。

3. 监管更加规范

《关于促进互联网金融健康发展的指导意见》中，对网络借贷的监管也有了明确的规范。在个体网络借贷平台上发生的直接借贷行为属于民间借贷范畴，必须符合相关法律法规以及最高人民法院相关司法解释的规范。个体网络借贷机构要明确信息中介性质，主要为借贷双方的直接借贷提供信息服务，不得提供增信服务，不得非法集资。网络小额贷款应遵守现有小额贷款公司的监管规定，发挥网络贷款优势，努力降低客户融资成本，网络借贷业务由银保监会负责监管。随着各类监管条例的出台，今后国家有关部门对网络借贷的监管职责将更加明确，监管措施也将更加规范。

4. 行业市场细分加快

诸多 P2P 网络借贷平台将在细分市场中挖掘到自己的市场份额，在垂直细分领域获取发展。比如，与供应链金融的结合是一个重要的发展方向。大型企业作为产业链龙头，在与上下游企业或个人的交易过程中，会形成各种各样的金融需求。这些金融需求，由于有真实贸易背景以及核心企业的制约，风险相对较低。鉴于此，一些 P2P 网络借贷平台开始与大型企业合作，来为其下游中小企业或个人客户提供融资支持。对这些大型投资者而言，P2P 网络平台不仅可以帮助其拓展金融业务，为其提供安全稳定的收益，从长远来看更是强化了产业链整合，借此构建起全新的行业生态模式。这能吸引越来越多的企业置身其中，从这个角度来看，资本市场对这一方向是认可的。

请扫描二维码阅读案例"网络借贷平台先驱者——Zopa"。Zopa 是网络借贷平台先驱，于 2005 年成立于英国的网络借贷公司。该案例主要介绍了 Zopa 这一 P2P 网络借贷平台的操作流程，以及这一平台存在的风险。

网络借贷平台先驱者——*Zopa*

第二节　P2P 网络借贷的主体架构与业务模式

一、主体架构与业务流程

（一）主体架构

我国 P2P 网络借贷的主体架构通常由五个部分组成：P2P 网络借贷机构、借款人、出借人、存管人和增信机构。

1. P2P 网络借贷机构

P2P 网络借贷机构，即网络借贷信息中介机构，是指依法设立，专门从事网络借贷信息中介业务活动的金融信息中介公司。依据监管要求新设立一家 P2P 网络借贷机构需首先从总部所在地的工商管理部门完成注册登记并领取营业执照，在工商登记注册地的地方金融监管部门完成备案登记，然后按照通信主管部门的相关规定申请获得相应的增值电信业务经营许可证，最后还必须与通过测评的银行业金融机构开展资金存管业务合作后才能正式营业。不过，由于 P2P 网络借贷行业在相关监管法规出台之前就存在大量的 P2P 网络借贷机构，因此 P2P 网贷风险专项整治工作领导小组办公室在 2017 年 12 月向各地 P2P 整治联合工作办公室下发了《关于做好 P2P 网络借贷风险专项整治整改验收工作的通知》，提出："对于在《网络借贷信息中介机构业务活动管理暂行办法》发布之日后新设立的网贷机构或新从事网络借贷业务的网贷机构，在本次网贷风险专项整治期间，原则上不予备案登记"。所以，新设立的 P2P 网络借贷机构通常是指 2016 年 8 月 24 日以后设立的平台，对于之前的 P2P 网络借贷机构可以先完成其他监管合规要求程序和手续，最后再完成备案。

2. 借款人

借款人通俗地讲就是在平台上进行资金借入活动的主体。借款人主体性质有自然人、法人或其他组织三类。根据《网络借贷信息中介机构业务活动管理暂行办法》规定，P2P 借款人应当履行下列义务：

（1）提供真实、准确、完整的用户信息及融资信息；

（2）提供在所有网络借贷信息中介机构未偿还借款信息；

（3）保证融资项目真实、合法，并按照约定用途使用借贷资金，不得用于出借等其他目的；

（4）按照约定向出借人如实报告影响或可能影响出借人权益的重大信息；

（5）确保自身具有与借款金额相匹配的还款能力并按照合同约定还款；

（6）借贷合同及有关协议约定的其他义务。

同时，借款人禁止从事下列行为：

（1）通过故意变换身份、虚构融资项目、夸大融资项目收益前景等形式的欺诈借款；

（2）同时通过多个网络借贷信息中介机构，或者通过变换项目名称、对项目内容进行非实质性变更等方式，就同一融资项目进行重复融资；

（3）在网络借贷信息中介机构以外的公开场所发布同一融资项目的信息；

（4）已发现网络借贷信息中介机构提供的服务为监管禁止的十三种行为时,仍进行交易;

（5）法律法规和网络借贷有关监管规定禁止从事的其他活动。

3. 出借人

出借人就是在 P2P 网络借贷机构上进行资金出借活动的用户,也称为投资人或理财人。出借人主体性质有自然人、法人或其他组织三类。根据《网络借贷信息中介机构业务活动管理暂行办法》规定,参与网络借贷的出借人,应当具备投资风险意识、风险识别能力、拥有非保本类金融产品投资的经历并熟悉互联网。同时,参与网络借贷的出借人应当履行下列义务:

（1）向网络借贷信息中介机构提供真实、准确、完整的身份信息;

（2）出借资金为来源合法的自有资金;

（3）了解融资项目信贷风险,确认具有相应的风险认知和承受能力;

（4）自行承担借贷产生的本息损失;

（5）借贷合同及有关协议约定的其他义务。

4. 存管人

存管人,即 P2P 网络借贷资金存管机构,是指为网络借贷业务提供资金存管服务的商业银行。网络借贷资金存管业务,是指商业银行作为存管人接受 P2P 网络借贷机构的委托,按照法律法规规定和合同约定,履行网络借贷资金存管专用账户的开立、资金保管、资金清算、账务核对、提供信息报告等职责的业务。网络借贷资金包括借款人、出借人和开户担保人等进行投融资活动形成的专项借贷资金及相关资金。根据《网络借贷资金存管业务指引》规定,存管人开展网络借贷资金存管业务,不对网络借贷交易行为提供保证或担保,不承担借贷违约责任。委托人应履行以下职责:

（1）负责网络借贷平台技术系统的持续开发及安全运营;

（2）组织实施网络借贷信息中介机构信息披露工作,包括但不限于委托人基本信息、借贷项目信息、借款人基本信息及经营情况、各参与方信息等应向存管人充分披露的信息;

（3）每日与存管人进行账务核对,确保系统数据的准确性;

（4）妥善保管网络借贷资金存管业务活动的记录、账册、报表等相关资料,相关纸质或电子介质信息,应当自借贷合同到期后保存 5 年以上;

（5）组织对客户资金存管账户的独立审计并向客户公开审计结果;

（6）履行并配合存管人履行反洗钱义务;

（7）法律、行政法规、规章及其他规范性文件和网络借贷资金存管合同约定的其他职责。

5. 增信机构

增信机构指基于利益共享和风险共担的原则与 P2P 网络借贷机构合作的非银行金融机构,P2P 网络借贷机构通过与增信机构展开合作来增强出借人的信心,保护出借人的本息收益,并且可以分散自身经营风险。增信机构包括但不限于担保公司、小贷公司、保险公司或资产管理公司等。最为常见的增信机构是第三方担保公司,由第三方担保公司和 P2P 网络借贷机构或借款人约定,当借款人无法履行债务时,第三方担保公司按照约定履行债务或者承担责任。借款人逾期后由第三方担保公司向出借人垫付本息,出借人的债权则转让给第三方担保公司。根据《网络借贷信息中介机构业务活动管理暂行办法》规定,P2P 网络借贷平台自身不得提供担保,但并未禁止第三方担保。而且从后面出台的地方相关监管法规来看,监管层是鼓励有资金实力的增信机构共同参与、分享和稳定 P2P 网络借贷市场的。

(二) 业务流程

P2P 网络借贷的业务流程主要包括以下 11 项内容:

(1) 借款人向 P2P 网络借贷机构提出融资申请。

(2) P2P 网络借贷机构利用线上或线上线下相结合的技术和手段对借款人进行信用信息收集与信用分析,审核借款人是否符合融资条件并确定借款人的信用等级和借款利率。

(3) 借款人融资申请获得通过后,P2P 网络借贷机构则发布借款人的融资项目。融资项目通常又被称为"标",投资 P2P 网络借贷就是投资具体的 P2P 借款标。融资项目一般包括项目名称和简介、借款金额、借款期限、借款用途、还款方式、年化利率、起息日、还款来源和担保措施等。

(4) 出借人将出借资金转入资金存管机构,根据自己的风险投资偏好,然后自行或由 P2P 网络借贷机构自动进行的匹配融资项目。

(5) 投融资需求匹配成功后,出借人出借的资金将被冻结,成为不可用状态,这时的资金又被称为在途资金。

(6) 待融资项目达到预先设定的额度后,即项目满标后,借款人融资成功。

(7) P2P 网络借贷机构发出指令通知资金存管机构将融资款转入借款人的资金托管账户。出借人的本金和利息成为平台待还余额。P2P 网络借贷平台通知借款人借款成功。

(8) 借款人按照借贷合同按时将应还本息存入资金存管机构。

(9) P2P 网络借贷机构发出指令通知资金存管机构将借款方偿还的本息转入出借人资金存管机构专户。

(10) 增信机构在借入方出现逾期或无法偿还本息时,增信机构承接借入方的债权。

(11) 增信机构对投资方的本息进行垫付。

二、主要业务模式

(一) 纯线上模式

在纯线上的运作模式中,P2P 网络借贷平台本身不参与借款,借款人和投资人均从网络、电话等非书面渠道获取对方信息,对借款人的信用评估、审核也通过线上进行,P2P 网络借贷平台只是提供信息匹配、工具支持和服务等功能,平台承担的风险较小,对信贷技术的要求较高。这是 P2P 网络借贷平台最原始的运作模式,也是我国 P2P 网络借贷的雏形。这一模式的"鼻祖"是美国的 Lending Club,国内采用纯线上模式的最典型平台是老牌平台拍拍贷。

2007 年 5 月 24 日 Lending Club 在 Facebook 上线"合作性的 P2P 贷款服务",该服务提供给 Facebook 用户一条不需要银行参与、借贷双方直接联系、拥有更优惠利率的贷款渠道。Facebook 用户在 Lending Club 上注册,注册信息就会显示在用户的 Facebook 页面上,访问者知道他是 Lending Club 的成员,并且有资金出借(或借入)的需求。Lending Club 负责用户身份认证、银行账户认证、信用检查、信用报告以及资金的转移与收回。通过 Lending Club,借款人可以向一个或多个贷款人申请 1 000~25 000 美元的个人贷款。基于亲和力准则,Lending Club 开发了一套搜索和识别贷款机会的 Lending Match 系统。该系统能够帮助用户迅速发现之前不知道的关系,使他们在有信任基础的人群中借贷资金。用户通过设定的标准(如区域、工作地点、教育情况等)模式进行贷款,进而构建一个符合个人偏好的分散化的贷款组合。

(二) 债权转让模式

在这一模式下,借款人和投资人之间存在着一个专业放款中介,即 P2P 网络借贷平台。一个借贷列表满标且符合放款标准之后,P2P 网络借贷平台将把所筹资金打入借款人账户中,这一过程也称为放款。由 P2P 网络借贷平台先以自有资金放贷,然后把债权转让给投资者,再以回流的资金继续放贷。债权转让模式多见于线下 P2P 平台,因此也成为纯线下模式的代名词。但这种模式经常因其体量大、信息不够透明而招致非议。典型的债权转让模式平台是美国的 Prosper。

美国 P2P 网络借贷平台 Prosper 成立于 2006 年 2 月美国加州旧金山市,公司全称为繁荣市场公司(Prosper Marketplace Inc.),是美国金融史上第一个 P2P 网络借贷平台。在 Prosper 上,想借钱的人要先登记资料进行最基本的信用征信,并提供一篇计划书,告诉大家这笔钱的用途、设定利率底限,然后就是等待放款人放款。对于放款人,则是先转一笔钱进 Prosper 存放,再通过类似拍卖的步骤进行竞拍;放贷人可以看到借款者的信用状况,包括有没有房屋、信用度多少、有没有欠款记录等。放款者也可以向借款者提问(如现金流状况如何等),以最后决定要下标的最低利率和放款金额(如以 10% 的利率提供 50 美元借款)。如果最后集资总额达到了借款目标,那么 Prosper 就以当时最高的借款利率为准,放给借款方。这时,放款者将会拿到证券化的债券。Prosper 会发行一个和借款合同金额相同的债券给放款者持有,借款方每个月固定还款,用户手中的债券就会逐渐减少,但存在 Prosper 中的可动用资金则会增加,其中包括借款者偿还的本金和利息。

(三) O2O 模式

O2O 即 Online to Offline 的缩写,这种线上+线下相结合的模式,是指 P2P 网络借贷公司在线下寻找借款人,P2P 网络借贷平台自身或者联合合作机构(如小贷公司)审核借款人的资信、还款能力,通过审核的借款人的借款需求将会被发布到线上,同时 P2P 网络借贷平台在线上公开借款人的信息以及相关的法律服务流程,用于吸引投资人。目前,越来越多的 P2P 网络借贷公司在线上完成筹资部分,在线下设立门店、与小贷公司合作或成立营销团队寻找需要借款的用户并进行实地考察,这样一方面能够面对面审核借款人的信用水平,另一方面也能够有效地开发借款人。但是这种模式容易割裂完整的风险控制流程导致合作双方的道德风险。

(四) 担保模式

在该模式下,需要在借贷关系中引入担保,以规避投资者风险。但由于引入了担保环节,借贷业务办理的流程较长,速度容易受到影响。目前担保模式主要有四种:第三方担保公司担保、风险准备金担保、抵押担保和保险公司担保。

1. 第三方担保公司担保

担保公司负责审核借款人的资信状况,为其提供担保,在借款人无法按时偿还借款时向投资者提供担保代偿。

2. 风险准备金担保

风险准备金担保模式是目前行业内主流的一种模式。风险准备金是指为维护企业业务的正常运转,在风险发生时可用于财务担保和弥补风险带来的损失的,提前准备好的资金。P2P网络借贷平台将风险准备金交由银行等第三方托管。一些网络借贷平台将风险准备金担保模式作为主推的安全保障模式。当借贷人发生还款逾期或违约时,P2P网络借贷平台需从事先建立的风险准备金账户中提取资金,归还给投资人,用于最大限度地保障投资人的利益。但是这种模式的问题在于,一些P2P网络借贷平台的资金与风险准备金没有实现根本上的分离,风险准备金极有可能被挪用,而在关键时刻无法起到担保的作用,风险准备金形同虚设。

3. 抵押担保

抵押担保模式指的是借款人以房产、汽车等固定资产作为抵押来借款,一旦面临还款逾期或违约而转变为坏账时,P2P网络借贷平台和投资者有权处理抵押物来收回资金。从坏账数据来看,抵押担保模式在P2P网络借贷行业的坏账率是最低的。

4. 保险公司担保

随着相关部门严禁P2P行业自行提供产品担保,越来越多的P2P平台除了引入第三方担保公司外,还开始探索引入保险公司"入伙"的新模式。在引入保险公司的模式中,保险公司提供的不仅仅是保障风险的作用,同时也发挥了担保作用。但是这种模式目前尚未得到普及,P2P平台的规模和用户数量大多还不能达到保险公司对于降低风险评估的要求,限制了保险公司在P2P网络借贷过程中的巨大作用。但在可预见的未来,保险公司担保的形式将成为P2P担保的主要形式之一。

(五) 混合模式

很多P2P网络借贷平台的模式划分并不明显,其通常分别在客户端、产品端和投资端选择多种模式进行有效组合。例如,有的平台在客户端会按照借款金额要求不同的担保方式,有的平台既从线上开发借款人,也从线下寻找借款人。

请扫描二维码收看视频"国内P2P网络借贷模式分析"。P2P网络借贷模式起源于英国,随后发展到美国、德国和其他国家。在中国的发展过程中,已经不同于欧美国家的原始面貌。该视频介绍和分析了P2P在中国的发展和变化,有的提供担保机制,有的引入了线下模式,有的已经介入到了借贷双方债权债务关系中去,成为借贷资金流转的中转站。

国内P2P网络借贷模式分析

第三节 P2P网络借贷的风险与防范

一、主要风险

(一) 信用风险

P2P网络借贷中大多数贷款业务是无抵押无担保和纯信用业务,且主要针对中小微企业客户。小贷业务在获得较高收益的同时承担了较大的风险，财务数据和担保抵押的缺失使信用评估显得更加重要。实际上，即使是国外运营较为成熟的P2P网络借贷平台，其逾期率和坏账率仍达到3%以上，甚至更高。

信用风险主要来源于借款人违约和虚假借款人。在实践中，P2P网络借贷平台仍然建议投资者采用小额分散投资的方式控制风险，但在对借款人的源头评估上，仍需合适的信贷技术和线下尽职调查。借款人的数量越多，对防控信用风险的要求就越高。

有效规避信用风险，就要多维度掌握借款人的个人信息，且越翔实越好。在我国个人征信体系尚不完善以及P2P网络借贷平台不能介入央行征信系统的情况下，信用分析以及对借款人的线下尽职调查是重中之重。对借款人调查主要包括三个方面：

（1）基本信息审核，包括借款人的身份证、婚姻证明、银行流水、征信报告、房产证明等必备材料的审核及真实性验证。

（2）对借款人还款能力和意愿的评估。其中，还款能力是客观因素，还款意愿是主观因素。对于借款人还款意愿的评估尤为关键。

（3）线下实地考察。风控人员通过实地走访交叉验证抵押资产和贷款担保价值评估。

（二）非法集资风险

央行已经界定了三类P2P涉嫌非法集资：其一为理财资金池模式，即P2P平台将借款需求设计成理财产品出售，使投资人的资金进入平台的中间资金账户，产生资金池；其二为不合格借款人导致的非法集资风险，即P2P平台未尽到对借款人身份的真实性核查义务，甚至发布虚假借款标的；其三则是典型的"庞氏骗局"，即P2P平台发布虚假借款标的，并采取借新还旧的"庞氏骗局"模式，进行资金诈骗。

许多发生资金风险、涉嫌非法集资的P2P网络借贷平台为了有效控制和使用募集的资金，会在银行或第三方支付公司开立账户直接实现资金归集，这样一来资金的使用行为便缺乏有效的监管。P2P网络借贷平台防范非法集资风险要严格避免资金转移先于投资行为的发生，也就是避免中间资金池的形成。若是不存在中间资金池，投资者完全知晓投资信息，也就减小了项目投资风险和金融诈骗的可能性。

（三）流动性风险

在2013年，P2P网络借贷平台数量和交易额迅猛增长，流动性风险是P2P网络借贷行业面临的最大风险。借款人逾期、展期现象频繁，投资人纷纷撤出资金，网络借贷行业面临高兑付压力，许多平台被曝出现提现困难。从P2P网络借贷平台提现困难的众多案例来看，拆标、自融、组团、资金池等是引发网络借贷交易平台出现流动性风险的常见因素，而拆标更是普遍存在的现象。

拆标是将一个期限较长或者金额较大的借款标的拆成期限较短和金额较小的多个借款标的，继而形成期限和金额错配，其中期限错配是P2P网络借贷交易平台拆标最常用的手段。由于网络借贷行业的高风险特征，投资人偏好投资期限较短的投资标的，尤其是信用卡套现投资网络借贷。为了应对拆标可能带来的流动性风险，交易平台需要足够的资金应对投资人的提现需求。在现实操作中，往往平台分拆的标的到期，而真实借款却尚未到期，从而导致投资人提现出现问题。一旦提现问题加剧会导致投资人挤兑，最终导致流动性风险爆发,从而加速平台倒闭。因此,2015年后国家加强对行业的监管,P2P网络借贷平台进入合规发展阶段。

(四) 技术性风险

2014年,P2P网络借贷市场出现了群雄逐鹿的混战局面,上市公司、国企、传统金融企业、草根P2P平台,以及百度、阿里巴巴、腾讯等互联网大鳄纷纷进军P2P网络借贷领域。然而,P2P行业正风生水起时也惹来黑客垂涎,人人贷、拍拍贷、翼龙贷、有利网、网络借贷之家等多家P2P网络借贷平台均惨遭黑客攻击。

2013年七八月份,轰动一时的乌云安全漏洞事件——深圳晓风软件公司服务的100多家P2P公司都遭到了黑客的攻击,导致很大一部分被攻击的P2P平台损失惨重,光是深圳、浙江两省就有20多家平台跑路。

P2P网络借贷的技术性风险出现的原因可以归结为两类:一类是某些公司以为P2P的门槛很低,就购买网站模板进入,但其实P2P的隐形门槛非常高,以至于很多公司只能选择成本低廉的现成模板,于是便依赖第三方提供的模板,这些模板的价格区间一般是5~10万元,数百万元级别的也有,但是一家好的P2P网络借贷平台,其网站是经过长年累月的积淀才形成的,每年的投入至少以千万元计。另一类是自建的P2P网站模板,因为技术不专业,容易被找出漏洞,可能还不如模板。可以说这两类公司因为无法在技术和安全上投入,所以尤其容易成为被攻击的目标。

安全性和数据的准确性是网站最重要的基础,针对不同的攻击方式需要有不同的防御措施,并且实时备份、异地备份数据,这需要建立一整套安全防范机制,并且在新的问题出现时能立刻进行完善。同时,为应对技术风险,国家需要制定统一的技术标准提高在互联网方面的技术设计水平,具备足以防御黑客的能力,防止技术性风险的不断重现。

二、风险防范

作为一种绕开银行间接贷款融资模式的、在借款人和出借人之间直接发生借贷关系的业务模式,风险管理能力是P2P公司的核心竞争力。要提高P2P网络借贷平台的竞争力就应从以下三点出发提高平台的风险管理能力。

(一) 明晰风控部门的职能

在信贷领域,根据不同借款额度,往往对应的是不同的风控审批手段。从业内看,超过100万元的借款基本采用与银行相同的借款风控手段,即实地真人考察,再加抵押物。而20~100万元,可以采用类似小额贷款公司和担保公司的风控技术,没有抵押物,但较接近于银行的审核手段,即分散审核。P2P从本质上讲,更多的是专注于1~20万元的无抵押借款,这是银行、小额贷款公司和担保公司目前很难覆盖的领域,因此采用总部集中式的数据化风控模式,从而解决了审核标准不统一以及审核人员快速扩张依赖长期经验积累的问题。在总部风控部门的设立方面,应主要分成三个部门:政策和数据分析部、风控审核部、催收部。这三个部门的工作相互关联,工作成果是制定贷款产品政策,包括前端营销、中台审核和后台催收的各项政策制度。

政策和数据分析部又可分成三个主要部门:一是政策制定团队,包括确定目标人群,制定借款产品准入政策、核批政策、反欺诈政策、催收政策等,并固化到决策引擎系统和评分卡;二是数据挖掘分析团队,对逾期客户进行特征分析、产品盈利分析等;三是数据建模团队,根据数据挖掘,对逾期客户特征数据进行建模分析。

风控审核部主要包括初审部、终审部和稽核部,主要职责是审核判定借款人资料的真实性和有效性,结合决策引擎和评分卡等对客户做出是否核批的决定。

催收部按照客户逾期时间长短,分为初催和高催。其主要职责是根据催收评分卡和决策引擎,对逾期客户进行催收工作。

(二)坚持小额分散的原则

有了职能清晰的风控部门,对于以点对点借款为主要模式的P2P网络借贷而言,要将平台的整体违约率控制在较低水平,还要坚持小额分散的原则。

"分散"在风险控制方面的好处表现在:借款的客户分散在不同的地域、行业,这些分散独立的个体之间违约的概率能够相互保持独立性,则同时违约概率就会非常小。"小额"在风险控制上的重要性,则表现为避免统计学上的"小样本偏差"。在P2P网络借贷中,那些做单笔较大规模借款的网站风险更大。

(三)建立数据化风控模型

坚持小额分散的借款原则,最直接的体现就是借款客户数量众多,如果采用银行传统的信贷审核模式,在还款能力、还款意愿等难以统一度量的违约风险判断中,风控成本会高至业务模式难以承受的水平,这也是很多P2P网络借贷平台铤而走险做大额借款的原因。

可以借鉴的是,国外成熟的P2P网络借贷平台(如Lending Club等),都是采用信贷工厂模式,他们利用数据分析方式建立风控模型,利用风险模型的指引建立审批的决策引擎和评分卡体系,根据客户的行为特征等各方面数据来判断借款客户的违约风险。美国专门从事信用小微贷业务的Capital One是最早利用大数据分析来判断个人借款还款概率的公司,在2008年金融海啸中Capital One公司也凭借其数据化风控能力得以存活并逐步壮大起来,于2014年发展成为美国第七大银行。

简单来说,建立数据化风控模型并固化到决策引擎和评分卡系统,对于小额信用无抵押借款类业务的好处包括两个方面:一是决策自动化程度的提高,降低了依靠人工审核造成的高成本;二是解决了人工实地审核和判断所带来审核标准的不一致性问题。

因此,除了小额分散的风控原则,P2P网络借贷风控的核心方法在于,通过研究分析不同的个人特征数据(即大数据分析)相对应的违约率,通过非线性逻辑回归、决策树分析、神经网络建模等方法来建立数据风控模型和评分卡体系,来掌握不同个人特征对应影响违约率的程度,并将其固化到风控审批的决策引擎和业务流程中,从而指导风控审批业务的开展。

最后,回到P2P的社会效益这一原点问题上,P2P网络借贷是为了实现普惠金融的一个创新。它的初衷是让每个人都有获得金融服务的权利,能真正地把理财服务和贷款服务带到普通民众的身边。P2P网络借贷的出现,填补了我国目前传统金融业务功能上的缺失,让那些被银行理财计划和贷款门槛拒之门外的工薪阶层、个体户、农村的贫困农户、大学生等人群也有机会享受金融服务。而要服务这一庞大的群体,设计安全、合理的商业模式和恪守风控第一的准则,确保广大投资者的权益更应成为 P2P 行业从业者放在第一位思考的问题。

> 请扫描二维码收看视频"P2P 网络借贷风险及防范"。P2P 网络借贷的出现,填补了我国目前传统金融业务功能上的缺失,让那些被银行理财计划和贷款门槛拒之门外的工薪阶层、个体户、农村的贫困农户、大学生等人群也有机会享受金融服务。要服务这一庞大的群体,设计安全、合理的商业模式和恪守风控第一的准则,是 P2P 行业要解决的首要问题。该视频介绍和分析了 P2P 网络借贷平台存在的风险和具体的防范措施。

三、相关法规与监管政策

国家层面的 P2P 网络借贷的法规与制度可以分成三个部分,第一个部分是十部委和最高人民法院出台的 P2P 网络借贷两个基石性法规,即《关于促进互联网金融健康发展的指导意见》和《关于审理民间借贷案件适用法律若干问题的规定》;第二个部分是银监会出台的 P2P 网络借贷"1+3"框架性制度政策体系,即《网络借贷信息中介机构业务活动管理暂行办法》《网络借贷信息中介机构备案登记管理指引》《网络借贷资金存管业务指引》和《网络借贷信息中介机构业务活动信息披露指引》,所以"1+3"制度体系又被称为"一个办法三个指引"制度体系;第三个部分是中国互联网金融协会出台的行业规范标准。中国互联网金融协会出台了《互联网金融信息披露个体网络借贷》和《互联网金融个体网络借贷借贷合同要素》两份 P2P 网络借贷的行业规范标准。

(一) 两个基石性法规

2015 年 7 月,中国人民银行、工业和信息化部、公安部、财政部、国家工商总局、国务院法制办、中国银行业监督管理委员会、中国证券监督管理委员会、中国保险监督管理委员会、国家互联网信息办公室日前联合印发了《关于促进互联网金融健康发展的指导意见》(简称《指导意见》),《指导意见》共 20 条,指出 P2P 属于民间借贷范畴,受《合同法》《民法通则》等法律法规的支持和规范,给予 P2P 的合法地位,明确监管单位为银监会。

2015 年 8 月,最高人民法院公布《关于审理民间借贷案件适用法律若干问题的规定》(简称《若干问题的规定》),并于 2015 年 9 月 1 日起施行。《若干问题的规定》不但对民间借贷主体范围、合法行为、利率问题做出了清晰的解释,而且对互联网借贷平台的责任做出了明确的界定,《若干问题的规定》分别对于 P2P 网络借贷机构涉及居间和担保两个法律关系时,是否应当以及如何承担民事责任做出了规定。按照《若干问题的规定》中的条款内容,借贷双方通过 P2P 网络借贷机构形成借贷关系,网络贷款平台的提供者仅提供媒介服务,不承担担保责任。如果 P2P 网络借贷机构的提供者通过网页、广告或者其他媒介明示或者有其他证据证明其为借贷提供担保,根据出借人的请求,人民法院可以判决 P2P 网络借贷机构的提供者承担担保责任。

《指导意见》和《若干问题的规定》是 P2P 网络借贷行业两个基石性的法律法规,为后续《网络借贷信息中介机构业务活动管理暂行办法》的制定和出台提供了原则性和框架性的指导。

(二)"1+3"框架性制度政策体系

1.《网络借贷信息中介机构业务活动管理暂行办法》

2016年8月,银监会、工业和信息化部、公安部和互联网信息办公室联合公布了《网络借贷信息中介机构业务活动管理暂行办法》(简称《暂行办法》),《暂行办法》共八章四十七条,落实了《指导意见》和《若干问题的规定》的有关要求:一是界定了网贷内涵,明确了适用范围及网贷活动基本原则,重申了从业机构作为信息中介的法律地位。二是确立了网贷监管体制,明确了网贷监管各相关主体的责任,促进各方依法履职,加强沟通、协作,形成监管合力,增强监管效力。三是明确了网贷业务规则,坚持底线思维,加强事中事后行为监管。四是对业务管理和风险控制提出了具体要求。五是注重加强消费者权益保护,明确对出借人进行风险揭示及纠纷解决途径等要求,明确出借人应当具备的条件。六是强化信息披露监管,发挥市场自律作用,创造透明、公开、公平的网贷经营环境。下面是《暂行办法》中的核心内容。

1) 明确网贷平台的信息中介定位

《暂行办法》第一章第二条、第三条规定,网络借贷信息中介机构是指依法设立,专门从事网络借贷信息中介业务活动的金融信息中介公司,按照依法、诚信、自愿、公平的原则为借款人和出借人提供信息服务,维护出借人与借款人合法权益,不得提供增信服务,不得直接或间接归集资金,不得非法集资,不得损害国家利益和社会公共利益。

2) 明确网贷平台的监管主体

《暂行办法》第一章第四条规定:银监会负责制定网络借贷信息中介机构业务活动监督管理制度,并实施行为监管。各省级人民政府负责本辖区网络借贷信息中介机构的机构监管。工业和信息化部负责对网络借贷信息中介机构业务活动涉及的电信业务进行监管。公安部牵头负责对网络借贷信息中介机构的互联网服务进行安全监管,依法查处违反网络安全监管的违法违规活动,打击网络借贷涉及的金融犯罪及相关犯罪。国家互联网信息办公室负责对金融信息服务、互联网信息内容等业务进行监管。

3) 网络借贷采用备案制

《暂行办法》第二章第五条规定:网络借贷信息中介机构完成地方金融监管部门备案登记后,应当按照通信主管部门的相关规定申请相应的电信业务经营许可。

4) 划定网贷平台的13条红线

《暂行办法》第三章第十条规定,网络借贷信息中介机构不得从事或者接受委托从事的以下十三种活动:一是为自身或变相为自身融资;二是直接或间接接受、归集出借人的资金;三是直接或变相向出借人提供担保或者承诺保本保息;四是自行或委托、授权第三方在互联网、固定电话、移动电话等电子渠道以外的物理场所进行宣传或推介融资项目;五是发放贷款,但法律法规另有规定的除外;六是将融资项目的期限进行拆分;七是自行发售理财等金融产品募集资金,代销银行理财、券商资管、基金、保险或信托产品等金融产品;八是开展类资产证券化业务或实现以打包资产、证券化资产、信托资产、基金份额等形式的债权转让行为;九是除法律法规和网络借贷有关监管规定允许外,与其他机构投资、代理销售、经纪等业务进行任何形式的混合、捆绑、代理;十是虚构、夸大融资项目的真实性、收益前景,隐瞒融资项目的瑕疵及风险,以歧义性语言或其他欺骗性手段等进行虚假片面宣传或促销等,捏造、散布虚假信息或不完整信息损害他人商业信誉,误导出借人或借款人;十一是向借款用途为投资股票、场外配资、期货合约、结构化产品及其他衍生品等高风险的融资提供信息中介服务;十二是从事股权众筹等业务;十三是法律法规、网络借贷有关监管规定禁止的其他活动。

5) 定位小额分散的金融服务

《暂行办法》第三章第十七条规定:网络借贷信息中介机构应当控制同一借款人在同一网络借贷信息中介机构平台及不同网络借贷信息中介机构平台的借款余额上限。同一自然人在同一网络借贷信息中介机构平台的借款余额上限不超过人民币 20 万元,在不同平台借款总余额不超过人民币 100 万元;同一法人或其他组织在同一网络借贷信息中介机构平台的借款余额上限不超过人民币 100 万元,在不同平台借款总余额不超过人民币 500 万元。

6) 要求具有保护客户信息安全的能力

《暂行办法》第三章第十八条规定:采取完善的管理控制措施和技术手段保障信息系统安全稳健运行,保护出借人与借款人的信息安全。网络借贷信息中介机构应当记录并留存借贷双方上网日志信息,信息交互内容等数据,留存期限为自借贷合同到期起 5 年。

7) 出借人与借款人资金实行银行存管

《暂行办法》第四章第二十八条规定:网络借贷信息中介机构应当实行自身资金与出借人和借款人资金的隔离管理,并选择符合条件的银行业金融机构作为出借人与借款人的资金存管机构。目前的银行存管模式有直连和联合存管两种模式,但是新的监管规定只有直连模式才符合监管要求。

8) 强制信息披露

《暂行办法》第三章第九条规定:网络借贷信息中介机构应当对出借人与借款人的资格条件、信息的真实性、融资项目的真实性、合法性进行必要审核,同时在其官方网站上向出借人充分披露借款人基本信息、融资项目基本信息、风险评估及可能产生的风险结果、已撮合未到期融资项目资金运用情况等有关信息。

2.《网络借贷信息中介机构备案登记管理指引》

2016 年 11 月,银监会、工信部、工商总局联合发布了《网络借贷信息中介机构备案登记管理指引》(简称《备案指引》)。《备案指引》全文共 23 条,将新旧网络借贷信息中介机构的经营范围、公示、法定代表人承诺、备案内容、ICP 许可、银行存管、最终期限都做了详细规定,对网络借贷机构备案给出了明确的指引。主要内容有五个方面。

1) 强调了备案不是增信

《备案指引》第二条强调了备案登记仅对机构的基本信息进行登记、公示并建立相关机构档案,不构成对机构经营能力、合规程度、资信状况的认可和评价。

2) 实行新老平台备案登记区分管理

《备案指引》第三条规定,对新设立平台,在完成工商登记注册、领取企业法人营业执照后,应当于 10 个工作日内向工商登记注册地地方金融监管部门申请备案登记。第十条规定,对已设立并开展经营的平台,按照分类处置结果,对合规类机构的备案登记申请予以受理,对整改类机构,在其完成整改并经有关部门认定后受理其备案登记申请。申请前还应当先到工商登记部门修改经营范围,明确网络借贷信息中介等内容。

3) 明确了备案至少需要提交的材料

《备案指引》第六条明确了备案至少需要提交九项材料。包括网贷机构基本信息；股东或出资人名册及其出资额、股权结构；经营发展战略和规划；合规经营承诺；企业法人营业执照正副本复印件；法定代表人以及董事、监事、高级管理人员基本信息资料；分支机构名册及其所在地；网络借贷信息中介机构官方网站网址及相关 App 名称；地方金融监管部门要求提交的其他文件、资料。

4) 明确备案登记将作为新平台申请银行存管及增值电信业务许可的前置条件

《备案指引》第十三条、第十四条规定，网贷机构须持地方金融监管部门出具的备案登记证明，按相关规定申请增值电信业务经营许可、与银行业金融机构签订资金存管协议，并将相关信息反馈至工商登记注册地地方金融监管部门。

5) 设定了备案工作期限

《备案指引》第九条、第十二条规定，新设立的网络借贷信息中介机构办理备案登记的具体时限由地方金融监管部门根据本辖区情况具体规定，但不得超过 40 个工作日。已经设立并开展经营的网络借贷信息中介机构办理备案登记的具体时限，由地方金融监管部门根据本辖区情况具体规定，但不得超过 50 个工作日。

3.《网络借贷资金存管业务指引》

2017 年 2 月，银监会发布《网络借贷资金存管业务指引》（简称《业务指引》）。《业务指引》共五章二十九条，明确了网贷资金存管业务应遵循的基本规则和实施标准，鼓励网贷机构与商业银行按照平等自愿、互利互惠的市场化原则开展业务。主要内容有五个方面。

1) 明确了网贷资金存管业务的基本定义和原则

《业务指引》明确了存管业务的三大基本原则：一是分账管理。商业银行为网贷机构提供资金存管服务，对网贷机构自有资金、存管资金分开保管、分账核算。二是依令行事。存管资金的清算支付以及资金进出等环节，需经出借人、借款人的指令或授权。三是账务核对。银行和网贷机构每日进行账务核对，保证账实相符，同时规定每笔资金流转有明细记录，妥善保管相应数据信息，确保有据可查。

2) 明确了委托人和存管人开展网贷资金存管业务应具备的条件

《业务指引》明确了存管人为商业银行，存管人应具备责任部门、技术系统、业务制度、支付结算等方面的基本条件。目前，包括国有大型银行、股份制银行、城市商业银行等在内的商业银行均具备开展网贷资金存管业务的条件和资质，银监会鼓励各商业银行根据各自差异化市场定位开展网贷资金存管业务，满足网贷资金存管市场的需求。

3) 明确了网贷资金存管业务各方的职责义务

《业务指引》明确了商业银行作为存管人履行授权保管和划转客户资金等资金存管职责，内容主要包括业务审查、账户开立、清算支付、账户核对、存管报告、档案保管、资金监督等方面；网贷机构作为委托人主要在系统开发、信息披露、数据提供、客户服务等方面履行职责。同时为做好风险隔离，保护存管人的合法权益，《业务指引》在数据信息真实性和准确性、营销宣传、资金管理运用等方面明确了有关存管人的免责条款，防范商业银行声誉风险。

4) 明确了网贷资金存管业务的具体操作规则

《业务指引》对有关业务细则提出了基本的业务规范，内容覆盖业务模式、合同内容、系统接口、日终对账、信息报告、免责条款等方面,同时明确了存管账户设置的要求,确保账户资金安全。

5) 明确了三项具体落实保障措施

《业务指引》明确了三项具体机制安排:一是过渡期安排。按照"新老划断"原则,对于已经开展网贷资金存管业务的机构预留六个月的过渡期,为网贷机构备案登记、系统改造等工作留出时间,并与《网络借贷信息中介机构业务活动管理暂行办法》规定的整改过渡期保持一致。二是不得变相背书。除必要的披露及监管要求外,网贷机构不得打着存管人的旗号做营销宣传。商业银行作为存管人,不对网络借贷交易等行为提供担保,不承担借贷违约责任。三是平等商定服务费用。商业银行不得以开展资金存管业务为由捆绑销售或变相收取不合理费用。

4.《网络借贷信息中介机构业务活动信息披露指引》

2017年8月,银监会发布了《网络借贷信息中介机构业务活动信息披露指引》(简称《信息披露指引》)、《信息披露内容说明》(简称《说明》)。《信息披露指引》的出台,标志着网贷行业"1+3"制度框架基本搭建完成,初步形成了较为完善的制度政策体系。《信息披露指引》及《说明》主要明确了网络借贷信息中介业务活动中应当披露的具体事项、披露时间、披露频次及披露对象等,为参与网贷业务活动的各当事方进行信息披露提供了规范的标准和依据。主要内容有五个方面。

1) 明确了信息披露的基本概念和原则

《信息披露指引》明确了信息披露行为的定义,对披露渠道做出具体要求,同时规定了信息披露应当遵循的基本原则,在保护个人隐私、商业秘密、国家秘密的基础上,有效降低因信息不对称给网贷业务活动参与方造成的风险。

2) 明确了在网贷业务活动中应当披露的信息内容

《信息披露指引》披露内容涵盖了网贷机构基本信息、网贷机构运营信息、项目信息、重大风险信息、消费者投诉渠道信息等网贷业务活动的全过程应当披露的信息,并基于对个人隐私、商业秘密、国家秘密的保护,规定了不同的披露对象。同时考虑到披露内容的重要性、变化频率、披露主体等的不同,《信息披露指引》根据披露内容的特性设定了不同的披露时间、频次,便于披露主体有效履行信息披露义务,保障披露对象及时了解、掌握披露信息。

3) 重点对披露的口径、披露标准予以规范

《信息披露指引》特别配套了《说明》一同印发,《说明》对概念模糊、争议较大的披露信息逐一进行解释,与《信息披露指引》具有同等法律效力。通过对信息披露统计口径的标准化,有利于避免信息披露过程中因披露主体的标准不一致,导致披露对象对信息披露内容的混淆、误解。

4) 强调了相关披露主体责任及管理要求

《信息披露指引》对信息披露的责任主体、档案留存、保密规定、处罚措施等方面做出明确的规定。同时,考虑到下一步对网贷行业的合规监管,《信息披露指引》预留了向监管报送的机制,具体报送相关要求另行规定。

5) 明确了整改的过渡期限

《信息披露指引》给予已开展业务的网贷机构六个月的整改期,以便网贷机构满足《信息

披露指引》要求,并做好与备案登记、资金存管等工作的衔接。

(三) 中国互联网金融协会出台的行业标准

1. 《互联网金融信息披露个体网络借贷》

2017年10月,中国互联网金融协会发布了适用于从业机构开展个体网络借贷信息中介业务信息披露的《互联网金融信息披露个体网络借贷》团体标准的公告,披露标准信息披露项为126项,其中强制性披露项为109项,鼓励性披露项为17项。标准保持了与银监会《信息披露指引》的一致性,对从业机构信息披露的要求更加严格,行业信息透明度将进一步提升。

2. 《互联网金融个体网络借贷借贷合同要素》

2017年12月,中国互联网金融协会正式发布《互联网金融个体网络借贷借贷合同要素》团体标准(简称"标准")。该"标准"定义并规范了27项借贷合同必备要素。"标准"规定了个体网络借贷业务中借贷合同的必备要素,用于指导网络借贷信息中介机构制定借贷合同。"标准"还要求对借款人逾期做出具体说明:借款人按合同约定到期未足额偿还借款本金及(或)利息。偿还是指借款人或其他第三方依据合同约定将本金及(或)利息实际划付至资金存管账户。另外,"标准"还提到了还款方式(还款方式包括到期一次性还本付息、等额本息、等额本金、按月付息到期还本及其他方式),对应的具体含义及计算公式,并举例说明。

2020年11月27日,国家金融监督管理总局首席律师刘福寿在财经年会上透露,防范化解重大风险攻坚战取得实质性进展。全国实际运营的P2P网贷机构今年11月中旬完全归零。展望未来,面对新形势、新挑战,要引导银行保险业贯彻新发展理念,回归服务实体经济的本源,深化金融供给侧结构性改革,有序推进高水平对外开放,健全具有高度适应性、竞争力和普惠性的现代金融体系,引导更多的金融资源配置到经济社会发展的重要领域和薄弱环节,不断提升金融服务的质量和效率。要加强行业全面风险管理,有效防范和化解金融风险,培育更加稳健的金融风险文化。

第一,要推动金融更好地服务双循环新发展格局。一是要做好"六稳"工作,落实"六保"任务,落实落细已经出台的金融支持复工复产的各项政策举措,努力提升政策落地的精准性和直达性,继续引导银行保险机构加大对因疫情遇到困难的企业和制造业、外贸等重点领域的金融支持力度,巩固复工复产的成果。二是继续推动普惠性小微企业贷款"增量、扩面、提质、增效",着力提高普惠性小微企业"首贷户"、信用贷款和续贷业务占比,加大三农领域金融服务,推动扶贫小额信贷健康发展。三是发挥金融对科技创新的支撑推动作用,引导金融机构加强"两新一重"等重点领域和先进制造业、战略性新兴产业的支持力度,大力发展绿色金融,进一步夯实降低成本工作的成果,推动降低综合的融资成本。四是统筹兼顾创新发展和风险防控的关系,强化金融科技应用,不断提升信息化、数字化水平,完善信息科技的治理,联合有关部门加强对银行保险机构与科技公司合作的监管,维护金融消费者合法权益,特别是信息隐私的安全。

第二,坚决防范和化解系统性金融风险。一是前瞻性应对银行不良资产反弹,督促金融银行业机构做实资产分类,加大不良资产的处置力度。二是有序推进中小银行改革和风险的化解,做好高风险非银金融机构的处置工作,持续拆解高风险影子银行的业务,严查严控资金违规流入房地产领域,积极配合防控地方政府隐性债务的风险。三是坚持推动市场乱象整治工作常态化,严厉打击金融腐败和违法犯罪,坚持全链条治理非法集资,把防范打击涉非犯罪同化解风险、维护稳定统筹起来,切实消解社会安全风险的隐患。四是前瞻性做好应对外部环境可能变化的准备,指导涉外金融机构做好风险预案,提升应对国际风险的能力和水平。

第三,全面深化金融业改革开放。一是加强银行保险业公司治理监管,将党的领导融入公司治理的各个环节,加强关联交易的监管。二是扎实推进城商行、农信社的改革工作,因地制宜,分类施策,把深化改革和化解风险、完善公司治理结合起来。三是稳步推进保险机制改革,做实保险在灾害防护体系中的作用,加快商业养老金融的发展。支持资本市场健康发展,引导信托、理财和保险等树立长期投资理念,强化专业投资和价值投资。四是坚定不移扩大金融服务业的开放,抓好已经出台开放政策的落地实施,支持拥有良好市场信誉和信用记录,特别是在风险管控、养老金管理、消费金融、财富管理、健康保险等方面具有特色和专长的外资机构进入中国。鼓励中外机构在产品、股权、管理和人才等方面开展合作。

第四,加快构建现代化的金融监管体制。一是处理好金融发展、金融稳定和金融安全的关系,提升监管能力,加强制度建设,坚持市场化、法治化、国际化的原则,提高监管透明度。二是完善风险全覆盖的监管框架,增强监管的穿透性、统一性和权威性,依法将金融活动全面纳入监管,对同类业务、同类主体一视同仁。三是对各类违法违规行为"零容忍",切实保护金融消费者合法权益。四是大力推动金融监管科技建设,提升跨区域、跨市场、跨行业交叉金融风险的甄别、防范和化解能力,提升监管的数字化水平。

本章小结

P2P 网络借贷继承了互联网的 P2P 技术思想,是利用网络中介平台实现直接借贷的行为,具有信息公开透明、门槛低、交易直观和效率高等特点。P2P 网络借贷在我国的发展经历了探索发展期、野蛮发展期和规范整顿期,在国家推进新一轮清退整顿工作之后,整个行业逐步规范发展,未来依然具有上升的动力。P2P 网络借贷由借款人、出借人、P2P 网络借贷机构、存管人和增信机构五个主体构成,完成投资服务有 11 个步骤。P2P 网络借贷平台存在信用风险、非法集资风险、流动性风险和技术性风险,具有高风险集聚特征,需要加强监管。目前,P2P 网络借贷行业的监管制度体系已经形成,监管规制和具体办法陆续出台,监管机构对行业的整顿正在开展,行业洗牌加速的同时发展环境将出现健康有序的新格局。

问题与思考

1. P2P 网络借贷有哪些主要特征?
2. 结合国内外典型 P2P 网络借贷平台,梳理 P2P 网络借贷业务主要流程。
3. 结合国内外典型 P2P 网络借贷平台,对比 P2P 网络借贷不同业务模式的差异。
4. P2P 网络借贷主要存在哪些风险?
5. 联系实际讨论 P2P 网络借贷中的各类风险应如何防范?
6. 我国政府对 P2P 网络借贷的管制有哪些具体的措施?
7. 案例分析:

大学生 P2P 网络借贷案例分析

随着移动终端智能化程度不断提升,互联网金融也趁势得到迅速发展。P2P 网络借贷是资金需求方基于互联网平台快速解决资金需求的一种借贷方式,借贷过程无须实体金融的介入和参与,是互联网金融的一种重要形式,可以实现资金需求双方的快速匹配。因当前我国监管和法律法规的缺位、行业准入门槛低等原因,P2P 网络借贷行业近年来得到爆发式增长。

大学生消费群体是消费市场的一个重要组成部分,一方面大学生消费潜力巨大,消费观念新潮,消费需求旺盛,消费形式多元化,因此使大学生成为各大消费市场不可忽视的重要力量,对于 P2P 网络借贷市场开发者亦是如此,校园借贷在近几年也得到快速发展。另一方面,在校大学生的消费缺少计划性和节制性,追求超前消费或奢侈消费不计后果,而这一群体的消费支出主要依赖父母补给,无独立收入来源。借助 P2P 网络借贷满足消费需求日益增多,校园借贷恶性案件也随之增多,其后果的严重性引发社会的广泛关注。

案例一:平台无良,诈骗泛滥

吉林长春警方破获了一起特大"校园贷"诈骗案,此案涉及 12 省市的 150 余名大学生。诈骗团伙利用学生的单纯,打着"内部有人,贷款不用还"的名义组织起了一支具有传销性质的学生大军,最终这些学生都被骗。不法分子实则利用这些学生的信用贷款造成了学生拉下线骗学生的后果。

北京某高校的一名女大学生,邀请多名同学注册借贷平台账户,注册后让同学从平台里提现并交给她,最后却卷钱消失。此外,该女生还借用他人的借贷平台账号申请贷款,至今也未还款。目前已有 80 多人涉及此事,被骗金额超 60 万元。这个案例中,这名女大学生,也有可能是受害人之一。

这是一种典型的不负责任的做法,让很多与贷款不相干的学生身陷其中。本质上,校园贷平台的审核机制有名无实,监管形同虚设,只为最后催贷而生,这与非法组织一般无二。

案例二:校园贷只是表,高利贷才是里

大学生尹同学在"趣分期"申请了分期产品,因为逾期,还要交滞纳金。一算才知道,借款本金 6 000 元,但是现在要还 1.3 万,利息高达 30%。这意味着,如果他在此平台借款 1 万,1 个月后滞纳金的利息金额就是 $10\,000×1×30\%=3\,000$ 元,一年就可滚到 36 000 元,年利息高达 36%。

在河南某高校大学生因无法还贷而自杀的案子中,其中有一笔 8 000 元的"校园贷"债务,在半年内经过借款、还款、再借款,最后总还款金额竟高达 8 万余元。

纯贷款产品,则经常会出现借款 10 000 元,到手只有 8 000 元的情况,因为放款人还要收取手续费与代理费,但是利息要按 10 000 元算。按照某些学生的说法,校园贷正是因为他们是学生还款能力差,才会提高利息让他们故意还不上的,最后只能由家庭买单。要知道,年利息超过 24% 已不受法律保护,大学生在校园贷平台贷款时一定要注意。

案例三:休学停课,荒废学业

广西某大学学生,在互联网借贷平台借贷,最后无力偿还,被人到学校追债、威胁后才敢告诉老师,此时已累计欠债 20 多万元。作为一个无收入的学生,父母也都在农村,好不容易赚点辛苦钱供他读书,这笔债务对这个家庭来说是个天文数字。即使学校能继续收留该学生,他也已无心读书。

西安南郊某大学机械类的大四学生阿木(化名),一年时间,因为"校园贷",他从一个年年拿奖学金的优等生,变成了一个经常旷课,一学期补考七门,并且四处躲债的边缘人。2016年9月份,由于长期地旷课和挂科,阿木和父母商量后不得不办理了退学手续,跟父母回到他们打工的地方生活。据郑老师估计,阿木有超过10万元的贷款。

案例四:隐私泄露,诈骗盛行

学生通过校园贷等平台贷款,不管是用自己的身份信息还是别人的身份信息,都会造成学生群体的个人隐私泄露。隐私信息泄露以后,有什么后果呢? 湖南一个学生的身份证在去年暑假丢失后,被一名30多岁的男子冒用向校园贷机构多次贷款,多家校园贷催其还贷。

相比之下,裸条图片视频的泄露与传播,对于借贷女大学生的影响更大,有的可能会对当事人一生造成影响,何况其裸贷信息还要留下家人、亲戚、朋友以及同学的信息,与之相关联的一群人的个人隐私,都被泄露了。

某大学生小万就以开设公司招学生兼职的方式,让其他大学生自愿用个人身份信息帮他贷款。至案发,小万共利用二十几名大学生的信息在各个分期平台上贷款,尚有32万元欠款未还清。在他陷入高利贷泥潭之后,又把同学拽入其中。

在各种案例中,我们发现,有太多的大学生在什么都不知道的情况下被催债,多是因为个人信息被借用或者盗取所致。大量的学生信息,在网络被售卖,与很多网贷平台及中介有很大的关系。

为此,行业内已有一些平台把风控流程做得更加完善,并利用数据优势配合相关部门打击非法套现。同时,针对行业门槛低、乱象丛生的情况有关部门给予了更多的重视和治理。2020年4月,教育部办公厅、银监会办公厅联合印发了《关于加强校园不良网络借贷风险防范和教育引导工作的通知》(简称《通知》)。《通知》表示,随着网络借贷快速发展,一些P2P网络借贷平台不断向高校拓展业务,导致高校学生受不良网贷平台的诱导过度消费,陷入"高利贷"的陷阱。《通知》明确,建立校园不良网络借贷实时预警机制,及时发现校园不良网络借贷苗头性、倾向性、普遍性问题,及时分析评估校园不良网络借贷潜在的风险,及时以电话、短信、网络、校园广播等形式向学生发布预警提示信息。《通知》发布后不少高校网站挂出相应公告,对学生贷进行警示。

请回答以下问题:
1. 结合上述案例,分析大学生P2P网络借贷案例反映的问题。
2. 结合案例内容,分析大学生应该如何规范自己的P2P网络借贷行为。
3. 结合案例内容,分析大学生可以采取哪些对策防范P2P网络借贷风险。

参考文献

[1] 何平平,车云月.互联网金融[M].北京:清华大学出版社,2017:101-153.
[2] 邓建鹏,黄震.互联网金融法律与风险控制[M].北京:机械工业出版社,2017:137-150.
[3] 贲圣林,张瑞东.互联网金融理论与实务[M].北京:清华大学出版社,2017:14-47.
[4] 蒋致远.互联网金融概论[M].北京:机械工业出版社,2019:83-94.

第五章

众　筹

本章导读

众筹是通过互联网平台以捐赠或获得回报物等方式实现特定目的的融资方式。随着现代信息技术和互联网技术的不断发展，特别是云计算、移动互联网、大数据、搜索引擎、社交网络的发展，众筹作为互联网金融创新的主流模式之一，在世界范围内获得了快速发展。众筹作为互联网金融发展的一种新业态，在大众投资人和融资企业之间建立了连接的纽带，在实现普惠金融以及促进资本市场多层次建设方面发挥了重要作用。那么，众筹的内涵是什么？相比于传统金融有何优势？经历了怎样的发展？众筹的运营模式包括哪些？股权众筹的模式和特点有哪些？应该如何认识股权众筹融资的风险并对其进行防范？通过学习本章，可以找到这些问题的答案。

学习目标

理解众筹的概念，了解众筹的特征、产生背景、参与主体与融资环节，了解众筹的优势和对传统金融的影响，理解众筹的理论基础；掌握众筹主要业务模式的运营及其特征；理解股权众筹融资的内涵，了解股权众筹融资的发展现状、参与主体与融资流程，熟悉股权众筹融资的模式与特点，掌握股权众筹融资的风险及其防范。

知识架构

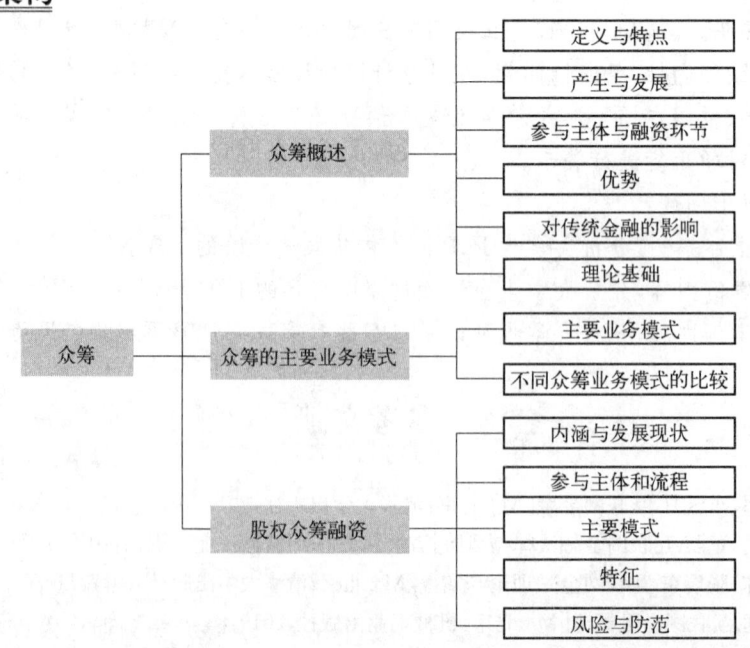

```
                        ┌── 定义与特点
                        ├── 产生与发展
            ┌─ 众筹概述 ─┼── 参与主体与融资环节
            │           ├── 优势
            │           ├── 对传统金融的影响
            │           └── 理论基础
            │
众筹 ───────┼─ 众筹的主要业务模式 ─┬── 主要业务模式
            │                    └── 不同众筹业务模式的比较
            │
            │                    ┌── 内涵与发展现状
            │                    ├── 参与主体和流程
            └─ 股权众筹融资 ──────┼── 主要模式
                                 ├── 特征
                                 └── 风险与防范
```

导入案例

众筹的前世今生

你想创业,开一家餐厅,但不想向亲朋好友借钱,筹集资金好头疼;你设计了一款创新产品,但是没有推广资金,也不知道市场接受度如何,怎么办?众筹或许能帮你的忙。

2011年,互联网分析师许单单创办3W咖啡,通过微博向社会公众进行资金募集,每个人10股,每股6 000元,相当于一人6万元。很快3W咖啡汇集很多投资者、创业人以及高级管理人员等,股东阵容堪称华丽,3W咖啡引爆了中国众筹式创业咖啡的流行。

众筹源于国外crowdfunding一词,即大众筹资或群众筹资,顾名思义,就是利用众人的力量,集中大家的资金、能力和渠道,为小企业、艺术家或个人进行某项活动等提供必要的援助。

之前美国著名作家克莱·舍基提到一个认知盈余的概念,强调很多人都有闲置的时间、闲置的资源,如何把这些闲置的时间和资源汇聚起来,有目的地创造更有价值、有意义的事情,在互联网尤其是移动互联网技术日益增强的今天,将变得越来越重要。

这里面,闲置的资源中一个最显而易见的就是闲置资金。我们很多人都有闲置的资金,但我们不是投资人,也不是天使,我们的闲置资金也没有很大数目。单个人的单笔资金也许干不成什么事,但是如果数以千计万计的小额资金汇聚起来,可以帮助有梦想、有想法的人去创造事业,实现梦想,最终每个人的小额资金都创造了价值。这也许是众筹模式的诱人之处和现实意义。

由此案例可见,众筹的初衷是面向大众为项目进行筹资,已有数百年的历史。互联网的发展使得这种基于社区的融资模式迁移到线上,降低交易成本并拓展了潜在的受众。众筹是一种新型的互联网金融模式,具有受众广、成本低的特征,近年来在国内外迅速发展,成为促进中小微企业和新创项目融资和发展的动力。

第一节 众筹概述

众筹是互联网金融创新融资模式之一。它是企业或其他组织基于网络从多个个体处以接收捐赠或投资的形式融得资金的方式。这一创新融资模式以有组织的方式出现在2008年金融危机之后,很大程度上是因为艺术家、创业者和早期阶段的企业家在融资中面临困难,传统银行不愿意贷款,创业者只能在其他地方寻找资金。众筹在中国有最大的潜在市场,近年来发展迅速。2011年仅有3家平台上线,正常运营的仅有1家,2011年到2014年间众筹成功项目数为4 226个,融资总额为9.31亿元。而到了2016年全面爆发,上线平台数量飙升到532家。然而,到了2017年,众筹在我国遭遇了巨大震荡,超过540家平台转型或下线。截至2021年3月底,在运营中的众筹平台仅有328家。应该如何理解这一变化过程?应该如何理解这种创新的融资模式?

一、定义与特点

（一）定义

关于众筹的定义，各有说法。"众筹"一词，最初翻译自英文"Crowdfunding"，是"Crowdsourcing"（众包）和"Microfinancing"（微型金融）二词的结合体，也就是大众融资或者群众融资之意，也有翻译成"群众集资"或"群众募资"，是指项目发起人通过在互联网上公布其创意，用实物、服务或者股份作为报酬，面向广大群众筹集资金的模式。

作为新兴金融词条被收纳在《牛津字典》的 Crowdfunding 被解释为"借助网络面向广大群众募集少量资金为某个项目或者公司筹资的方法。拥有门槛低、效率高、数额少、数量多等众多特性。通常来讲，大众筹资是通过互联网平台把项目人和投资人联系起来，一起来赞助各类项目，包括灾害复建、巡回游学、竞选活动、创业筹资、音乐写作、科技创新、自由软件、发明制造以及文化民俗等"。

随着众筹的迅速发展，学界开始对其概念进行归纳和总结。Belleflamme 等人提出精练的众筹定义："众筹涉及公开征集，主要是通过网络，采用捐赠或以某种形式的奖励和（或）投票权为交换提供金融资源。"Rubinton 则根据众包的定义提出了一个相类似的众筹定义，认为"众筹是项目筹资方通过从许多为得到一定价值回报的投资者处寻求并获得小额资助的过程"。

以上这些众筹概念的界定虽然具有一定广泛性，但仍无法涵盖众筹一词所涉及的众多领域，特别是作用日益凸显的创业企业的融资领域。因此，作为上述精练定义的补充，Belleflamme 等人又特别强调应将众筹视为融资的一种独特形式："主要从公众而非专业投资者或是与企业主有私人联系的个体中融资。"类似地，Mollick 基于创业环境提出了"众筹是指创业个人和团体通过从大量网络用户中吸引相对较小贡献额为其企业融资，而非借助标准的金融中介"。Lehner 则从社会企业众筹角度提出相关定义。这些概念相对狭窄，但更适合于研究众筹作用凸显的新企业和创业融资。在股权型众筹出现后，众筹的概念界定再次拓展，被认为是一种新的创业形式，投资者不接受额外收益或参与预先购买产品，而是参与未来的现金流。捐赠型众筹则重视公益，无关任何收益或股份。然而，随着时间的推移，众筹的进一步发展，研究人员逐渐回归到众筹最基本的定义：众筹就是中小微企业、个人或非营利组织借助互联网和社会化媒体向公众展示创意，争取公众关注和支持，筹集小额资金以启动项目。

（二）对众筹的解读

众筹是一种集合大众进行融资的商业模式。互联网众筹往往是个体或者组织为了实现某一计划、理想等采取的面向公众筹集资金的融资方式。互联网众筹模式下，个人或者团体都可以将自己的计划、愿望、产品、创意等作为众筹项目展示在众筹平台，而项目的浏览者则可以根据自己的偏好、兴趣、经济实力等对这些项目进行赞助或者投资。相应的，项目发起人也会给予支持者一些或精神、或物质上的奖励作为回报。众筹通过这种聚少成多的方式，能够帮助个体或者组织迅速地获得资金。众筹模式有效地消除了传统融资模式中的中间环节，提高了融资效率，降低了交易成本，分散了融资风险。结合上述定义对众筹的描述，我们对众筹的理解包括以下几方面。

1. 众筹是基于社会化媒体的互联网金融模式

互联网自身的优势及其先进技术为中小微企业与民间资本的对接提供了极大便利,社会化媒体在众筹中更是扮演了至关重要的角色:它将筹资人的项目信息快速传播给公众,借助公众的社会网络,这些信息呈几何级扩散,从而集聚大量社会资本;它的核心理念是众包,即"用集体的智慧创造效率",众筹的灵感即源自众包,其集思广益、利用集体知识对产品和项目进行概念验证和商业模式评估的能力是传统融资模式不具备的;它具有信息可视化的特征,减少了传统投资中的信息不对称,可以减轻投资人的顾虑。

发起众筹的主体具有一定的目的:从众筹的语义上,并没有对众筹的发起主体有所限制,所以众筹的主体是广泛的,包括自然人、法人和其他组织。众筹主体的目的并没有限制,包括但不限于实践创意、进行创作、完成作品、软件开发、经营项目等。

2. 众筹创新了中小微企业的融资渠道

众筹为中小微企业提供了新的融资渠道:他们只需将项目在众筹网站展示,并发布公众需要的信息,公众感兴趣,就有可能成为投资人,这些资本来自民间,而不是传统的风险投资机构。与传统融资渠道相比,众筹的不同之处包括融资金额较少,许多项目一次性融资还不到1 000美元;众筹投资人有充分的民主,相比关系紧密和层级森严的职业化风投社区,众筹投资人之间的关系相对简单,他们的地位是平等的,沟通是公开的,投资多少由自己决定,没有很高的门槛限制;众筹更具时效性,传统风投模式中,筹资人需要接受层层选拔和漫长等待,他们的背景或社交网络起着决定作用,而在众筹模式中,筹资人只需在众筹平台展示项目和发布相关信息,项目的创意和质量才是吸引公众投资的决定因素。

3. 众筹支持创业、创新和创意

以著名众筹平台Kickstarter目前支持的13大类项目为例,众筹支持最多的是文化创意产业,涉及设计、影视和音乐等行业,这些项目在传统风险投资中,往往因为利润低而被忽视;其次是科技创新产业,众筹支持的科技项目往往更具创新性,如在2013年全球消费类电子产品中,许多重要产品都是通过众筹启动的,如3D打印机、Pebble智能表、游戏手柄和电脑硬件等,其中不少项目是被风险投资拒绝后转而选择众筹的。进入Web 2.0时代后,互联网的普及也使其与众筹完美地结合在一起,虽然并不是所有的众筹都搬到了线上,但互联网却使众筹走得越来越远。

4. 众筹受众具有草根性

草根性一方面表明基层性,从社会历史角度看,群众不是统治者,不是达官显贵,只是平民百姓;另一方面表明数量的庞大,最基层的民众往往在数量上是最多的,他们之间的联系并不紧密,这也说明了受众的不确定性。数量庞大但拥有的社会资源却非最多,这从侧面说明受众所付出的只能是少量的小额的资金,众筹充分阐释的是"众人拾柴火焰高"的汇聚效应。从规模效应上来说,欲使信息广而知之,必须采用公开的方式,所以在受众方面众筹隐含了"小额、公开"这两个方面的含义。

请扫描二维码观看视频"众筹知多少"。众筹作为一种新型的互联网金融融资模式,在各行业中发挥着巨大作用。应如何理解这种创新的融资模式?该视频介绍了众筹的定义及其对众筹概念的解读。

众筹知多少

(三) 特征

众筹融资作为新型的融资模式相比传统融资方式有自己鲜明的特点,正确理解和运用众筹融资的特点对于我们了解和分析众筹有着重要的意义。

1. 融资门槛低

相比传统的融资模式,众筹融资的门槛相对比较低,任何有想法并想要切合实际的完成自己想法的人都可以提交众筹项目书发起众筹活动。与私募投资和其他投资活动动辄成百上千万的门槛限制不同,众筹融资的融资额度不受限制,可根据实际需要募集相应数额的资金。

2. 融资效率高

相比传统的融资模式,众筹融资的效率大大提高,与传统的银行贷款等形式的融资模式相比,众筹项目的发起人在平台发布项目书后,融资活动就正式开始了,待到融资期限满且融资额度达到目标,众筹完成就可拿到众筹资金,省去了传统融资层层调查审批的烦琐程序。

3. 多样性

众筹融资的多样性表现在:一方面,众筹产品的多样性,目前在众筹平台上众筹的产品包括智能家居、健康医疗、农产品、传统艺术、互联网和金融大数据等方方面面的内容;另一方面,众筹回报的多样性,对于众筹项目的投资者,其获得的众筹回报可以是企业或者项目的股权或债权,可以是众筹项目的产品回报,可以是文艺作品的观赏享受,也可以是自身精神上的满足感,多种类型的投资回报,最大限度地满足了不同投资者的需求。

4. 集合大众力量

与传统的融资模式不同,众筹融资更加强调大众参与,众筹项目发起的项目最终能否众筹成功取决于社会大众对于项目的认可和接受程度。社会大众的点滴支持是众筹融资模式不断发展壮大的动力,社会大众积极参与融资并为发起人提出宝贵意见使众筹产品更加契合市场需求。

5. 注重创意

与传统融资更加注重投资项目的盈利能力不同,众筹融资模式在参考市场因素的同时,注重创意元素,强调作品的创新性和对生活的改变。众筹平台为好的灵感和作品提供了空间,正是对创意的坚持,一大批优秀的文艺作品(如通过 Kickstarter 众筹的《流浪逐梦人》荣获第 85 届奥斯卡最佳纪录短片奖和科技发明 Pebble Watch)才能呈现在世人眼前。

二、产生与发展

众筹最初是处在相对比较艰难时期的艺术家们获取创作资金保障的手段,经过不断地发展演变逐渐成为创业初期团队获得创业资金的重要途径，在互联网时代，众筹作为互联网金融的主流业务，虽然起步的比较晚，但发展迅速，特别是在"大众创业，万众创新"的时代背景下，在全民创业浪潮的推动下，众筹模式成了创业企业和小微企业获得资金支持的最佳途径。

按照众筹模式的发展历程，可以将众筹模式的发展历程划分为萌芽阶段、快速发展阶段、规模化发展阶段和规范整治阶段。

（一）萌芽阶段

从美国 Kickstarter 众筹平台建立起，众筹融资模式为创业初期的投资募集资金帮助他们完成创业梦想。在众筹模式的萌芽阶段，在众筹平台上的众筹项目主要为商品类和奖励类的众筹项目，主要以商品营销、艺术事业和公益事业为主。随着众筹模式逐渐被认可，众筹萌芽阶段后期，股权类的众筹模式开始被创业企业采纳，众筹平台的数量不断增加，众筹业的规模不断扩大，众筹融资的黄金时代即将到来。这一时期，众筹项目的发起人大多不用考虑资本偿还问题，合理利用资金完成产品回馈投资者是他们的主要目标，这样的融资模式在一定程度上减轻了融资者的心理负担，使他们可以更好地开展创业计划。此外，众筹活动也是检验产品生命力、判断产品市场价值的试验田，通过众筹平台的宣传为销售活动预热。

（二）快速发展阶段

众筹模式的火热发展吸引了大型互联网金融公司进入众筹领域开展众筹业务，互联网众筹时代到来，互联网众筹进入快速发展轨道。伴随着大型互联网金融企业进入到众筹行业，众筹平台间的竞争不断加剧，一些小的众筹平台开始转型发展，谋求生机。大型互联网金融企业的资金实力和影响力也使得众筹项目的发起者在选择众筹平台时倾向于选择大型平台以获得更大的支持和帮助，投资者往往也会选择大型平台来保证收益的稳定。

（三）规模化发展阶段

互联网巨头引领的众筹时代，大型互联网金融企业开始不断整合资源，开辟出模块化场景式的众筹模式，新的众筹模式打破了之前众筹产品和项目间的孤立和隔绝，进而产生出新的投资消费模式和新的投资消费热点。此外，大型互联网金融企业开始借助自身的资金优势开展对众筹项目的直接投资，为创业初期的团队提供场地、技术等全面的支持，运用自身较为成熟的管理培训体系为项目发起人进行培训，不断完善的服务体系为众筹市场的繁荣发展打下坚实的基础，大平台的支撑为众筹融资规模持续壮大保驾护航。

（四）规范整治阶段

众筹行业监管政策不断出台，以合规与发展并重为导向。该阶段众筹表现为两大特点：一是股权众筹融资金额及项目数量下降；二是权益及物权类众筹项目数和融资额仍在上升，但众筹平台数量却大幅下降，市场集中度开始提高，经营不善的平台退出市场。

三、参与主体与融资环节

（一）参与主体

在众筹这一创新融资模式中，参与主体为众筹平台及投融资双方三者，大众投资人和初创企业的融资者基于网络环境下经由平台实现投融资对接。

1. 融资方(或项目发起人)

项目发起人是拥有创意项目或创新想法但却缺乏实现创意完成创新的资金,属于融资方。企业融资者都有自己意愿投资金额的事前定义,但风险投资通常有较高的最低投资要求,不适合小企业的需求,因此一些创业型中小企业将众筹作为他们外源融资的替代性选择。众筹提供了公司生命周期的早期阶段获得资金的能力,从而为缩小早期阶段的差距提供了机会。在对有经验的企业家进行访谈中也发现,所有受访者都表示募集资金是使用众筹的主要原因,但不尽然。一般来说,一些企业为了加强客户联系,提升客户体验,强调众筹融资的市场调研、产品预售和广告宣传等衍生功能,会特意以项目发起人的身份去找潜在客户参与到其产品的研发、试用和推广活动中去。

对于融资方将要在众筹平台上发布的项目,各个平台会预先进行审核,尽管互联网金融强调普惠性,但并不代表项目发起人可以任性而为。项目发起人必须具备一定的条件,包括资信、国籍、学历等,对项目拥有完全的自主权,并且需要与平台明确双方的权利和义务。此外,对于项目融资者也要有明确的目标和具体的完成时间,并在众筹过程中尽可能地进行信息的更新,增加与投资者的互动,减少彼此间的信息不对称。然而也正因为融资者具有信息优势,因此有可能出现事前的欺诈及事后的道德风险。

2. 投资者

投资者是众筹活动的另一方参与主体,他们往往是数量庞大的互联网用户群体,对于平台上感兴趣的项目进行投资进而获得实物的回报。当然,获得回报是投资者投资的一个主要原因,但更多的还是内在动机,如帮助他人,成为虚拟社区的一分子,支持创新事业也是其投资的重要原因。回报的范围可以从对项目关注表示感谢的几元的贺卡,到上万元的正在开发的产品。

投资人的资金注入实际上是消费资金前移的过程,而在这一过程中投资人作为潜在消费者的小众化、精致化和个性化的需求将会得到满足。另外,生产和销售环节的效率因此将得到提升,厂商也将受益。

众筹平等、开放和包容的特性集中体现在投资者资格的大幅降低。以往大众的投资方向有限、个性化的投资需求并不能得到满足,加之大众投资者受限于专业知识和有限的本金,投资效率并不高。众筹模式的出现扩宽了投资渠道,一定程度上满足了人们个性化的投资需求,降低了投资门槛,投入很少的本金就能满足自己参与创新项目诞生过程的需求。

3. 众筹平台

众筹参与主体中平台是以利润最大化为经营目标的企业,它的盈利模式主要来自撮合投融资双方的佣金以及收取融资企业的加盟费。平台通常在项目融资成功后收取3%~5%左右的佣金。融资失败后各个众筹平台规则不同。有的平台如 Kickstarter 会退还预订费用并免收佣金,有的众筹平台如 Indiegogo 还可以选择保留所筹部分款项但是会收取9%的佣金,如果成功会退还5%,即只收取4%,比 Kickstarter 低1%,以此激发创业者的积极性,促进成功率。加盟费为融资企业每月缴纳的固定费用,如 Fundable 的加盟费为每月179美金。

众筹平台亦是一个典型的双边平台,通过平台将项目发起人与投资人联系在一起,将筹资人的项目与意向投资者的资金相匹配。为了确保双方的需求经由平台能得以对接,最大化成功项目的数量和规模,众筹平台在项目定位、审核、发布、跟踪和后续管理等方面都制定了一系列规则制度,并有尽职审查的激励。平台还有吸引能产生巨大媒体关注度项目的激励,因为双方都扩展了现有投资人群体,平台扩展新类别可以进一步增加网络效应。

在众筹发展的初期,众筹平台肩负了引导市场的职责,因此众筹规则主要由平台来制定,并在不断发展中进行改善。如从最开始的收费到免费再到收费的收益模式;从最初的全款拨付到后续的分批拨付;从项目的"直接上线融资"到"先包装再融资"再到"先包装再预热再融资"的展示方式,众筹平台一直在不断地探索最优制度的设计。

(二) 融资流程

通常众筹网站的融资流程是项目创建者为项目筹资设定一个目标金额与筹资期限,平台对于完成融资目标的项目收取一定比例费用,而未完成者则分文不取,通常包括五个环节,如图 5-1 所示。

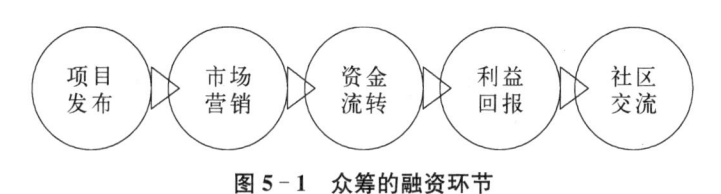

项目发布 ▷ 市场营销 ▷ 资金流转 ▷ 利益回报 ▷ 社区交流

图 5-1 众筹的融资环节

1. 项目发布

首先,项目发布指的是项目发起者将项目交由众筹平台审核,众筹平台通过专业的团队对项目做出正确的评估,筛选出优质项目,这些项目将在众筹平台的帮助下确定发布的内容和形式,获得在平台展示的机会。项目发起人为筹资项目制定融资目标、设定融资期限,为项目的整个融资流程制定可行方案。

其中,项目发起人必须进行融资制度的选择,通常采用"全部或零"或"保留全部"两种模式之一。"全部或零(All-or-Nothing)"模式中参与众筹的融资方需设置一个筹资目标,只有达到目标才能获得资金,又称为阈值机制。而"保留全部(Keep-it-All)"模式中无论是否达到该目标融资方都将保留所筹的所有资金。大量实践表明,证实"全部或零"模式的使用是创业者做出的承诺,是对公众的一个可信的信号,可以降低公众的风险,因此采用这一模式的融资者可能设立更高的融资目标,也更有可能成功众筹。相反,融资者使用"保留全部"模式一般是为资金量可伸缩项目筹资,即使部分融资依旧不影响项目继续开展。但投资者却认为不能充足筹资的企业在项目发起后更可能失败,因此认为风险性越大,这也导致了采用"保留全部"模式的项目达成最终目标的比率更低。

2. 市场营销

优质项目在众筹平台的展示过程不仅仅是一个融资的过程,还是一个市场营销的过程。众筹网站上项目的发布使得发起人能够用较低的成本获得较高的媒体曝光度、关注度等市场资源,由此吸引潜在消费者和一些供应链上下游的伙伴,快速地将下游的销售渠道和上游的供应链建立起来。

3. 资金流转

项目在平台展示期间,获得融资的过程就是一个资金的流转过程。众筹平台规定,若采用"全部或零(All-or-Nothing)"模式,在给定的天数内实际融资金额超过目标融资金额则项目成功,此时资金从投资者流向众筹平台,最后再从众筹平台流向项目发起人。若在给定的天数内实际融资金额未超过目标融资金额,则项目失败,此时资金先从投资者流向众筹平台,再由众筹平台退还给投资者。而"保留全部(Keep-it-All)"模式中无论是否达到该目标,融资方都将保留所筹的所有资金。

4. 利益回报

在项目融资成功后,就到了利益回报阶段。此时项目发起者拥有足够的资金启动项目,将创意转化为现实,同时在约定的时间为投资者发放回报。回报的形式主要分为两类,一类回报包括产品、服务以及媒体内容。其中产品主要指的是研发出来的实物,服务指的是折扣卡或会员卡等,而媒体内容指的是广告植入等。如捐赠式众筹,出资者就不获得回报。另一类是以资金的形式作为回报,主要包括利息和股权,以此来回馈项目支持者的投资行为。

5. 社区交流

投资者等待收益的过程也是项目发起者和项目支持者双方之间进行交流的过程。在此期间,双方可以依托互联网平台,在讨论区进行交流互动,这样投资者不仅仅作为单一的资金供给者,还能作为消费者参与产品的改进和设计,使得产品更加满足市场的需求。同时项目发起者对于项目进展的定期公布,价值观的分享,通过发送邮件的方式对项目支持者进行答谢等,增加了投资者的参与感和信任感,以此促进项目支持者做出投资决策。

通过以上项目发布、市场营销、资金流转、利益回报和社区交流这五个环节的运行模式后,项目支持者在经济理性或者经济非理性的决策准则下,做出投资或者购买的决策。众筹的投资者大部分为陌生人,和项目发起者之间并无交集,在这种情况下,投资决策中包含着经济理性决策和经济非理性决策。其中经济理性决策指的是利己行为,包括获得产品、服务、资金等方面的内容。经济非理性决策指的是利他行为,主要指捐赠众筹。然而这种利他行为区别于慈善,是建立在对项目发起者价值观的认同,或对创业者经历的共鸣之上。

案例:Kickstarter平台项目的融资流程

众筹融资的运作流程可用2014年Kickstarter平台上最为热门的项目——Coolest Cooler冷藏箱加以说明。2014年7月8日,Coolest Cooler的创始团队借助该平台通过一系列有趣的短片和创意十足的海报展示了Coolest Cooler冷藏箱,与普通冷藏箱相比,这款"最酷冷藏箱(Coolest Cooler)"最大特点是方便携带,并且在传统冷藏箱的基础上将开瓶器、碎冰机、防水蓝牙音箱、LED灯、便携式刀具盘子菜板等众多功能全部融合到一起,变成一个多功能冷藏箱,同时还内置了USB充电器、鸡尾酒搅拌器和扬声器,设计者还体贴地加入了滚轮,堪称冷藏箱中的"瑞士军刀"。Coolest团队最初设定的筹资额是5万美元,这意味着如果此项目不能在设定天数之内筹集超过5万美元,就意味着筹资失败,已经筹集的那部分资金将会退回投资者账户;而如果能在设定天数内筹集超过5万美元则称为筹资成功,那么通过网站所筹集的金额便会进入Coolest团队的账户以用于产品开发,第一批赞助人能够以165美元的优惠价格购买。此外,只要赞助数额大于100美元,在达成5万美元的融资目标之后,团队还将会举办一个大型的户外聚会,让赞助人全面享受Coolest带来的方便。实际情况是,这个想法在平台上发布后仅仅三个小时就完成了起初团队所设定的融资数额,而在短短一天过后数额便直奔至100万美元,两周之后便突破了600万美元,同时以每周100万美元的速度持续迅速增长;最终在本轮期限届满,总共有62 642名用户参与投资,筹措资金1 328万美元。Coolest团队在成功获得这笔充裕的资金之后便顺利进入到了开发生产的阶段,同时在2015年7月开始批量供货。在这一轮的众筹完成之后,出资的普通大众得到了他们预期的收益和报酬。以前那个因为没有足够资金而无人问津的Coolest团队,顺利开发出极具吸引力的新一代明星产品,并打破了由"Pebble手表"保持甚久的众筹纪录,最终摘得桂冠,成为"新晋全球众筹之王"。

上述案例表明,众筹项目的融资流程包括在平台上发布项目,进行项目设置,包括项目筹资期、目标筹资额等内容,新创项目发起人可在一定时间内获得资金用于项目实施,以案例中项目为例,当项目实施后,按照事先承诺向出资者发放项目回报。因此,众筹项目不仅包括项目发起阶段,项目实施后的项目回报发放和项目实施过程中的反馈交流同样重要。因此,可以将众筹项目过程进行总结,如图5-2所示。

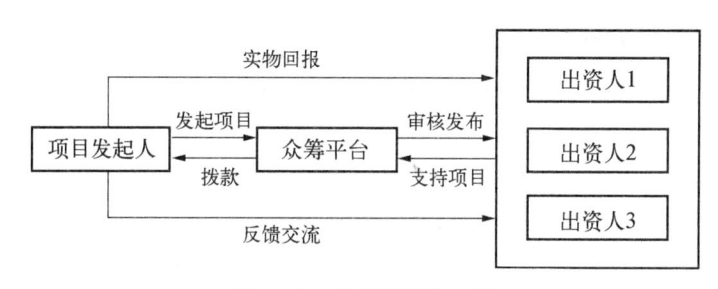

图5-2 众筹的融资流程

图5-2表明,这样一种吸纳资金的方式不但能够整合社会闲置资金帮助大众投资人取得不错的收益,还能够服务于那些苦于没有资金的初创企业,让他们能够得到足够的资金来发展壮大。不得不说这种方式无论对哪一个群体都能产生一种利好的影响,可谓是一个双赢的模式,在众筹平台的作用下让双方在良性互动中实现资源整合。

四、优势

众筹之所以能对投资和融资双方起到优化资源配置的作用,达到促进经济社会良性发展的效果,从根本上来说得益于它依托互联网平台,使之拥有了网络渗透率强、网络操作方便快捷以及能够最大限度地分散风险这三大优势。

(一)能够最大限度地利用互联网

全球知名市场研究组织eMarketer调查数据显示:"2014年互联网用户渗透率(即普及率)第一次突破40%这一指标线,全球总网民数量攀升至28.9亿人,较上一年度同比上升6.2%,占到全球人口总数的42.4%。"截至2020年年初,全球互联网用户数达45.4亿,占全球人口的60%。可见,在互联网金融时代,网络空前普及,而在网络平台上众筹又有着众多的用户资源,这些资源能够很好地帮助它进入到公众的视野之中并且帮助它充分释放能量。一样的商品,在挂上互联网以前,大众通常对其知之甚少,但是将这件商品推上互联网平台以后就会发生翻天覆地的变化,因为此时有更多的人开始对它进行关注。关注的人数越多,对其进行评价的人越多,其价值的体现就会越充分。以天猫网为例,当一个"宝贝"仅有寥寥几个评价时,人们会认为用户对该"宝贝"价值的认知是不够客观的,一旦评价的人数变多,如用户评价达到上万条时,此时用户对于该"宝贝"的评价更能接近客观的真实,该数据显示的结果更为可靠。众筹正是由于借助了互联网平台,才能够轻而易举地将全国各地甚至是世界各地的人们汇聚在一起对其进行评价,使得平台客观、真实的价值得到充分的体现。

(二) 具有操作便捷性

这里所提到的便捷性主要是指借助网络进行操作要比实际生活中的店铺更加的灵活、快捷、方便。通常来讲,运用互联网进行各种操作并不会对时间和地点有特别的限制,即使足不出户也能够通过电脑或者手机轻松操作。不仅如此,操作的过程也是十分的快捷高效,没有签署烦琐协议的困扰,只需轻轻按动键盘就可完成相应的操作,对于一部分额度稍低的投资,方便快捷这一特性一直以来都扮演着相当重要的角色。

(三) 能最大限度地分散风险

从投资者的角度来讲,一部分项目的发起人并不是没有足够的资金独立完成该项目,而是由于启动项目所消耗的资源数量较大,通过众筹筹集到的资金可以有效缓解发起人的资金运转压力,降低项目失败后所承担的风险。

另外,众筹将社交网络与创业融资相结合,众筹平台已成为投资人挖掘融资交易、互相联络的社交平台。在众筹平台上,所有对某个众筹项目感兴趣的普通大众都可以也能够对该项目提出自己的疑惑、建议和意见,项目发起人会及时进行回复、解释并酌情采纳建议,以更好促使该项目的发展和完善,使产品更符合市场需求。这样的良性互动,集思广益,不仅缩短了投资和融资双方的距离,更使项目不断创新,臻于完美,也使得发起人创业失败的风险降低。

五、对传统金融的影响

众筹融资模式的出现对传统金融行业既是机遇也是挑战,一方面众筹融资模式的发展壮大削弱了传统融资模式的市场占有率,影响了传统金融机构的盈利水平;另一方面众筹刺激传统金融机构变革原有的经营模式,积极创新适应当前发展的经营思路,为金融行业与时俱进发展提供动力。

(一) 缓解了中小微企业融资难的问题

在中小微企业融资困难背景下发展起来的众筹融资模式改变了中小微企业在传统银行类金融机构融资困难的局面,通过众筹模式,中小微企业的融资需求得到有效的满足,不以资金偿还为目的的产品众筹和股权众筹改变了传统融资以抵押担保和资金回报为前提的融资模式,给创业初期团队提供了宽松的创业环境。

(二) 改变了传统的资金管理方式

随着众筹的发展,更多的投资者参与到众筹项目中,众筹资金占个体投资者可支配收入的比重不断上升,依托银行、证券和保险等传统金融机构的资金管理模式正在逐渐地被这种新型的资金管理方式扭转和改变,特别是互联网金融的日趋完善,第三方支付和网络支付平台日趋成熟,在提升众筹效率的同时,也以更加安全方便快捷的服务赢得广大消费者支持和信赖,相比之下,优质的用户体验使得传统金融机构的资金管理方式受到更大的冲击。

(三) 丰富了传统金融的层次体系

众筹模式的出现缓解了小微企业的融资困境,众筹模式的规范发展为传统民间金融改革发展提供了借鉴和思路,众筹模式有效地填补了传统金融机构发展的空白区域,不断发展的股权众筹成为中国传统资本市场的重要补充,丰富和完善了中国资本市场多元化、多层次发展的格局。

六、理论基础

众筹项目是发起人获取资金支持的媒介,也是投资者可以自由投资以获取回报的渠道。网络用户在浏览众筹项目时,可以选择对某一个项目进行投资也可以选择不投资,可以选择较高的投资额度也可以选择较低的额度,不同投资决策将会导致众筹项目取得不同的融资绩效。由于获得资金支持是项目发起者最为直接的目的,因而,众筹项目的筹资不仅受到行业内部实践者的重视,也吸引了众多的学者探索背后的影响机制。在众筹研究领域已有的研究成果中,学者们分别从社会学、管理学、心理学等不同学科角度进行了剖析,并得到多种对众筹项目融资可能造成影响的项目要素。

(一) 信号理论与众筹融资

信号理论最早由 Spence 提出,主要用于解决战略决策者所面对的核心问题,即如何使用各种各样的信号减少由于信息不完整性和不对称性所导致的选择不确定性。正因如此,信号理论自出现以来便在生产力测定、企业资本结构发展、股票市场研究等领域中得到快速的发展。此外,在传统投资研究领域,学者们也广泛利用信号理论对那些能够引导投资人对企业或项目进行投资的重要信息进行识别。已有研究成果表明,潜在出资者会试图通过项目方所释放的可观察信号来评估项目的质量,也有研究使用信号理论来探索哪些潜在信息可以引导出资者最终对一个企业进行投资。

随着互联网金融行业的快速发展,信号理论被广泛应用于对该领域尤其是众筹领域中对项目融资表现影响因素的探索研究。根据该理论,众筹项目的详细的风险说明信息是能够有效推动项目获得融资成功的积极信号。相反,项目发起人所拥有的社会资本以及智力资本却并不能被看作体现融资成功或失败的信号。除了上述项目特征之外,学者们还发现项目的动态更新、项目价值以及团队综合素质也能够作为融资绩效信号对其最终的融资结果进行反映。相对于上述内容性信息,众筹项目描述中的情感性信息也对其融资绩效有重要信号反映作用。其中,项目描述中的自主性、竞争性以及冒险性是能够促使项目获得融资成功的积极信号,而认真性、同情性以及温暖性则是阻碍项目获得融资成功的消极信号。

(二) 羊群行为与众筹融资

羊群行为的概念最早由 Diamond 与 Dybvig 提出,来源于生物学中对动物聚群特征的研究,指动物成群移动、觅食的现象。在金融研究领域中,羊群效应被定义为:在私人信息和他人决策的基础上,个人决策者不是根据自身信息做出决策而是模仿或追随他人的行为。投资领域中的羊群效应则是指投资者在进行投资决策时受到其他投资人投资行为的影响,学者们主要使用这个概念对投资者缺乏理智、缺乏常识地,疯狂地买卖相似股票的非理性行为进行描述。

随着互联网金融尤其是众筹行业的不断发展,学者们也逐渐开始将羊群效应行为理论应用到对该领域投资者行为的研究当中。根据羊群效应理论,在众筹项目的融资过程中,后续投资者的投资行为在很大程度上受到先前投资者投资行为的影响。也就是说,先前投资者的投资行为能够产生较强的羊群效应,进而提高未来投资者对项目进行投资的可能和金额。然而,也有学者认为众筹项目融资过程中的羊群效应并不一定是正向的。在众筹项目进行投资的过程中,先前投资者的投资行为将会对后续投资者的投资行为产生挤出效应,即降低未来投资者对该项目进行投资的可能和金额。除了一般意义的羊群效应之外,在对众筹项目进行投资的过程中,投资者行为之间在一定程度上也存在理性羊群效应。有研究发现,资金充足的借款人往往能够吸引更多的资金,并且出资者并非盲目地模仿其他投资者的决策,而是积极地进行观察和学习。他们通过观察其他出资人的决策来判断借款人的信誉水平,使用观察到的借款人外部特征来调整他们的投资行为。并且在预测众筹项目融资绩效的过程中,理性羊群效应所发挥的作用优于非理性羊群效应。

(三) 社会资本理论与众筹融资

社会资本一词最早出现在社区研究中,强调城市居民随着时间建立起来的社会网络对他们的生存和运作所起的重要作用。社会网络是由强烈的、交错的个人关系构成,并为生活的社区提供基本的信任、合作和集体活动。社会资本这个概念也用来阐明大量的社会问题,研究人员不仅注意到了社会资本对人力资本发展的作用,还探索了社会资本对公司、区域、国家绩效的作用。社会资本理论的核心议题是关系构成的网络,关系中蕴含着开展社会事务所需的价值资源,网络给他们的成员提供了集体所有的资本,是网络中一员的"凭证",使得网络成员相互信任。资本嵌入在相互熟悉和认知过程形成的网络中,认为持续的义务来自感激、尊重和友谊这些感情,或者来自是家庭、班级、学校的会员身份。其他资源可以通过网络接触、连接获得。例如,通过"朋友的朋友",网络成员可以优先获得信息和机会。最后,社会地位或名声这样的社会资本可以从具体网络的成员身份获得,尤其是这样的成员身份是有限的。

关于社会资本与产品众筹融资关系的研究主要是分析创业者的个人网络中的社会资本与众筹融资的关系,其中个人网络主要包括创业者线下的亲人、朋友、在线社交媒体的粉丝等。大多数研究都认为创业者在众筹平台外的社会网络建立的社会资本对产品众筹绩效有积极影响。越来越多的学者从社会资本视角分析众筹融资,而且较多研究探究项目发起人的个人社会资本在获取更大产品众筹绩效中的重要作用,但是考虑到在大众创业的时代,创业者很多都是普通的草根,他们本身的社会资本并不多,面临从传统渠道获取资源的难题,众筹平台是适合普通大众获取资源的平台,在他们本身没有太多个人社会资本的情况下,众筹平台上建立的社会资本可能对他们获取创业资源意义更大,所以从社会资本视角分析众筹绩效的影响因素,不应仅仅重点关注个人社会资本,因为这些创业者的个人社会资本可能本身并不多,所以也就非常有必要探究众筹平台上形成的社会资本对最终众筹绩效的影响。

请扫描二维码收看微课"对众筹的解读——基于理论视角"。众筹是发起人获取资金支持的媒介,也是投资者可以自由投资以获取回报的渠道。由于获得资金支持是项目发起者最为直接的目的,因而,众筹项目的筹资不仅受到行业内部实践者的重视,也吸引了众多的学者探索背后的影响机制。该微课从理论视角对众筹进行了解读,剖析了众筹产生与发展、业务开展的理论基础。

对众筹的解读——基于理论视角

第二节 众筹的主要业务模式

众筹借助互联网技术,依托平台降低信息不对称程度,提高资源匹配效率,有利于促进投融资双方的成功对接。事实上,无论是哪类业务模式众筹,其基本模式均是融资方将项目提交到平台,经平台审核合格后予以发布,接受投资人的认投。正如众筹概念的界定一样,其分类也经历了一个逐步发展的过程。随着众筹的发展,研究者发现众筹模式均可以依据对众筹投资者最终所获(股票发行、直接现金支付、产品寄送和简单感谢)进行分解与组合。基于此,De Buysere 等人最早明确了提出"四分类法"(即奖励式众筹、捐赠式众筹、债权式众筹和股权众筹),随后,该划分方式被更多学者所采纳并逐步得到了学界的广泛认可。

一、主要业务模式

(一)奖励式众筹

以众筹项目的投资回报方式为标准将众筹分为四大模式,即奖励式众筹、捐赠式众筹、债权式众筹和股权众筹。

1. 定义

奖励式众筹(Reward-based Crowdfunding)是个人将其资金投入项目或企业以换取某种类型的回报。回报类型多样,一般为项目相关的产品或服务,但也可以是致谢邮件等。奖励式众筹回报方式,一般分成若干等级,不同等级对应相应的产品及服务。随着众筹的发展,奖励式众筹的回报模式也越来越有创意。如众筹网上众筹的《森林里的孩子》一书的回报模式很有创意:"凡需要定做读诗版的读者,请关注'森林的孩子'公众微信号,选择两首自己最喜欢的诗歌,将朗诵版的音频发送至'森林的孩子'后台,由出版方负责将其制作成二维码,读者拿到的书通过扫描二维码,就可以听到自己读的诗歌。出版方会在书的封面上写上你的名字。"此外,208元一档回报中就要求,分享该众筹项目信息到朋友圈的就会有机会参加"我的团队与大孩子、小孩子的读者见面会"。通过这样温情的互动活动,完成了图书的再次传播与推广。

奖励式众筹的融资效果与回报模式的设计有很大的关系,人性化的、有创意的、互动程度高的、有投资人感兴趣的增值服务的,往往能吸引更多的投资人。如《森林的孩子》就将温情、人性、荣誉感、参与感、交流互动很好地结合在一起,达到了很好的众筹效果。

2. 国内外发展现状

国外奖励式众筹平台的典型代表是2009年在美国成立的Kickstarter,目前已成为国外最大的奖励式众筹平台。截至2020年10月,该平台总众筹金额为53.3亿美元,其中成功众筹项目的积累金额为48.6亿美金,占比达到91%;从众筹项目的数量来看,Kickstarter上共发起众筹项501 195个,其中成功众筹项目为189 551个,占总发起项目数的37.81%。该网站统计数据显示,在平台上参与过投资的支持者18 661 502人,其中参与了两次及以上项目投资的有6 242 560人。

中国奖励式众筹事业起步较晚,但发展非常迅速。2011年中国版的Kickstarter——"点名时间"平台成立,先后完成了《十万个冷笑话》《大鱼·海棠》等原创动漫作品的众筹项目,引起了社会的广泛关注。随后,国内类似众筹平台开始陆续上线,2011年仅3家,2012年发展到9家,2013年增加至36家,到2014年迅速增加到178家,2015年继续这一快速增长势头,平台数增加至303家,到了2016年则爆发式地增加到532家。国内众筹的迅速发展与监管的缺失给整个众筹生态带来了巨大风险,政府相关部门监管逐渐收紧,不少平台因被爆出欺诈或经营不善或意识到风险太大而被迫下线或转型。根据人创咨询公司发布的《2017中国众筹行业发展年报》显示,截至2017年年底,全国虽然共上线的平台数达834家,但正常运营的却只有294家,多达540家平台转型或下线。截至2021年3月底,在运营中的众筹平台仅有328家。

3. 特征

第一,奖励式众筹发展速度快。奖励式众筹由于其高效、低成本的特点弥补了传统融资模式中的不足,满足了经济社会发展中存在的融资缺口,一经出现便迅速引起广大投资者的关注,加之政策的引导和市场多方主体的参与,使得奖励式众筹迅速发展,并成为新型融资模式中不可或缺的一支重要力量。以我国为例,2011年是我国众筹行业的元年。然而,短短的几年时间,我国奖励式众筹不管是在平台的数量上还是融资的数额上都已经得到了迅速的发展,取得了长足的进步。从项目数来看,不管是推出的总项目数还是成功项目数,总体上呈上升趋势。从筹集资金总额来看,目标金额和成功金额呈加速上升趋势。可见,我国奖励式众筹市场发展速度正在加快。

第二,奖励式众筹行业竞争激烈。奖励式众筹的项目发起人多为拥有良好创意但缺乏足够资金的初创型企业家,他们为获得研发、生产、建设的费用而发起项目。这一类型的项目发展潜力大,投资额度小,能够获得来自各个阶层投资者的支持,因此整个奖励式众筹行业竞争相当激烈。以我国为例,各大奖励式众筹平台起步不一,但发展速度都较快,呈齐头并进之势。从成功项目数分布来看,众筹网数量最多、占比最大,接近50%,淘宝众筹、点名时间、京东众筹、乐童音乐、追梦网占比在7%~13%之间,差距不大。从筹款金额分布来看,京东众筹占比最大,为45.23%,众筹网、淘宝众筹、点名时间大致相当。总体而言,我国奖励式众筹行业尚未出现垄断性企业,各主要众筹平台间差距不大,竞争明显。

第三,奖励式众筹平台相对优势明显。奖励式众筹平台由于涉及的面较广,如经营多种奖励性众筹项目的平台,其项目覆盖科技、音乐、书籍等多个方面,而专注于单一领域的平台项目则相对较少。从支持人数上看,奖励式众筹平台受众面广,吸引的支持者人数自然也较多。以我国为例,包括京东众筹、淘宝众筹、众筹网、追梦网等多个综合类网站的项目支持人数占比总和接近90%。

(二) 捐赠式众筹

1. 定义

捐赠式众筹(Donate-based Crowdfunding)指通过互联网方式发布公益筹款项目并募集资金。该模式通常只在产品或服务中对投资人进行感谢,而并不提供任何形式的财物奖励。心理和声誉回馈与整个社会得益于捐赠是促使这些人支持有价值事业的重要原因,是一种温暖。较之于以营利为目的的企业而言,这些组织更倾向于生产高质量的产品。因此,获得支持的可能性更大,这也有利于非营利性组织的发展。

捐赠式众筹拓宽了社会公益事业资金筹集的渠道,在具有爱心的人和需要求助者之间搭建起一个更加便捷快速的沟通渠道。相比传统的线下公益捐赠,它具有覆盖面广、传播速度快、成本低、透明度高等优势,可以让更多的人投身到公益事业,能在更短时间汇集更多的慈善资源。公益众筹比其他几种类型的众筹出现得更早,被认为是众筹之根。

这种模式的出资者就像"慈善家们",让众筹更像是街头"每日一捐箱"的线上版本,捐助额度从几元到几万元不等。其运营模式主要有以下三种:其一,由用户个人发起公众募捐。其二,由公益众筹平台根据《基金会管理条例》设公募基金会,代替有资金需求的一方向公众发起募捐。但公募基金会申请门槛较高,非常难以获批。其三,微公益模式。由有公募资格的NGO发起、证实并认领,公益众筹平台仅充当纯平台作用。腾讯和淘宝已有类似模式的产品。

2. 国内外发展现状

从众筹项目的方向上看,国外捐赠式众筹项目一般是修缮教堂、修建学校、建设少儿社区娱乐场所、俱乐部的运动设施以及教育。特别是在教育方面,捐赠式众筹正在起着比以往更大的作用,其中包括支持课程、学生学费以及大学。而中国的项目大多是支持西部等落后地区的扶贫、救困、救医、助老、助学项目、关爱留守儿童等。这与中国是发展中国家有一定的关系,中国有很多地区尚未解决最基本的生存、就医、教育和养老等民生问题。

国外的捐赠模式已较为成熟,出现了如英国Prizeo(www.Prizeo.com)等知名的捐赠型众筹平台。2014年8月成立的"轻松筹"是捐赠型众筹中具有较为典型特征的平台。最初以公众号形式出现,是基于朋友圈的社交化众筹产品,也是首个同时打通微信、微博和诸多社交平台的众筹产品。该平台主要聚焦医疗救助,目前受惠家庭达到160万个,筹资总额超过200亿元。京东众筹、众筹网、淘宝众筹等综合性众筹平台也开始了捐赠版块。

根据《2014年中国捐赠式众筹研究报告》统计数据,全年我国捐赠式众筹筹集资金额超过1272万元,众筹成功的项目共299个。其中,淘宝众筹筹集资金约524.79万元,占41%;众筹网筹集资金约500.82万元,占39%。其余平台依次为追梦网(153.90万元)、青橘众筹(42.88万元)、京东众筹(42.35万元)等。到2015年,捐赠式众筹成功项目实现突破性增长,全年众筹成功项目达873个,增长率为192%,筹集资金总额为3432.7万元。支持的网民从2014年的35.7万人增加至60万人。虽然捐赠式众筹的金额只占全国慈善总收入的一小部分,但其发展迅猛的发展态势,必将使众多公益项目,特别是小微型项目得到有效的融资,从而确保项目实施。根据互联网咨询平台2016年年初发布的《2016年1月全国众筹行业月报》数据显示,2016年1月,我国众筹行业新增项目3 358个,其中捐赠式众筹项目658个,占19.59%。各类型众筹项目中,捐赠式众筹项目支持者人次最多,为305.59万人次,占总数的64.11%。2019年全年新增捐赠式项目7 879个,成功项目4 876个,成功项目融资额约1.86亿元。从这些数据我们可以看到,捐赠式众筹市场的发展越来越快,数据也是呈翻倍,甚至翻数倍增长,其规模在逐步壮大。

3. 特征

第一,出资者年龄年轻化。根据腾讯公布的《腾讯公益数据报告》,年轻人正成为捐款的主力军。其中,占比最大的是19～27岁的青年群体,占39.06%;随后是10～18岁的青少年,占26.79%。由此可见,"90后"已经成为网络捐款的主力,"00后"正在慢慢崛起。

第二,地域集中化。能接受捐赠式众筹的方式,并且能将自己的一部分资金用于公益项目的,大多为发达地区人群。《腾讯公益数据报告》指出,全国总捐款人数的32%来自广东、江苏、北京。《公益众筹研究报告》显示,捐赠式众筹的投资人比较集中在北上广深等发达城市。这些地区的网民人数都远高于全国其他地区水平,且经济相对发达,更容易接纳现代公益的理念和筹资方式。

第三,支持少额化。当前,大笔的公益项目筹资,一般还是通过传统的线下渠道,依托依法成立、运作规范的慈善组织实现。捐赠式众筹项目的支持金额,一般是几十到几百元不等。在众多众筹平台筹资的公益项目,设置的捐赠金额档次多为20元、50元、100元。这也比较符合公益众筹项目"众人拾柴火焰高"的特点。

(三)债权式众筹

1. 定义

债权式众筹(Lending-based Crowdfunding)是指投资者对项目或公司进行投资,获得其一定比例的债权,未来获取利息收益并收回本金。出资者个人依据商定的利率贷款给需要资金的项目或企业,到期后收回本金并得到利息报酬。

我国债权式众筹的基本运行模式大致为:融资者将其项目展示在众筹平台上,投资者根据众筹平台上的相关信息判断是否投资。如投资者进行投资,融资者应在一定期限归还本金及利息。当前,此种方式的融资和公司发行债券融资有相同之处,但两者也有着本质上差别。两者的相同之处在于都是投资者(资助者)拥有债权;但是两者的本质区别在于公司发行债券融资其必须达到一定的信用和资产标准(企业发行债券需要做企业债券信用评级报告)。债权式众筹融资者融资并不需要有关部门的申请也不需要进行单独的发行程序,其只要通过债权众筹平台的审核即可进行融资。由此可知,相对于公司发行债券融资的前提条件,我国债权众筹融资程序相对较为简便。

2. 国内外发展现状

P2P网络借贷是最早的债权式众筹雏形,2007年引入中国,自2011年"人人贷"在北京上线后,债权式众筹迅速发展起来。在国内发展的几年时间内,平台数量接近200家,其中在爆发式增长的2014年,平台数量增长率187%,总成交额约3 000亿元,成交量约370万笔;借贷人数也有大幅提升,行业借贷人数约为310万人,其中借款人数约为80万人,贷款人数约为230万人。债权式众筹可以解决中小微企业和个人贷款困难的问题,有利于双方在互联网平台上达成点对点借贷,节约了传统金融中介服务机构的运营成本,成为互联网金融去中介化的典型代表。

3. 特征

第一,融资门槛低。融资门槛低是相较于我国银行贷款来说的,一般个人或企业向银行贷款都需要提供与贷款金额等价值的抵押或者担保并经过银行系统的审核才可以。但是,目前我国的小微企业或初创企业一般很难达到银行的高标准,使其无法顺利贷到款项。而我国债权式众筹融资则不需要各融资者达到银行的"高标准",因此相对于银行贷款来说债权式众筹融资有着门槛低的特点。

第二,筹资者与投资人双方的宽泛性。我国债权式众筹中融资双方展现出多对一的形式,即一个筹资主体面对多个投资主体。并且,在"互联网+"的背景下,债权式众筹对于双方主体并无特别要求,双方主体可能处于不同阶层,工作场所、生活居住地也可能千差万别。以双方参与金融活动门槛低为基础,再以"互联网+"作为主要的参与手段,使得筹资双方的宽泛性显得更加明显突出。

第三,融资项目、产品的创意性。所谓的创意性也可理解为"具有可收益性"或者"具有可发展性",其主要表现在债权式众筹平台中所提供的项目或者产品,债权式众筹融资者大多是缺乏资金流、具有前瞻性、能够提供具体的实施方案的个人或者企业,对于这类人以及这些企业来说创意是其生存发展的唯一出路,因此相对于传统的企业来说债权众筹融资者融资的项目或产品必须是极具创意的,因为有创意才能吸引投资者投资,债权式众筹行业才得以可持续地健康稳定发展。

第四,债权融资的高效性。高效性是指目前我国债权式众筹完全依赖于互联网而存在,是结合大数据背景以及互联网为根基而形成的一种"新兴事物",而且互联网的特点就是高效便捷,相对于线下的各种交易来说,有了互联网做支撑,债权式众筹融资变得尤为高效。

第五,存在极大风险性。风险主要表现在当前我国债权式众筹金融不像传统的金融业务已进入成熟稳定的阶段,其正处于转型阶段。债权式众筹平台面临着需要花费巨大资本来对线下的筹资者提交的资料进行全方位的审核,这极其不现实。债权式众筹平台的尽职调查的缺失,从而仅靠线上提供的电子数据来进行的汇总分析并对客户进行信息真实性和还款能力的审核仍然是一个巨大挑战和风险来源。

(四) 股权众筹

1. 定义

股权众筹(Equity-based Crowdfunding)是近年来众筹发展的一个新方向,基本运作模式是创业者通过互联网向普通大众寻求资金支持者,并以少部分股权作为交换。投资人以资金入股,并按配股份承担风险,获取回报。研究发现,成功的股权众筹活动依赖于可信的信号、初创公司的质量以及对公众良好的信息披露。股权众筹在《JOBS法案》颁布后得到了迅猛发展。

2. 国内外发展现状

亚洲股权众筹整体上起步于2011年,2014年以来经历快速发展,现已经成为全球股权众筹发展的主要阵地之一。中国、以色列、新加坡、日本、韩国等国家是亚洲股权众筹发展的主要聚集地。

欧洲市场中，众筹与小微企业发展和重振市场密切相关。欧盟已将众筹纳入"2020战略"，将之视作提升就业水平和欧洲企业发展的新型而重要的途径。欧洲股权众筹发起于2012年，各国众筹市场发展差距明显：法国、德国、瑞典无论是在平台数量、众筹模式还是项目规模方面都发展迅速，众筹已经成为金融市场的重要组成部分。

就全世界范围来看，澳大利亚是股权众筹萌芽较早的地区，但是由于缺乏重视，导致其股权众筹一直落后于其他国家。2016年年底，澳大利亚《2016公司修正法案》即股权众筹的法案正式落地。澳洲股权众筹业务在2016年走上政策与市场驱动的行列。

众筹起源于美国。2012年颁布的《JOBS法案》促进了股权众筹行业在整个北美洲大范围展开，而美国众筹行业的发展水平可以说代表了世界众筹行业的发展水平。

2011年11月"天使汇"的成立，标志着国内股权众筹的兴起，随后上线了"众投天地""大家投""京北众筹"等多家股权众筹平台。无论从产品设计、运营模式还是监管政策上看，股权众筹正式步入了中国市场并扎根生长，助推了我国多层次资本市场发展，同时弥补了我国传统银行金融系统贷款的空白。随着股权众筹进入中国市场，我国政府对股权众筹有了明确的规定，2014年1月19日，在国务院政府工作报告中，李克强总理为缓解"融资难，融资贵"的问题首次提出"开展股权众筹融资试点"。同年12月18日，中国证券业协会发布《私募股权众筹融资管理办法（试行）》，公开向社会征求意见，拟将私募股权众筹纳入自律管理范围。2015年7月18日，中国人民银行等十部委发布了《关于促进互联网金融健康发展的指导意见》，明确了股权众筹的定义。

随着政府对股权众筹的认可以及鼓励发展下，我国股权众筹得到了快速的发展，正因中小微企业融资需求巨大，未来将会有无限的发展空间。针对国内典型的天使汇、原始会、大家投等13家众筹平台的数据统计，2014年共发起9 088件融资项目，募集资金总额为13.81亿元。其中天使汇、天使客、大家投和原始会四家股权众筹平台共发起3 091件融资项目，天使汇发起2 607件项目，位于四家机构之首。互联网金融领军人物罗明雄把2015年称为"股权众筹元年"，股权众筹平台数量激增，股权众筹融资金额巨大，呈现井喷之势。2016年股权众筹也仍在不断发展。据中关村众筹联盟与云投汇、京北众筹和36氪股权投资共同发布的《2017互联网众筹行业现状与发展趋势报告》中的数据显示，截至2016年年底，全国股权众筹平台数量共计145家，股权众筹平台新增项目数量共计3 268个，新增项目成功融资额共计52.98亿元，股权众筹平台新增项目投资人次为5.8万人次。截至2019年12月底，全国互联网非公开股权融资平台（即业内惯称的股权众筹平台）共计23家，与2016年同期相比减少122家。表明随着国家对股权众筹的监管力度不断加强，股权众筹平台增速渐缓，但总体融资项目和融资数额仍呈稳步增长态势。

3. 特征

第一，融资渠道广。股权众筹借助互联网技术平台的大存储空间、多样形式、快捷的信息传播、拥有众多使用者等自身优势，汇集大量的创业融资者以及投资人群。

第二，融资效率高。股权众筹融资平台的产生大大加快了投资前期的沟通进度，促使优质的个人和机构投资者高质量地获取项目信息，大大提高了创业者和投资人的沟通效率。

第三，参与范围广。股权众筹融资虽然有专业的机构投资者，但绝大多数仍是草根民众。平台对融资者和投资者的注册要求相对较低，促进了创业筹资者的积极性，也满足了投资者的投资喜好。

第四,投资风险大。所谓的风险大,并不是指投资者的投资损失大,而是投资失败的概率高于其他的投资方式。股权众筹的高风险性主要来自多个方面。详细内容将在第三节详述。

> 请扫描二维码观看微课"众筹的运营模式解析"。众筹业务模式共分为四类,不同类型众筹业务的运行模式有显著区别,那么如何认识不同类型众筹的特点?该微课视频介绍了不同众筹业务模式的具体运行方式,并分别介绍各类项目在不同众筹平台的运行现状。
>
> 众筹的运营模式解析

二、不同众筹业务模式的比较

在奖励式众筹中,发起人与出资者是卖方与买方的关系,出资者出资的目的是获得相关的产品或者服务;在捐赠式众筹中,发起人与出资者是项目策划者与慈善家的关系,出资者出资的目的是自愿提供私有物品;在债权式众筹中,发起人与出资者之间的关系是借款方与贷款方的关系,出资者出资的目的是为了获得高额利息;在股权众筹中,发起人与出资者为合作伙伴关系,出资者出资的目的是成为新创企业股东,参与企业运作,获得高额的利润回报。不同类型的众筹项目在出资者行为特征等特点上都存在一定的差异。

(一) 奖励式众筹与股权众筹

奖励式众筹和股权众筹是目前最主要的两种众筹形式,二者有共性也有差别。

奖励式众筹和股权众筹都是投资者为发起人提供资金支持,为发起人解决研发和市场推广的资金困境,而众筹的发起人在获得资金的同时又检验了产品的市场认可度。

在对投资者的回报方面,奖励式众筹大多以众筹项目中的产品来回报投资者,并且回报在产品问世之后就能兑现,回报的期限较短;而股权众筹则是通过向投资者出让公司部分股权的方式回报众筹项目的投资者,回报的时间周期往往比较漫长,大多在公司步入正轨开始正常盈利后才能实现。在投资者权利和义务方面,奖励式众筹的投资者可以对众筹产品设计提出自己的看法和建议,但发起人有权决定是否采纳,奖励式众筹对于投资者的投资经验、收入水平等方面没有过多的规定和要求;而以理性分析和判断为前提的股权投资则对投资者进行了相应的规定,仅符合股权众筹规定的投资者才能参与股权众筹投资。股权众筹投资者的权利相比商品众筹的投资者也更加丰富,股权众筹投资者作为公司的股东,享有《公司法》规定的相应的股东权利。此外,一般而言,股权众筹的融资规模要高于奖励式众筹。

(二) 奖励式众筹和债权式众筹

债权式众筹是在互联网点对点网络技术的基础上发展的新型借贷融资模式,是通过互联网平台联系资金供给和需求双方,实现双方盈利的商业模式,具有很强的相似性。

债权式众筹和奖励式众筹都是为发起者(资金需求方)提供资金支持的互联网金融投资模式。债权式众筹和奖励式众筹都具有融资门槛低、融资效率高和广泛的大众参与等特点,但二者也有明显的区别。

在投资者方面,债权式众筹的投资者希望通过投资获得本金和利息的收入,而奖励式众筹的投资者则希望在众筹完成后得到相应的产品回报。在资金需求者方面,债权式众筹的资金借入方应按照约定在规定的期限内向资金投资者归还本金并支付相应的利息作为回报;而奖励式众筹的发起人仅需在商品问世后向投资者回报商品实物,还款压力小,更有利于创业团队没有负担的创业。在平台方面,债权式众筹平台侧重考察借款者的还款能力,而奖励式众筹平台在审核时更加注重众筹商品的创意和市场潜力。本质上,债权式众筹是互联网点对点思维在金融领域的推广和延伸,是人与人的资金往来,而奖励式众筹则是结合预售和团购的一次完整的商品交易过程。

(三) 股权众筹和债权式众筹

股权众筹和债权式众筹与奖励式众筹以商品作为回报不同,股权众筹和债权式众筹要求众筹项目的发起人给予众筹项目投资者相应的资金和股权作为投资回报。

股权众筹和债权式众筹在项目的标的物、运营思路和项目风险等方面也都存在着巨大的差异。从项目运营的角度看,虽然股权众筹和债权式众筹都是募集资金实现初创企业融资的途径,但这两种形式在本质上有天壤之别,股权众筹实质上是通过出让企业的部分股权来获得资金支持,债权式众筹则是众筹项目的投资者借出本金给众筹项目的筹资者,最后获取本金和利息收入作为回报的投资形式。二者在运营思路上的差异决定了众筹项目标的物的差别,股权众筹以公司股权作为众筹募集资金的标的物,而债权式众筹则是以一定的有形或无形资产作为募集资金的抵押物。从投资者权益和风险方面看,股权众筹的投资者作为公司股东享有参与公司内部事务的决策权利并对公司经营的结果承担相应的责任,债权式众筹的投资者作为公司的债权人享有对公司的债务权利,对公司的经营管理不享有任何权利;股权众筹以股权作为投资回报的融资模式决定了股权众筹比债权式众筹面临更大的风险,从而也对股权众筹投资者提出了更高的要求,股权众筹模式要求投资者要具有相应的风险识别和判断的能力。

第三节 股权众筹融资

股权众筹融资作为一种新兴的融资方式迅速崛起,它打破融资渠道限制、降低时间成本,具有传统融资方式难以比拟的优势,有效解决了中小微企业及初创企业融资难的问题。同时,随着行业进入深度洗牌阶段,监管股权众筹正向着规范化、秩序化的方向进一步发展,现在已经进入了稳定阶段。

请扫描二维码观看案例分析"改变我们生活的众筹"。众筹作为一种新型的互联网金融融资模式,是如何改变我们生活的?该案例介绍了众筹在经济社会中的具体应用。

改变我们生活的众筹

一、内涵与发展背景

股权众筹是指面向普通投资者,公司出让一定比例的股份,投资者通过出资入股公司获得未来收益。这种基于互联网渠道而进行融资的模式被称作股权众筹。股权众筹帮助企业家采用新方法开展创业项目和管理企业,进而导致业务发展的新形式,"普通"人群越来越密切参与这些公司的经营管理,作为活跃的消费者、投资者,或两者兼而有之。

(一) 内涵

股权众筹是一个项目或想法的一组个人融资,而不是专业的金融机构筹集资金。公共融资的过程是信息通过社会网络传递给公众的过程中,公众可以通过提供资金参与项目。股权众筹即投资者对股票的收益作为投资回报,Mollick 基于 Schwienbacher 等人提出"股权众筹是个人和组织通过互联网从公众处获得资金作为项目启动资金"的融资方式,其本质是基于互联网的风险投资,投资者可以获得股权或未来利润的份额。

在我国,典型的股权融资平台有天使汇、原始会、大家投等。公司放弃了一定比例的股份,以提高融资金额或促进销售,许多投资者可以通过互联网渠道投资以获得未来盈利。提供公共资产是多层次资本市场的重要创新,公共资产筹集成为多层次资本市场重要的补充和金融创新的重要领域,对服务实体经济和宏观调控至关重要。

在解读股权众筹的概念时,首先需要明确概念中应包含的要素。

1. 利用互联网众筹平台

股权众筹作为一种新型的融资渠道,其区别于其他的融资渠道的一个重要方面就是利用互联网和信息技术,搭建众筹平台。互联网技术的发展为众筹注入了新鲜的血液。在美国《JOBS 法案》中将众筹平台界定为集资门户,连通融资者与投资者并为双方提供信息发布、需求对接、协助资金划转等相关服务的合格中介机构。项目信息发布、双方的沟通交流、交易的执行等融资的整个过程绝大多数是在线上完成,基本不涉及线下。互联网最大的特点在于其辐射面广泛,传播速度快,这大大提高了融资的效率和降低了融资成本。例如,我国现今最著名的股权众筹平台——天使汇首推一种高效项目路演形式"闪投",即创业项目最短在一天内完成路演、约谈和签订投资意向等投资环节,曾创造在 8 小时内融资近 1 亿元的纪录。作为融资者与投资者的沟通中心,控制了平台,在一定程度上也就控制了融资者和投资者。

JOBS 法案

请扫描二维码观看阅读材料《JOBS 法案》。《JOBS 法案》是什么?对众筹行业有什么影响?该阅读材料介绍了著名的《JOBS 法案》的签署历程,并具体介绍了在众筹豁免、持股人数、集资门户等方面的创新和突破。

2. 投资者呈现普通化

据统计,截至 2022 年 1 月,全球互联网用户数量达到 49.5 亿人,占世界人口的比重达到近 62.5%,这为股权众筹提供了众多潜在的投资者,这也充分体现众筹的"众"。投资者的普通化主要表现在：一是投资者低阶层，随着经济的发展和人们收入水平的提高，人们手中的闲散资金越来越多，这使其具有迫切的投资欲望，投资已不是百万级的富豪和金融家、投资家的专门游戏；二是投资金额小，相较于富豪、金融家和投资家的资金，这些资金只是小额，但股权众筹的出现，却为普通人利用自己手中的小额的闲散资金进行投资提供了契机；三是投资经验的淡化，对于普通大众来说，投资什么，怎么投资是困扰其进行投资的主要问题，尤其是投资有较大风险的项目时，这不仅限制了普通投资者的投资热情，也不利于融资者高效率完成融资，但股权众筹中投资者准入条件不再对其投资经验进行审查，更多的是对其承受风险能力进行审查，从损失的承受能力上进行准入限定，这为没有投资经验的投资者提供了投资机会。

3. 融资者以中小微企业为主

所谓中小微企业是中小型和微型企业的统称，指人员数量、营收水平、资产规模都比较小的企业形式。截至2022年年末，中国中小微企业数量已超过5 200万户，比2018年年末增长51%。中小企业快速发展壮大，是数量最大、最具活力的企业群体，是中国经济社会发展的生力军。但如此庞大数量的中小微企业一直面临着融资难、融资贵的问题。股权众筹是针对中小微企业融资难问题而产生的一种融资创新方式。传统的融资渠道主要有自身资金、银行贷款、民间借贷、风险投资和天使投资等，处于种子阶段或者初创阶段的中小微企业往往自身资金短缺，无任何高价值的抵押品，对于有些企业往往只有一个想法和构思。而银行贷款为降低贷款风险，通常需要抵押，贷款门槛高、程序繁杂；民间借贷的利率高导致融资成本高；此外中小微企业本身是否有足够的成长空间尚不确定，导致其本身存在较大的风险，对投资者的回报较小，所以往往不受天使投资人和风投者的青睐。但股权众筹模式将普通的大众纳入投资者的行列，为中小微企业的发展提供了新的契机。

4. 售让股权

从融资者的目的角度分析，融资者追求的是筹集足够的运营资金，以售让项目的股权来换取投资者的资金，融资者与投资者之间签订投资协议。此种要素是股权众筹区别其他众筹类型的根本区别，投资者的投资资金成为项目的本金，与投资者的其他资产相分离，融资者无须在规定期限内还本付息，投资者不是作为融资者的债权人，而是变成众筹项目的所有人，即股东，根据投资协议享有股东权利和履行股东义务。

(二) 发展背景

1. 高杠杆率提升直接融资需求

根据中国人民银行发布的报告，2022年全年社会融资规模增量累计为32.01万亿元，比上年多6 689亿元，非金融企业境内股票融资仅占3%，整体数量仍然较小。这一方面造成企业部门负债率居高不下，另一方面也是企业融资难、融资贵的重要原因之一。去杠杆需要依靠直接融资比例的提升。

相比地方政府债务，我国企业债务规模更大，风险更高，而稳健有序地去杠杆就必须发展多层次资本市场，提高权益资本占比。在这个思路下，发展多层次资本市场，让股权众筹成为主板、创业板、新三板等传统金融市场的重要补充，从而成为满足我国中小微企业融资需求和产业去杠杆的重要渠道。

中小微企业面临杠杆压力,P2P网络借贷等模式本质上仍然是债权融资,无法减轻企业的债务水平,股权众筹为中小微企业提供了直接融资的渠道,因此目前的高杠杆率提升直接融资的需求,从而推动了股权众筹行业的发展。

2. 高收益预期强化居民资产端配置的需求

居民资产端配置的需求推进了股权众筹行业的发展。从 2013 年余额宝上线开始,互联网金融逐渐改变居民的投资方式。随着利率逐渐走低,债权类的金融资产已经无法满足居民资产端配置的需求,而在资产荒的背景下,优质资产的吸引力放大,股权众筹的高收益预期也获取投资者的关注。经过余额宝等互联网金融产品的发展,居民对互联网金融业态的认知增强,特别是在资产收益率每况愈下的时代背景下,居民希望获得新型的投资渠道。

股权众筹收益可以参考风险收益的回报率,股权众筹年化收益率是 15%～30%,相比于银行 1.75%、宝宝类 1.5% 和基金股票 10% 的预期年化收益率,股权众筹满足了居民对高收益率资产的配置需求。

二、参与主体和流程

借助互联网信息技术、移动支付、云计算、社区网络以及搜索引擎等,股权众筹融资这一新型平台获得了重生,股权众筹融资过程由各个有机组成部分通过遵循特定流程而完成。

(一) 参与主体

股权众筹融资过程中至少有项目融资人(创业者)、公众投资人和众筹平台三个主体,大多数还具有资金托管机构。

1. 项目融资人

项目融资人一般是试图通过众筹平台为自主具有但缺乏资金支持的项目进行融资的小微企业创业者,其融资的项目具有高新技术、创新商业模式和高市场成长预期等特征,并处于种子期或初创期。同时,项目融资人必须成立公司,遵循现代公司治理制度,建立可对外售出股权的制度,还必须具备众筹平台规定的条件,如国籍、年龄、资质和学历等,并必须与众筹平台注册并签订服务合约,明确权利和义务之后,经众筹平台审核才能进行项目融资。

股权众筹融资可以带来许多好处:① 辅助营销,市场上的产品,通过众筹融资相关信息的营销传播,唤起市场意识,得到客户的关注和支持,以刺激需求,推动未来的消费;② 促进融资,不仅大大降低了融资的初始资金门槛,给项目融资人机会,以获得额外资金的机会;③ 整合资源,所有的股权众筹可以帮助企业整合公共知识和技能,能在技术和管理上获得更多帮助,以保持竞争优势;④ 为客户创造价值,股权众筹为企业提供了一个机会,发现对价值主张感兴趣的客户,客户通过众筹选择要投资的项目,参与产品的设计与开发,与企业建立松散的合作关系,直至共同完成整个价值创造。

2. 公众投资人

公众投资人是众筹平台上注册的众多"草根天使",通过众筹平台选取项目,但是投资之前,必须通过众筹平台的资格审核,成为合格的投资者,才能对中意的项目进行规定额度内的投资并获得项目公司的对应股份,享受普通股东的权利,甚至对创业者的决策施加影响,如果公司盈利就能得到回报。

3. 众筹平台

众筹平台既是建设者和运营方，又是项目融资人的审核者、辅导者和监督者，还是公众出资人的重要利益维护者，同时还为投融资双方提供如财务审核、技术咨询、法律文档、交易撮合等各种支持服务。因此，众筹平台的多重身份决定了其流程复杂、功能全面、责任重大。

4. 资金托管机构

资金托管机构是众筹平台的战略合作伙伴，其功能类似于互联网信托P2B中的资金托管机构，全程为公众投资人的资金进行第三方托管及分期支付，对投资者的资金安全提供全程保障。

（二）流程

目前，股权众筹融资典型流程如下：项目筛选—创业者约谈—确定领投人—引进跟投人—签订投资框架协议—设立有限合伙企业—注册公司/制定公司章程—工商变更/增资—签订正式投资协议（投资协议）—投后管理—退出（见图5-3）。

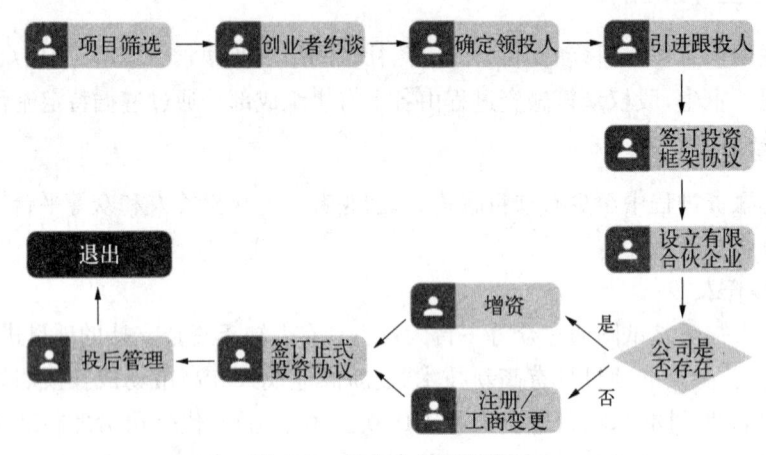

图5-3 股权众筹融资流程

1. 项目筛选

创业者需要将项目的基本信息、团队信息、业务方案上传到众筹平台，拥有丰富经验的投资团队会为每个项目进行初步的质量审核，并帮助信息不完整的项目完善所需信息，提升项目计划的质量。通过审核项目后，创业者可以在平台上联系投资者。

2. 创业者约谈

股权众筹的融资标的可以表现为初创型企业，也可以表现为其他形式。对于初创公司而言，产品和服务的研发正处于起步阶段，几乎没有市场收入。决定投资与否的关键因素是投资者与企业家之间的沟通。创始团队是项目评估的首要标准，即使项目在目前阶段略有缺陷，只要创始团队的学习能力强、诚信度高，投资者都愿意投资于它。

3. 确定领投人、引进跟投人

确定领投人是股权众筹成功的关键。领投人通常是专业投资者，在一个领域有丰富的经验，具有独立的判断力，拥有丰富的行业资源、影响力和较强的风险承受力。在整个众筹过程中，由领投人领投项目，负责制定投资条款，并对项目进行投后管理、出席董事会以及后续退出。通常情况下,跟投人不参与主要决定,也不进行投资管理,但有义务和责任对所有项目进行审计,领投人对投资决策不负任何责任。

4. 签订投资框架协议

框架协议是投资人与创业企业就未来的投资合作交易所达成的原则性约定,除约定投资人对被投资企业的估值和计划投资金额外,还包括被投资企业应负的主要义务和投资者要求得到的主要权利,以及投资交易达成的前提条件等内容。投资框架协议是在双方正式签订协议前,就重大事项签订的意向性协议,除了保密条款,不与第三人接触条款外,该协议本身并不对协议签署方产生全面约束力。框架协议主要约定价格和控制两个方面,价格包括企业估值、出让股份比例等;控制条款包括董事会席位、公司治理等方面。近年来,框架协议有逐步简化的趋势,仅包含投资额、投资比例、董事会席位等关键条款。

5. 设立有限合伙企业

我国证券法和公司法对证券公开发行有明确规定,《公司法》规定的非上市公司股东人数不得超过 200 人,有限责任公司股东人数不得超过 50 人。《证券法》规定,向"不特定对象发行证券"以及"向特定对象发行证券累计超过 200 人"的行为属于公开发行证券,必须通过证监会核准,由证券公司承销。在投资过程中,投资者与风险投资企业通常有两种方式:一是通过签订代持协议的形式入股,领投人负责代持并担任创业企业董事;另一种则是设立有限合伙企业以基金的形式入股,其中领投人作为一般合伙人,跟投人作为有限合伙人。

6. 注册公司/工商变更

投资完成后,创业企业若已经注册公司,则直接增资;若没有注册公司,则新注册公司并办理工商变更。

7. 签订正式投资协议

正式投资协议是投资过程的核心,包括投资协议的主要条款。协议的条款可以由投融资双方根据需要增加或减少。

8. 投资后管理

除了资金,投资者还可以利用自身的经验和资源,为投资者提供投资后管理服务,帮助创业者更快成长。股权众筹平台也将在公众完成后,对创业者和投资者进行投资后的对接管理,使双方能够无障碍沟通。投资后管理服务包括发展战略和产品定位引导,金融和法律咨询,帮助企业招聘人才,帮助企业拓展业务,帮助企业进行再融资等。

9. 退出

退出是资金流通的关键,只有完成有效的退出,才能使创业者的实际收入增长。主要退出方式包括风险投资、并购退出、管理回购、上市和破产清算等。

三、主要模式

根据创业融资者、投资者与平台之间入股、资金管理以及收益回报方式的不同,互联网股权众筹可分为凭证式、会籍式和天使式。

(一) 凭证式股权众筹

凭证式众筹的买卖标的为凭证,投资者在互联网股权众筹平台上购买筹资者展示的投资项目凭证即股份,购买后享有该项目事先约定的某些权利,如"优先采购权""免费培训权"等,后期也可以获得与持股比一致的利润分红以及享受股权分配政策。该模式下的投资者不参与企业管理,凭证可转让或者要求筹资者回购。凭证式众筹降低了融资门槛,吸引更多人参与其中,但资金管理的风险较大,容易触碰非法集资的红线。

2012年美微传媒的淘宝众筹,是中国最早的股权众筹融资。美微传媒创始人在淘宝上开了一家名为"美微会员卡在线直营店"的店铺,通过店铺销售会员卡,购买者不仅可以订阅电子杂志,还可以拥有美微传媒原始股份100股。会员卡即为原始股票。众筹之初有不少参与者,并且募集到了不少资金,但不久因涉嫌违规被监管部门叫停,美微也回购了股权。2013年中科柏诚众筹,中科柏诚主营IT金融服务,CEO王德敬聘请专业律师,在满足法律监管要求的前提下,利用微信朋友圈进行宣传,发售凭证产品赠送股权成为会员的方式募集到925万元资金,包括向公众募集的125万元以及定向募集的800万元。然而与美微传媒的失败案例不同的是,投资者并不参与公司的利润分配,而是获得公司的服务或产品。定向募集对象主要针对P2P网络借贷平台以及小额贷款公司,投资者可以免费参加企业培训、云主机云存储或其他软件产品的免费使用权等;公众募集对象成为中科柏诚的会员后,在享受免费权利的同时也可定期获得类似员工福利的报酬以及行业的咨询。

(二) 会籍式股权众筹

会籍式众筹投资者多为志同道合、志趣相投、关系较为亲密的亲朋好友,他们可以因为某种灵感、梦想聚到一起,每个人贡献出一些自己的资金、渠道等资源,成为这个项目的股东即会员,不仅获得了可能凭借个人能力无法实现的服务或是产品,更可以获得圈子里的人脉和资源。此类众筹项目是一些场所,如咖啡馆、书店、酒吧、健身房等。

微度咖啡馆位于北京中关村购物中心附近,系和君商学院七届学生发起,以延续和君情谊为初衷,以践行和君商学为目的,以和君商学院历届师生为首的平台运营项目。以微度咖啡馆为依托实体,打造和君资源共享平台,致力于校友互助、行业交流、创业项目的发现和孵化。每一位股东都必须是和君商学院学子或其推荐者,第一期发起100人,出资额为每人2~5万元人民币,众筹总规模为100~150万人民币。投资者亲自组织参与咖啡馆的制度建立、装修、运营、品牌宣传、活动策划等,成功因素在于此项众筹项目的初衷是为实现每个投资者的梦想,实现高度一致的价值目标,同时还可以带动其在整个和君商学院的影响力,将咖啡馆与和君商学院紧密相连,依靠口碑宣传吸引更多人的加入。

(三) 天使式股权众筹

天使式模式的投资对象多是一些创业型企业,在互联网众筹平台上发布筹资创意项目,经平台审核,由十分看好项目的天使投资者作为领投人,首先认投大部分融资,接着采取领投加跟投的模式,协助融资进度,待筹资完成后,投资者按出资比例持有筹资者即创业公司股份,成立有限责任公司。此类众筹适合中小企业创业项目,特别是高科技创意项目。

天使汇作为国内最早的天使投资众筹平台,吸收国外先进投资模式理念"领投+跟投"机制,严格筛选有天使投资进入及退出经验的投资者作为领投人。在该平台上发起融资的领域主要集中在生活、金融相关服务、移动社交以及媒体娱乐方面,占发起项目总体的62%。其次是占发起项目总体的20%的教育培训、智能硬件以及户外旅游。

四、特征

(一) 融资渠道广

传统股权融资模式下,创业者多是求助投资顾问或是通过亲朋好友推荐,间接与投资者接触洽谈,资源和渠道相当受限。然而股权众筹借助互联网平台的大存储空间、多样形式、快捷的信息传播、拥有众多使用者等自身优势,汇集大量的创业融资者以及投资人群。投融资双方可在互联网平台上共享信息,通过快捷搜索,让其在投资行业领域、投资兴趣方向、投资金额范围等方面快速匹配,筛选彼此心仪的项目及投资者。凭借互联网和大数据,同时,平台对创业融资项目发布要求,对投资者审核与挖掘,都为互联网股权众筹平台的发展铺路。

(二) 融资效率高

传统融资模式下的成本相对较高,投资前期很难随时随地直接进行沟通。然而股权众筹融资平台的产生大大加快了投资前期的沟通进度,促使优质的个人和机构投资者高质量地获取项目信息,大大提高了创业者和投资人的沟通效率。减少中间信息不对称的干扰以及时间消耗,提高成功率,降低时间成本。尽管股权众筹不是以初创中小微企业为对象的唯一融资方式,但传统的股市、银行、小额贷款公司甚至民间融资渠道,不仅成功率低,融资量少,还会错过公司融资发展的最佳时间。股权众筹融资产生后,免去了高额的费用,免去了向银行提供抵押担保或向担保公司寻求帮助而需要支付的高额担保费用并承担违约的风险,免去小额贷款公司的高利息等,同时,平台还提供创业辅导服务,降低投资成本。

(三) 参与范围广

股权众筹融资虽然有专业的机构投资者,但绝大多数仍是草根民众。平台对融资者和投资者的注册要求相对较低,促进了创业筹资者的积极性,也满足了投资者的投资喜好。从近期的市场来看,民间有着大量的闲散资金,投资热情也逐渐提高,但渠道较少,这也与股权众筹融资的崛起不谋而合。此外,筹资者的目标呈现多元化,除了有融资的需求,还希望通过项目在平台上广而告之,吸引更多志同道合的优质投资者参与到整个项目实施过程中来,有助于项目技术以及管理水平的提高。

(四) 投资风险大

所谓的风险大,并不是指投资者的投资损失大,而是投资失败的概率高于其他的投资方式。股权众筹的高风险性主要来自几个方面:首先,从企业成长周期角度看,股权众筹虽然是解决中小微企业融资难问题的一种创新融资方式,但并不是适用于所有的中小微企业,而是进一步限定为处于初创期和成长期的中小微企业。在此阶段的中小微企业本身资本不足,市场竞争力不强,抗风险能力不高,很容易在市场竞争中被淘汰。其次,从融资主体上看,投融资者之间总是存在信息不对称问题,由此很可能引发融资者的道德风险和逆向选择。再次,项目的成败受多种因素的影响,如发起人自身经营管理能力的高低,项目商业模式的创新程度,内部管理制度和风险控制制度完善程度,外部市场环境变化等,任何一个因素都可能导致众筹项目的失败。据统计,股权众筹项目失败的可能性高达50%。最后,从投资者结构上看,股权众筹的投资者往往是普通公众投资者,其本身投资经验少、抗风险能力弱、风险识别能力和风险承受能力差,很容易形成不理性投资行为,极易遭受损失,而且也不能指望投资者变成股东后有能力参与经营管理。

请扫描二维码阅读案例分析"股权众筹的商业模式"。股权众筹融资作为一种突破传统的金融服务方式,为投资者和融资者提供投融资服务。该案例介绍了股权众筹的商业模式,有助于深入挖掘其商业价值,并为监管提供理论基础。

股权众筹的商业模式

五、风险与防范

从对股权众筹融资模式以及特点的分析中可以看出,作为互联网金融时代的新兴融资模式,平台融资过程中的不同环节都存在着较多的风险因素,使互联网股权众筹的发展并不那么美好。因此,需要从股权众筹平台的运营入手,对可能存在的相关风险进行分析,并给予可操作性的防范对策和监管建议。

请扫描二维码观看视频"股权众筹的风险及防控"。作为互联网金融时代的新兴融资模式,平台融资过程中的不同环节都存在较多的风险因素,使互联网股权众筹的发展并不会那么美好。该视频从股权众筹平台的运营入手,对可能存在的相关风险进行分析,并给予可操作性的防范对策和监管建议。

股权众筹的风险及防控

(一)主要风险

1. 法律风险

股权众筹的本质是去中心化的民间融资,其最大的价值在于使得投资民主化、投资人普通化,任何人都有可能参与企业投资,都有可能成为下一个"阿里巴巴"的投资人之一。然而,股权众筹融资最大的问题也是投资民主化、投资人普通化,它允许任何一个非专业的、缺乏相关风险意识的投资人能够加入这场十分专业的投资行为之中。股权众筹所面临的种种危机,即源于此。

2014年12月18日我国证监会发布《私募股权众筹融资管理办法(试行)(征求意见稿)》,2015年7月18日,中国人民银行等十部委发布《关于促进互联网金融健康发展的指导意见》,指出股权众筹融资主要是通过互联网形式进行公开小额股权融资的活动。同年8月证监会印发《关于对通过互联网开展股权融资活动的机构进行专项检查的通知》,明确股权众筹具体是指创新创业者或小微企业通过股权众筹融资中介机构互联网平台(互联网网站或其他类似的电子媒介)公开募集股本的活动。

1)股权众筹融资存在投资合同欺诈风险

股权众筹融资实际就是一个投融资双方订立投资合同的过程,其中众筹平台实际起到的是居间作用。国内股权众筹目前普遍使用"领投＋跟投"的投资机制,也就是说,让有丰富知识的专业人士成为领投人,其他投资者依照领投人所选择的项目进行跟投,而在项目的监管方面主要依靠平台自身的规定。虽然这种"领投＋跟投"的模式的本意在于降低跟投人由于缺乏专业的投资知识和相关经验而带来的风险,从而借助专业人士将一群具有经济实力却没有专业知识的投资人的投资热情调动起来。但该机制并没有从根本上改变跟投人的劣势地位。这种引导模式在当时政策匮乏与监管不足的大环境下为领投人与筹资人相互串通并形成利益联盟提供了可能,其中蕴含了巨大的合同欺诈风险。一旦领投人与筹资人私下达成一些协议或者形成某些利益关系,领投人引领跟投人将资金投向筹资人,如果此领投人声名显赫或者跟投的人数很多,就易出现"羊群效应",导致很多投资者在不了解投资风险的状况下不理智地从众,当筹资人筹得大量资金后就会产生很大的逃匿可能性或者以投资未成功等理由使跟投人自食其果,随后再与领投人共享收益。此类投资合同欺诈的危险通常是因为领投人和跟投人之间、跟投人和融资人之间的信息不对称以及对融资方资金操作没有配套监管而导致的,加上"羊群效应"的催化,能够让这些法律和道德危机呈几何级数增加,最终导致严重后果。另外,这种风险使得单个投资者将不得不面临着由于投资矛盾而进入民事乃至是刑事诉讼程序的窘境,无形中增加了追索出资款项的代价。

2) 股权众筹融资平台权利义务不清

股权众筹平台的意义在于发现投融资双方的需求并对该需求进行合理的整合与匹配,提供服务以促成交易并从中提取相应的费用作为盈利,形式上属于发挥居间作用的平台。严格来讲,它又不仅仅是一个具有居间作用的平台,因为股权众筹平台除了行使居间功能以外还存在管理监督交易、控制风险的属性。可是,当前我国股权众筹平台所提供的投融资双方签订的格式合同之中蕴含着大量权利义务失衡的情况。例如,《天使汇用户服务协议》第十三条附则中规定:"天使汇金融能够因情势变更等原因随时修改本协议的条文,如果用户继续使用天使汇提供的相关服务,则视为已经明知并且同意遵守修改后的协议;如果不同意,可以提出终止协议的要求并且注销其在天使汇的账号。"该条文事实上扩大了众筹平台变更合同的权利,缩小了用户变更合同的权利,这与我国《合同法》第 77 条的规定相悖。所以,当前股权众筹平台和用户之间的关系模糊。双方之间的权利义务关系亟待进一步厘清,这样才能给日后可能出现的法律矛盾提供可靠有力的根据,同时这也是维护用户合法权益的有效措施。

2. 操作风险

由于众筹融资各参与方可能存在操作不规范,致使股权众筹融资项目存在一些风险,需要加以防范。

1) 投资者审核风险

从股权众筹融资的模式可以看出,各个平台相对投资者审核都是自己设定,审核的力度和要求也是各不相同。天使汇和创投圈审核制度较为严格,而大家投为吸引更多群众加入其中,对其审核要求相对较低。

首先,从对投资者利益保护的角度来说,投资者审核不严格会给投资者自身会带来一定的风险。因为互联网股权众筹平台的融资项目主要就是处在种子阶段的创业企业,企业在融资后的市场发展前景存在不确定性,投资者很难依照平台上提供的项目信息对融资项目进行有效估值,专业估值机构评估报告的真实性也有待考量,同时融资后的项目实施与投资收益并不能得到保障,所以这些公司的风险本身就比较大。虽然众多的投资者中有具备一定投资能力、经验与风险意识的个体或组织,然而在新兴的互联网股权众筹更多的是缺乏判断能力和风险意识的群众,所以为了对投资者的利益进行保护,必须对其进行严格审核。

其次,从保护创业融资者的角度来说,投资者审核不严格也会为其带来风险因素。一旦投资者轻而易举地注册成功,初创企业的项目的构想、创意和运营流程等商业秘密都有可能存在泄漏的风险,所以为了保护创业融资者利益,必须对投资者进行严格审核。

最后,从保护互联网股权众筹平台的利益方面来说,投资者审核不严格也会对平台带来风险,影响平台运营质量,降低用户体验。所以,只有对投资者的资质进行严格的审核,才能维护好投融资以及平台三方共同的利益。

2)项目审核和推荐风险

平台对融资项目的审核多是从形式上进行,本身没有因为平台对项目的审核环节降低投资人投资风险,除非提交的商业计划书涉及违法,平台将会终止其发布,但一般融资者都会在项目提交审核前规避此类明显的问题。平台自身也会要求投资者签订免责协议,规避融资项目因为不真实可靠而带来的风险隐患。

对于目前普遍采用的"领投+跟投"模式来说,领投人往往是要具备一定的风险投资经验以及很强的风险投资判断力和风险承受能力,然而这种提交资料和经历的资质鉴定审核方式也只是鉴于形式,实质上的审核目的也并未达到。即使投资额很小,被欺诈后的追讨成本也是很高的,所以对于这些损失,投资者往往只有自己承担。

3)资金流管理风险

互联网股权众筹平台运营涉及创业筹资者、投资者与平台三个方面。因此,相对于传统的只涉及简单的双方交易的股权融资方式,平台资金的流动与管理通常存在着更大的风险。

美国互联网股权众筹平台 Angellist 的做法是不涉及任何项目的投资资金,完全扮演中介平台的角色,通过与银行和第三方平台直接合作;WeFunder 则是成为初创企业融资者的直接股东,投资者对其享有基金权益,在融资期间将平台资金交由第三方托管账户托管,融资完成七天后由第三方托管账户直接转至初创企业融资者账户,不参与涉及资金直接流转过程。我国互联网股权众筹平台天使汇和创投圈同样借鉴了类似 Angellist 的资金管理方式,创业者与平台签署股权托管协议。大家投委托第三方托管账户兴业银行的"投付宝"进行托管,涉及资金二次流转问题,即投资者先将投资款转至"投付宝"账户,待融资成功创业企业成立有限合伙公司后,再由"投付宝"转给有限合伙企业注册的银行。

如此看来,通过银行和第三方对资金进行托管已成为互联网股权众筹平台运营模式的共识,一定程度上避免了类似 P2P 的点对点式资金流转,减少了形成"资金池"风险,也没有出现携款潜逃的恶性事件,但这种风险隐患也同样值得关注与防范。

4)融资期限风险

美国互联网股权众筹平台 Angellist 对创业融资项目不限定融资期限,给予融资者充分的融资时间,所以往往有些项目融资时间会很长。根据我国的股权众筹融资平台对融资期限设定的情况来看,天使汇、大家投、创投圈等限定了项目的融资期限,一般以一个月为单位,若融资项目没有在规定的时间内筹集到规定的资金,那么该项目被认定为融资失败,资金将返还给相应的投资者。也有平台为了吸引一些跨度时间较长的项目而不限定融资期限。限定融资期限其实是对创业融资者的融资项目本身质量的审核与挑战,在限定时间内让迎合市场需求并被广大投资者看好的项目脱颖而出,促使创业融资者提高融资项目质量。同时,融资时间期限的限定也可以适当降低投资的时间成本,提高融资效率。

5) 超额融资风险

股权众筹融资过程中,创业融资者提交项目融资额度,待平台审核后发布,一旦在规定的融资期间达到项目融资额度,融资通道将关闭,并可对筹集到的资金开始项目运营。然而也存在没有项目融资额度限定的平台,如天使汇,在融资期限内允许线上实际筹集到的资金总额高于创业融资者与平台商定的预期融资额度,待融资期限届满再全额交付给创业融资者进行融资项目运营。

首先,超额融资的做法会增加筹资的不可预见性,增加资金监管的难度。其次,由于资金筹集没有上限,可能会产生"羊群效应",导致更多的投资者涌进,甚至打破融资人数上限的规定,减弱平台对投资金额的控制能力。最后,增加了监管成本,加大了监管难度。

3. 信用风险

信用风险源于信用体系的缺失,这类风险在股权众筹融资模式下尤为突出。

1) 投融资者信用风险

国内的互联网股权众筹平台对筹资者大多没有具体要求,不要求你的职业背景、投资经验、风险承担能力,几乎只要年满十八周岁,有梦想有创意,并且提交的商业计划书具有可行性,就可以在平台上发布融资项目。很多平台为了规避这种信用风险,制定了征信制度和风控管理制度,如初级用户信用等级为零,等级的提升需要根据后期交易情况来调整。但是由于我国尚缺乏比较健全的征信体系,仅凭平台自身的措施很难对投融资双方的资信状况进行十分完整而有效的审查。

2) 平台自身信用风险

从国内互联网股权众筹的运营模式来看,投资者将资金直接打给平台或者创业融资者都隐含很高的信用风险。互联网股权众筹平台多选择与银行和第三方支付机构合作,比如,大家投与"投付宝"的联合,投资者先打款至托管账户,融资完成后再转给创业融资者。这种托付形式免去了投资者对资金的担忧,同时也保护了他们的利益。但是由于这种模式增加了平台的交易成本,仍有不少平台未采取这种模式,资金的收发都由平台自己进行,导致不法分子利用平台进行欺诈。

为了防范互联网股权众筹模式中的信用风险,很多平台建立了针对创业融资者诈骗或者违约的风险补偿机制,采取建立风险补偿基金、本金担保或是先行赔付的补偿措施。然而这种措施其实也只是关注眼前表面利益,忽视了发生这种情况后的严重后果。一方面互联网股权众筹平台自身并没有比较雄厚的资本实力,万一出现此类情况将会难以承担。另一方面作为平台,这种补偿性行为背离其中介职能的定位,合法性有待考量。

4. 技术风险

由于股权众筹融资是互联网技术与传统股权众筹相结合的产物,互联网系统自身的缺陷也就成了互联网股权众筹模式的风险之一。股权众筹融资平台需要依靠电脑程序和软件进行业务操作、资金流转以及相关的风险控制,必定会存在相应的信息技术性风险和管理安全性风险。

1) 互联网运行安全风险

对于互联网运行系统来说,由于其本身存在的技术性,访问的授权控制管理就显得尤为重要。首先,可能存在内部的错误使用甚至滥用的情况。据统计,这种情况在我国发生的比例高达 75% 以上,如何采取事前控制来有效地防止误用、阻止滥用,同时监测业务能否健康运行,并且在发生此类问题后能够成功地进行定位和取证分析并及时整改,这对互联网股权众筹平台提出了更高的要求。其次,黑客的存在使不少互联网平台受到威胁。黑客能够利用系统漏洞和缺陷非法进入平台窃取平台数据和信息进行各种危害活动,导致某些互联网系统受到攻击之后无法正常运行。最后就是计算机病毒的传递。病毒通过互联网进行扩散,传播速度十分迅速,病毒一旦在平台滋生将可能导致各个环节的业务数据遭到破坏,甚至整个系统瘫痪,局域网络无法工作。

2) 数据传递安全风险

数据传递安全是指无论在存储还是传递过程中的数据信息保持完整真实。对信息传递安全的威胁是指对信息、电文、文件的非法改动、插入或重放,损害信息或操作的及时性和精确性,损害信息应用的完整性,拒绝服务甚至导致整个系统瘫痪等情况。互联网股权众筹的重要特征就是项目、资金信息的实时传播和实时获取,如果传播的数据是错误的或不能传播,可能延误交易,导致虚假的交易或者引发大规模的纠纷,对平台的信息使用者的影响将十分巨大。

(二) 风险防范

相对于传统的融资模式,股权众筹融资涉及的领域更为广泛,除了融资项目具有很强的创新性、可开发性之外,还包括融资成功后创业企业与平台间资金的管理、项目的具体运营能力、盈利能力以及风险规避能力等。投资者对融资项目也不仅仅是资金上的支持,更是一种自我理想的实现和共鸣,同时也为融资项目进行宣传,扩大融资项目的影响力,吸引更多优质的投资者进来,这就要求投资者具备商业投资素养,拒绝盲目跟风。为了尽可能地保护投资者的利益不受损害,更应该加强对投资者的审核,也应要求创业融资者承担信息披露的义务,防止欺诈而让投资者利益受损。同时,股权众筹平台因其依托互联网使得其虚拟性大大高于传统股权众筹,其虚拟性和隐匿性都可能会对平台参与者的决策判断造成影响,平台可以考虑与银行和第三方机构采取线上和线下强强联手,增加线下参与者面对面的交流活动,进一步增加投资环境的安全性,促进融资项目更好地利用投资者周边的资源和渠道实施项目,实现共赢。对互联网股权众筹的风险防范应当以促进小微创业型企业发展、保护大众投资者权益的原则为出发点,从对初创企业的鼓励、平台的监督与管理以及对投资者的引导三个方面展开。

1. 法律制度与时俱进

1) 与非法行为划清界限

股权众筹融资模式的出现将私募融资可能出现的法律风险放大,增加了"非法集资"风险的可能性。纵观整个金融投资市场,如果类似的集资行为缺乏必要的引导,极其容易触发"羊群效应",大部分投资者都会不加以自己的判断和经验思考,盲目地跟从,造成被投资者认为优秀的项目在投资的人数与规模上急剧膨胀,一旦风险发生便会酿成恶果。因此,法律对该类筹资行为无论是在筹资人数、筹资条件还是资本与股权配比上都有严格的规定,一方面为投资者的权益考虑,另一方面防止投机性投资。理论上应当通过法律法规的制定来保护我国互联网股权众筹的健康发展,然而股权众筹作为新兴的融资模式,以互联网作为融资平台,其涉及的人群之广、数额之大往往与传统融资模式有很大的区别,所以对于法律法规制定在宽度与深度上均应根据时代发展进行调整。

2)完善知识产权保护制度

股权众筹融资在行业内想要得到更好的发展,就必须加强知识产权的保护,为融资项目提供赖以生存的基础,同时这也是平台核心竞争力的体现,是吸引更多优质融资项目的前提。

首先,股权众筹平台培养指导并强化融资者的知识产权保护意识,注意对有剽窃创意目的的投资者的识别和防范。其次,建立知识产权备案制度,除非有充分的证据表明该备案不是创意持有人,否则不得侵犯已备案的知识产权。融资者一旦发现项目发布过程中的侵权行为均可在备案审批后追究剽窃者责任。最后,平台自身也应与融资者签订保密协议。

2. **业务操作中的风险防范**

1)投资者审核的标准和操作

目前股权众筹平台对投资者的资格审核仍然是形式上的。如果没有实质性的审核,融资交易将缺乏安全性的保障,宽松的投资者审核制度难以发挥审核的实时性作用。此外,网站中出现的用于规避风险的免责性声明将使平台缺乏严格审核的动力。但是,在实践中如果平台对创业融资者采取实质性的资格审核,不仅增加平台的审核成本,同时也降低股权众筹的融资服务的及时性、便捷性,影响融资效率。因此,基于创业筹资者与投资者对互联网股权众筹的内在需求,平台对投资者的资格审核仍可以采取形式化审核。在此基础上严格地进行把控,并承担一定的审核责任。比如,由于平台主观臆断导致不符合资格的投资者进入市场进行融资活动造成融资项目受到影响和损失的,应该追究平台责任。

与此同时,对投资者的资格审核不能一视同仁,应该根据不同的融资项目情况、投资者的收入或交易记录对其进行适当分类。对于投资权限,不宜设定得过于严格,否则可能缩小投资者的投资空间,减少参与量;反之,过于宽松又失去了审核的意义。一方面满足不同投资能力的投资者需求,另一方面便于有效地监督管理,保障不同需求投资者的安全,从而稳定金融市场。

2)防范项目审核推荐涉及的欺诈

互联网金融的发展一方面使得信息传递更及时和便捷,但另一方面其虚拟化的特性也提高了信息欺诈的可能。目前,各大平台的项目审核多依托于商业计划书的提交以及领投模式的调查报告。其实为了更好地了解融资项目的真实性,对通过初选的项目采取线下约谈是更好的检验方式。不仅可以面对面地了解融资项目的团队及其他相关情况,促进融资项目的进程,还可以降低仅通过领投人推荐而产生合同欺诈的可能性。然而,这种线下约谈的成本很高,还需要平台和投资者共同支持。

3)资金流的控制

互联网金融及时与便捷的特性使信息不对称的问题有所改善,股权众筹平台可有效对社会资本闲散资金进行集聚使用,在创业融资者与投资者之间进行优化配置,提高资本利用效率。股权众筹平台为创业融资者和投资者提供了一个桥梁,撮合融资交易,控制项目资金的流动和利用,一旦涉及资金的交付就可能存在平台挪用滥用的风险。目前发展较早的平台多使用银行或者可信任的第三方支付平台托管方式管理平台资金,但是仍然会有部分平台自己管理并使用资金以节省托管成本。出于平台资金安全性的考虑,股权众筹平台应当使用这种托管的方式对资金流进行控制。

4)防控融资期限和超额融资风险

为了实现股权众筹平台中融资项目资源的优化配置与及时更新管理,应当对融资项目的融资期限予以明确限定,每个融资项目应该按照其所在行业的整体情况以及具体项目自身特点状况进行限定。对于融资金额也应当依据法律要求和行业状况结合相关投资者的实际投资能力进行限定,这既规避了法律风险,也可以更好地控制融资规模,从而控制投资者风险。这既是保证股权众筹平台健康发展的有效举措,也是维护互联网金融市场发展秩序和社会稳定的必然要求。

3. 健全信用体系

1)制定行业准入机制

相关部门负责制定股权众筹行业准入机制,实行注册制或者资格审查制,制定对投资者权益保护、风险防范等的基本规则及禁止性规定以保障众筹平台的质量,包括其自身风险控制、互联网技术应用能力及众筹模式和流程等,为股权众筹模式在中国的发展奠定相关的制度基础,保证其发展有法可依、有序进行。大量约束平台及参与各方的具体工作交给行业自律组织去做,更好地调动市场自律行为,促进行业标准的形成以及约束机制的建立。

2)完善征信体系

政府要改善国内的信用环境,健全我国个人投资者的信用体系,完善互联网的信用监测机制以及联网征信记录,为参与投资的各方资信审核提供较为客观的依据。针对目前征信体系尚不完善的现状,平台可以与个人信用互联网评级机构进行合作,充分利用现有的资源为平台的融资环境提供保障。与此同时,我国政府应当尽快完善互联网信用监控机制,进一步改善国内的信用环境,提升大众对于互联网股权众筹平台的信任度。

4. 发展互联网安全技术

互联网基础设施的完善是互联网股权众筹发展的必要保障。因此,要把互联网基础设施建设放在国家的角度考虑,加大建设力度,构建有效的互联网金融基础。首先,需采用综合性的智能互联网管理系统,提供较为全面的一体化管理服务,对互联网资源优化配置,使系统安全高效运行。其次,要完善系统设施的内部控制管理,构建综合、可循环的管理控制过程,对于互联网股权众筹平台的信息安全建设应关注互联网权限设定、数据加密、安全操作管理系统、防火墙、黑客入侵防御以及病毒识别过滤等互联网技术风险的防范。最后,利用身份和信息认证技术,建立更为信任的交易关系。

本章小结

随着互联网和现代信息技术的不断发展,众筹作为互联网金融创新的主流模式之一,在世界范围内获得了快速发展。众筹是中小微企业、个人或非营利组织借助互联网和社会化媒体向公众展示创意,争取公众关注和支持,筹集小额资金以启动项目的新型融资渠道。众筹的参与主体包括融资方、投资方和众筹平台,三大主体的共同参与形成了众筹的生态环境。

众筹的主要业务模式包括奖励式众筹、捐赠式众筹、债权式众筹和股权众筹,不同类型的业务模式在投资者、回报物、投资风险等方面存在差别。其中,近年来股权众筹融资迅速崛起。

股权众筹面向普通投资者,由公司出让一定比例的股份,投资者通过出资入股公司获得未来收益,打破了传统融资渠道限制,降低了时间成本,具有传统融资方式难以比拟的优势,有效解决了小微企业及初创企业融资难的问题。同时,随着行业进入深度洗牌阶段,股权众筹监管正向着规范化、秩序化的方向发展,逐步进入稳定阶段。

问题与思考

1. 众筹的定义是什么?如何理解众筹?
2. 众筹的参与主体有哪些?
3. 众筹具有哪些优势与特点?
4. 众筹包括哪些业务模式?请结合网络搜索,梳理众筹不同业务模式的异同点。
5. 股权众筹融资的参与主体与流程包括哪些?
6. 你参与过哪类众筹?请简述在参与过程中的用户体验。
7. 为了掌握我国股权众筹融资发展的现状,请通过网络搜索,查找我国股权众筹融资的失败及成功案例。以小组为单位整理资料,制作演示文档汇报我国股权众筹融资发展的现状及发展特点。
8. 讨论不同众筹业务模式及典型代表。通过上网查找相关资料,了解国内外现存的不同业务模式的主要众筹平台,并根据自己的兴趣,分析一种众筹业务模式的典型代表,以演示文档的形式进行班级交流。

拓展训练

给自己设定一个固定额度的资金,在不同类型的国内众筹平台中进行选择,并对拥有不同筹资结果且筹资结束的项目进行观察,总结规律。然后选取一到两个筹资中的项目进行出资支持,体验出资流程与项目执行的全过程。

参考文献

[1] 蒋致远.互联网金融概论[M].北京:机械工业出版社,2019:96-111.
[2] Mollick, E. The Dynamics of Crowdfunding: An Exploratory Study[J]. Journal of Business Venturing,2014:1-16.
[3] Belleflamme, P., Lambert, T., and Schwienbacher, A. Crowdfunding: Tapping the Right Crowd[J]. Journal of Business Venturing, 2014:585-609.
[4] Bao, Z., Huang, T. External supports in reward-based crowdfunding campaigns: A comparative study focused on cultural and creative projects [J]. Online Information Review,2017(41):626-642.
[5] Josefy, M., Dean, T.J., Albert, L.S., Fitza, M. A. The role of community in crowdfunding success: Evidence on cultural attributes in funding campaigns to "Save the local theater"[J]. Entrepreneurship Theory and Practice, 2017,41:161-182.

第六章

传统金融业务的互联网化

本章导读

21世纪以来,随着信息技术的日新月异,以互联网为主导的现代信息技术与现代经济的关系日益密切,作为现代经济的核心,金融同样受到了前所未有的影响和冲击。互联网金融凭借互联网和信息技术,更加有效地进行资源配置,真正实现低成本、高效率管理运作,满足客户金融需求,给银行、证券、保险、基金和信托等传统金融机构带来了一定的挑战,同时也打开了传统金融的发展思路,促使其不断创新,逐步进入到一个加速向互联网模式转型运营的阶段。那么,现代信息技术如何影响了传统金融业务?在现代信息技术的冲击下,传统金融业务出现了哪些新的运营模式?传统金融业务的互联网化具有什么样的优势和特点,又面临着什么新的风险,需要如何防范和监管?本章将回答这些问题。

学习目标

掌握互联网银行的概念和主要特征,了解互联网银行的运营模式,理解互联网银行发展中的问题及对策;掌握互联网证券的概念、特点和主要业务,理解互联网证券的风险与监管;掌握互联网保险的概念,了解互联网保险的起源与发展,熟悉互联网保险的运营模式;了解互联网基金的产生与发展,掌握互联网基金的概念和运营模式,理解互联网基金的优势;掌握互联网信托的概念和主要特征,理解互联网信托的风险与防范。

知识架构

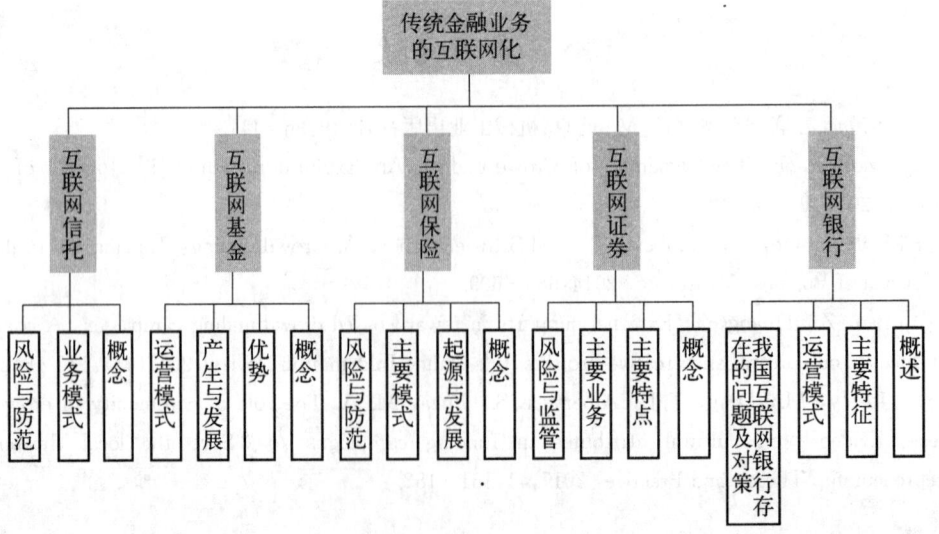

传统金融业务的互联网化
- 互联网信托
  - 概念
  - 业务模式
  - 风险与防范
- 互联网基金
  - 概念
  - 优势
  - 产生与发展
  - 运营模式
- 互联网保险
  - 概念
  - 起源与发展
  - 主要模式
  - 风险与防范
- 互联网证券
  - 概念
  - 主要特点
  - 主要业务
  - 风险与监管
- 互联网银行
  - 概述
  - 主要特征
  - 运营模式
  - 在我国互联网银行存在的问题及对策

> **导入案例**

善融商务

近年来,我国电子商务取得了迅猛发展,日渐成熟的电子商务掌握了大量客户信息,以阿里巴巴为首的电子商务凭借强大的服务平台和数据系统开始进军金融领域。以支付宝为代表的第三方支付平台正逐渐挤占银行网上支付市场;余额宝、娱乐宝等各种新型投资理财工具正如雨后春笋般兴起;各种P2P网贷平台纷纷瞄准借贷市场……传统的银行业已经受到冲击,同时由于电商平台对客户资料、客户交易详单等信息进行了屏蔽,导致银行脱媒现象严重。为进一步挖掘客户的价值,获取客户交易资料,银行业已不再甘心只做最底层的结算,纷纷开始涉足电商领域。在此背景下,中国建设银行于2012年6月28日正式推出"善融商务"平台,该平台是以专业化金融服务为依托的电子商务金融服务平台,融信息流、资金流和物流为一体,为客户提供信息发布、在线交易、支付结算、分期付款、融资贷款、资金托管、房地产交易等全方位的专业服务。

善融商务以"亦商亦融,买卖轻松"为出发点,面向广大企业和个人提供专业化的电子商务服务和金融支持服务。在电子商务服务方面,提供B2B和B2C客户操作模式,涵盖商品批发、商品零售、房屋交易等领域,为客户提供信息发布、交易匹配、社区服务、在线财务管理、在线客服等配套服务;在金融支持服务方面,为客户提供从支付结算、托管、担保到融资服务的全方位金融服务。

由此可见,银行业已受到了互联网金融的影响,银行"电商+金融"模式正逐渐成长。

请扫描二维码进一步了解"善融商务"。善融商务个人商城是中国建设银行旗下B2C购物平台,支持担保支付、在线个人贷款和分期付款,是建行致力打造的国内创新型电子商务金融服务平台。

善融商务

第一节 互联网银行

一、概述

(一) 定义

2008年金融危机爆发后,全球经济遭受重大冲击并陷入低速发展困境。后金融危机时代,全球的银行业监管层对监管体系进行了反思和改革,全面提升了银行业合规经营的手段和规范。在经济下行及严格监管态势下,银行业直接面临业务增长失速及合规成本攀升等挑战。不断探索能够增长复苏、降本增效的有效手段,解决金融服务同质化、低效化的问题成为全球银行业的当务之急。

与此同时,以云计算、大数据、物联网和人工智能为代表的信息技术革命推动金融科技公司异军突起,依托创新的商业模式或技术手段为客户提供更丰富优质的产品、服务和体验,不断切入移动支付、消费信贷、投资理财等细分金融场景,逐步挤压传统银行的市场。面对千变万化的技术创新以及云波诡谲的经济环境,银行业必须主动运用新技术、新模式,对产品、服务不断创新,对客户体验不断优化才能立于不败之地。银行监管层同样需要面向未来,推动银行业创新,逐步改革银行设立准入机制,通过相对放宽准入门槛来引入良性竞争,激发银行业服务活力和水平。在这样的背景下,互联网银行应运而生并得到了快速发展。

互联网银行指通过云计算、大数据、物联网和人工智能等方式在线实现为客户提供存款、贷款、支付、结算、汇转、电子票证、电子信用、账户管理、货币互换、P2P金融、投资理财、金融信息等全方位无缝、快捷、安全和高效的互联网金融服务机构。目前我国的互联网银行主要有微众银行、网商银行、新网银行、百信银行、众邦银行、苏宁银行、亿联银行、北京中关村银行和福建华通银行等。

(二) 互联网银行与电子银行、直销银行的区别

互联网银行、电子银行和直销银行均利用金融科技开展银行业务,但在性质、运营主体、机构分类、经营业务和目标客户等方面存在区别。

性质方面,直销银行为传统银行数字化转型、参与互联网金融的一种模式;电子银行是传统银行业务的网络化,是传统商业银行的一个部门;互联网银行是互联网企业拓展金融业务的一个重要渠道。

运营主体方面,互联网银行运营主体主要为互联网企业,直销银行与电子银行则主要以传统商业银行为主。互联网银行由民营互联网企业发起设立,互联网企业股东的长尾客户、便捷支付方式为互联网银行提供了重要的客户来源。独立法人直销银行主要由传统银行作为控股股东发起设立,母行在客户挖掘、业务拓展、风险控制、流动性管理等方面提供经验传承和业务支持。

机构分类方面,按照银保监会《银行业金融机构法人名单》的分类,独立法人直销银行目前机构类别为"其他金融机构",互联网银行机构类别为"民营银行"。互联网银行按照地方性银行监管方式,属于地方银保监局监管范围;独立法人直销银行监管部门与其母行保持一致。

经营业务方面,互联网银行和直销银行业务范围差异较小,均为存贷款和理财业务,电子银行作为商业银行的一个部门,涵盖存贷汇等传统银行各个领域的业务。

目标客户方面,互联网银行和直销银行均以获取他行用户或非银行用户为目标,而电子银行主要服务本行已有的客户群体。

(三) 典型代表

1995年10月18日,全球第一家计算机网络银行在美国正式开业,名为"第一安全网络银行(Security First Network Bank)",其通过全球最大的计算机网络"交互网络"向个人客户提供7×24小时不间断的银行业务服务。经过多年探索,我国已有多家纯线上经营的互联网银行,下面以微众银行和网商银行为例进行简要介绍。

1. 微众银行

微众银行成立于2014年12月16日,是我国首家民营银行和互联网银行,该银行的主要股东为腾讯、百业源投资和立业集团,三方持股分别为30%、20%和20%。微众银行作为一家纯粹的互联网民营银行,不设任何物理网点,所有业务均在线上完成。

1) 业务模式

微众银行主打三条业务线——消费金融、平台金融和财富管理。① 消费金融:以聚焦长尾人群的"微粒贷"为代表,从申请、审批到放款全流程都是线上操作。2017年微粒贷贷款余额便超过了1 000亿元,仅用两年的时间就达到了城商行中一线大行的高度。凭借微粒贷,微众银行于2016年实现了扭亏为盈。② 平台金融:微众银行通过与二手车电商平台"优信二手车""线上装修平台"和"土巴兔"等知名互联网平台合作联合开发产品,将微众银行的金融产品嵌入应用到它们的服务场景中,将金融服务垂直渗透到大众的日常生活中,实现资源的有效整合和资源互补。③ 财富管理:借助微众银行App打造金融超市模式,联合优质行业伙伴上线符合多种理财需求的产品,同时,考虑到大众在理财方面可能受限于自身的知识、实践经验等方面,微众银行App不断降低操作门槛,对每款产品辅以清晰的产品说明和用户指导,意在为用户提供方便简洁的理财服务。

2) 产品概览

微众银行背靠腾讯,拥有微信、QQ两大国民社交工具所提供的强大社交场景,具备其他银行难以拥有的流量优势。可以打造概念创新的场景金融产品,同时,前海微众银行也抱着开放的态度不断与场景拥有者合作,完善场景生态。根据场景的属性可以将其分为支付场景、社交场景、理财场景和借贷场景,每种场景有其对应的金融产品,表6-1为微众银行目前所有基于场景的产品总览表。

表6-1 微众银行基于场景的产品总览表

场景分类		微众银行产品种类
借贷场景	个人借贷场景	微粒贷、微车贷、微装贷、微众分期等
	企业借贷场景	微业贷、微路贷、订货贷、微电贷
支付场景	线上消费场景	微众商场
	线下支付场景	We生活、We支付
	生活缴费场景	
社交场景		社交礼品卡等
理财产品		活期、智能存款、可转让大额存单等

3) 财务状况

据微众银行年报,2022年其资产总额达到约4 740亿元,实现营业收入353.64亿元,同比增长31%,净利润89.37亿元,同比增长29.83%。银保监会披露的数据显示,2022年商业银行累计实现净利润2.3万亿元,同比增长5.4%。相比而言,微众银行净利增长近30%,也略高于全部民营银行29.41%的平均净利润增速,可见其经营方面是有独到之处的。

截至2022年年末,微众银行发放贷款总额为3 369.97亿元,比上年末增加737.91亿元,增长28.04%。其中，企业贷款1 420.56亿元，比42.15%，比上年年末增加4.96个百分点，以小微企业贷款为主。个人贷款1 886.38亿元，占55.98%。其中，个人消费贷款占52.02%，个人经营贷款占3.96%。

2. 网商银行

网商银行成立于2015年6月25日，其依靠互联网金融背景浓厚的阿里巴巴而诞生，成为我国第二家正式运营的纯互联网银行。网商银行注册资本总额为40亿元，主要有6大股东，蚂蚁金服以30%的控股权成为网商银行的第一大股东，具体股权结构如表6-2所示。

表6-2 网商银行股权结构

股　东	出资额（亿元）	股份占比
浙江蚂蚁小微金融服务集团有限公司	12	30%
上海复星工业技术发展有限公司	10	25%
万向三农集团有限公司	7.2	18%
宁波市金润资产经营有限公司	6.4	16%
杭州禾博士电子商务有限公司	3.2	8%
金字火腿股份有限公司	1.2	3%

数据来源：天眼查。

1) 业务定位

网商银行的业务定位主要是服务小微客户、服务农村市场和服务小微企业。① 服务小微客户。网商银行在成立之初就将自己服务客户群体定位于80%的"长尾客户"，致力于为他们提供个性化的金融服务。网商银行在为小微客户提供服务时，最突出的优势在于"芝麻信用"评分系统，这一系统通过对客户的信用历史、行为偏好、履约能力、身份特质和人脉关系等数据进行整合和分析，实现了将传统观念中比较抽象的信用进行量化的目标，并且最终以评分的形式来展现客户的信用状况。网商银行借助这一信用评分系统，结合蚂蚁金服以往的服务经验以及阿里电商平台的客户消费数据，对客户的资金需求和履约能力做出预测和判断，进一步对客户进行额度授信。② 服务农村市场。民间借贷是农村地区主要的金融活动，占据了40%的比例，通过正规渠道完成借贷交易的比例更是不足15%。为了推进"普惠金融"的落实，网商银行专门成立了农村金融部门，为农户提供针对性的服务。其针对农村用户推出了线上支付平台与线下实体消费相结合的方式，在满足农户支付需求的同时，加强了金融机构和农户之间的联系，满足了农户在消费信贷和理财方面的需求。另外，为了解决在扩展农村业务过程中农户消费信贷和理财需求等方面数据缺乏的问题，网商银行通过加强与为农户提供服务的企业以及其他金融机构之间的合作，利用这些机构的经验和数据向农村客户提供贷款业务。③ 服务小微企业。网商银行在为中小企业进行授信时，也有一套自己的信用评价模型——"水文"模型。此模型主要依靠互联网和大数据，依据中小企业的级别、类别和交易记录等信息建立"水文"数据库，在为企业授信时，网商银行通过比较企业自身和同行业可比企业的交易量，依照模型设定的程序来推测企业未来的经营能力，进一步预测企业的资金需求和履约能力。阿里作为互联网行业的领先者，拥有众多有价值性的平台,网商银行可以利用这些平台整合各渠道的资源,将这些资源进行分类匹配,提高交易效率,节约时间成本,有效缓解中小企业融资难的困境,推动中小企业的发展。

2) 产品概览

网商银行的业务主要分为理财和贷款两个模块。理财模块比较具有代表性的产品是"余利宝",贷款模块主要产品有"网商贷""旺农贷"和"信任付"等(见表6-3)。

表6-3 网商银行产品信息

产品名称	针对客户	产品性质	审批时间	额度	还款期限
网商贷	小微企业、创业者	信用贷款	最快1秒放款	1元起	随时还款,最长可贷24个月
旺农贷	农村客户	信用贷款	最快3~5天放款	50万元以下	随时还款,最长可贷24个月
信任付	小微企业、创业者	信用支付、赊销赊购	无须审批,只对部分客户开放	最高100万元	账期最长90天
余利宝	企业、个体经营者	现金管理	随时转入	企业和个人最高申购额分别为5 000万元、1 000万元	每日单个企业或个人账户实时赎回额度分别不超过500万元、100万元,非实时赎回额度无限制

3) 财务状况

据网商银行年报,截至2022年年末,网商银行资产总额4 410.89亿元,比年初增长152.58亿元,增幅为3.58%。2022年网商银行实现营业收入156.86亿元,同比增长12.82%;实现净利润35.38亿元,同比增长69.10%,远高于商业银行同期利润增长率5.4%。此外,截至2022年年末,不良贷款率为1.94%,比年初上升0.41%。

截至2022年年末,网商银行成立以来历史累计服务小微客户数超5 000万,其中,当年新增贷款客户中,超80%为首次在商业银行取得经营性贷款的客户,起到了有益补充作用。

请扫描二维码阅读"中国九大互联网银行"。互联网银行已与人们生活渐行渐近,该阅读材料具体介绍了我国九家互联网银行的资产规模、业务范围、服务宗旨和定位等,把握中国目前互联网银行的发展现状,展望互联网银行的发展前景。

中国九大互联网银行

二、主要特征

与传统商业银行相比,互联网银行具有以下特征。

(一)服务时间长,服务范围广

与传统商业银行相比,互联网银行在服务时间和服务对象的范围上有着无可比拟的优势。首先,在服务时间上,传统商业银行都有着相对固定的营业时间,而互联网银行则通过借助现代互联网信息技术打破这一物理限制,实现了为客户提供7×24小时在线金融服务。这意味着,客户可以享受根据自身需求随时进行存贷款、投资理财等金融活动的便利。其次,在地域范围上,互联网银行打破地域限制,依托互联网和信息技术所提供的产品及服务(如社交平台、购物平台等),可以轻松获得大量优质客户和潜在客户群体。

(二) 运营成本低

相较于传统商业银行,互联网银行弱网点、轻资产运营,基本上不设置物理网点,不做现金业务,所有业务均依托网上渠道,真正做到了"去实体化"和"纯网络化"。这种轻资产运营的新型业务模式最大的好处是解决了传统银行业务模式成本过大的问题,具体表现在:一方面减少了营业网点租金、建设、运营、维护的成本;另一方面由于没有柜面人员,员工薪酬开支、福利和社会保障等成本大大降低。成本优势巨大,这也是互联网银行的存款利率普遍高于传统商业银行的原因所在。

(三) 服务效率高

互联网银行在业务开展过程中大量利用云计算、大数据、物联网和人工智能等技术服务,相较于传统银行,它可以实现所有金融业务通过手机、PC等在线办理,省去了用户去营业网点排队办理的时间和精力成本,同时其业务办理速度更快。例如,"网商银行"的"网商贷"以及"微众银行"的"微粒贷"均可实现提交申请后一分钟到账。此外,由于互联网征信主要基于大数据、云计算对用户行为进行分析,因此可以更快更有效地设置客户信用白名单,大大提高业务开展效率。

三、运营模式

(一) 轻资产运营

"轻资产"是指互联网银行不在地方设置物理营业网点,这很大程度上节约了互联网银行投入的固定资产成本,且互联网银行不需要大幅度揽储,其主要从事平台中介业务,平台业务规模小,不必进行太多风险防范,故其管理体系比较简单。概括来说,互联网银行不需要进行很多存款业务及设置物理网点和现金柜台。因此,也不需要进行线下服务,其主要通过与其他金融机构合作的方式开展业务。另外,大多数互联网银行已经实现了"去IOE",即去掉传统银行沿用的IBM的小型机器、去掉ORACLE的数据库以及去掉EMC的存储设备,取而代之的是运用互联网银行自己的数据库、自己的征信系统以及按照自己的标准筛选客户,大大降低了边际成本,让渡更多资本服务目标客户。

(二) 基于大数据实现精准营销

互联网银行强调交易驱动、注重大数据法则以及利用线上优势为客户提供更好的服务。通过互联网平台,互联网银行积累很多客户交易及身份信息,且其运用大数据的处理技术对客户的相关数据进行挖掘,从而可以分析出客户的相关兴趣爱好、风险偏好及金融需求等,同时互联网银行通过其互联网和信息技术对其客户进行个性化的精准营销。

(三) 通过数据挖掘,增加客户规模

互联网平台为互联网银行积累了大量的客户交易及身份信息,且其运用大数据的处理技术对客户的相关数据进行挖掘,使得互联网银行能够通过客户的关联交易信息挖掘出其他需要服务的客户群体,增加了客户规模。

四、我国互联网银行存在的问题及对策

(一) 存在问题

1. 开户吸储困难

2015年12月,中央银行颁布了一些关于个人银行账户的管理文件,将个人银行账户根据其风险性分为三类:第一类账户、第二类账户和第三类账户。第一类账户是功能最全的一类账户,不过开立第一类账户时本人必须到网点柜台进行身份验证,而互联网银行是轻资产运营,客户没办法去柜面进行开户验证;开立第二类和第三类账户时客户不必去柜面办理,仅通过远程电子设备即可完成,开户过程比较简单快捷,但是第二类和第三类账户的功能会受到限制。所以,互联网银行面临着开户吸储困难的问题。

2. 营销渠道单一

营销渠道有线上和线下两种,互联网银行在营销产品及拓展业务方面以线上为主,不具备渠道优势。虽然直销银行也是线上经营模式,但其可以通过母行在线下营销,营销人员可以在母行营业网点对直销银行进行宣传及答疑,这样可以扩大其影响力,实现母行与其优势互补的效果。然而,互联网银行是纯线上的运营模式,无物理网点,在日常工作中理财者仅被动地等待线上客户的咨询,不能在网点开发客户。互联网银行单一的营销渠道限制了其发展,必须要提高宣传力度。

3. 用户信息转化缺乏统一标准

互联网银行通过"刷脸"建立客户信息,例如,微众银行根据腾讯社交平台搜集数据信息,搜集到的信息不仅包括客户的基本信息,还包括客户较多的社交数据信息,不过现在微众银行并没有一套标准的流程将客户的社交信息转化为相关的金融信息。假如不能准确地将社交信息进行转化及处理,那么数据的有效性将会遭到大家的质疑。这将会阻止互联网银行的长远发展。

4. 法规不完善及监管滞后

我国互联网银行的发展比较迅速,但我国针对互联网银行的立法并不完善,目前对其按照传统法律法规进行监管。此外,中央银行主要的监管对象是传统商业银行,主要针对银行的物理网点指标、财务报表稽核及业务凭证等进行监管,而互联网银行采取线上的业务模式,目前对互联网银行的监管并未结合其机构网点虚拟化、处理过程抽象化及财务信息无纸化等特征,监管法治相对滞后。

(二) 发展对策

1. 与传统商业银行错位竞争

互联网银行将抢占传统商业银行的部分市场,两者形成竞争关系。但是,互联网银行主要针对的客户是数量众多的"长尾"客户群,这些客户单笔交易金额较小,故互联网银行承担的融资成本也较低。在零售方面,虽然传统商业银行也开展中小微企业零售贷款业务,但是传统商业银行并未过多涉及中小微零售业,而是把重点放在了企业对公客户上,且传统商业银行的业务模式仍然以线下为主,主要采取信贷员放款模式、抵押担保模式以及经营性贷款模式。而互联网银行采用线上经营模式,服务于中小微企业,为客户提供个性化需求,且互

联网银行存在开户面签问题,无法开立第一类账户,互联网银行可以利用其大数据和云计算优势,开展平台业务,为传统银行提供服务,两者达成合作,因此互联网银行与传统商业银行可以形成补充错位竞合的关系。

2. 加快互联网银行金融产品创新

在互联网科技时代,产品更新较快,人们的需求也较多。互联网银行为了更好地扩展业务,必须要加快金融产品创新,满足不同人群对产品的各种需求。互联网银行可以借助互联网渠道的优势,便捷地了解客户的需求,设计出满足客户的产品,加快产品创新。另外,我国互联网银行还可以与传统商业银行共同合作开发出新的产品,满足人们日益增加的需求。

3. 提高信用数据的有效性

互联网银行能够为中小微企业提供无担保无抵押的贷款业务,其贷款依据较为独特,主要依据其系统内部设定的信用模型,根据信用模型测算出可贷额度,进而给贷款者提供贷款数额,因此互联网银行在根据信用模型测算可贷额度时,必须保证数据的有效性。保证数据有效性有以下方法:第一,互联网银行可以经营自己的电子商务平台业务或者和其他经营状况较好的电子商务平台进行合作,通过电子商务平台,收集到客户的一些可靠交易信息,保证客户交易数据的真实有效性;第二,银行间可以构建共用的信用模型,实现一些数据资源的共享,同时保证数据的准确性。

4. 完善互联网银行的监管体系

相对于互联网银行的发展趋势,我国针对互联网银行的法律监管体系尚不完善,仍处于滞后阶段。目前我国已存在的关于互联网金融的法律法规虽然可以确定互联网金融机构的职责,但是由于相应的监管细节并未规范,在一定程度上制约了互联网银行的发展。另外,十八届五中全会提出有关部门必须完善符合我国现代金融体制发展的互联网银行监管框架,颁布明确的法律法规依据,配合相应的监管协调机制,切实完善适合我国互联网银行发展的监管体系。

第二节　互联网证券

一、概述

(一) 定义

互联网证券即通过互联网和信息技术,实现证券的发行、定价、销售、交易、衍生活动等市场运行方式来实现资产管理,包括经纪、理财产品代销、证券发行承销、衍生品交易、自营投资、融资交易等多个类型的证券业务。

互联网证券业务并不是简单地将线下业务向线上进行平行迁移,也不是对现有平台和信息技术模块做简单整合,而是在"电子化—互联网化—移动化"趋势下,从执行层面对公司传统业务实施从销售渠道、业务功能、客户管理到平台升级的架构重塑及流程优化,构建符合互联网商业惯例和用户体验的综合金融服务体系。

(二) 分类

天风证券(2020)研究报告将目前互联网券商分为三类,具体如表 6-4 所示。

表 6-4 天风证券(2020)互联网券商分类

分 类	模 式
传统券商+互联网	传统券商在已有牌照的优势上,拓展互联网模式,包括建立互联网平台和账户、投资互联网金融平台等
互联网企业+证券业务	以互联网模式运营的公司,包括拥有券商牌照的东方财富网(向券商子公司导流)以及不具备券商牌照的同花顺(与多家券商平台合作,向其导流)
纯互联网券商	纯互联网券商的目标客户群体是中小投资者,并且在互联网平台上可完成所有的操作,其中包括注册账号、入金出金或交易等。目前发展较为成熟的有富途证券和老虎证券,可以为用户跨时空交易,同时交易港股、美股与其他证券市场

(三) 典型代表

纯互联网券商的佣金普遍低于其他模式的券商,因此对中小投资金额的投资者有较大的吸引力。另外,跨证券交易所交易也是纯互联网券商的一个特点,此特点也吸引大量用户使用。目前国内较为知名的纯互联网券商有富途证券和老虎证券。目前这两个券商的主要客户是非中国大陆用户,其用户主要为中国香港地区用户与其他国家用户。

1. 富途证券

富途证券于 2009 年 6 月成立,创立于全球金融中心——香港,是中国成立最早的互联网券商,为全球投资者提供港股和美股交易服务。2014 年,富途证券获得了腾讯、经纬中国以及红杉资本的 1 000 万美元 A 轮融资。2015 年,腾讯控股、经纬创投以及红杉资本追投 6 000 万美元作为富途证券的 B 轮融资。2019 年 3 月,富途证券发行 1 090 万股美国存托凭证,公开募股 1.504 2 亿美元,于美国纳斯达克交易所正式挂牌上市。目前是国内美股最大的交易平台。

2. 老虎证券

老虎证券成立于 2014 年,是一家高速成长的互联网券商。2015 年 8 月,推出自主研发的交易平台 Tiger Trade,首次改善了华人投资美港股时开户复杂、费率高、软件体验差、没有本地化服务等痛点,填补了市场空白。2017 年 11 月,首次上线美股 IPO 申购服务。投资者在平台可通过一个账户交易美股、港股、A 股(沪港通/深港通)、星股、纽股、期货、基金等全球主要市场的金融产品。此外,还提供投行、ESOP(股权激励计划)等机构服务以及财富管理、投资者教育等多种增值服务,并在多个国家和地区设有办公室,拥有超 700 名员工。现已取得美国、澳大利亚、新加坡等地的券商牌照或许可,并为当地居民提供证券、衍生品交易等服务。2019 年 3 月,正式在美国纳斯达克交易所挂牌上市,股票代码为 TIGR。

二、主要特征

互联网证券与传统证券的区别主要与互联网的载体特点紧密相连。传统证券业务由于受到营业部地理位置、投资咨询手段、物质条件和人力资源的限制,只能根据客户的资金量、交易量的大小提供不同层次的服务。而互联网使得不同主体可以跨时间和空间交流,因而互联网证券交易系统具有以下三个特征。

(一) 交易进一步突破时空限制

网上交易打破了地域界线,交易可以跨时空进行。开放性是互联网的最大特点,投资者只要在能够连接互联网的地方就能够进行交易,网络交易系统为广大普通投资者提供了一个获取信息和参与交易的平等通道。对于券商,地域的界限已经不再是限制其发展的重要因素,在网络证券时代的跨空间服务成为其关注的重点。

(二) 及时全面的资讯服务

证券公司依托互联网提供的大容量信息和有深度的研究报告,可以满足不同投资者对不同信息的需求。随着我国金融市场的发展和成熟,专业的行业研究报告和上市公司研究报告成为投资者进行决策的重要资源。网络证券化平台给投资者及时获取深度的资讯信息提供了保障,投资者只要进入证券交易商网站或者其他证券交易信息平台就能从专业的券商处获得不同层次的信息。

(三) 更低的交易成本

互联网证券继承了传统证券公司信息传递、交易、清算和交割等多种功能。与此同时,基于互联网开展业务,使投资者足不出户就可以办理全部事项,节省了投资者往返交易厅的时间,还减少了各种费用支出。对于券商而言,证券网络化交易可以减少营业部的投资和成本。在服务同等客户量的条件下,互联网证券的投资是传统证券营业部的1/2~1/3,日常营运费用是传统证券营业部的1/4~1/5。

三、主要业务

互联网证券的业务形态各不相同。在传统证券期货经营机构层面,互联网的应用主要表现在账户开立、经纪交易、新股申购、担保质押融资、基金等理财产品销售和证券信息咨询等方面。目前券商的互联网证券资产管理业务主要体现在经纪交易、融资与新股申购、理财产品销售、互联网证券生态链营造、互联网金融平台的自营与直投和私募股权融资六大方面。

(一) 经纪交易业务

证券开户、代理证券买卖等经纪业务是应用最为广泛的互联网证券业务形态,也是对证券公司影响最大的互联网应用。在整体的经纪、融资业务环节,各家券商不断通过美化UI界面、加强底层开发程序、建立账户连通体系等环节,进一步优化产品体验。

(二) 融资与新股申购

融资业务包括融资融券交易业务和小额股权质押融资服务。在融资融券业务已相对稳定的市场环境下,为持股客户提供流动性解决方案的"小额股票在线质押融资业务"正在成为券商大力推广的互联网证券业务之一。在该类产品上,目前券商的竞争点在于授信体验、资金到账效率等体验环节。

(三) 理财产品销售

多数证券公司均在PC、移动互联网终端或第三方互联网平台架设了理财产品销售代销业务,其产品种类包含银行理财、公募基金、私募资管产品和收益凭证等。互联网具有流量优势和体验优势,能够让券商在销售或代销产品过程中节省交易费用,加快募集销售速度。目前大型券商的代销产品包括部分地方性中小银行的理财产品,而中小银行、城商行、农商行无法跨区经营销售产品的阻碍也通过大券商的渠道优势得以弥补。

(四) 互联网证券生态链营造

证券公司并不仅限于将互联网证券视为传统证券业务的互联网化,还通过 App、微信平台等渠道开展财富管理等综合服务,并打造互联网端口的立体化服务。多数券商为了积极打造其互联网证券生态,扩大用户规模,专门设立了互联网金融部、网络金融部等一级或二级部门,专门进行与互联网证券业务有关的研究。

(五) 互联网金融平台的自营与直投

券商通过下设或股权直投参与互联网金融平台的设立。券商参与互联网金融平台的自营与直投方式主要有三种:一是参与互联网金融企业的融资,并与其建立合作关系,让互联网金融企业的流量优势为券商导流。二是在自身体系内搭建平台,并将券商投行等卖方业务中获取的企业资源和该类平台进行融资对接,或在互联网金融平台上进行债权转让、资产收益权转让。三是直接服务于未能被标准化的证券结构化融资业务。例如,某些券商设立的互联网金融平台开辟了"新三板"股权质押融资服务,该举动为现阶段券商仍然难以大规模提供"新三板"股权质押融资找到了新的解决思路。

(六) 私募股权融资

目前各家券商在众筹业务上暂无突出表现,取而代之的是互联网私募股权融资业务。一方面,主流券商控股、参股的区域股权交易市场,相当于为私募股权融资业务提供一个合法场所。另一方面,证券业协会旗下的报价系统中证众创平台也提供了私募股权融资业务,包括券商在内的部分机构从中扮演中介角色。

> 请扫描二维码阅读学术论文"我国网络证券的运营",网上证券交易与传统的证券经营相比,有着很多优势。它打破了时空限制,降低了经营成本与经营风险,并能够提供快速而方便的信息服务。
>
> 我国网络证券的运营

四、风险与监管

(一) 主要风险

1. 技术风险

证券业务对互联网和信息技术的依赖性较强,易出现计算机硬件系统、软件应用系统、安全技术或网络运行等方面的问题,导致数据保密性、数据完整性、客户身份认证安全性、数据防篡改性和系统防攻击性等方面的风险。

2. 信用风险

互联网证券的本质是依托网络平台和大数据技术降低信息形成、传递和利用成本,理论上能够提高信用风险跨主体、跨时空配置、转移和定价的效率，但实践中因网络信息甄别能力差、征信体系不健全、投资者教育不足等问题，信息失真、"逆向选择"等问题变得更加隐蔽，影响更加广泛。此外，在信用体系建设方面，我国金融赖以发展的信用体系建设仍不完善，证券公司与央行的征信系统尚未做到有效对接，互联网证券信用体系建设仍处于起步阶段，风险更为隐秘且更难防范。

3. 流动性风险

相对于传统证券业务而言，互联网证券面临更高的流动性风险。互联网证券缺乏相关制度约束，实质性流动性风险更大，实时交易的流动性管理压力，尤其是当日流动性风险管理压力进一步加大；大量同质化互联网证券产品在一定程度上增加了市场变动的趋同性，一旦发生小概率的流动性风险事件，市场恐慌情绪传染蔓延速度更快。

(二) 监管

作为一个新兴业务模式，互联网证券的发展边界很大程度上取决于监管政策的变化，因此监管政策的鼓励和限制、行业生态的路径变化尤其值得关注。2015年以前，监管层面的多数政策仍然仅将"互联网证券"现象视为牌照机构内的活动。在2015年的场外配资清理整顿和股票市场剧烈波动下，监管层对于互联网证券的监管范畴开始扩大。2015年，在国务院多部委下发的《关于促进互联网金融健康发展的指导意见》中，已将网络证券、互联网基金销售等业务囊括，但其更多地被狭义地框定在股权众筹、基金销售等特定领域。从实际来看，能够通过互联网和信息技术拓展的证券、基金业务空间均可被归类为这一领域，由监管层进行统一的监督和管理。

第三节 互联网保险

一、概述

(一) 定义

互联网保险指传统保险公司或新型第三方保险网站以互联网为媒介、电子商务技术为工具销售保险产品的新兴保险营销模式，实现了保险信息咨询、保险计划书设计、投保、交费、核保、承保、保单信息查询、保单变更、续期交费、理赔和给付等保险全过程的网络化，实际上就是保险电子商务或者网络保险。

互联网保险基于互联网平台逐步布局全国市场，树立企业形象和改善服务品质，既有效缓解了保险营销员增员困难和银保渠道受限的压力，又能够为客户创造或增加价值，提高效率和降低成本。利用互联网销售保险产品，可以减少营业点的销售成本和广告费用，也可以减少代理人成本的佣金支出，一般来说，通过互联网向客户出售保单或提供服务大约可以比传统营销方式节省58%～71%的费用。相对于传统保险产品，互联网保险真正做到了产品的标准化和组合化、产品信息的透明化和产品条款的通俗化。

(二) 典型代表:众安保险

众安在线财产保险股份有限公司(以下简称众安保险)是中国首家互联网保险公司,由蚂蚁金服、中国平安、腾讯联合发起设立,于2013年11月6日揭牌开业,2017年9月28日在香港联交所主板上市,股票代码为6060。众安保险总部位于上海,不设任何分支机构,完全通过互联网展业。由"保险+科技"双引擎驱动,众安保险专注于应用新技术重塑保险价值链,围绕健康、数字生活、消费金融、汽车四大生态,以科技服务新生代,为其提供个性化、定制化、智能化的新保险。截至2021年年底,众安保险服务超过5亿用户,累计出具约427亿张保单。

2019年中国互联网保险行业研究报告

请扫描二维码观看"2019年中国互联网保险行业研究报告"。互联网经济的发展,为保险行业带来了增量市场,同时随着网民规模的扩大,用户的行为习惯已发生转变,这些都需要互联网的方式进行触达。中国是世界第二大保险市场,但在保险密度上与世界平均水平仍有明显差距。

二、发展现状

(一) 市场规模不断扩大

我国互联网保险市场规模快速增长,2021年共有60家人身险公司开展互联网保险业务,累计实现规模保费2916.7亿元,同比增长38.2%;互联网财产保险累计实现保费收入862亿元,同比增长8%,较财产险行业整体保费增速高出7个百分点。

(二) 保险产品推陈出新

互联网保险产品不断创新,互联网保险公司凭借自身专业的优势针对性地推出具有创新的险种。例如,泰康在线在健康领域推出的基因检测责任保险,易安保险(现已更名为深圳比亚迪财产保险)的公交车延误险,以及众安保险推出的宠物保险、"微医保"、"阳光星运动健康管理计划"等;疫情期间出现的"复业保""平安乐业福"等专项保险;根据生活中的一些意外设立的保险,如航班延误险、手机碎屏险等;互联网保险产品在虚拟经济领域也不断创新,如淘宝退货运费险、银行卡盗刷险、网络游戏虚拟财产损失险等,而近年来陆续推出的消费保障险、违约保险等为互联网保险市场注入了新的活力。

(三) 经营模式日渐丰富

目前我国互联网保险经营模式主要包括官方网站模式、第三方电子商务平台模式、专业互联网保险公司模式和专业中介代理模式等。模式日渐丰富,具体见本节第三部分内容。

(四) 保险科技蓬勃发展

在全球新一轮科技革命和产业变革中,以互联网技术、"互联网+"、大数据、云计算、人工智能为代表的新一代信息技术蓬勃发展,给社会带来了一场更加深刻的变革,催生了经济增长的新业态，也为互联网保险的快速发展提供了众多机遇。保险科技的创新可以驱动互联网保险产品供给，在保险科技的引领下，保险行业的商业模式、产品、定价、服务模式等都发生了颠覆性的改变，保险科技从产品端、定价端、营销端到理赔端，都对互联网保险产生重大的影响并将发挥持续的作用。

（五）监管体系日益完善

互联网保险的健康发展需要有良好的外部环境做保障，规范互联网保险市场整体运作的法规条款相继出台，在一定程度上强化了市场秩序，也促进了互联网保险市场的成熟与优化。2011年4月，保险监管机构发布《互联网保险业务监管规定（征求意见稿）》，此后又陆续出台了一些相关的规范性文件，2015年7月保险监管机构发布《互联网保险业务监管暂行办法》，成为首个系统性的互联网保险业务监管制度，2020年12月《互联网保险业务监管办法》及一系列配套规范性文件的相继出台，进一步为规范互联网保险业务，有效防范风险，保护消费者合法权益，提升保险业服务实体经济和社会民生的水平提供了切实保障。

《互联网保险业务监管办法》共5章83条，具体包括总则、基本业务规则、特别业务规则、监督管理和附则。重点规范内容包括：一是厘清互联网保险业务本质，明确制度适用和衔接政策；二是规定互联网保险业务经营要求，强化持牌经营原则，定义持牌机构自营网络平台，规定持牌机构经营条件，明确非持牌机构禁止行为；三是规范互联网保险营销宣传，规定管理要求和业务行为标准；四是全流程规范互联网保险售后服务，改善消费体验；五是按经营主体分类监管，在规定"基本业务规则"的基础上，针对互联网保险公司、保险公司、保险中介机构、互联网企业代理保险业务，分别规定了"特别业务规则"；六是创新完善监管政策和制度措施，做好政策实施过渡安排。

三、主要模式

保险行业的商业模式关乎整个行业的综合竞争力，是行业转型升级的重要推进力量。经过十多年的发展，我国互联网保险已建立起以官方网站模式、第三方电子商务平台模式、专业互联网保险公司模式、专业中介代理模式和网络兼业代理模式5种模式为主导的互联网保险基本商业模式体系。

（一）官方网站模式

官方网站模式以传统大中型保险公司为主。保险公司通过自建官网展现自身品牌，展示保险产品，销售产品，提供在线咨询和服务，拓展销售渠道和服务范围，全方位整合企业资源，提高经营效率。目前，该模式主要为大型保险集团、上市保险企业，典型代表包括中国平安、中国人寿等。

（二）第三方电子商务平台模式

第三方电子商务平台模式是指保险公司通过第三方网络平台进行推广。该类平台具有独立运营、网络化程度高以及流程专业等特点。其利用技术和广泛的客户群体开展保险业务，可以快速完成客户积累、规模保费收入、品牌推广，中小型保险企业可以通过该模式快速增加客户、提高保费，该模式在促进互联网保险的快速发展中起到了重要的作用。典型代表包括天猫、淘宝、京东等电子商务平台。

(三) 专业互联网保险公司模式

专业互联网保险公司模式是指持有互联网保险牌照的专业的互联网保险公司,产品咨询、销售、投保及理赔等所有的业务都在互联网线上完成,不设线下实体门店。该模式准入门槛比较高,典型代表主要有由中国平安、阿里巴巴和腾讯进行优势互补成立的"众安保险",首批四家互联网保险公司除众安保险外,还包括泰康在线、安心保险和易安保险。

(四) 专业中介代理模式

专业中介代理模式是指经保监会批准获得保险网销资格的网站,通过与不同的保险公司合作,为客户提供上百种甚至上千种不同保险公司的不同险种,便于客户选择最适合自己的保险方案。典型代表包括慧择网、小雨伞和中民保险等。

(五) 网络兼业代理模式

网络兼业代理模式主要指类似银行、航空、旅游等非保险企业的官网代理保险企业销售相关产品,所销售的产品种类一般与其主业有一定的关联性。典型代表包括中国东方航空网站、携程网、12306、各大银行官网等。

四、问题及对策

互联网保险的发展在创造新机遇的同时,其发展面临的风险也不容忽视,这也是所有新生事物在技术尚不成熟的阶段性特征。只有监管部门和保险公司共同发力,才能有效防范互联网保险带来的风险,实现保险业在互联网环境下的蓬勃发展。

(一) 主要问题

1. 信息安全风险

随着互联网的日益发达和普及,再加上大数据的兴起,每天大量的信息通过互联网进行交互,无形中加大了互联网信息安全风险。对于互联网保险产品,客户完全依靠互联网了解产品、签署保单、缴纳保费、提出索赔等流程,因此信息安全风险是最需要重视的风险之一。互联网保险在投保过程中涉及大量的客户资料及隐私信息,保险公司信息系统的设计、运行或后期维护不周会阻碍保险产品或服务的有效传送;计算机系统软硬件不完善,会导致计算机病毒的入侵,会给保险公司和客户造成巨大损失,从而可能导致正常的互联网保险业务运营工作陷入困境。

2. 信息不对称风险

只要保险人和被保险人之间有信息不对称的情况,道德问题就随之而来。互联网保险产品是线上销售的产品,与线下销售最大的不同就是保险人与被保险人没有机会当面交流。一方面,保险人很难仔细、清晰地了解被保险人的实际状况,包括身体健康状况、收入情况、家庭背景等,这就极大地增加了出现道德风险的概率,从而引发了高索赔率,损害到保险人及相关者的利益。另一方面,被保险人对所选择的保险产品也知之甚少,很可能在购买后都不知道风险保障的范围,更不了解索赔的流程,导致如果真的出现可进行理赔的险情时,不一定会找保险公司进行索赔,浪费了维护自己权益的机会。

3. 消费者权益保护问题

2019年,监管机构接到互联网保险消费投诉共1.99万件,同比增长88%。互联网保险业务存在的比较突出的问题就是消费者权益保护，主要反映在销售告知不充分或有歧义、理赔条件不合理、拒赔理由不充分、捆绑销售保险产品、未经同意自动续保等问题，这些行为损害了消费者的合法权益。消费者权益保护是互联网保险业务健康发展的基础。互联网具有高度开放性的特征，在这种开放性下消费者的隐私难以得到保证，很多消费者信息都处于透明或者半透明状态，且这种状况到目前都没有得到良好改善，反而出现了信息泄露速度更快、信息泄露规模更大的问题。

（二）对策

1. 加强互联网安全技术

互联网是技术复杂的系统，强有力的技术支撑和过硬的驾驭大数据的能力对于互联网保险的发展至关重要。保险公司需要积极开发互联网保险各流程的专业系统，真正做到为客户服务。同时，保险公司应该引入欺诈检测环节，利用大数据技术自动识别出理赔中可能的欺诈，再将可疑的理赔请求交付具有专业能力的人工审阅，从而减少理赔诈骗的发生。

2. 提升管理能力

第一，各保险公司要制定互联网安全防御措施，明确公司内部各级人员的具体责任和管辖范围，实施运营主管负责制度，针对可能出现的问题提前做出预警流程，采取具有针对性的预防措施，对互联网保险的安全运营实行全方位的保障。第二，各保险公司把握好数据公开化尺度。在不侵犯个人隐私的基础上，将数据信息公开化，不仅有利于社会的整体发展，也可以充分利用数据资源，使得其他行业有效地利用公开的数据，同时拓展互联网保险的发展空间。第三，对互联网保险安全来说，客户信息的安全是最为重要的环节，因此对保险公司人员的管理必须更加严格，一方面要对人员加大审查力度及范围，另一方面，要加大对违法违规行为的惩罚力度，健全信息安全的保障制度，尽全力保护客户信息的安全性。

3. 搭建互联网维权平台

行业协会可在监管部门的指导下设立专门的投诉网站，也可与已有的相关平台建立合作关系，搭建互联网维权平台，对保险公司施加无形的压力。另外，还要严格落实平台点击访问情况，相关服务人员设置工作机制，提高职责水平，快速、有效地处理互联网保险客户提出的疑问和意见，充分考虑客户的利益，提高服务人员的责任心，使客户反馈问题、维护权益的渠道畅通无阻。

推动互联网保险发展是保险业发展的必由之路，由此引发的风险与带来的收益相比，显然后者占优，但并不意味着可以忽视风险而一味追求其发展速度，相反应当将风险限制在可预测、可控制的范围内，在不断完善相关法律法规、强化监管的同时，坚持市场化发展的原则，提高保险公司内部互联网技术，向大众普及保险知识，保护投保人的权益，从而更好地引导互联网保险回归保险本质，有效促进互联网保险有序健康地发展。

第四节　互联网基金

一、概念

(一) 证券投资基金

证券投资基金是指一种利益共享、风险共担的集合证券投资方式,即通过发行基金单位,集中投资者的资金,由基金托管人托管,由基金管理人管理和运用资金,从事股票、债券等金融工具投资。

证券投资基金运作中的三方当事人一般是指基金的管理人、托管人和持有人。基金管理人是基金产品的募集者和管理者,主要职责是按照合同的约定,负责基金资产的投资运作,在风险控制的基础上为投资者争取最大的投资收益。在我国,基金管理人只能由依法设立的基金管理公司担任。基金托管人独立于基金管理人之外,对基金资产进行保管、清算、会计复核,以及对基金的投资运作进行监督。在我国,基金托管人只能由依法设立并取得基金托管资格的商业银行来担任。基金持有人即基金投资者,是基金的出资人、基金资产的所有者和基金投资收益的受益人。

(二) 互联网基金

2013年开始,随着互联网金融的发展,尤其是余额宝的快速推广和发展,一批互联网基金进入市场。互联网基金指基于互联网平台发布的货币基金,这类基金集支付、收益、资金周转为一体,用户不仅能够得到收益,还能随时消费支付和转出,而且用户在支付宝网站、微信理财通就可以直接购买。典型代表如天弘余额宝、苏宁零钱宝和汇添富现金宝等。

互联网基金是互联网公司与基金公司跨界合作产生的,是互联网企业与金融行业深度融合的产物,意味着基金公司的真正"触网"。互联网基金将互联网"开放、平等、协作、分享"的精神渗透到基金公司中,因此其更加注重用户体验,为大众理财开辟了一条新路。由于互联网基金投资门槛较低,申购赎回操作方便,具备较好的流动性特征,使得"小散"资金理财成为可能。

二、优势

与传统货币基金相比,互联网基金更具便捷性,收益率比传统货币基金和银行理财收益率更高,因此一经推出便受到用户追捧,给传统银行理财、基金公司销售带来巨大冲击。

(一) 成本低,收益高

互联网基金以互联网平台交易和大数据分析为基础来展开业务,与以商业银行为主要销售渠道的传统基金销售模式相比,其销售成本更低、效率更高。同时相比活期存款0.35%的利率,互联网基金的数倍收益具有极强的吸引力,甚至比定期存款收益还要高。因此,互联网基金具有"比存款更高息,比基金更方便"的特点,为用户提供了一项更高收益性的新兴理财工具。

（二）操作简单，方便快捷

互联网基金的业务操作过程简单而快捷，给予客户极佳的体验。例如，余额宝将基金公司的基金直销系统内置于支付宝网站，用户可以在支付宝中进行基金的申购或者赎回，整个流程和支付宝充值、提现或购物一样简单。传统的货币基金赎回需要两个交易日左右到账，而互联网基金产品支持 T+0 实时赎回，实时到账无手续费，也可直接提现至银行卡，流动性堪比"准货币"。

（三）投资门槛低，参与程度高

互联网基金的资金交易门槛很低，相比于传统货币基金通常上千元的起购门槛，几乎所有的互联网基金门槛不高于 1 元，最低的低至 0.01 元，最高的也仅仅 100 元，这为小散资金提供了理财渠道，有利于最大限度地集中社会所有零碎、闲散资金，提升社会资本的利用率。同时能够让客户享受最便捷的理财服务，有效缓解目前的金融排斥，提高了整个社会的金融服务和福利水平。因此，这调动了民众的热情，大大提高了民众的参与程度。

（四）缓解信息不对称

互联网基金实现了基金销售的金融脱媒，基金公司通过互联网平台将基金产品直接送到海量的互联网客户面前。同时，互联网平台还会提供类似的替代产品，互联网客户可以对这些基金产品进行信息比对甄别、筛选、匹配，最终完成交易，这将有效地减少过去基金购买过程中的信息不对称现象。另外，通过网络平台，互联网基金的需求会大大地释放，盘活社会大量的存量资金，促使基金的供求平衡。

三、产生与发展

（一）产生："余额宝"横空出世

2013 年 6 月 5 日，支付宝联合天弘基金宣布推出名为"余额宝"的余额增值服务。余额宝是国内首只互联网基金，专为支付宝定制，兼具理财与消费功能，一键开户，1 元起购，真正 T+0 支付。余额宝的特点有如下几个方面。

1. 操作流程简单

余额宝服务是将基金公司的基金直销系统内置到支付宝网站中，用户将资金转入余额宝，实际上是进行货币基金的购买，相应资金均由基金公司进行管理，余额宝的收益也不是"利息"，而是用户购买货币基金的收益，用户如果选择使用余额宝内的资金进行购物支付，则相当于赎回货币基金，整个流程就和给支付宝充值、提现或购物支付一样简单。

2. 最低购买金额没有限制

余额宝对于用户的最低购买金额没有限制，1 元钱就能起买。余额宝的目标是让那些零花钱也能获得增值的机会，让用户哪怕一两元、一两百元都能享受到理财的快乐。

3. 收益较高，使用灵活

跟一般"钱生钱"的理财服务相比，余额宝更大的优势在于，它不仅能够提供高收益，还全面支持网购消费、支付宝转账等几乎所有的支付宝功能，这意味着资金在余额宝中一方面在时刻保持增值，另一方面又能随时用于消费。同时与支付宝余额宝合作的天弘增利宝货币基金,支持 T+0 实时赎回,这也就意味着,转入支付宝余额宝中的资金可以随时转出至支付宝余额,实时到账无手续费,也可直接提现到银行卡。

4. 安全

支付宝对余额宝还提供了被盗金额补偿的保障,确保资金万无一失。余额宝转入及转出都无须手续费,支持实时转出,能够及时到达支付宝账户余额中。

5. 手机随时随地操作

2013 年 7 月 1 日,余额宝功能在支付宝钱包(即支付宝手机客户端)上线,这就意味着,用户可以每天在手机上操作余额宝账户,随时买入、卖出、查看收益。

余额宝作为国内首支互联网基金,自 2013 年 6 月成立以来,至今已近十年时间。期间,余额宝的规模经历了急速上升和大幅下降,截至 2022 年 3 月,规模不足最高点的一半,七日年化收益率最高达 6.76%,最低跌至 1.37%。基于此背景,本视频将带领大家一起探秘余额宝的大起大落,主要分析余额宝的本质、快速发展的原因以及收益下降的原因,并从其大起大落的发展给予同学们一些启示。

探秘余额宝的大起大落

(二) 崛起:宝宝军团相继诞生

当"余额宝"这款互联网货币基金取得开门红之后,其他的互联网货币基金——各种"宝宝"们相继诞生。

1. 平台版宝宝

平台版宝宝是其他的互联网巨头复制余额宝模式,结合自身特点推出的互联网基金。比如,2014 年 1 月 22 日,腾讯旗下的"理财通"上市当天便募集资金 8 亿多元,借助于 6 亿多用户的强大微信平台,腾讯后劲十足。除此之外,京东小金库、苏宁零钱宝等产品也都如火如荼。这类宝宝大多属于电商系产品,能够依托自身强大的互联网平台,因此功能较全。

2. 基金公司版宝宝

基金公司版宝宝是有实力的基金公司利用自身的互联网营销渠道打造的互联网基金。比如,银河基金推出的"倍利宝"、万家基金推出的"万家现金宝"和汇添富推出的"零钱宝"等。

3. 银行版宝宝

银行版宝宝是商业银行对抗余额宝为代表的宝宝类产品而出现的互联网货币基金,此类货币基金属于商业银行与基金公司的融合,突破了线上的边界,转入线上、线下相结合,给客户带来更多便捷和实惠。如 2013 年 12 月,平安银行推出了"平安盈"系列产品,该系列产品很快成为银行业对抗余额宝的领军产品。"平安盈"的结构设计和余额宝类似,银行客户可以将其闲置资金购买南方基金旗下的货币基金,而且赎回资金实时到账,从而在不影响资金流动性的条件下,让客户享受到高出活期存款收益多倍的超额收益。2014 年,交通银行推出了"货币基金实时提现",工商银行浙江分行联合工银瑞信推出了"天天益";此外,还有广发活期宝、广发钱袋子、华夏活期通、民生如意宝、天津银行联合天弘基金发行"天天宝"等。

请扫描二维码观看微课"互联网基金创新——宝宝类理财产品"。该视频介绍了互联网基金的创新——各类宝宝,重点解释"余额宝""添益宝"和"薪金宝"等网络基金诞生的合理性,解读它缘何动摇传统银行的垄断地位并成为传统银行不可或缺的补充,指出它在投资理财方面能够给人们带来哪些便利和实惠。

互联网基金创新
——宝宝类理财产品

四、运营模式

按照基金公司合作对象的不同,互联网基金的运营模式主要包括以下四种。

(一)自销模式

自销模式是指基金公司自己经营互联网货币基金产品。在余额宝的引航下互联网货币基金销售情况良好,很多基金公司相继推出了各自的直销平台和互联网基金产品。该模式下成功的产品有汇添富现金宝、汇添富全额宝、民生加银现金宝、华夏财富宝。

(二)电商模式

电商模式是指基金公司利用电商网络平台进行基金销售,以淘宝网销售基金为代表。根据《证券投资基金销售机构通过第三方电子商务平台开展业务管理暂行规定》,2013年10月31日淘宝网获得证监会出具的无异议函,成为互联网首家为基金销售机构提供服务的第三方电子商务平台,而支付宝作为拥有第三方支付牌照的支付机构提供基金支付服务。2013年11月1日上午9时,第一批17家基金淘宝店正式开张,包括华夏、嘉实、南方、广发、易方达、工银瑞信等基金公司的店铺。自基金淘宝店上线以来销售额一直不理想,最终于2016年5月,基金公司的淘宝店集体下线,曾经风风火火的基金淘宝店成为历史。

(三)支付模式

支付模式是指基金产品绑定第三方支付平台。这种支付模式在设计上涉及3个主体:第三方支付机构、基金公司和第三方支付工具用户。第三方支付机构主要是大型互联网公司,以BAT(百度、阿里、腾讯)三大互联网巨头占主导,除BAT之外的互联网企业,如苏宁、京东目前均已打造互联网货币基金产品,零钱宝是由苏宁旗下第三方支付平台易付宝打造的产品,对接的是汇添富现金宝和广发天天红,京东推出的京东小金库目前对接嘉实活钱宝和鹏华增值宝。

(四)理财服务模式

理财服务模式是指基金公司与垂直的财经门户网站或者金融软件公司合作,代表产品有东方财富旗下天天基金网的"活期宝"、数米基金网的"现金宝"和同花顺的"收益宝"。第三方销售平台存在天然的信息和专业优势,一方面该平台拥有大量的财经资讯和理财顾问,能够提供一体化的基金产品销售服务;另一方面该平台积累了大规模、高黏度和专业化的潜在客户,对基金产品的销售有其专业优势。

第五节　互联网信托

一、概念

(一) 信托

信托即信用委托,是指委托人基于对受托人的信任,将其财产权委托给受托人,由受托人按委托人的意愿以自己的名义,为受益人的利益或者特定目的进行管理或者处分的行为。一般涉及三方当事人,即投入信用的委托人、受信于人的受托人以及受益于人的受益人。

(二) 互联网信托

目前业内并没有完全确定的"互联网信托"的定义。结合信托的定义以及互联网金融的定义,互联网信托可以定义为"通过网络平台进行的信用委托",委托方通过信托公司或者其他信托机构提供的网络平台,在网上签订信托合同、转让信托产品、查询信托财产以及有关交易情况的信托业务运作方式。由于信托具有私募属性,与互联网的公开性存在着天然的不一致,所以与其他互联网金融业态相比,互联网信托的发展相对滞后,至今并未出现相对成熟的、大面积推开的业务模式。

与传统信托相比,互联网信托具有如下优点:① 方便服务客户。通过网络,委托人可以随时查看信托财产的详细情况和交易记录。② 网上信托使得信托产品的转让更容易进行,从而增加了投资者资金的流动性,也使信托产品更具有吸引力,促进了信托业的发展。③ 网上交易可以沉淀客户的数据,互联网工具可以对大数据进行挖掘,分析用户使用习惯,并以高效的沟通方式为基础,开发出针对特定人群的差异化产品,打造个性化产品,做到精准营销。

请扫描二维码阅读"互联网信托"。该阅读材料将帮助你进一步了解互联网信托,厘清互联网信托发展的现状,以及互联网信托和传统信托的区别。互联网信托是近年来互联网金融一个全新的模式,通过互联网实现个人和企业之间的投融资。

二、业务模式

(一) 互联网信托直销

互联网信托直销是指信托公司通过互联网(包括官网、iPad 客户端、手机 App 和微信平台等)销售信托产品。互联网信托直销的兴起有其监管背景:2007 年银监会出台的《信托公司集合资金信托计划管理办法》禁止信托公司通过非金融机构进行产品推介,2014 年 4 月银监会下发的《关于信托公司风险监管的指导意见》重申禁止第三方理财机构直接或间接代理销售信托产品,之后信托公司纷纷建立自己的直销平台。

在实务当中,信托产品的销售一般要求投资者面签,并提供身份证明。2015年12月,中融信托开通了首个视频开户和视频面签系统,使得所有产品的销售都可以在线上完成,从而实现了真正的互联网直销。目前,包括中信信托在内的多家信托公司均能够提供网上视频签约。除了网上签约外,信托公司的直销平台还提供产品推介、账户管理等多层次的服务。

(二) 互联网消费信托

互联网消费信托是信托公司基于实现广大互联网消费者的消费权益为目的,利用互联网平台与广泛的金融消费者达成的接受委托与授权,产品提供方集中采购消费产品或服务,管理消费者投入资金,并返还相应投资收益的事务管理信托制度。总体上互联网消费信托有两种形式:一是信托公司与互联网平台合作推出互联网消费信托产品,如2014年9月百度联合中信信托、中影股份和德恒律师事务所共同推出"百发有戏"。这是一款投资与消费紧密结合的新兴互联网金融产品,用户为特定电影投资至少10元之后,将获得一些特别的观众权益,如与明星共聚晚餐、优惠购票、群众演员等特权,同时百度有戏会根据电影票房给出年化收益率最高16%的补偿回报。百发有戏不只是将百度当作一个渠道,而是创造了一个全新的投资模式:让用户在消费的同时进行理财,理财的同时进行消费。二是信托公司打造消费信托产品,借助互联网手段进行发售。2017年3月,华融国际信托推出消费信托产品"融华精选",通过其微信公众号发售。

(三) 信托受益权质押融资

目前开展信托受益权质押融资的平台有两种:一是信托公司自建互联网理财平台,为本公司的存量信托客户提供信托受益权质押融资。例如,2015年6月中融信托旗下中融金服上线,后因亏损等原因于2017年4月关停;平安信托于2014年年底推出"平安财富宝App",至今运营良好。二是第三方理财平台提供的信托受益权质押融资业务。在2014年及2015年的互联网金融热潮中,出现过多家从事信托受益权质押融资业务的P2P网络借贷平台。在2016年的互联网金融风险专项整治之后,由于监管趋严,开展该业务的平台已经为数不多。目前开展此类业务的有深圳市高搜易信息技术有限公司旗下的"高搜易"等。

三、风险与防范

(一) 主要风险

1. 合规性风险

传统信托行业的基础法律法规是"一法三规"("一法"指《中华人民共和国信托法》,"三规"指《信托公司管理办法》《信托公司集合资金信托计划管理办法》和《信托公司净资本管理办法》)。除了"一法三规"外,信托行业的监管机构和自律组织还陆续颁布了一系列实施细则,并随着市场的变化,进行了相关适时的修订。但对于新兴的互联网信托发展的相关法律法规却迟迟没有出台,信托行业现有的法律法规滞后于互联网信托的创新发展,新兴互联网信托的创新发展与现有的法律法规不相适应,从而使得互联网信托企业的一些创新产品时常游离于法律法规与制度的红线边缘,甚至受到监管部门的处罚,给互联网信托的发展带来阻碍。新兴的互联网信托业在不断挑战着已有的信托法律法规和相关制度,面临着较为严峻的法律风险。

2. 信用风险

截至2018年第四季度,信托行业累计的风险项目达872个,涉及的信托资产规模达2 221.89亿元,环比增加2.88%。而在2017年同期,信托行业累计的风险项目有601个,涉及的信托资产规模为1 314.34亿元,信托项目个体所面临的风险上升较快,加上2018年国际整体经济大环境收紧,信托企业兑付压力陡增。信托企业在前些年的发展过程中累积了较多的信托贷款,而该类信托贷款业务最显著的风险就是信用风险。

3. 流动性风险

互联网信托的流动性风险是指信托项下缺少足够的现金或信托财产向受益人进行分配,或是需要受托人通过对质抵押物进行处置或变现才能向受益人进行分配,从而造成受益人不能如期获取其预期信托收益的风险。互联网信托的发展使得信托产品和受益权的流通转让问题在一定程度上得到了缓解,但互联网信托的创新也带来了新的流动性风险。P2P+融资类的互联网信托产品面临P2P平台拆标,造成期限和金额不匹配的问题。另外,由于互联网信托本质上仍是信托,因此还面临着信托项下抵质押物处置变现的问题,这两个问题均是互联网信托产生流动性风险的主要原因。

4. 操作性风险

互联网信托是伴随着信息技术快速发展的信托行业运营新模式,是信托行业转型和创新的趋势方向。正是由于互联网信托近几年才刚刚发展起来,所以不管是对信托企业还是信托从业人员,或是信托投资者来说都是新事物,运作上都不太熟练,容易带来操作风险。具体而言,由于互联网信托操作系统的缺陷、人员对应用系统的不熟练或者外部黑客的恶意攻击而造成的风险,均称为操作风险。由于互联网传播的快速性和各行业之间的高度关联性,一旦发生操作风险,其挽回的可能性极小,并且影响面特别广,因此我们应该高度重视互联网信托的操作风险。

案例:"信托100"

1. "信托100"产品介绍

"信托100"(www.xintuo100.com)是由财商通投资(北京)有限公司发起并负责运营,多家信托公司和第三方理财机构共同参与的国内首家一站式互联网信托理财平台。该平台的宣传口号是"100起投,信托业余额宝",投资者能以100元/份的低门槛投资高收益的信托产品。其操作流程为:投资者在"信托100"网站上注册登录后自主选择投资产品,然后与财商通签署产品委托认购协议,在认购协议中财商通会说明其持有的信托收益权属于投资者;当资金募集完成后,由财商通以委托人身份与信托公司签署合同,并持有投资者的信托受益权。在资金保障方面,委托第三方支付平台——国付宝对"信托100"用户资金进行管理(见图6-1)。

"信托100"主要有信托合买、如意存及收益权转让3种,其中收益权转让尚未推出。信托合买,指的是依照投资期限、标的门槛的不同,提供不同收益率的产品,用户可根据自己的投资收益率需求及资金能力,挑选适合自己的投资产品组合;如意存是由"信托100"推出的,通过该平台对用户认可的理财产品范围内的项目进行自动投资的理财计划,投资项目包括1~3年期的信托计划或资产管理计划,以及每周可开放赎回的现金管理类信托计划两类;受益权转让是指用户既可以自行转让已投资的信托资产份额及受益权,也可以投资其他用户转让的份额,从而获取该份信托的受益权。

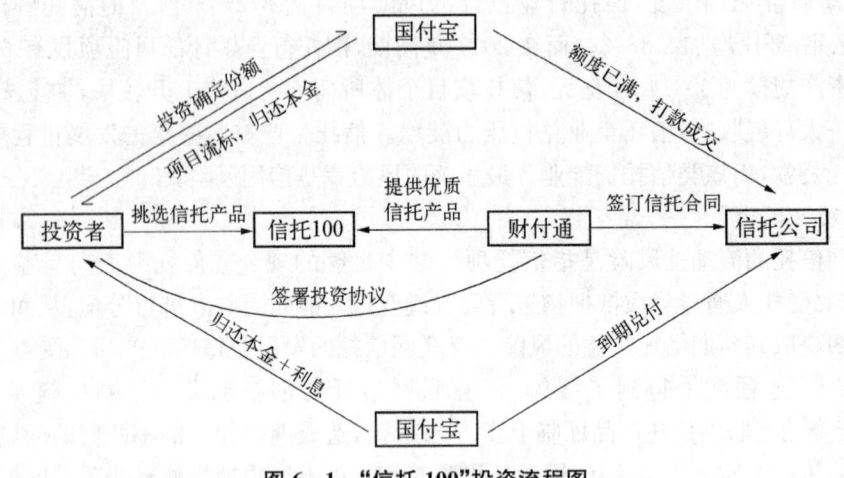

图 6-1 "信托 100"投资流程图

2. "信托 100"产品的特点

(1) 资金门槛低,一般起投资金为 100 元,仅有 7 个产品起投金为 10 000 元。

(2) 预期年化收益率较高,从产品介绍来看,平均年化收益率达 9.39%,其中 97.5% 的产品年化收益率介于 8%~12%。

(3) 投资期限灵活,多为 1~3 年。

(4) 投资项目类型繁杂,分为贷款类、股权类、组合投资类、债权类、融资租赁类、权益类和其他类这七类,其中 68.69% 的产品属组合投资类。

(5) 提供募集期补贴,即"投资成功当日开始计算收益,信托募集期间的收益由网站补贴,该信托计划年化收益按日计算,补贴在募集期结束后由系统自动存入用户账户",并承诺无论项目是否成立,用户都可享受到该项补贴,导致实际业务范围超出了经营许可要求。这也引起了信托业协会的注意:2014 年 4 月 16 日,信托业协会发表声明,明确指出财商通公司负责管理的"信托 100"网站不属于合法从事信托业务的机构。

3. "信托 100"存在的问题

(1) 不具备信托业务许可资格。

信托是指委托人基于对受托人的信任,将其财产权委托给受托人,由受托人按委托人的意愿,以自己的名义为受益人的利益或者特定目的,对受托财产进行管理或者处分的行为。财商通公司通过"信托 100"网站以百元团购的形式接受用户委托,以自己的名义投资购买信托产品,属于从事信托业务。根据《信托公司管理办法》第七条规定:"凡是设立信托公司,需经银监会批准并领取金融许可证。未经批准,任何单位和个人不得经营信托业务。"而从其公布的经营实体验证信息中可知,公司经营范围并不包括信托业务,且该公司未持有金融许可证。

(2) 销售的部分信托产品未获信托公司授权。

目前,"信托 100"网站销售的信托产品涉及的信托公司已达 70 余家,而从网站公布的合作机构来看,仅有 2 家信托公司(中融信托、中信信托)属于公开的合作伙伴。此外,在中国信托业协会发表声明当日,方正东亚信托、四川信托、中航信托和中泰信托在信托业协会官网发表联合声明,表示从未授权"财商通公司"和"信托100"通过网络公开销售其所发行的信托产品;随后"信托100"发布的声明中也表示其与信托公司的合作不是直接的。

(3) 违反现行信托行业相关规定。

① 不符合信托合格投资者的认定规定。根据《信托公司集合资金信托计划管理办法》第六条规定——"信托计划的合格投资者必须要符合下列条件之一:投资一个信托计划的最低金额不少于100万元人民币的自然人、法人或者依法成立的其他组织;个人或家庭金融资产总计在其认购时超过100万元人民币,且能提供相关财产证明的自然人;个人收入在最近三年内每年收入超过20万元人民币或者夫妻双方合计收入在最近三年内每年收入超过30万元人民币,且能提供相关收入证明的自然人"。而"信托100"对投资者没有资质限制,起投资金为100元,违反了信托合格投资者的认定原则。

② 超出了投资者人数的限制范围。《信托公司集合资金信托计划管理办法》第五条规定:"单个信托计划的自然人人数不得超过50人,合格的机构投资者数量不受限制。"从《信托100产品用户协议》规定的委托人来看,其投资人有自然人和机构;但从会员注册方式来看,仅提供了自然人身份证信息,机构注册渠道并未开通。因此,目前该平台的投资人应属自然人。从已售的119个产品来看,除了7个起投1万元的产品投资人数在50人以内外,其余均超过了50人。

(4) 受益权拆分转让不合规。

"信托100"网站尚未推出的受益权转让业务提出用户既可以转让自己的受益权,也可以投资购买其他用户的受益权,这与《信托公司集合资金投资管理办法》第二十九条规定的"信托受益权进行拆分转让的,受让人不得为自然人。机构所持有的信托受益权,不得向自然人转让或拆分转让"相违背,也不符合现行信托行业法规。该业务的合法性受到质疑。

(5) 涉嫌非法吸收公众存款。

"信托100"在互联网上公开通过第三方支付账户聚集小额资金购买集合信托计划,未经法定程序批准而向社会公众募集资金,同时承诺在信托募集期间无论项目是否成立,都会按照预期年化收益率发放补贴,这些都较为符合《最高人民法院关于审理非法集资刑事案件具体应用法律若干问题的解释》(法释201018号)第一条规定的"非法吸收公众存款或者变相吸收公众存款"的认定标准,有可能触碰互联网金融不得非法吸收公众存款这条法律红线。

(6) 投资者权益保障难度大。

① 公平权容易受到侵犯。投资人通过注册成为"信托100"用户时,需认可信托100网站服务协议。而该协议中部分条款存在加重用户的义务及减轻网站管理者财商通公司责任的嫌疑。如约定"在任何情况下,本网站及其股东、创建人、高级职员、董事、代理人、关联公司、母公司、子公司和雇员(以下称'本网站方')均不以任何明示或默示的方式对您使用本网站服务而产生的任何形式的直接或间接损失承担法律责任……并且本网站方不保证网站内容的真实性、充分性、及时性、可靠性、完整性和有效性,并且免除任何由此引起的法律责任",直接免除了其作为网站管理者应承担的对其发布内容的真实性、可靠性和有效性负责的义务,违反了《合同法》第四十条"格式条款一方免除其责任、加重对方责任、排除对方主要权利的,该条款无效"的规定。

② 用户个人信息安全难以保证。《电信和互联网用户个人信息保护规定》第六条明确规定了互联网信息服务提供者应对其在提供服务过程中收集、使用的用户个人信息的安全负责。而"信托100网站"服务协议中6.2.5条关于"本网站将采用行业标准惯例以保护您的个人资料,但鉴于技术限制,本网站不能确保您的全部私人通信及其他个人资料不会通过本协议中未列明的途径泄露出去"这一约定,明显规避了非自身原因造成的信息安全保护责任。

③ 投资人与信托公司之间不存在合同关系。信托合同的当事人是财商通公司和信托公司,合同的持有者为财商通公司,投资人与信托公司之间并不存在信托关系,投资人仅能查阅信托合同的电子复印件。一旦信托计划出现资金兑付风险,根据合同相对性原则,投资者不能向信托公司主张任何权利,其合法权益难以保障。

(二) 风险防范

1. 建立健全互联网信托相关法律法规,兼顾监管和创新

互联网信托是在传统信托基础上引入互联网信息技术的一种创新,互联网信托的相关法律法规建设相对滞后,互联网信托的快速发展与传统信托法律法规之间的不相适应日渐凸显。因此,我们需要加快互联网信托相关法律法规的建设,同时要兼顾互联网信托的监管和创新。首先,我们要理顺现有信托行业的相关法律法规,找出互联网信托的发展和现有的信托法律法规的矛盾点,然后有针对性地对这些矛盾点进行修订和完善。若通过修改和完善现有法律法规之后,仍然不能全面地对互联网信托进行监管,可以通过制定专门针对互联网信托的相关法律法规来进行补充,争取不断完善互联网信托的相关法律法规。

2. 建立互联网信托风险评估体系

目前信托市场上没有对信托产品进行信用等级评价的机制,一是由于信托产品交易结构设计比较灵活、资金投向涉及广泛所致;二是由征信体系的不健全,对融资方资质考核覆盖不全面,对融资方信息掌握不及时所致。信托企业开展互联网信托,可以充分利用当前的大数据和云计算等互联网技术,通过与互联网金融机构合作或自主建立互联网信托风险评估模型,从而达成建立起互联网信托风险评估体系的目的。信托企业可以通过"两步走"的方式有效建立互联网评估体系:第一,鉴于目前信托企业自主建立互联网信托风控体系难度相对较大的现实,可以选择与互联网金融征信机构合作建立的模式。现在除了央行的征信中心,2005年国家授权批准了首批8家民营征信机构,这8家征信机构作为央行征信中心的有效补充,充分利用大数据,形成了自己独特的服务风格。信托企业选择和自己企业业务风格和企业文化相适应的征信机构进行合作,利用其多维度的大数据来源优势和信用采集技术,为建立互联网信托风险评估体系提供有力的数据支持。第二,建立互联网信托风险评估模型。通过数学方法建立风险评估模型,如果通过检验结果证明该评估模型是有效的,信托企业今后在进行互联网信托业务时就可以借鉴该评估模型。信托企业建立互联网信托风险评估体系,有利于提前预警信用风险发生的可能性,进而能够及时采取风险管控措施,在一定程度上起到了互联网信托风险管控工具的作用。

3. 审慎选择合作伙伴

目前信托企业开展互联网信托业务,鉴于更多的还是选择与第三方互联网平台进行合

作,因此对于信托企业来说,选择行业评级靠前的互联网平台就十分关键。选择信用度相对较高的、与信托企业业务风格接近的互联网平台,对于互联网信托业务的顺利展开能获得事半功倍的效果。合作的互联网平台选择主要看互联网平台资质。互联网平台资质评价有两个关键性指标,一个很直观的指标就是其行业中的评级,另一个指标就是其在互联网平台的用户流量与成交量排名。

4. 建立与互联网信托相适应的信托企业内部控制制度

信托企业要想实现转型,首先是要调整信托企业的发展战略,从企业高层决策者开始认识到转型的迫切性和必要性,转型自上而下较易推动。而互联网信托作为信托行业转型的着力点,使得推动互联网信托的发展成为企业的发展战略,制定符合自己企业推进互联网信托业务发展的时间点,有条不紊地推动互联网信托业务的开展。其次是信托企业的操作规程要跟上互联网信托的发展步伐。一方面是互联网信托着重于效率和线上流程,因此信托企业首先要简化业务的操作规程,并在企业内部形成完善的管控体系,避免真空管理或者多头管理的情况,进而完善企业内部的操作流程。另一方面是着力培养互联网信托方面的复合型人才。互联网信托作为近几年发展起来的新事物,对于互联网信托的从业人员或客户来说都不太熟悉其操作规程,容易引发操作风险。鉴于大多数互联网领域的操作人员对信托业务不太了解,或者是信托业的从业人员对互联网领域系统操作不太熟悉,缺乏复合型的互联网信托人才,需要挑选有志于在互联网信托领域发展的有志人才进行系统的培训,尽快掌握互联网信托业务操作规程,胜任互联网信托领域的业务工作。

本章小结

互联网银行指通过云计算、大数据、物联网和人工智能等方式在线实现为客户提供存款、贷款、支付、结算、汇转、电子票证、电子信用、账户管理、货币互换、P2P 金融、投资理财、金融信息等全方位无缝、快捷、安全和高效的互联网金融服务机构。具有服务时间长、服务范围广、运营成本低和服务效率高等特点。其采用轻资产运营模式,基于大数据实现精准营销,并通过数据挖掘,增加客户规模。目前其仍面临着开户吸储困难、营销渠道单一、用户信息转化缺乏统一标准和法规不完善及监管滞后等问题。

互联网证券即通过互联网和信息技术,以证券的发行、定价、销售、交易、衍生活动等市场运行方式来实现资产管理,包括经纪、理财产品代销、证券发行承销、衍生品交易、自营投资、融资交易等多个类型的证券业务。具有交易进一步突破时空限制、提供及时全面的资讯服务、更低的交易成本等特点。主要经营的业务包括经纪交易业务、融资与新股申购、理财产品销售、互联网证券生态链营造、互联网金融平台的自营与直投、私募股权融资等。目前主要面临着技术风险、信用风险和流动性风险。

互联网保险指传统保险公司或新型第三方保险网站以互联网为媒介、电子商务技术为工具销售保险产品的新兴保险营销模式,实现了保险信息咨询、保险计划书设计、投保、交费、核保、承保、保单信息查询、保单变更、续期交费、理赔和给付等保险全过程的网络化,实际上就是保险电子商务或者网络保险。中国互联网保险目前呈现市场规模不断扩大、保险产品推陈出新、经营模式日渐丰富、保险科技蓬勃发展、监管体系日益完善的发展态势。目前其发展模式主要包括官方网站模式、第三方电子商务平台模式、专业互联网保险公司模式、专业中介代理模式和网络兼业代理模式。

互联网基金指基于互联网平台发布的货币基金。与传统基金相比,其具有成本低、收益高、操作简单,方便快捷、投资门槛低,参与程度高和缓解信息不对称等优势。目前主要的运作模式包括自销模式、电商模式、支付模式和理财服务模式。

互联网信托是委托方通过信托公司或者其他信托机构提供的网络平台,在网上签订信托合同、转让信托产品、查询信托财产以及有关交易情况的信托业务运作方式。与传统信托相比,具有方便服务客户、信托产品转让更容易和实现精准营销等优点。主要的业务模式包括互联网信托直销、互联网消费信托和互联网理财平台的信托受益权质押融资等。目前主要面临着合规风险、信用风险、流动性风险和操作性风险。

问题与思考

1. 互联网银行具有哪些特征?
2. 分析我国互联网银行面临着哪些问题及其对策。
3. 举例说明我国互联网证券的主要业务包括哪些。
4. 互联网保险的主要业务模式是什么,各自有哪些典型代表?
5. 互联网基金具有哪些优势?
6. 谈谈你对互联网基金未来走势的看法。
7. 什么是互联网信托,其与传统信托相比具有哪些优点?
8. 举例说明什么是互联网消费信托。
9. 案例分析:

互联网保险的进化史

中国互联网保险最早可追溯到1997年。那一年,中国保险学会和北京维信投资股份有限公司成立了中国保险信息网,是我国首个面向保险市场和保险公司内部的专业中文网站,也是我国保险行业最早的第三方网站。同年12月,新华人寿成交了国内第一份互联网保险单。这一单打响了互联网保险行业的第一枪。迈入新世纪后,国内的保险公司开始陆续建立官方网站,实现在线投保。极具标志性的一件事便是2000年9月22日,泰康人寿保险股份有限公司建设的大型保险电子商务网站——"泰康在线"全面开通,这是国内第一家由寿险公司投资建设的、真正实现在线投保的网站,也是国内首家通过保险类CA(电子商务认证授权机构)认证的网站。同时,政策也是极力推进互联网保险行业的发展。2005年4月,国务院颁布《中华人民共和国电子签名法》,强调电子签名同手写签名或印章具备同等法律效力。这项政策为电子商务的发展奠定了基础,自然也为互联网保险行业带来了机遇。然而,碍于互联网和智能手机尚处于起步发展阶段,那段时间电子商务的发展也是蹒跚学步,毕竟"科学技术是第一生产力"。

有买卖就有第三方。在互联网保险公司还"涉世未深"的时候,保险中介就看准了信息时代的一块蛋糕——"贩卖信息"。2006年,慧择网创立,是银保监会批准的、最早一批获得保险网销资格的互联网保险服务平台。2007年,保险服务专业平台——向日葵保险网正式上线,同时还紧跟社区潮流上线国内较早的保险咨询专业社区——问吧。同时,美国互联网保险销售平台公司eHealth成立子公司翼华科技(厦门)有限公司,并针对中国本土市场上线优保网。

2015年可谓是互联网保险元年。据中保协统计,2015年保险业互联网保险业务收入为2 234亿元,比2014年增长了1 375亿元,同比增幅达160%,保费规模比2012年增长了20倍。2015年中国保险业整体累计实现保费收入24 282.52亿元,比2014年增长了4 047.71亿元,增幅为20%。或许是看到了互联网保险发展的潜力,2015年,保监会给3家互联网保险公司下发了互联网保险牌照,分别是安心保险、易安保险和泰康在线。至此,2013年年末拿到互联网保险牌照的众安保险不再是中国互联网保险领域的"独苗",新的入局者将会打破行业"一家独大"的格局。

互联网保险保费的爆发式增长,可以说一定程度上既"借了移动互联网发展的东风",又"借了政策的箭"。在互联网保险迅速发展的那几年也是移动互联网迅速发展的那几年。移动互联网的普及,给互联网保险的发展奠定了基础。根据中国产业信息网,2008至2016年,我国移动电话用户数从6.41亿户增长到13.2亿户,增幅达105.93%,移动电话用户普及率由48.5部/百人增长到96.2部/百人,增幅达98.35%。2010至2016年,我国移动网民从3.6亿增长至7亿,增幅达94.4%。而政策方面,互联网保险行业一直是一个被鼓励发展的行业,监管政策较少。直到2015年,原中国保监会才印发《互联网保险业务监管暂行办法》,对经营主体、经营范围、门槛等给予明确规定。之后,原中国保监会(或银保监会)便不断出台互联网保险监管政策,如《互联网保险行业暂行管理办法》《关于"互助计划"等类保险活动的风险提示》《关于加强互联网平台保证保险业务管理的通知》,以规范互联网保险行业行为和控制行业风险。同时,保险行业监管政策也陆续出台,如《关于深化商业车险条款费率管理制度改革的意见》《中国保监会关于进一步完善人身保险精算制度有关事项的通知》(76号文)、《中国保监会关于规范人身保险公司产品开发设计行为的通知》(134号文)。政策的不断加码,致使2017年互联网保险保费收入不升反降。2017年,互联网保险保费收入为1 876亿元,同比下降18.40%。

请回答:
(1) 结合案例分析推动互联网保险发展的因素有哪些。
(2) 谈谈我们接触到的互联网保险产品或者平台有哪些。
(3) 互联网保险存在哪些不足或风险?给我们什么样的启示?
(4) 谈谈你对互联网保险行业发展前景的看法,互联网保险能否取代传统保险行业。
(5) 你周围是否有互联网骗保案件?你觉得应该如何防范此类风险?

拓展阅读

《中国互联网发展报告》(见 https://wenku.baidu.com/view/1ce03a2964ce0508763231126edb6f1afe007166.html)客观、忠实地记录了2018年以来我国互联网行业的发展状况,对中国互联网发展环境、资源、重点业务和应用、主要细分行业和重点领域的发展状况进行了总结、分析和研究，对相关领域的专家学者掌握互联网行业发展前景和前沿趋势有重要的参考意义。

参考文献

[1] 刘远翔.互联网保险发展对保险企业经营效率影响的实证分析[J].保险研究,2015(9).

[2] 李建军,罗明雄.互联网金融[M].北京:高等教育出版社,2018.

[3] 唐勇,赵涤非,陈江城.互联网金融概论[M].北京:清华大学出版社,2018.

[4] 赵永新.互联网金融理论与实务[M].北京:清华大学出版社,2017.

[5] 海天理财.一本书读懂互联网金融[M].北京:清华大学出版社,2015.

[6] 谭玲玲.互联网金融[M].北京:北京大学出版社,2019.

[7] 赵华伟.互联网金融[M].北京:清华大学出版社,2017.

[8] 陈秀清,何杉,徐士琴,张驰.互联网证券业务的风险控制研究[C].创新与发展:中国证券业2017年论文集.中国证券业协会,2018:856-872.

[9] 胡爱明.互联网信托风险及防范策略探讨[J].中国管理信息化,2020,23(01):132-135.

[10] 谭明月.我国互联网信托发展现状分析[J].商场现代化,2014(20):207.

[11] 于婧.我国直销银行现状及发展建议[J].现代商业,2022(25):44-46.

[12] 郑莉莉.互联网保险的发展现状、机遇挑战与前景分析[J].中国保险,2023(06):8-11.

第七章

互联网金融门户

本章导读

作为第三方金融中介服务平台,互联网金融门户通过对各类金融产品原始信息进行筛选和提炼,建立符合其经营目标的金融产品数据库,为客户提供金融产品和资讯的搜索、汇聚与比较,解决服务信息不对称问题,实现其渠道价值。与此同时,互联网金融门户根据客户的行为变化及信息反馈及时了解客户实时需求,为客户提供差异化金融服务,从而有效满足互联网时代人们对于各类金融产品和服务的个性化需求。那么,作为支持业态的互联网金融门户主要有哪些类别?其特征与作用分别是什么?面临哪些风险?不同类别信息门户的运营模式与盈利模式如何?怎样充分利用各类门户提供的信息进行理财规划或融资决策?通过本章学习,可以找到这些问题的答案。

学习目标

理解互联网金融门户的概念,了解互联网金融门户的作用、分类、面临的风险及其对金融业态发展的影响;熟悉常用的第三方资讯平台、金融垂直搜索模式和在线金融超市,了解其在互联网金融产业链中的作用;掌握各类互联网金融门户网站的运营模式和盈利模式。

知识架构

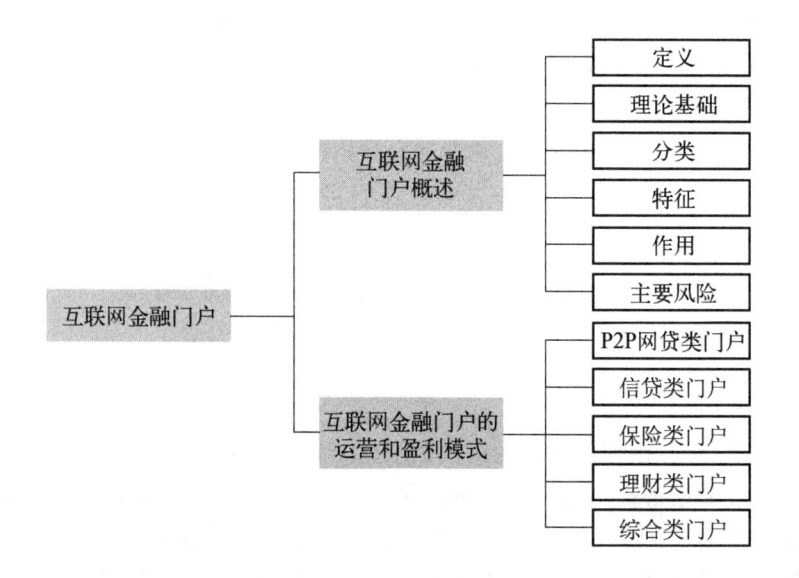

```
                              ┌── 定义
                              ├── 理论基础
              ┌─ 互联网金融   ├── 分类
              │  门户概述     ├── 特征
              │              ├── 作用
              │              └── 主要风险
互联网金融门户─┤
              │                   ┌── P2P网贷类门户
              │                   ├── 信贷类门户
              └─ 互联网金融门户的 ├── 保险类门户
                 运营和盈利模式   ├── 理财类门户
                                  └── 综合类门户
```

导入案例

融 360

融360成立于2011年10月,是中国知名的移动金融智选平台,致力于实现"让金融更简单,成为每个人的金融伙伴"的使命与愿景。目标用户是广大"小融"用户,即零售金融市场上零散的、有着个性化需求的中长尾用户,主要是个人消费者、小微企业主和个体工商户。其主营业务有四个。

1. 贷款

平台通过大数据技术,解决贷款过程中的信息不对称问题。用户通过融360独有的智能匹配系统,可一站式比较数万款贷款产品,筛选产品并直接提交申请。对银行而言,融360则是批量获取优质客户的营销渠道。

2. 信用卡

融360信用卡业务,是全方位金融信息服务平台的一部分,服务所有"对信用卡有需求的人"——从时尚白领、创业达人,到蓝领技工、田间农民等等,通过"推荐+筛选匹配"方式,帮助用户找到最适合的信用卡,降低用户获取成本,同时提高银行的营销效率。

3. 理财

融360定位于一个汇集理财产品、理财信息的一站式比价平台和社区。目前主要提供资讯、评测内容和产品搜索等服务,帮助客户降低信息的获取、处理成本,辅助用户做出理智、安全的理财决策。

4. 报告

融360大数据研究院,致力于"互联网+金融"领域的大数据监测与专业研究。目前涵盖的研究领域包括银行存款利率、银行理财、网贷、消费金融等领域,同时搭建了融360数据中心,对行业数据进行实时数据监控,并定期推出数据分析报告。

由案例可见,互联网金融信息门户一方面通过云计算、大数据、物联网和人工智能等技术,提供金融产品或服务信息的搜索、匹配和推荐服务,让广大中长尾用户获得高效、方便、划算且安全的服务;另一方面为金融机构提供贷前、贷中、贷后全流程风控解决方案,多维度立体输出"技术+场景+用户+运营"全链条服务,帮助金融机构将服务下沉,覆盖更多的大众人群。

第一节 互联网金融门户概述

一、定义

互联网金融门户是指利用互联网提供金融产品和金融服务信息,汇聚、搜索和比较金融产品,并为金融产品销售提供第三方服务的平台。门户网站的发展经历了从综合门户到垂直门户、从通用搜索平台到垂直搜索平台两个阶段。而互联网金融门户产生于第二阶段,即垂直门户的快速发展时期。此时,随着国内互联网逐步向分众渗透,网络应用逐渐深化,网络服务垂直化已成为重要的发展趋势,为互联网金融门户的产生提供了可能性。互联网金融门户的核心是"搜索＋比价",即采用金融产品垂直比价的方式,将各家金融机构的产品放在平台上,使得用户可以通过对比挑选合适的金融产品。互联网金融门户多元化创新发展,逐步形成了可提供高端理财投资服务、保险产品咨询、比价和购买服务等多种功能的门户网站。这种模式不存在太多政策风险,因为平台既不负责金融产品的实际销售,也不承担任何不良的风险,同时资金也完全不通过该中间平台,其本质在于借助平台以促成双方或多方供求之间的交易,进行价值共创。

二、理论基础

(一)平台经济理论

请扫描二维码观看视频"互联网金融门户的理论基础",初步了解互联网金融门户发展的理论依据。该视频运用平台经济理论说明互联网金融门户通过平台模式实现双边市场效应、外部经济效应、创新升级效应和成长衍生效应等,从而提高互联网金融效率。

互联网金融门户的理论基础

随着互联网信息技术高速发展和智能终端的快速普及,平台经济作为企业创新运作模式迅速崛起。越来越多的具有"平台经济"特征的企业制定"平台"战略满足双边(多边)不同类型市场的需求。

平台经济理论是产业经济学的一个新兴研究方向,始于 2000 年左右。目前,已有诸多学者对平台进行了多方面研究,平台经济理论处于不断发展完善中。

平台是一种现实或虚拟空间,该空间可以导致或促成双方或多方客户之间的交易。平台本身不生产产品,但通过提供信息资源和相关服务推进双方或多方供求之间的交易,进而收取适当的费用或赚取差价而获得收益。平台作为一种新的产业组织模式,产业形状更类似于网状结构,同时连接双边市场,多方交易主体均与平台相互联系,上下游企业以及同级企业实现多层次、交叉性互动。平台运营商作为商业生态系统的核心,起主导作用;内容和应用服务提供商依托平台而生存,相互之间存在协作与竞争的关系;终端用户是平台和应用服务提供商共同服务的对象,是平台赖以存在的基础。多方主体之间相互作用,有效满足各类客户企业的需求,实现多方共赢的局面。

作为一种新的产业组织业态,平台具有不同于传统产业的产业特征,如图 7-1 所示。

图 7-1 平台的产业组织业态图

一是平台面对双边(或多边)市场。只要没有另一方的需求,则这一方的需求也会消失。即只有平台连接的双边或多边市场同时对平台另一边提供的商品服务存在需求的时候,平台才能够产生价值。二是平台具有交叉网络外部性。与传统产业面对单一市场不同,平台同时连接双边市场,平台使用者之间存在多层次竞合关系,具有典型的交叉网络外部性特征。一边市场用户规模越大,则平台规模越大,平台信息资源更加丰富,为双边市场提供的信息资讯和商品服务的质量与数量均得到提高,进而吸引更多的另一边市场终端用户,平台规模进一步得到扩大,双边市场用户使用平台的效用将显著提升。互联网金融信息门户平台的规模与信息供给方和需求方的规模之间是相互依赖相互影响的关系。三是平台具有领导性。对于平台模式而言,平台企业具有制定一些规则和标准的权利,具备较强的领导性质。为了吸引更多企业购买平台服务,平台具有主动治理网络、提高平台服务效率与服务质量的充分激励。为了平台交易的有序达成,平台将制定使用企业的准入门槛和平台交易规则,并为交易双方提供支付工具、信用保障等支持服务机制。

平台也有生命周期,在生命周期的不同阶段,平台将采取不同的行为,因此如何根据平台自身的发展阶段采取相应的运行机制是平台发展的关键。而平台运行机制的关键,在于尽早实现和保持用户市场的规模化,因为规模化带来的交叉网络效应是平台得以持续运营和盈利的基础,涉及对包含内容提供商以及海量用户的多边市场的召集和利益协调问题。通过一定的市场策略启动并突破用户临界点,平台才能在竞争中生存下来。

互联网金融信息平台通过整合和集聚信息资源,加快其传播速度,帮助产业内资金供求主体降低信息资源的搜寻成本,从而提高服务质量,促进互联网金融发展。

作为资讯型金融服务平台,互联网金融信息门户搭建的双边市场能有效激发中小企业活力,拓宽项目融资渠道及信息传播通道。它通过高速且高效汇聚和传递信息,提供一体化解决方案等更优质的服务,不仅促进互联网金融行业的发展,还引起了产业组织形式和金融服务模式的深刻变革。

总之,互联网金融信息门户通过平台模式不但实现了双边市场效应、外部经济效应、创新升级效应和成长衍生效应等,从而提高互联网金融效率,还发挥了平台的产业效应,优化了互联网金融的产业结构,促进互联网金融发展。其中双边市场效应、外部经济效应和创新升级效应通过整合双边资源、共享资源要素、拓展生产边界、提高信息生产力、优化交易环节和发挥第三方职能推动创新发挥作用,实现融资效率的提高;创新升级效应和成长衍生效应通过模块化内部再分工、打破传统组织边界发挥作用实现产业结构的优化。

(二) 共享经济模式下的价值共创理论

价值共创思想最早起源于19世纪,雏形是共同生产,主要出现在服务经济学研究领域。目前主流观点有三个:一是"顾客体验价值共创理论"。以竞争理论为前提,从顾客体验视角出发,认为顾客与企业共同创造价值的核心在于顾客的体验价值,要实现这种消费者体验价值重点在于参与者之间的互动。二是"服务主导逻辑的价值共创理论"。这一理论的立足点是服务主导逻辑,他们认为服务是一切经济交换的基础,价值不再仅仅是企业创造的,消费者也能参与其中,并且企业和消费者共同创造出的价值不再局限于传统的交换价值,还强调了使用价值。使用价值是指消费者在使用产品或服务的过程中与企业发生互动共同创造的价值。此外，在价值共创系统中，消费者扮演了资源整合者的新角色。三是"顾客主导逻辑的价值共创理论"。随着时代的发展，互联网和信息技术导致的信息越来越公开和更易获取，消费者拥有了越来越多的知识、技能等操纵性资源，价值共创越来越多地由顾客决定，企业发挥更多的是支持作用。

共享经济也称分享经济，起源于20世纪80年代，美国学者马丁·威茨曼于1984年首次阐述了分享经济的理念，同一时期，国内学者李炳炎首次提出分享经济一词。传统分享经济理论的提出是为了消除西方国家的"通胀"、解决社会财富在企业内部与社会制度框架下存在的不公平现象。20世纪70年代的石油危机导致西方部分发达国家经济结构失调、通胀加剧、失业增加，亟须一种新型经济模式来缓解这一危机，共享经济模式应运而生。

20世纪80年代，对共享经济的研究主要集中于宏观和微观两个方面。微观层面主要围绕最优分享比率、利润分享计划实施对员工劳动生产率的影响以及公司内部人力资本所有权控制等问题进行研究。宏观层面，大多数学者对利润分享计划的实践存在质疑。

随着网络平台兴起、信息技术应用深化、消费观念转变，共享经济逐步发展成一种新型经济模式，并具有协作式消费、个人对个人交易、临时工经济和开放式经济四大特点。作为以信息技术为载体的新经济模式，不仅改变了人们的生活和思维方式，而且能够扩大经济效益并助推新兴产业发展，同时有利于深化供给侧结构性改革，具有可持续性发展前景。

与传统经济模式不同，共享经济通过互联网和信息技术打破时间和空间的约束，对社会闲置资源进行重新利用和组合，以创造出新的市场价值。共享经济作为基于技术手段提升闲置资源利用效率的新范式，在为社会盘活存量、提升效率和服务质量等方面起到关键性作用，其理念和发展模式已经渗透到各行业领域。可见，共享经济的产生和发展正给传统经济带来颠覆性的影响。

英国学者雷切尔·布茨曼和茹·罗杰斯将共享经济概括为共享生产、共享学习、共享消费及共享金融四大类。共享金融主要包括众筹、补充货币以及联保。共享金融本质上是整合优化线下金融资源，实现供求双方直接交易，作为一种新型的供给是对未来金融产业发展的展望。

共享金融包含互联网金融、金融市场化、普惠金融、金融服务实体等金融演进方向和理念，是一种适应后工业时代和消费者主权社会的金融模式，包含金融资源供求个体之间、金融供求个体与机构之间以及金融机构之间的共享。共享金融在拓展融资空间、融资渠道两方面能够助力普惠金融的实现，避免交易双方期限错配和委托代理，消除了流动性危机和因委托代理而产生的资产泡沫，缓解现代金融体系的脆弱性，还能够减少融资成本。但是，共享金融在规模效率方面受各金融平台排他性、数据不足限制，在集体、个体利益矛盾方面受金融机会主义者行为的影响，在金融信任度方面受征信系统完善程度的限制，在突破传统金融方面受现有法律的限制。

2012年，互联网金融作为一个正式概念在国内首次被提出后便迅速发展起来，是互联网行业和传统金融行业间的跨行业结合。在互联网金融模式下，资金的供求双方直接交易，减少了金融中介的成本，体现了共享金融的理念，促进了实体经济的发展。"互联网金融"属于共享经济网络中的重要枢纽，共享经济的出现改变了互联网金融的模式，而互联网金融也是共享经济与其他领域联系和结合的重要桥梁，推动共享经济的良性发展。

互联网金融平台的价值共创是金融企业、平台、消费者等多方参与,并通过互动产生价值的过程。互联网金融平台融合供需双方的资源,通过互动共同提升资源的总价值,是自发且具备可持续性价值创造的生态系统。基于共享经济背景的互联网金融平台的价值共创活动是以平台为桥梁连接资金供需双方,在考虑合作伙伴、宏观经济活动、互联网发展水平、供需双方特征、平台成员的分布和联结以及金融动态等因素的前提下,形成由资源价值共创到关系价值共创再到网络价值共创的良性价值共创循环系统。图7-2为互联网金融平台S-D价值共创模型。

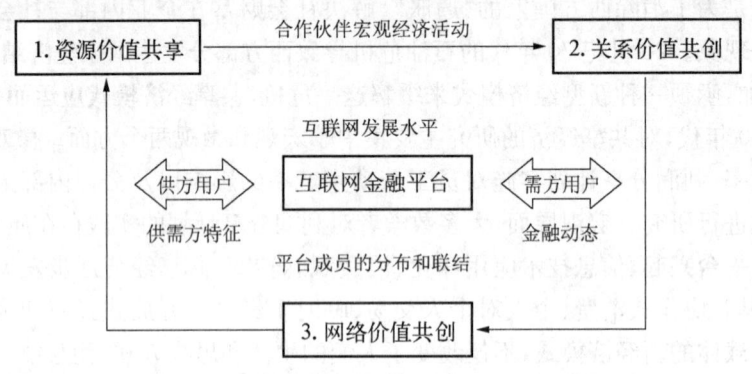

图7-2 互联网金融平台S-D价值共创模型

三、分类

(一) 基于金融产品销售产业链层面

根据互联网金融门户的服务内容及服务方式,将互联网金融门户分为第三方资讯平台、垂直搜索平台以及在线金融超市三大类。

1. 第三方资讯平台

第三方资讯平台是为客户提供全面、权威的金融行业数据及行业资讯的门户网站,是在网络借贷市场讯息不够公开透明、暴雷现象频发的背景下应运而生的,既是投资人用以区分良莠平台的指引专家,也是借款人选择合适产品的咨询专家,典型代表有网贷之家、和讯网、网贷天眼等。

第三方资讯平台的功能覆盖面广、信息涵盖齐全。依据第三方资讯平台提供的信息,投资人在进行投资决策时可以更好地了解网贷平台资金流动性、信息透明度、贷款成交量等信息,甄别虚假平台及虚假标的,谨防网贷陷阱;而借款人对于所有平台的相关信息也几乎可以做到了如指掌,在进行互联网金融产品选择时,对于各平台的规模大小、资金来源、合规性以及权威性具有清晰的认知,可以更容易地筛选出适合自身的产品。

陆金所

请扫描二维码进入财富信息平台"陆金所","陆金所"致力于为广大投资者提供专业、高效、安全、透明的综合财富信息服务,助力大众财富的保值与增值。

请扫描二维码进入中国财经网络门户"和讯网"。"和讯网"创立于1996年,作为中国财经网络领袖和中产阶级网络家园,提供全方位的财经资讯及全球金融市场行情,覆盖股票、基金、期货、外汇、债券、保险、银行等。

2. 垂直搜索平台

垂直搜索平台是聚焦于相关金融产品的垂直搜索门户。所谓垂直搜索是针对某一特定行业的专业化搜索,在对某类专业信息提取、整合以及处理后反馈给客户。互联网金融垂直搜索平台通过提供信息的双向选择,从而有效地降低信息不对称程度。

垂直搜索平台和普通的网页搜索引擎的最大区别是对网页信息进行了结构化信息抽取,也就是将网页的非结构化数据抽取成特定的结构化信息数据,是对网页库中的某类专门信息进行的一次整合,定向分字段抽取出需要的数据,处理后再以某种形式返还给用户。互联网金融垂直搜索平台通过提供丰富的资金供需信息,满足供需双方双向自由选择,从而有效地降低互联网金融交易的搜索与匹配成本。典型代表有融360、和信贷和网贷之家等。

3. 在线金融超市

在线金融超市汇聚了大量的金融产品,在提供在线导购及购买匹配、利用互联网进行金融产品销售的基础上,还提供与之相关的第三方专业中介服务。该类门户一定程度上充当了金融中介的角色,通过提供导购及中介服务,解决服务信息不对称的问题。典型代表有大童网、点融网、91金融超市等。

从产业链角度分析,第三方资讯平台在产业链中充当的是外围服务提供商角色,垂直搜索平台在产业链中充当的是媒介角色,而居于二者上游的便是在线金融超市,该类门户在产业链中充当的是代理商角色。三者均为产业链下游客户服务,处于三者的上游企业便是金融机构。

(二)基于互联网金融门户经营的产品种类

互联网金融门户可以根据所汇集的金融产品、金融信息的种类不同,将其细分为P2P网贷类门户、信贷类门户、保险类门户、理财类门户以及综合类门户五个子类。其中,前四类互联网金融门户主要聚焦于单一类别的金融产品及信息,而第五类互联网金融门户则致力于金融产品、信息的多元化,汇聚着不同种类的金融产品和服务信息。

1. 网贷类门户

网贷类门户仅仅聚焦于网贷行业,并不涉及银行等金融机构的传统信贷业务,因此,将其与传统信贷类门户加以区分,单独归类进行分析。

网贷类门户与网贷平台存在本质上的差异。网贷平台是通过网贷公司搭建的第三方互联网平台进行资金借、贷双方的匹配,是一种"个人对个人"的直接信贷模式。而网贷类门户的核心定位是网贷行业的第三方资讯平台,是行业的外围服务提供商,通过为投资人提供最新的行业信息,并为其搭建互动交流平台,致力于推动网贷行业健康发展。

资讯类网站是当今互联网的基本组成形态,人们通过网站可以了解到大量的信息。网贷类门户也不例外,它是每一位网贷投资者最为关注的门户网站之一,是理财人和借款人了解网贷行业以及各家网贷平台运营状况的窗口,同时,网贷类门户的"曝光台"对存在倒闭及携款跑路风险的网贷平台也能起到一定的监督及风险预警作用。

请扫描二维码进入一站式金融科技平台"度小满","度小满"运用领先的技术实力精准识别小微风险特征,用科技助力小微主体降低融资成本。

度小满

2. 信贷类门户

目前,该类别互联网金融门户核心业务形态主要以"垂直搜索+比价"为主,因此,信贷类门户定位是信贷产品的垂直搜索平台,将传统的线下贷款流程以及信贷产品信息转移到线上,为传统信贷业务注入互联网基因。

现阶段,信贷类门户虽然将线下信贷产品业务流程转移到线上,初步实现了信贷业务流程在线化,但由于信贷产品极其复杂并具有一定风险性,因此,目前国内客户购买信贷产品的方式依然以 O2O 模式为主,即客户通过在线搜索信贷产品信息进行比对,然后到线下的相关金融机构进行购买,亦即所谓的 ROPO(Research Online Purchase Offline)模式,距离完全在线自助式购买还需技术与服务智能化程度的进一步提高。

3. 保险类门户

保险类门户的核心定位分为两类,一类是聚焦于保险产品的垂直搜索平台,其主要利用云计算、大数据、物联网和人工智能等技术精准、快速地为客户提供产品信息,从而有效解决保险市场中的信息不对称问题。另一类保险类门户定位于在线金融超市,充当的是网络保险经纪人的角色,能够为客户提供简易保险产品的在线选购、保费计算以及综合性保障方案等专业性服务。图 7-3 显示了慧择网的所有产品。

图 7-3 慧择网的所有产品

保险类门户为客户提供了一种全新的保险选购方式,并实现了保险业务流程的网络化,具体包括保险信息咨询、保险计划书设计、投保、核保、保费计算、缴费和续期缴费等。

4. 理财类门户

理财类门户作为独立的第三方理财机构,可以客观地分析客户理财需求,为其推荐相关理财产品,并提供综合性的理财规划服务。理财类门户与信贷类门户、保险类门户的定位并无太大差异,只是在聚焦的产品类别上有所不同,其本质依然分为垂直搜索平台以及在线金融超市两大类,并依托于"搜索＋比价"的核心模式为客户提供货币基金、信托、私募股权基金等理财产品的投资理财服务。此外,部分理财类门户还搜集了大量的费率信息,以帮助客户降低日常开支。

5. 综合类门户

综合类门户的本质与信贷类门户、保险类门户以及理财类门户并无太大差异,其核心定位依然是互联网金融领域的垂直搜索平台和在线金融超市。综合类门户与其他门户的不同之处在于所经营的产品种类,后三者均聚焦于某种单一金融产品,而综合类门户则汇聚着多种金融产品。

综合类门户本身不参与交易,而是引入多元化的金融产品和大量相关业务人员,为客户搭建选购各类金融产品以及与业务人员直接对接的平台。

四、特征

互联网金融门户网站大多脱胎于金融资讯网站,依靠为用户提供及时、可靠的资讯与产品信息建立用户黏性。依托优秀的垂直搜索引擎梳理和整合相关资讯、产品信息,其潜在的流量入口功能及平台价值正为越来越多的人所发掘、重视。未来,互联网金融门户网站既可以为投资者与融资者提供双方所需的金融资讯信息和专业融资服务,又可以为阳光私募基金和信托产品等理财与资产管理行业提供销售、交易的渠道。可以说其在整个融资环节中占据最关键的一环,自然也可能成为整个行业最具盈利前景的部分。

(一)搜索方便快捷,匹配快速精准

互联网金融门户打造了"搜索＋比价"的金融产品在线搜索方式,即采用金融产品垂直搜索方式,将相关金融机构各类产品集纳到网站平台,客户通过对各类金融产品的价格、收益、特点等信息进行对比,自行挑选适合其自身需求的金融服务产品。

具体来看,从互联网纵向分层的角度上分析,互联网金融门户的重要革新主要集中在搜索层,即对海量金融产品信息进行挖掘、甄别、加工、提炼的过程和服务。互联网金融门户通过网络内容挖掘和网络结构挖掘,对各类金融产品信息等原始数据进行筛选和提炼,建立符合其经营产品类别的金融产品数据库,以便于客户对金融产品进行快速、精准地搜索比价。同时,互联网金融门户还可以通过网络用户挖掘,将客户在网络交互过程中的网络行为数据抽取出来,进行智能分析,以便于更好地了解客户的需求倾向。

(二)顾客导向战略,注重用户体验

互联网金融门户的另一核心竞争优势是顾客导向型战略,即通过对市场进行细分来确定目标客户群,根据其特定需求提供相应服务。其宗旨是提升客户在交易过程中的用户体验度,通过产品种类的扩充和营销手段的创新,动态地适应客户需求。

从经济学角度分析,互联网金融门户注重用户体验的原因在于网络金融产品和服务具有规模经济的特性。具体来看,虽然互联网金融门户额外增加一个产品或提供一次服务的边际成本较低,而且随着门户规模的扩大,其平均成本会随着产品供给的增加而不断下降。但是,互联网金融门户获取规模经济的先决条件是掌握大量的客户资源。因此,顾客导向型战略可以使互联网金融门户根据客户的行为变化及信息反馈,及时了解客户实时需求,为其提供差异化金融服务,甚至可以协助金融机构为其设计特定金融产品,更好地满足客户特定需求,从而使互联网金融门户进一步扩大市场份额,赚取更多的利润。

(三) 占据网络入口,凸显渠道价值

从产业链角度分析,互联网金融门户的上游为金融产品供应商,即传统金融机构,下游为客户,而作为中间桥梁的互联网金融门户,其最大的价值就在于它的渠道价值。互联网金融门户分流了银行业、信托业、保险业的客户,加剧了这些行业的竞争。

五、作用

从短期来看,互联网金融门户发展的影响主要体现在提高信息对称程度及改变用户搜索金融产品信息方式两个方面。从长期来看,互联网金融门户能够天然地面向所有网民提供服务,服务面极广,能为更多的中小投、融资者提供服务,从而为当前以大金融机构为大企业服务为主的融资模式提供了有益补充。此外,当互联网金融门户拥有了庞大的客户资源和渠道优势后,必然会对上游的金融产品供应商形成反纵向控制。

(一) 降低金融市场信息不对称程度

市场信息不对称往往导致道德风险与逆向选择,市场会出现劣质产品取代优质产品的现象,这就是所谓的"柠檬市场"现象。现阶段,以信息服务为核心的互联网金融门户,对金融业最大的影响就是有效地降低了金融市场的信息不对称程度,从而有效地减少该现象出现的概率。

互联网金融门户通过搜索引擎对信息进行组织、排序和检索,有效缓解信息超载问题。其形成的"搜索＋比价"模式为客户提供了充足且精准的金融产品信息,有针对性地满足了客户的信息需求,从而减少了逆向选择的发生。另一方面,由于网贷市场、保险市场存在管理滞后、发展模式粗犷等问题,互联网金融门户还起到了一定的监督职能,即通过企业征信及风险预警等方式对相关企业进行实时监督,减少了道德风险的出现。

(二) 改变用户习惯

随着云计算、大数据、物联网和人工智能等互联网金融核心技术的发展,互联网金融门户将金融产品从线下转移到了线上,形成"搜索＋比价"的方式,让用户快速且精准地搜索和比较非标准化、风险性和复杂性较高的金融产品成为可能,使得其足不出户就可以搜索到满足自身需求的金融产品。与传统的搜索方式相比,"搜索＋比价"的方式大幅提高了客户的搜索效率,既节省了时间,又降低了交易成本,还加快了信息和资金的流通速度。先去搜一搜,再比比价,已成为网民购买金融产品和服务的一种普遍习惯。

(三) 形成对上游金融机构的反纵向控制

从长期来看,随着利率市场化水平不断提升,资本市场不断完善,国内市场将会步入金融产品过剩的时代,金融领域的竞争格局也会从产品竞争逐步转向产业链竞争。届时,最稀缺的资源莫过于稳定的客户群体,而当互联网金融门户成为掌握客户资源的重要渠道后,势必会拥有金融产品销售这一纵向结构的决策权以及对上游金融产品供应商(如银行、基金公司、保险公司、投资公司等)的议价能力,逐渐形成对上游供应商的反纵向控制。

六、主要风险

互联网金融门户是基于信息通信技术运行的互联网金融模式,不直接参与交易,仅作为第三方资讯平台或垂直搜索平台为用户提供相关信息及增值服务。因此,互联网金融门户在延续了部分传统金融风险的同时,更多地体现了网络风险的特征。

(一) 技术风险

互联网金融门户的技术风险是针对互联网金融门户网络安全性而言的,是目前互联网金融门户面临的最主要的风险之一。

互联网金融门户直接连接到外部不同门类、不同级别的网络,互联网金融门户与业务主机应用系统之间存在大量的数据通信,因此,一旦互联网金融门户出现内部操作失误或受到外部黑客攻击,不仅整个系统面临停机或瘫痪的风险,更为严重的是金融机构的交易数据及用户的个人信息将存在泄露的可能性,导致难以估量的损失。

(二) 法律风险

互联网金融门户面临的主要问题是传统金融机构所适用的法律是否能够应用到互联网金融门户形式下的金融机构,以及互联网金融门户网站对交易信息的虚实是否负有保证责任等。互联网金融门户是传统金融机构拓展业务的一种渠道,将线下宣传和交易通过第三方服务平台搬到线上,其交易主体并未发生变化,交易双方所产生的法律关系性质并未改变,因此,对于其中所涉及的法律问题,基本上是沿用现有法律规范对传统金融机构的相关规制。无论是银行、信托公司、财务公司还是保险公司,都是法律所规定的传统金融机构,仍可沿用法律对传统金融机构进行规制所指定的法律。

在互联网金融门户场景下,门户网站作为提供信息的中间人相对于消费者而言处于明显的优势地位。互联网门户网站为金融交易提供搜索服务及交易平台,是否需要负担起类似于第三方评价机构的责任?是否负有和金融机构同等的信息披露义务?发生法律纠纷时,互联网金融门户网站是否需要就虚假信息承担责任?这种责任是过错责任还是无过错责任?这些问题都有待确认,这对消费者而言具有比传统金融交易方式更大的风险。

(三) 信用风险

信息失真和信息泄露是互联网金融门户信用风险的两种主要表现形式。从信息传播角度来看,第一时间快速传播有助于抢占重要信息的首发权,但随着信息传播的提速,信息的精准度可能会下降，甚至会出现信息失真的情况。具体来看，互联网金融门户的信息失真主要表现在信息不准确、不安全及虚假信息等方面，其风险在于一旦出现互联网金融门户披露的相关信息被广泛援引、转载，信息的精准度下降，甚至出现信息失真，不仅会导致互联网金融门户的专业水准及公信力遭到质疑，还会导致因客户的经济损失而面临赔偿或法律纠纷等严重后果。

同时，客户在交易过程中会留下详尽的私人信息，如身份证号码、详细住址、银行账号和密码等，一旦互联网金融门户监管不严，内部员工为了一己私利向不法机构兜售客户信息，或互联网金融门户受到黑客等外部攻击，客户的私人信息遭到泄露，可能会给客户带来严重的信息安全危害和经济利益损失。

第二节　互联网金融门户的运营和盈利模式

互联网金融门户为客户提供在线金融服务，这种智能化的运营模式将大数据技术、垂直搜索技术与金融顾问、贷款初审等传统金融服务相结合，实现了金融搜索方式以及金融业务流程的更新，其核心在于利用数据的可追踪性和可调查性等特点，依托数据分析以及数据挖掘技术，根据客户的特定需求，为其筛选并匹配符合条件的金融产品。

在盈利方面，现阶段互联网金融门户的主要收入来源有佣金、推荐费、广告费、培训费以及咨询费等。总体来看，无论是佣金、广告费还是推荐费，互联网金融门户盈利的核心在于流量以及转化率。与吸引流量相比，更为重要的是在流量基础上提高转化率，因为互联网金融门户处理信息的成本在短期内很难降低，所以在流量固定的假设条件下，互联网金融门户的转化率越高，收益也就越高。因此，互联网金融门户要注重网站内容与页面设计，提供内在价值高的金融产品，同时创新搜索方式，简化操作流程，努力增强用户黏性，从而提高转化率，使互联网金融门户获取稳定且可持续的收入。但是，对于特定的互联网金融门户，由于定位不同，其运营模式和盈利模式又各有特征。

一、网贷类门户

（一）运营模式

作为第三方资讯类互联网金融门户的网贷类门户网站秉承公平、公正、公开的原则，对互联网金融信息资源进行汇总、整理，并具备一定的风险预警及风险揭示功能，起到了对网贷平台的监督作用。因此，在网贷类门户上，客户可以搜索到大量的网贷行业资讯、行业数据，有效地降低了借贷双方的信息不对称程度。同时，网贷类门户以客观中立的立场，通过门户工作人员走访、考察等方式，将全国各地具备资质且运营状况良好的网贷平台纳入网贷类门户的导航栏中，为有理财需求和有贷款需求的客户提供相关信息参考，有效地解决了其对网贷平台信息获取问题。

此外，网贷类门户还具备一定的风险屏蔽及风险预警功能。例如，网贷之家通过平台准入审核，筛选出具备相关资质及良好信誉的网贷平台，并对准入平台的信息进行实时监控，以便于在携款跑路等事件发生前及时进行风险预警。

(二) 盈利模式

目前,第三方资讯平台类互联网金融门户的盈利模式与传统资讯类网站的盈利模式相比并无太大差异,主要是通过广告联盟的方式来赚取利润。该盈利模式的核心就在于流量,依靠网站的流量、访问量和点击率,吸引广告。门户日均访问量越多,越容易吸引企业投放广告,从而获取更多利润。此外,有一部分网贷类门户还通过对网贷平台进行培训及相关咨询服务的方式来实现营收。

二、信贷类门户

(一) 运营模式

鉴于信贷类门户的核心定位为垂直搜索平台,因此该类门户不参与到借贷双方的交易,也不做属于自己的信贷产品。

在该类网站上,客户可以搜索到不同金融机构的信贷产品,并通过各类产品间的横向比较,选择出一款适合自身贷款需求的信贷产品。

在信贷产品信息采集方面,信贷类门户通过数据采集技术以及合作渠道提供的信息建立数据库,汇聚着各类信贷产品信息,并对产品信息进行实时更新,以确保客户搜索到的产品信息真实可靠。

在信贷产品搜索及匹配方面,信贷类门户设计了简明的信贷产品搜索框,包括贷款类型、贷款金额以及贷款期限等条件,便于精准定位客户的贷款需求,并根据其不同的需求进行数据分析和数据匹配,为客户筛选出满足其特定需求的信贷产品,供其进行比价。

(二) 盈利模式

信贷类互联网金融门户是信贷产品的垂直搜索平台,由于涉及具体的金融产品,而不是行业资讯及行业数据,因此,信贷类门户的盈利模式与第三方资讯类门户有所不同。现阶段,其收入来源主要以推荐费以及佣金为主,广告费、咨询费以及培训费等收入相对占比较低。

三、保险类门户

(一) 运营模式

保险类门户对各家保险公司的产品信息进行汇总,并为客户和保险公司提供了交易平台。同时,为客户提供诸如综合性保障方案评估与设计等专业性服务,以确保在以服务营销为主的保险市场中,依靠更好的增值服务争取到更多的客户资源。

目前,虽然国内外保险类门户数目繁多,但按其业务模式划分,保险类门户主要以 B2C 模式、O2O 模式以及兼具 B2C 和 O2O 的混合业态经营模式等三类模式为主。

此外,现阶段保险类门户汇集的险种还是以复杂程度低、同质化较高的意外险和车险为主。其原因不仅在于该险种易于横向比价,更为重要的是该类产品的边际成本较低,在保险类门户达到一定规模后,有助于其实现规模经济效益,从而发挥门户的渠道优势。

(二) 盈利模式

纵观国内外的保险类门户,其收入来源通常有以下三种:第一种是客户完成投保后所收取的手续费;第二种是依托保险类门户规模大、种类全、流量多等优势,通过广告联盟的方式收取广告费用;第三种是向保险机构或保险代理人提供客户信息和投保意向,从中收取佣金。

四、理财类门户

(一) 运营模式

理财类门户并不参与交易,其角色为独立的第三方理财机构。理财类门户结合国内外宏观经济形势的变化,依托云计算、大数据、物联网和人工智能等先进技术,通过合作机构等供应渠道汇集了大量诸如信托、基金等各类理财产品,并对其进行深度分析,甄选出优质的理财产品以供客户搜索比价。

同时,通过分析客户当前的财务状况和理财需求,如资产状况、投资偏好以及财富目标等,根据其自身情况为客户制定财富管理策略以规避投资风险,向其推荐符合条件的理财产品,并为之提供综合性的理财规划服务。

除了传统的 PC 端门户网站,理财类门户还开拓了移动端市场,涌现了一大批手机理财软件。移动端理财 App 的出现,不仅使得客户可以随时随地查询和购买理财产品,更为重要的是有助于理财类门户发挥其自身的渠道优势,积累更庞大、更优质的客户资源。

(二) 盈利模式

现阶段,理财类门户的盈利模式较为单一,主要以广告费和推荐费为主。理财类门户通过带给理财产品供应商用户量和交易量,收取相应的推荐费,因此其盈利模式的关键在于流量,有效地提高转化率,将流量引导给供应商,以完成整个服务过程,成为理财类门户稳定收入来源的重要保证。

五、综合类门户

(一) 运营模式

综合类门户主要起到金融产品垂直搜索平台以及在线金融超市的作用,业务模式仍然以 B2C 及 O2O 模式为主。

在以垂直搜索平台为核心定位的综合类门户上,客户不仅可以快速、精准地搜索到各类金融产品,对其进行比价,还可以通过平台与相关业务人员联系对接,进行线下咨询及购买,并通过信息反馈系统实现金融 O2O 模式的闭环,有效地解决了其对各类互联网金融平台的信息获取问题。

以线上金融超市为核心定位的综合类门户,充当的是金融中介的角色,其业务形态是在线导购,不提供信息的双向选择,只提供直接的购买匹配及导购服务,解决的是服务不对称问题,如图 7-4 所示。

图 7-4　91 金融的服务体系

(二) 盈利模式

综合类门户的盈利模式大致有三种：一是依托其流量价值，吸引在线广告的入驻，从而收取广告费用；二是通过向金融机构推荐客户和交易量，从中收取相应的费用；三是通过撮合交易，收取佣金。在客户购买金融产品的过程中，综合类门户为其进行全程协助，待交易完成后向金融机构收取一定比例的费用作为佣金。

以上五类互联网金融门户的定位、运营模式和盈利模式对比如表 7-1 所示。

表 7-1　五类互联网金融门户定位、运营和盈利模式

种　类	定　位	运营模式	盈利模式
网贷类	网贷行业的第三方资讯平台	汇总整理信息监督和风控	广告费 培训及咨询费
信贷类	信贷产品的垂直搜索平台	信贷产品信息采集 信贷产品搜索及匹配	推荐费 佣金
保险类	保险产品的垂直搜索平台或网络保险经纪人	汇总保险产品信息打造保险交易平台提供保险增值服务	手续费 广告费 佣金
理财类	独立的第三方理财机构	汇集理财产品 推荐合适方案 提供理财规划	广告费 推荐费
综合类	多元化金融产品的垂直搜索平台和在线金融超市	线上搜索比价金融产品 线下咨询及购买 O2O 闭环	广告费 推荐费 佣金

本章小结

互联网金融门户是指利用互联网提供金融产品、金融服务信息，汇聚、搜索、比较金融产品，并为金融产品销售提供第三方服务的平台。互联网金融门户的核心本质是"搜索＋比价"，即采用金融产品垂直搜索方式，将各家金融机构的产品放在平台上，用户通过对各种金融产品的价格、特点等进行对比，自行挑选合适的金融服务产品。互联网金融门户模式的快速发展，不仅满足了广大互联网客户对贷款、信托、保险、财富管理的多元化服务需求，并对传统金融行业造成了冲击。

根据相关互联网金融门户平台的服务内容及服务方式不同，将互联网金融门户分为第三方资讯平台、垂直搜索平台以及在线金融超市三大类；根据汇集的金融产品、金融信息的种类不同，可将其细分为网贷类门户、信贷类门户、保险类门户、理财类门户以及综合类门户五个大类。互联网金融门户面临的主要风险包括技术风险、法律风险、信用风险。

互联网金融门户为客户提供在线金融服务，这种智能化的运营模式将大数据技术、垂直搜索技术与金融顾问、贷款初审等传统金融服务相结合，实现了金融搜索方式以及金融业务流程的更新。在盈利方面，现阶段互联网金融门户的主要收入来源有佣金、推荐费、广告费、培训费以及咨询费等。互联网金融门户盈利的核心在于流量以及转化率，转化率越高，收益也就越高。因此，互联网金融门户要注重网站内容与页面设计，提供内在价值高的金融产品，同时创新搜索方式，简化操作流程，努力增强用户黏性，从而提高转化率，使互联网金融门户获取稳定且可持续的收入。

问题与思考

1. 互联网金融门户网站与金融机构、消费者是什么关系？他们之间是如何产生交集的？
2. 什么是互联网金融垂直搜索平台？登录一家垂直搜索平台，预设某种金融产品消费需求，体验垂直门户提供的金融产品比对服务。
3. 什么是在线金融超市？登录一家门户网站（如91金融超市），进入"理财"专区，了解相关理财产品分类、收益及风险，经考察后得出自己的看法。
4. 简述互联网金融门户的运营及盈利模式。
5. 举例说明互联网金融门户如何形成对上游金融机构的反纵向控制。
6. 试对比分析互联网金融门户与互联网金融平台的信用风险。

案例实训

运用互联网金融信息门户完成个人理财规划：

李女士工作五年，公司白领，计划拿出积蓄中的10万元用于投资。作为投资顾问，请根据以下步骤引导、帮助她完成个人投资理财规划。

步骤一：了解李女士的基本信息、投资需求及风险接受度。
步骤二：确定李女士理财规划拟配置的产品类别。

步骤三:利用第三方资讯平台选择合适的网络借贷平台。
步骤四:利用金融垂直搜索平台比较网络借贷平台的理财产品。
步骤五:选择合适的理财产品或投资标的。
步骤六:辅助李女士完成互联网保险产品的配置规划。
步骤七:完成个人投资理财规划。

拓展阅读

1. 陈道志.新金融3.0:打造互联网金融生态圈[M].北京:中国商务出版社,2018.
2. 欧阳日辉.互联网金融创新蓝皮书:中国互联网金融创新与治理发展报告(2019)[M].北京:社会科学文献出版社,2019.

参考文献

[1] 互联网金融研究院.互联网金融年鉴2014—2016[M].北京:中国经济出版社,2016.
[2] 互联网金融研究院.互联网金融报告2017:金融创新与规范发展[M].北京:中国经济出版社,2018.
[3] 陈宇.风吹江南之互联网金融[M].北京:东方出版社,2014.
[4] 范小云,刘澜飚,袁梦怡.互联网金融[M].北京:人民邮电出版社,2016.
[5] 李东荣,朱烨东.中国互联网金融发展报告(2015)[M].北京:社会科学文献出版社,2015.
[6] 李东荣,朱烨东,伍旭川.中国互联网金融发展报告(2016)[M].北京:社会科学文献出版社,2016.
[7] 罗党论.互联网金融[M].北京:北京大学出版社,2016.
[8] 罗明雄,唐颖,刘勇.互联网金融[M].北京:中国财政经济出版社,2013.
[9] 芮晓武,刘烈宏.中国互联网金融发展报告(2013)[M].北京:社会科学文献出版社,2013.
[10] 芮晓武,刘烈宏.中国互联网金融发展报告(2014)[M].北京:社会科学文献出版社,2014.
[11] 姚珊珊,滕建州,王元.我国互联网金融发展的问题与对策[J].税务与经济,2017(2):26-29.
[12] 张兆曦,赵新娥.互联网金融的内涵及模式剖析[J].财会月刊,2017(2):84-91.
[13] 中国互联网金融协会.2017中国互联网金融年报[M].北京:中国金融出版社,2017.
[14] 熊书晗.互联网金融信息服务公司盈利模式分析——以东方财富公司为例[D].广东外语外贸大学,2018.
[15] 朱晓文.互联网金融信息服务平台商业模式研究——以同花顺为例[D].浙江大学,2017.
[16] 周雷.互联网金融理论与应用[M].北京:人民邮电出版社,2016.

第八章

互联网金融业务的创新

本章导读

近年来,互联网金融得到了快速发展,在促进普惠金融发展、提升金融服务质量和效率、满足多元化投融资需求等方面发挥了积极作用。这一方面推动了传统金融机构的业务创新,同时也促进了互联网企业对互联网金融业务的开拓。除了已经初步成熟、初具规模的网络借贷、众筹等业务之外,互联网消费金融、大数据金融和互联网供应链金融等创新业务模式也已逐步进入大众生活,它们使得个人消费、中小企业资金周转和信贷结构管理的需求得到进一步满足,并在很大程度上提升了经营效率,成为传统金融业务的有益补充。那么,互联网金融业务有哪些创新?目前其发展现状如何?各自有哪些运营模式?如何影响了我们的生活?这些创新业务还面临着哪些亟待解决的问题?通过本章的学习,可以对这些问题有所了解。

学习目标

理解互联网创新的理论与内容;了解互联网消费金融的发展现状和发展方向,掌握互联网消费金融的模式和存在的风险;掌握大数据金融的运营模式、问题及发展前景;了解供应链金融的发展背景,掌握互联网供应链金融的概念和模式。

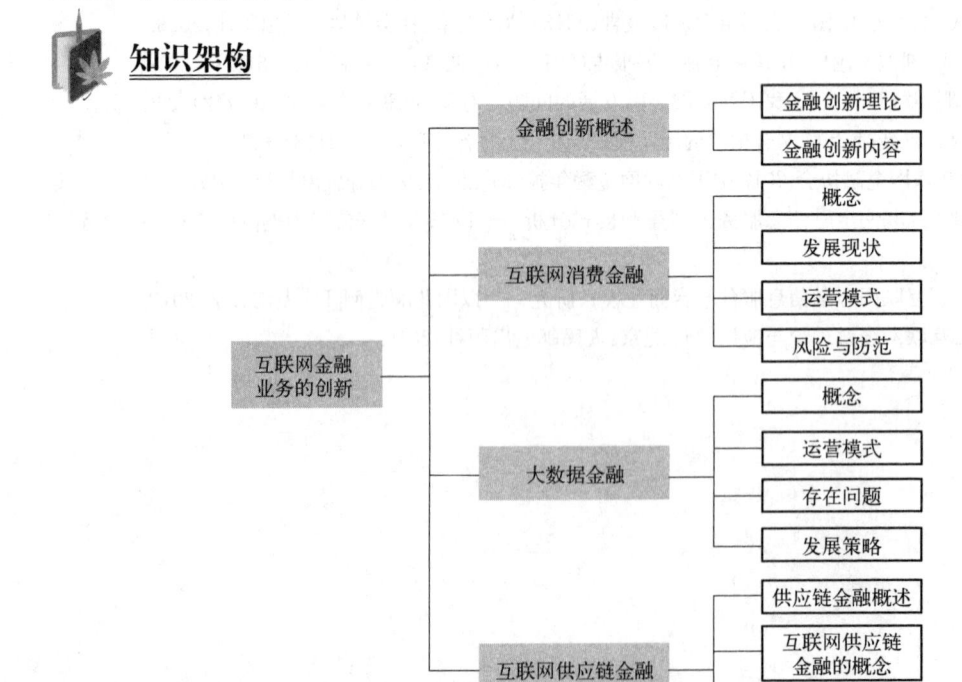

知识架构

```
互联网金融          金融创新概述 ── 金融创新理论
业务的创新                      └ 金融创新内容
            ├── 互联网消费金融 ── 概念
            │                 ├ 发展现状
            │                 ├ 运营模式
            │                 └ 风险与防范
            ├── 大数据金融 ── 概念
            │              ├ 运营模式
            │              ├ 存在问题
            │              └ 发展策略
            └── 互联网供应链金融 ── 供应链金融概述
                                ├ 互联网供应链金融的概念
                                └ 互联网供应链金融的模式
```

> **导入案例**

"360金融"发行10亿元互联网消费金融ABS产品

据上海证券交易所披露,2019年7月"360金融"发行的互联网消费金融ABS(Asset-backed Securities)产品"天风证券-360金融2期资产支持专项计划"已于上交所正式挂牌。此次ABS发行是第一季度"360金融"获得上交所和深交所共计100亿的储架发行额度的一部分,本期发行规模10亿元。

进入2019年,消费金融ABS市场并不平静。由于场内ABS门槛高、监管严,获准"入场"的企业也不多。随着某些头部机构在1季度消费金融ABS发行规模的断崖式下跌,整个消费金融ABS市场都出现了下行。"天风证券-360金融2期资产支持专项计划"的基础资产为向通过360借条申请并风控审核通过的借款人所发放的个人消费贷款,其中优先A级占比83%,获AAA评级。据悉,本次发行获得了多家股份制银行、保险资管、基金等金融机构的积极认购,表明"360金融"公司主体及资产质量得到了专业投资机构的认可。

"360金融"资金部负责人表示,对"360金融"而言,本次ABS发行代表着融资方式的拓展,有助于形成多元化的资金渠道。财报显示,"360金融"79%的资金来源于金融机构;1季度,获沪、深交易所各批50亿储架ABS。未来一段时间,"360金融"资金成本将呈现显著降低的趋势。低成本的资金来源,终将转化为终端消费者的福利,更好地满足个体的消费需求,为人民群众的美好生活增加更多亮色。

由此案例可见,互联网金融的快速发展一方面推动了传统金融产品的创新,同时也促进了互联网企业金融业务的开拓。

第一节 金融创新概述

西方发达国家金融创新的过程从20世纪60年代后期开始,至70年代各项创新活动日益活跃,到80年代已形成全球性的大趋势。金融创新是金融深化的必然趋势,也是经济发展到一定程度的客观要求,给各国的金融体制、金融宏观调节和国民经济发展都带来了深远的影响。

一、金融创新理论

(一)技术推进理论

该理论认为,技术创新成果在金融业的应用是促成金融创新的主要原因。科技创新成果推动金融业务电子化、自动化、数字化和通信设备现代化,大大缩小了时间和空间的距离,自动提款机、终端机、网上银行和第三方支付手段,极大地便利了客户消费,拓展了金融业的服务时间和客户空间,加快了资金流动速度,既方便了客户,提高了客户效用,又降低了运行成本,实现了价值创新。互联网实现了全球金融市场一体化,24小时全球性金融交易成为现实,从而实现了不同国家、不同市场、不同产品间的有效匹配,进而实现全球金融资源的大融合。

科技创新的集聚并在金融产业的应用创新,促成了金融创新,从而实现科技创新—产品创新—客户创新—市场创新—产业创新—管理创新的循环推进。金融创新是多因素相互作用的结果,但是"技术创新论"无法解释许多因竞争和政府放宽管制而出现的金融创新。

(二) 财富增长理论

该理论认为,经济的高速发展所带来的财富的迅速增长是金融创新的主要动因。随着财富增长,人们对资产安全、财富管理、金融交易都会产生新需求,满足客户需求成为金融创新的动力来源。"财富增长论"单纯从金融需求角度探讨金融创新的成因,没有考察科技创新、制度创新、管理创新、资源创新、产品创新和市场创新对金融创新的强大作用,因为制度创新导致的金融管制的放松、替代效应即转嫁利率、汇率和通胀率的各种金融创新都是重要的创新之举。

(三) 约束诱导理论

该理论认为,金融业回避或摆脱其内部和外部的制约、实现产品创新下市场创新的高收益是金融创新的根本原因。金融机构内部约束是为了保证资产流动性和偿债率的匹配,避免经营风险,确保资产运营安全。外部约束主要是金融监管当局的种种管制和制约以及金融市场上的一些约束。金融机构通过创新来逃避政府管制,减少管制造成的赢利机会的丧失和管制造成的成本提高;当围绕利润最大化的金融创新危及金融稳定与货币政策时,金融当局又会加强管制,新管制又会导致新的创新,两者不断博弈、相互作用、相互推动金融创新过程;管制与规避管制所引起的创新相互交替,形成螺旋式辩证发展过程。

(四) 制度改革理论

该理论认为,金融创新是一种与经济制度相互影响、互为因果的制度改革,金融体系的任何因制度改革而引起的变动都可以视为金融创新,从微观层面是为了降低成本增加收入,宏观层面是为了稳定金融体系。

全方位的金融创新只能在受管制的市场经济中出现,中国是金融创新最好的"制度土壤"。改革开放过程中,中国政府对金融领域的管制和干预行为,就暗含着金融制度领域内的创新。当市场活跃、经济相对开放以及管制不是很严的经济政策下,政府的管制和干预直接或间接地阻碍金融活动时,先行区和自贸区的金融创新就应运而生。

制度改革论将金融创新的内涵扩大到包括金融业务创新与制度创新两个方面,但将制度创新与金融创新紧密相连,特别是将带有金融管制色彩的规章制度也视为金融创新,这可能将为以创新名义开启管制之门创造条件。

(五) 交易成本理论

该理论认为,金融创新的核心因素是降低交易成本,即交易成本的降低是金融创新的主要动因:一是降低交易成本是金融创新是否具有实际价值的标准,二是金融创新是科技创新导致交易成本降低的反应。

二、金融创新内容

(一) 金融产品创新

金融产品的核心是满足需求的功能,它包括金融工具和银行服务。金融产品的形式是客户所要求的产品种类、特色、方式、质量和信誉，使客户方便、安全、盈利。在国际金融市场上，金融创新大部分属于金融产品的创新。

(二) 金融市场创新

金融市场创新是指通过对金融交易方法进行技术改进、更新或创设，从而形成新的市场架构的金融创新。随着市场经济的发展，为满足市场交易需求逐步出现了各种类型的金融市场，其按照不同的分类标准可进行以下分类，主要包括：① 差异性市场，如按不同内容划分的货币市场、外汇市场、资本市场、黄金市场、证券市场、抵押市场、保险市场等。② 时间性市场，按期限长短划分，短期的有资金拆借市场、票据贴现市场、短期借贷市场、短期债券市场等；长期的有资本市场，如长期债券市场、股票市场等。③ 地区性市场，如国内金融市场、国际金融市场等。

(三) 金融机构创新

金融机构创新是从金融创新经营的内容和特征出发以创造出新型的经营机构为目的建立完整的机构体系。随着市场经济的发展，为提供各类金融服务，金融机构体系不断完善。在市场经济条件下，各国金融体系大多数是以中央银行为核心来进行组织管理的，因而形成了以中央银行为核心、商业银行为主体、各类银行和非银行金融机构并存的金融机构体系。在中国，就形成了以中央银行为领导，国有商业银行为主体，城市信用合作社、农村信用合作社等吸收公众存款的金融机构以及政策性银行等银行业金融机构，金融资产管理公司、信托投资公司、财务公司、金融租赁公司以及经国务院银行业监督管理机构批准设立的其他金融机构，外资金融机构并存和分工协作的金融机构体系。

(四) 金融制度创新

一国的金融制度总是随着金融环境的变化，如政治、经济、信用制度、金融政策等的变化而逐渐演变的，这种演变不仅是结构性的变化，从某种意义上说，也是一种本质上的变化。金融制度创新包括金融组织体系、调控体系、市场体系的变革及发展。它影响和决定着金融产权、信用制度、各金融主体的行为及金融市场机制等方面的状况和运作质量。

(五) 金融管理创新

金融业管理创新机制包括两个方面：一方面，国家通过立法间接对金融业进行管理，目标是稳定通货和发展经济；另一方面，金融机构内部的管理，建立完善的内控机制，包括机构管理、信贷资金管理、投资风险管理、财务管理、劳动人事管理等方面。目前，金融机构管理，其着眼点都是通过资金来源制约资金运用，实现银行资产和负债双方总量和结构的动态平衡，不断创造新的管理方法。

(六) 金融资源创新

金融资源包括人才、财务、信息等，它是保证金融机构正常经营的必要前提，金融资源创新主要包括以下几个方面的内容：① 金融资源的来源创新。首先，金融业的正常经营必须有专门的人才，人才来源包括自己培养、吸收其他机构高级人才和引进国外高级专业人才；其次，必须有资金来源的充分保证，它要求金融机构经营者随时掌握资金供应市场的动态，挖掘和寻求新的资金供应渠道，开辟新的负债业务。② 金融资源的结构创新。金融资源结构包括高级专业人才比重大、负债结构合理等。③ 金融资源聚集方式创新。随着市场经济的发展,金融市场不断创造新的手段,用最经济、最有效的方法去聚集金融资源,合理地配置这些资源,以求得经营上的最大效益。

第二节 互联网消费金融

一、概念

随着互联网科技的进步和社会经济的发展,居民的消费理念和消费模式逐渐发生变化,一种新型的融通资金模式——互联网金融应运而生。互联网消费金融是指依托互联网技术向客户提供消费贷款、投资理财、保险等一系列相关金融服务,这是传统消费金融与互联网理念、技术、渠道全面融合的产物。且随着互联网金融的发展潮流,当前互联网金融的格局已经由原先的以传统金融机构为主,逐渐演变到如今的传统金融机构与非传统金融机构并驾齐驱的态势。互联网消费金融更是进入了爆发式、突破式、增长式的向上发展阶段。

二、发展现状

(一) 资金成本持续走低带动互联网消费金融规模增长

2014年以来,我国主要期限国债到期收益率逐渐走低,尤其是2015年的多次降息降准,使得资金成本持续走低,为我国消费金融创造了较为宽松的资金面和较低的资金成本。同时,2016—2017年,国家出台政策收紧银行房贷,使得居民贷款需求向互联网化方式转移。在双方面的共同作用下,我国互联网消费金融呈爆发式增长。如图8-1所示,2021年中国互联网消费金融行业放款规模达到20.2万亿元,余额规模达到5.8万亿元。

图 8-1 2016—2021 年中国互联网消费金融行业市场规模
资料来源:艾瑞、智研咨询整理。

(二) 监管政策频出,行业已进入整顿期

互联网消费金融行业在快速增长的背后,也暴露出了诸多问题,如过度授信、暴力催收等不合规经营方式。为规范、整顿行业,2017年开始,国家出台了各项资质、业务监管政策:2017年6月,我国银监会、教育部和人力资源和社会保障部联合印发《关于进一步加强校园贷规范管理工作的通知》暂停了网贷机构开展在校大学生网贷业务;11月,《关于立即暂停批设网络小额贷款公司的通知》出台,要求监管部门不得新批设网络小额贷款公司。表8-1为2017—2020年国家出台互联网消费金融行业规范政策情况。

表8-1　2017—2020年国家出台互联网消费金融行业规范政策情况

时　　间	政　　策	主要内容
2017年6月	《关于进一步加强校园贷规范管理工作的通知》	暂停了网贷机构开展在校大学生网贷业务
2017年11月	《关于立即暂停批设网络小额贷款公司的通知》	监管部门不得新批设网络小额贷款公司
2017年11月	《关于整顿规范"现金贷"业务的通知》	对现金贷业务做了全面的规范
2018年4月	《关于规范金融机构资产管理业务的指导意见》	强调资管产品平等地位,进一步明确非标的定义及要求,最大限度消除监管套利空间
2018年4月	《关于全面推进金融业综合统计工作的意见》	建立统一科学的金融业综合统计管理和运行机制,制定并完善标准和制度体系,建设并运行国家金融基础数据库,建成覆盖所有金融机构、金融基础设施和金融活动的金融业综合统计体系,实现大国金融数据治理
2018年8月	《关于进一步做好信贷工作提升服务实体经济质效的通知》	释放了"一手抓风险、一手抓发展"的信号
2019年1月	《关于做好网贷机构分类处置和风险防范工作的意见》	坚持以机构退出为主要工作方向,能退尽退,应关尽关,加大整治工作的力度和速度
2020年9月	《关于加强小额贷款公司监督管理的通知》	明确小额贷款公司业务范围、经营领域、贷款用途;对小额贷款管理公司的经营管理提出要求;明确各地监管责任等

资料来源:根据前瞻产业研究院数据整理。

国家政策的密集出台,标志着我国互联网消费金融行业从增长期进入整顿期。图8-2显示了我国互联网消费金融的发展阶段。

图 8-2　我国互联网消费金融的发展阶段

资料来源：根据前瞻产业研究院数据整理。

（三）电商平台放贷规模最高，前十机构放贷规模占比 67%

我国互联网消费金融的市场参与主体有电商、银行、P2P 网络借贷平台、持牌消费金融机构、消费分期平台和其他消费金融平台等。其中，电商平台消费金融凭借高流量、电商场景获得早期快速发展的优势，而后通过支付打通各消费场景，加之风控能力的优势从而实现领先地位。2017 年其放贷规模最高，占当年我国总放贷规模的 35%。此外，银行凭借着资金成本优势在 2017 年快速发展；消费分期平台则通过线下推广等方式实现早期市场教育和获客。

2017 年，互联网消费金融放贷规模前十机构的放贷量占全国总放贷量的 67%，市场集中度有所下降。因 2016—2017 年市场参与机构较多，创新性较强，推动市场整体增速的同时也提高了长尾机构的市场占有率。2018 年，市场增速放缓，政策监管趋严，市场向有资质、优质的互联网消费金融机构集中。

三、运营模式

随着互联网消费金融业务的快速增长，不同参与主体从不同角度切入消费金融服务，形成了不同的业务模式。当前较为常见的互联网消费金融的模式有三种，能够符合并满足不同人群的购物需求，其分别为电商平台模式、商业银行模式和 P2P 消费金融模式。

（一）电商平台模式

1. 京东白条模式

2014 年 2 月，京东推出"京东白条"，它是一种先消费、后付款的通过互联网消费的支付方式，在京东网站使用白条进行付款，可以享有最长 30 天的延后付款或最长 24 期的分期付款方式，是业内第一款互联网消费金融产品。

此后，京东白条还打通了京东体系内的 O2O（京东到家）、全球购、产品众筹，后来又逐步覆盖了租房、旅游、装修、教育、婚庆等领域，从赊购服务延伸到提供信用消费贷款，覆盖越来越多的消费场景，为更多消费者提供信用消费服务。

在京东白条模式下，京东首先根据其所掌握的消费者的大数据进行授信，授信额度一般在 6 000 元到 15 000 元之间。然后消费者到京东商城进行消费，如果消费者选购京东自营商品，支付环节京东内部完成；如果消费者选购第三方卖家的联营商品，则由京东将货款先支付给第三方卖家，之后京东或者第三方卖家为消费者提供商品或者服务。最后消费者按约定向京东还款(见图8-3)。

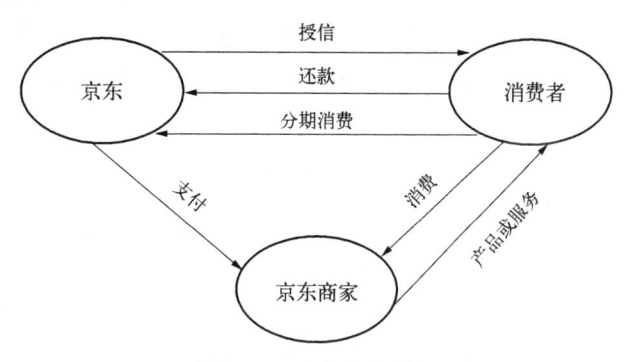

图8-3 京东白条模式

京东白条模式的收益来自消费者分期付款的手续费。京东白条服务有助于销售规模的提升,同时也可以带来额外的利润。京东是实际的风险承担者,主要面临的风险是消费者信用风险。通过消费者交易数据对其授信是京东白条风险控制的关键。

2. 蚂蚁花呗模式

蚂蚁花呗是蚂蚁金融服务集团旗下的业务板块之一。蚂蚁金融服务集团(以下称蚂蚁金服)起步于2004年成立的支付宝。2013年3月,支付宝的母公司——浙江阿里巴巴电子商务有限公司,宣布将以其为主体筹建小微金融服务集团(以下称小微金服),小微金服成为蚂蚁金服的前身。蚂蚁金服旗下有支付宝、余额宝、招财宝、蚂蚁聚宝、网商银行、蚂蚁花呗、芝麻信用、蚂蚁金融云、蚂蚁达客等子业务板块。

2015年1月,蚂蚁金服联合淘宝、天猫共同推出一项名为"蚂蚁花呗"的网购服务,用户在淘宝天猫上购物时可以先"赊账",实现"这月买、下月还"的网购体检。随着芝麻信用的接入,芝麻分数达到一定级别,就可以领用"花呗"。申请开通后,一般可以获得500~50 000元不等的消费额度。对年轻用户而言,蚂蚁花呗的吸引力在于其可凭信用额度购物,而且免息期最高可达41天。

蚂蚁花呗诞生之初的主要应用场景是淘宝和天猫,淘宝和天猫内的大部分商户均可使用其支付。如今蚂蚁花呗已经走出了阿里电商平台,接入了越来越多的外部消费平台,包括大部分电商购物平台,如亚马逊、苏宁等;本地生活服务类网站,如口碑、美团、大众点评等;主流3C类官方商场,如乐视、海尔、小米、OPPO等官方商城;海外购物的部分网站。

蚂蚁花呗的具体模式是:第一,蚂蚁花呗消费金融模式需要淘宝或天猫商家开通分期购物服务并确定可以分期购物的具体商品;第二,蚂蚁花呗根据注册消费者历史数据对其进行授信;第三,消费者在商家选择分期购物商品;第四,蚂蚁微贷向商家支付货款;第五,消费者通过支付宝进行还款。蚂蚁花呗模式对消费者的授信是基于淘宝历史交易数据,未获得授信的消费者以及授信额度不足以覆盖商品价格的部分需要消费者在余额宝冻结相应数额的资金。

蚂蚁花呗模式中，蚂蚁花呗的主要收益来自淘宝和天猫商家及消费者支付的手续费。消费者信用风险是蚂蚁花呗的主要风险，蚂蚁花呗是主要风险承担者，对风险控制的关键在于对优质消费者的选择及授信。蚂蚁金服建立起的芝麻信用打分，对淘宝和天猫商家起到较大的约束作用。

2016年8月4日，蚂蚁花呗消费信贷资产支持证券项目在上海证券交易所挂牌，这是上交所首单互联网消费金融资产支持证券。

（二）商业银行模式

商业银行向客户提供消费金融服务的主要方式包括发放信用卡和消费贷。信用卡是指可以向持卡人提供消费分期付款、预借现金功能的银行卡，可以便捷地满足客户日常的消费需求。同时近些年，商业银行纷纷开始提供消费贷款服务，降低了应用门槛并优化了服务流程。许多银行增加了资本投资，扩大了在线业务，开创了金融品牌，并在线举办金融活动。

（三）P2P消费金融模式

P2P消费金融模式以P2P网络借贷平台为中心，连接消费者和投资人。消费者通过P2P网络借贷平台获得投资人的资金后，再去商家消费购买产品或服务。

P2P消费金融的具体模式是：第一，消费者通过P2P网络借贷平台提出借款申请；第二，P2P网络借贷平台根据消费者提供的资料对其进行信用审查，通过P2P审核的借款信息在P2P平台发布；第三，投资人对P2P网络借贷平台上发布的项目进行投资；第四，P2P网络借贷平台在相应的项目募资完成后，向借款人打款；第五，消费者收到借款资金后进行消费；第六，消费者根据约定定期通过P2P平台还本付息，将约定的还款金额还给P2P平台；第七，P2P平台收到借款人的回款后将资金返还给投资人。

P2P网络借贷平台的具体经营模式可能存在一定的差异，如有些平台先向消费者放款，再将债权转让给投资人，但P2P消费金融模式的风险特征基本一致。消费者信用风险是P2P消费金融模式的基础性风险，P2P平台的经营风险是网贷消费金融模式的核心风险，P2P平台和投资人都是风险的主要承担者。

请扫描二维码观看微课"互联网消费金融背后的秘密"，进一步了解互联网消费金融。该微课视频基于金融创新理论和信息经济学相关理论深入分析了互联网消费金融的产生背景和发展演变，剖析了互联网消费金融得以快速发展的原因及其本质。

四、风险与防范

电商消费金融基本都是无抵押担保，其面临的风险会远远大于传统的消费金融风险。它有很多新的风险和挑战是我们不清楚的，需要去重新认识和把握。

(一) 主要风险

1. 基于消费者层面的风险

基于消费者层面的风险主要是信用风险,也称为违约风险,主要是由于消费者不愿意或者没有能力履行合同条件或双方约定致使交易对方遭受损失的风险。电商消费金融企业的增多,消费金融产品的增加,会导致其只关注于市场份额和市场占有率,为了发展客户,抢占市场,一些公司可能会对消费者放宽要求,过度授信。当出现个人还款能力低于其所接受的总的授信额度时,就会存在一定的风险。一方面,电商消费金融是基于大数据结合消费者历史交易数据给消费者授信的。但由于其信用记录比较少,消费者和电商之间的信息并不对称,没有一套系统完整的个人信用系统;另一方面,一些非理性消费者无法正确判断自己的未来偿还能力,很可能出现过度借贷,个人贷款违约风险较大。

作为消费者,我们应合理规划资金,做好个人或家庭资金安排和管理。考虑自身实际需求和收支状况,避免盲从,理性消费,坚持"量入为出"的科学消费观念,做好个人或家庭财务统筹,防止因为过度消费而影响日常生活。

2. 基于互联网消费金融机构层面的风险

1) 操作风险

① 操作人员风险。操作人员因为个人利益,与相关部门人员互通消息,出卖商业机密,从中获利。更有甚者,可能进行暗箱操作、洗钱等违法行为,损害用户的权益甚至给企业造成重大损失。另外,系统后台的技术操作人员因专业知识不足或者失误进行了错误操作也可能会导致严重后果。

② 行业关联性风险。很多与支付宝合作的平台,其不仅与其他金融企业有关联,还与其他各行业有密切联系,关系越多越密切,潜在的风险就越大。用户进行支付交易时,必须与交易平台进行连接,若交易平台有较大风险,则消费金融产品本身风险就会提高。

③ 用户操作风险。大型商场、餐饮店、旅馆和地铁等遍布 WiFi,用一些 WiFi 破解钥匙便可以轻而易举破解 WiFi 密码。而用户一旦连接上无线网,用户在使用余额宝时其银行账号及个人信息就很有可能被窃取。还有一些非法短信,要求修改银行卡或支付宝密码,到某网站领取红包、礼包等操作,若用户相信了这些短信,则就掉入不法分子的圈套,将会造成严重后果。

2) 技术风险

消费金融产品的整个操作过程都是在移动通信设备或计算机的软件系统上运行,一旦系统遭到病毒感染、黑客攻击或其他恶意破坏等而导致系统瘫痪,对企业、消费者将会造成巨大的损失。市面上曾经出现过"余额宝刷钱插件",声称其可以通过某种特殊方法随意改变"余额宝"所呈现的余额。这其实是一种恶意划款插件木马,如果用户下载了此插件,木马病毒就会迅速传播,这将会造成严重的后果。

互联网的金融数据储存在计算机中,再通过互联网载体传递相关信息。互联网作为一个开放、包容的载体,如果对数据的处理不够谨慎、加密系统不够完备的话,传输过程就不安全,那么信息在传递过程中容易受到攻击者的窃听或者篡改,这样就会导致在线交易的经济损失;网络上的病毒插件一旦进入计算机系统,形成计算机病毒,计算机病毒就可以在短时间内传播并感染整个网络系统从而使网络上的任何金融交易都会受到病毒威胁;随着"云计算"和"大数据"的兴起,数据愈来愈趋向于集中化,集中化的数据更容易受到攻击者的攻击,所面临的风险也更加巨大。

3. 基于政府层面的风险

1) 法律风险

由于该行业还属于初步发展阶段,它的很多法律法规都还没有健全,且我国大多数互联网金融机构都是自成的信用体系,与中央银行的信用体系没有直接挂钩,所以互联网消费金融面临的法律风险是不可避免的。

2) 监管风险

目前我国的监管机构对信贷方面的监管主要集中在企业贷款方面,而对于电商消费金融领域,至今尚未有相应的监管措施,属于一个监管模糊地带。

请扫描二维码观看案例"'京东白条'的主要风险及控制"。近年来,我国互联网消费支付方式更加多样化,信用支付行业发展迅速,消费者数量逐渐增多,同时不得不承认信用支付管理工作还不到位,面临着各种风险。本案例对"京东白条"展开分析,总结当下我国互联网金融信用支付发展概况和风险防控策略。

"京东白条"的主要风险及控制

(二) 风险防范

1. 不断推进相关法律制度建设

法律作为一种权威的力量,有保障经济发展、社会和谐稳定的巨大作用。对于互联网消费金融而言,完善的法律体系是其有序、健康发展的重要力量。对于屡见不鲜、屡禁不止的广泛存在的互联网金融诈骗现象,就保护消费者的权益而言,加强这部分的法律建设更是刻不容缓。

2. 进一步完善信用体系建设

目前我国消费金融发展相对于欧美等国家发展进程还较为落后的一个重要原因便是征信体系的不完善,而征信体系关系到是否应该贷款以及贷款额度大小的重要问题。健全征信体系,完善对于个人的信用考察制度,有利于推动消费贷款的发放,可以极大地推进消费金融的发展。对于完善征信体系,银行和非银行的传统金融机构应该加大责任力度,同时,各大互联网金融平台也应完善客户信用评价体系。

3. 有效引导消费金融

应该构建居民消费与金融创新的良性互动机制。一方面,应该把促进居民消费上升到更高的国家战略层面来看。通过真正增加居民可支配收入,完善社会保障体系以增加居民消费意愿等,真正释放消费动力。尤其需要注意的是,只有真正增加中低收入者的可支配收入,并且着力解决城乡消费差距,激活农村消费市场,才能更有效地把增加消费与解决社会矛盾有效结合起来。在此基础上,消费者自然会逐渐增加金融需求,进而形成继续促进消费的良性循环。另一方面,整个中国金融体系的基本功能,仍然体现出"生产性金融"特色,尚未真正重视消费金融发展。很多人把银行消费信贷等同于消费金融,恰恰说明了还缺少多元化的消费金融支撑。要改变现状,使得消费金融真正成为提振居民消费的主力军,就需要从机构与产品创新、政策和制度优化两大层面着手加快改革,通过消费金融产品的"供给创造需求",才能使越来越多的人能够运用消费金融服务。

未来,随着国家监管政策的进一步实施,互联网消费金融行业也会越发规范,无资质的机构将难以开展互联网消费金融业务。中短期来看,行业的增速将会受到一定影响,行业集中度将会进一步提升,业务的合规开展、风控模型改善等或成为业内机构的主攻方向。长期来看,行业机构的规模将逐步扩大,用户群体将更加稳定。

第三节 大数据金融

大数据(Big Data)是一个宽泛的概念,业界没有统一的定义,大数据概念的兴起可以追溯到 2000 年前后,最初理解为一类海量数据的集合。2011 年,美国麦肯锡在研究报告《大数据的下一个前沿:创新、竞争和生产力》中给出了大数据的定义:大数据是指大小超出典型数据库软件工具收集、存储、管理和分析能力的数据集。

在工业时代的经济发展范式中,劳动力、土地、资本是重要的生产要素。而在信息时代,伴随着互联网和云计算日益成为信息经济运行的基础设施,大数据也成为经济发展中越来越重要的新兴生产要素。金融业是数据利用率极高的行业之一,在大数据这个概念尚未兴起之前,数据已经深入金融行业的多个领域,从最为传统的银行存、贷、汇业务,到保险、信托、证券、基金等领域,以数据为基础的各类金融产品实现了金融资源在不同部门的配置。伴随着数据要素的逐渐投入和信息技术的推广应用,人力、资本等物质要素逐渐被节约,金融运行效率不断提高。尤其是互联网、云计算和人工智能技术上的不断突破,最大限度地释放了数据的流动性。金融行业在运作中积累的大量数据需要进一步整合、挖掘、统计和分析,其在金融领域的应用推广,催生了大数据金融的新模式。

一、概念

大数据金融是指集合海量非结构化数据,通过对其进行实时分析,为互联网金融机构提供客户全方位信息,通过分析和挖掘客户的交易和消费信息掌握客户的消费习惯,准确预测客户行为,使金融机构和金融服务平台在营销和风控方面有的放矢。

现阶段,大数据金融主要是在对海量数据进行互联网、云计算等信息化处理的基础上,开展线上资金融通和大数据金融征信服务。线上资金融通的重要环节之一也是对融资主体的信用风险进行评估。因此,利用大数据建模控制信用风险成为目前大数据金融的主要创新领域。根据 FICO Report 2015 年的分析,大数据在国际银行业的应用中,26%用于风险建模和风险评估。其中,风险建模对应金融反欺诈需求,风险评估对应征信需求。大数据在投资组合(18%)、客户行为分析(15%)、运营绩效(12%)等方面的应用比例则相对较低。从大数据风险管理的主体来看,目前大数据在风险控制领域的创新应用主要来自三个方面:一是融资平台;二是独立第三方;三是监管方。前两个方面已经形成相对成熟的模式:一是来自融资者的平台金融和供应链金融两种模式，通过大数据建模将传统的抵押贷款模式转化为真正意义上的信用贷款模式；二是来自独立第三方的大数据金融征信模式，如芝麻信用、腾讯征信等。目前，大数据金融监管尚在探索之中。

> 请扫描二维码观看微课"大数据金融的产生与发展"，了解大数据金融的产生背景和发展趋势。该微课视频基于金融创新理论和信息经济学相关理论深入分析了大数据金融的产生背景和发展演变，剖析了大数据金融的实质，对大数据金融的未来发展趋势进行了预测。
>
> 大数据金融的产生与发展

二、运营模式

（一）平台金融模式

平台金融模式是基于电商平台形成的网上交易与支付信息的大数据金融，通过云计算和模型数据处理能力而形成信用或订单融资模式。与传统金融依靠抵押或担保的金融模式的不同在于，阿里小贷等平台金融模式主要基于对电商平台的交易数据、社交网络的用户交易与交互信息和购物行为习惯等大数据进行云计算，实时计算得分和分析处理，形成网络商户在电商平台中的累积信用数据，通过电商所构建的网络信用评级体系和金融风险计算模型及风险控制体系，实时向网络商户发放订单贷款或者信用贷款，批量快速高效，如阿里小贷可实现数分钟之内发放贷款。

（二）供应链金融模式

供应链金融模式是企业利用自身所处的产业链上下游，充分整合供应链资源和客户资源而形成的金融模式。京东商城是供应链金融模式的典型代表，其作为电商企业并不直接开展贷款的发放工作，而是与其他金融机构合作，通过京东商城所累积和掌握的供应链上下游的大数据金融库，来为其他金融机构提供融资信息与技术服务，把京东商城的供应链业务模式与其他金融机构实现无缝连接，共同服务于京东商城的电商平台客户。在供应链金融模式中，电商平台只是作为信息中介提供大数据金融，并不承担融资风险及防范风险等。

（三）金融征信模式

与阿里小贷和京东金融作为放贷机构运用内部大数据信息进行风险管理不同的是，大数据金融征信机构之征信，是为放贷机构的风险管理提供外部信息支持的独立第三方征信活动。大数据征信与传统征信的比较如表8-2所示。大数据征信包括来自征信系统的通用化征信报告和来自资信调查机构的定制化资信调查报告两大类。大数据征信收集的数据类型在一定程度上弥补了传统征信存在的数据时效性方面的不足，又具有多样化的数据来源，能更好地营造良好的社会信用体系，大数据征信报告主要收集的数据类型如表8-3所示。

表 8-2 大数据征信与传统征信的比较

	传统征信	大数字征信
代表机构	中国人民银行、美国 FICO	芝麻信用、腾讯信用等
征信对象	有贷款记录的	无贷款记录的
数据格式	结构化数据	结构化与非结构化数据
数据来源	信贷数据	信贷数据和各种网络数据
数据挖掘	基本不需要	需要
服务对象	银行为主	内部使用,也可提供给银行

表 8-3 大数据征信报告主要收集的数据类型

信息类型	数据来源	典型实例
金融数据	商业银行账户	信用卡、储蓄卡账户流水
消费记录	移动支付、第三方支付、电商平台账户	快钱、支付宝、财付通、汇付天下、拉卡拉、京东、淘宝等
社交行为	网络化的社交账户信息	微信、微博、博客、人人网、贴吧等
日常行为	日常工作、生活信息	公用事业缴费记录、移动通信、社保缴纳记录等
特定行为	特定环境下抓取的行为数据	互联网访问记录、特定网页停留信息、检索关键词等

在各国政策支持和市场需求的基础上,大数据和云计算技术的进步为大数据征信提供了支撑和便利,人工智能算法模型为全面刻画用户违约概率和信用状况提供了补充,多种预测模型(欺诈模型、身份验证模型、还款意愿模型、稳定性模型等)的设计成为可能。大数据征信推动金融业发展主要表现在以下方面。

1. 传统商业银行

传统商业银行已经意识到大数据征信的重要性,商业银行开始组建自身的数据平台、收集数据分析消费等行为,进而推出针对性商品。例如,招商银行就致力于构建互联网金融平台、流量、大数据的整体结构布局,将大数据应用前置到业务场景中,在规模化客户获取、互联网实时风险授信和预警等领域寻求突破。

2. P2P 行业

在 P2P 行业中,大数据不单是海量数据的汇集,更是通过技术手段来实现信贷服务。就国外的应用情况而言,大数据应用已经能够准确体现出借款人的 5CS(还款意愿、还款能力、稳定性、是否可以抵押担保以及生活状况)信用标准。P2P 公司可以利用大数据征信来研究客户价值、预测未来风险以及承受能力等,以达到风险管理和控制的目的。例如,通过数据分析可以了解客户的征信报告查询次数与逾期率的相关关系。

3. 保险行业

随着互联网金融发展趋势的日益明显,互联网保险平台层出不穷。与金融领域的其他企业相比较,保险企业更需要深耕海量数据,进行精确分析、清洗和建模,以逐渐走向个性化的服务范畴,实现独特的商业模式。大数据征信的个性化数据群正迎合这一需求,从而加速互联网保险的发展。

目前,大数据金融征信模式呈现多样化发展趋势。2015年1月5日,央行下发了《关于做好个人征信业务准备工作的通知》,芝麻信用管理有限公司(芝麻信用)、腾讯征信有限公司(腾讯征信)、深圳前海征信中心股份有限公司(前海征信)、鹏元征信有限公司(鹏元征信)、中诚信征信有限公司(中诚信征信)、中智诚征信有限公司(中智诚征信)、考拉昆仑信用管理有限公司(考拉征信)、北京华道征信有限公司(华道征信)等八家民营征信机构成为首批获得央行授权的个人征信发牌准备机构。在这八家中,芝麻信用、腾讯征信、考拉征信、前海征信定位于"互联网+大数据"的征信公司;中诚信征信和鹏元征信的大股东是以企业信用评级业务起家,这两家主要面向机构提供服务;中智诚征信和华道征信则以反欺诈业务见长。其中,最受市场关注的无疑是芝麻信用和腾讯征信两家。

三、存在问题

(一) 互联网征信相关法律法规尚不健全

目前对互联网金融的征信业务缺乏针对性的法律约束,未来亟待出台关于互联网金融信用信息基础数据库的管理和使用、互联网征信的信用信息标准、网络数据的采集和使用规范、信息主体的权益保护、不同类型数据库的信息共享、社会征信机构的评级等方面的细则。

(二) 原有征信体系不能适应互联网金融等新金融业态的需要

目前我国征信信息系统主要以央行的企业和个人信用信息基础数据库为依托,征信数据主要来源于银行业等传统意义上的信贷机构,对于互联网金融等新金融领域的信用数据匮乏,导致信用数据覆盖人群窄、信息维度单一、时间上相对滞后。

(三) 缺乏行业统一、广泛认可的征信模型和评分标准

当前中国征信体系主要是以中国人民银行征信中心为主体,加上2015年1月首批获得个人征信机构牌照的八家征信公司为代表的市场化征信公司。通过对比这几家公司的信用产品,从中可以发现,各征信机构在数据来源、信用评分模型、信用评分标准等方面都存在较大差异,没有形成统一的标准。

(四) 征信大数据平台之间信息共享困难

征信业的健康快速发展有赖于信用数据的透明共享和便捷获取,中国的政府监管体系和国际惯例要求个人完整的信用信息主要从公安、税务、司法、医院、公共部门、银行等机构收集。然而,只有少数地方银行、电信和公用事业公司能够实现信息共享,其他政府部门的信用数据尚未公开。央行的征信系统相对互联网金融是封闭的,市场化的征信公司自有的征信数据与央行的征信系统无法对接,信息资源无法共享,造成互联网征信的作用对传统金融机构还很有限。

(五) 缺乏强有力的信息安全和隐私保护制度

大数据时代,个人数据隐私问题一直备受关注,征信环节更是如此。很多用户在使用互

联网平台的过程中往往因系统或软件设置的原因,被迫同意通过某些权限使其采集到个人信息,某些采集范围可能还超出限制范围。另外,由于互联网平台对存续的个人隐私信息的不规范管理,很难避免对禁止或限制类信息的采集和个人信息泄露。再比如,征信数据信息谁有权收集数据,谁有权拥有数据,数据信息可在多大范围内共享,是否可以转让、出售个人信息和个人隐私之间如何区分等,这些都没有明确的法律规定。另外,互联网时代,信息安全防护变得更加困难,数据采集、存储、整合与分析等都存在着安全风险,亟须完善我国信用信息安全、应用和权益保护方面的法律规范。

四、发展策略

(一)完善相关法律法规

法律作为一种权威的力量,有保障经济发展、社会和谐稳定的巨大作用。对于大数据金融而言,完善的法律体系是保障其有序、健康发展的重要力量,加强这部分的法律法规建设更是刻不容缓。

(二)处理好与数据服务商的关系

与传统的金融运营模式不同,大量的交易发生在电商平台上,依据其技术限制和组织架构,这些交易的支付结算多由第三方支付机构所垄断,传统金融组织位于支付链末端,获利较少。解决思路一:金融机构可建立自己的大数据平台,把握核心权利。解决思路二:可以与新媒体、网络社交、电商、电信等大数据平台开展战略合作,将金融服务、电子商务、移动网络等融合起来,共享数据,交换信息,更大范围、更深层次地整合客户信息。两种思路中,自办电商的方案,需要投入大量基础建设资金,对技术的研发、应用和推广也需要大量的技术支持,这样不仅费时费力,还不利于提升核心竞争力,可能丧失竞争优势。而选择合作战略是比较现实可行的,从移动网络和网络社交获取成熟的技术工具,从电商和网络社交整合成熟的客户渠道,有利于市场推广,降低交易成本,提升交易达成率。

(三)加强金融服务和其他网络平台的合作

大数据顾名思义,数据量要大。要发展金融领域的大数据平台,就需要跨界整合多种行业,突破行业壁垒。加强整合社交平台、新媒体和电商的数据。采用不同途径获取客户信息和市场交易信息。一方面,利用社交网络平台和移动数据等进行产品创新,精准营销,重视舆情监测,及时有效地化解处置风险。另一方面,充分发挥网络社交的功能,尝试探索建立新型的客户沟通渠道,增进客户互信、互动,树立良好的品牌形象。利用微博、微信、论坛等网络工具打造拓宽服务渠道、实现高效的客户关系管理。

(四)增强大数据的处理能力

第一,强化大数据的整合能力。这些既包括金融企业的内部整合,又包括与大数据范围的外部整合。当前各种渠道的数据标准存在差异,各行各业的数据处于信息孤岛的状态,需要尽快统一标准,规范格式,实现数据的全面整合。此外,面对大数据信息量大的特点,还要提升数据存储技术,改善数据在提取、转换等环节的流程。第二,加强数据挖掘技术和分析能力。针对金融业务开发大数据专业工具,将大量结构化、非结构化和半结构化的数据进行整合,成为有效数据链,并提供决策支持。第三,建立专业团队。这支团队不但要具备大数据的技术素养,还要具备良好的金融理解力,不但能把握数理建模和数据挖掘的能力,还能在金融框架中自如沟通。

(五) 加强风险管控,共同防范大数据风险

大数据能够在很大程度上缓解信息不对称问题,为了确保大数据的安全,金融机构必须在以下方面着重加强:第一,加强与监管机构的合作,借助监管服务的力量,提升自身的大数据安全水准;第二,协调大数据业务中的所有参与各方,共同推动数据安全标准;第三,在数据安全和数据使用方面加强和客户的沟通,使客户牢固树立数据安全意识。未来我国银行业的发展应借鉴国际先进经验,充分发挥大数据技术的优势,逐步建立完善综合风险管理体系。充分利用定性与定量相结合的风险管理技术,从被动风险管理模式转变为主动的风险管理模式。建立信息风险预测模型,升级风险决策系统,积极预测风险的发生并及时采取相应的防御措施。

第四节　互联网供应链金融

供应链是围绕核心企业,从配套零件开始到制成中间产品及最终产品,最后通过销售网络把产品送到消费者手中的一个由供应商、制造商、分销商和最终用户所连成的整体功能网链结构。

在供应链中,竞争力较强、规模较大的核心企业在协调供应链信息流、物流和资金流方面具有不可替代的作用,而正是这一地位造成了供应链成员事实上的不平等。供应链中的弱势成员企业通常会面临:既要向核心企业供货,又要承受着应收账款的推迟;或者在销售开始之前便以铺货、保证金等形式向核心企业提前支付资金。许多供应链上下游企业认为,"资金压力"是它们在供应链合作中碰到的最大压力。供应链中上下游企业分担了核心企业的资金风险,但并没有得到核心企业的信用支持。尽管银行想给这些企业进行授信,但却常常因为这些中小型企业规模小、抵押物不足、生产经营难于掌握以及抵御经济波动能力差等诸多因素,让银行等金融机构认为风险很大而拒绝放贷。

仅从供应链角度内部来看,核心企业不愿承担资金风险,而供应链上下游中小型企业缺乏融资能力是供应链资金流"梗阻"的内在动因。但如果核心企业能够将自身的资信能力注入其上下游企业,银行等金融机构也能够有效监管核心企业及其上下游企业的业务往来,那么金融机构作为供应链外部的第三方机构就能够将供应链资金流"盘活",同时也获得金融业务的扩展,这就是供应链金融(Supply Chain Finance,SCF)产生的背景。

一、供应链金融概述

(一) 概念

简单地说,供应链金融就是银行将核心企业和上下游企业联系在一起的提供灵活运用的金融产品和服务的一种融资模式。它以核心客户为依托,以真实交易为前提,运用自偿性

交易融资的方式,通过应收账款、货权质押等手段封闭资金流或者控制物权,对供应链上下游企业提供融资的综合性金融产品和服务。

(二) 主要模式

供应链金融是商业银行等金融机构的一个金融创新业务,它与传统信贷业务最大的差别在于,利用供应链中核心企业、第三方物流企业的资信能力,来缓解商业银行等金融机构与中小型企业之间信息的不对称,解决中小型企业的抵押、担保资源匮乏问题。供应链金融的模式主要包括以下三种。

1. 应收账款融资

应收账款属于企业资产,只要在贸易真实性背景下,交易对手财务状况良好,应收账款就是较为容易变现的资产。因此供应链金融中应收账款融资重点在于对贷款申请企业的应收账款现金流回收可能性进行分析,而不像过往信贷业务中的分析贷款申请企业的运营能力、财务情况。简而言之,应收账款融资就是贷款申请企业以自己的优质应收账款的价值作为融资的变相担保,从融资方案提供商那里取得现金流用于支持自身的经营活动。还款来源即是优质应收账款回收产生的现金流。

2. 存货融资

存货融资模式与应收账款融资模式类似,都是以贷款申请企业自身优质的流动资产为变相担保,以此向融资服务方案提供商申请融资。该项模式的还款来源在于存货变现的现金流。故此模式对物流监管的要求较高。此类模式的设计理念在于贷款人的风险等于贷款的风险,只要其流动性资产符合相关要求,就可获得服务方案提供商的贷款资金。

3. 预付款融资

预付款是企业的资产,但是在产业链中较为弱势的企业往往面临预付款被强势核心企业占用的财务压力。一般出现在货品市场销路较好、产品供不应求的市场当中。例如,作为分销商会被供应商要求缴纳一定的预付款才能取得货品。而分销商往往会因此项财务压力而出现资金缺口。

预付款融资正是随着这一情况而产生的,是指贷款申请企业为了购买货物或者原材料需要资金周转而向融资服务方案提供商申请融资,可以理解为"将来存货的融资"。其隐含的担保基础即为融资申请企业对于货物的提货权。

二、互联网供应链金融的概念

近几年来,随着信息技术的飞速发展,云计算、大数据、物联网和人工智能等新技术的出现和繁荣,滋生出一种新的供应链金融模式——互联网供应链金融。互联网供应链金融又称线上供应链金融(Online Supply Chain Finance),是指兼具电商平台经营者、资金提供者、供应链掌控者身份的电商、商业银行、核心企业或其他第三方,在对供应链交易长期积累的大量信用数据以及借此建立起来的诚信体系进行分析的基础上,运用自偿性贸易融资信贷等方式,引入对资金支付工具监管的手段,向在电子商务平台从事交易的中小微企业提供封闭的授信支持及其他资金管理、支付结算等综合金融服务的一种全新的金融模式。在互联网供应链金融中,参与主体包括供应链中占优势地位的核心企业、金融机构、电商平台、物流企业、软件企业、外贸综合服务平台以及大数据信用机构等。

三、互联网供应链金融的模式

(一) 基于 B2C 电商平台的供应链金融

在电商行业,阿里、京东、苏宁三大巨头都在经营各自的供应链金融系统。

1. 阿里供应链金融

阿里小贷是供应链金融的先行者。早在 2002 年,阿里推出诚信通,开始对商户数据进行量化评估并建立信用评价模型。2007 年,阿里开始与中国建设银行、中国工商银行合作推出贷款产品,银行放贷,阿里提供企业信用数据。2010 年,浙江阿里小贷正式成立。2011 年,阿里成立重庆阿里小贷,经特批后开始向全国各地的商户发放贷款,同一年阿里不再和任何银行合作供应链金融服务。

阿里小贷供应链金融相继开发出阿里信用贷款、淘宝(天猫)信用贷款、淘宝(天猫)订单贷款等微贷产品。相关资料显示,阿里小贷的贷款额度一般为 5~100 万元,期限一般为一年,采取循环贷加固定贷的模式。2012 年到 2016 年,阿里小贷每年为中小企业提供大量的贷款,由于阿里小贷公司资本有限,同时还要承担花呗、借呗等消费金融的放贷需求,因此,为了解决资金难题,阿里小贷进行了多轮资产证券化项目。

2010 年 11 月,阿里巴巴收购了深圳的外贸综合服务平台一达通,开始为中小企业对外贸易提供从外贸资讯到外贸交易的一站式服务链条。2014 年,阿里巴巴成立商诚保理,基于资金管理结算系统推出出国购物退税保理业务。2015 年 6 月 25 日,阿里巴巴旗下蚂蚁金服的浙江网商银行正式开业。网商银行主要为淘宝和天猫等阿里生态圈的小微企业提供 500 万元以下的信用贷款。

2. 京东供应链金融

京东供应链金融的发展和创新效率惊人。京东与阿里的供应链金融发展路径相似。2012 年,京东开始与银行合作试水供应链金融。2013 年,京东放弃了和银行的合作,开始独立做供应链金融。由于京东是中国最大的自营电商,京东供应链金融的首款产品"京保贝"是具有互联网特点的供应链保理融资业务。"京保贝"是业内首个通过数据集成完成线上风险控制的产品,使得京东供应商可以凭借采购、销售等财务数据直接获得融资,放款周期短至 3 分钟。2014 年,京东供应链金融上线了"京小贷"。"京小贷"目前主要服务于京东开放平台商家,极大地改善了小微商家长期面临的融资难、融资成本高的问题。

2015 年 9 月 8 日,京东金融携手中国邮政速递物流,联合推出互联网金融领域首个针对电商企业的动产融资产品——云仓京融。京东金融通过与合作仓储伙伴一起在电商领域打造"互联网+仓配+金融"的行业标杆,引领互联网金融行业新一轮的大数据供应链金融产品创新。

当下,京东供应链金融的创新产品已为各类场景、特点的企业服务,覆盖了很多传统融资触达不到的群体。2016 年年底,京东供应链金融宣布推出"企业金库",与企业理财打通,让企业缺钱时借钱,有钱时理财(见表 8-4)。

表 8-4　京东供应链金融布局之路

时间	事件	目的
2012 年	与中国银行合作,试水供应链金融	向京东的合作供应商提供金融服务
2013 年	放弃与银行合作,独立推出"京保贝"	开展供应链保理融资服务
2014 年	推出"京小贷"	主要给京东开放平台商家发放贷款
2015 年	推出"云仓京融"	拓展供应链融资业务
2016 年	推出"企业金库"	打通企业客户的投融资理财

3. 苏宁供应链金融

苏宁是一家从传统企业转型而来的电商企业,其供应链金融的发展路径与阿里、京东相似。2011 年,苏宁提出布局供应链金融的战略规划,同年获得第三方支付牌照。2012 年,苏宁创建重庆苏宁小额贷款有限公司,推出"苏宁小贷",产品有两种:"省心贷"是固定期限借贷,期限长达 90 天,而"随心贷"采用的是随借随还的形式,能够满足供应商短期资金需求。2013 年,苏宁成立"商业保理",推出"银行保理"授信业务。2014 年,苏宁推出 10 亿元规模的"供应链成长专项基金",以帮助供应链中的中小微企业实现融资。苏宁供应链金融服务主要开展订单融资、库存融资以及应收账款融资类基于真实贸易的融资服务。除了"苏宁小贷"融资业务之外,苏宁与众多银行合作推出银行保理,成为当时国内开展互联网金融业务覆盖银行数量最多的电商平台。2015 年,苏宁推出"信速融""账速融"业务进而提高了供应链融资的效率和额度。2016 年,苏宁获批成立苏宁银行,提供线上线下融合的产业链金融(见表 8-5)。

表 8-5　苏宁提供供应链金融布局之谜

时间	事件	目的
2011 年	提出布局供应链金融的战略规划,获得第三方支付牌照	布局供应链金融
2012 年	创建重庆苏宁小额贷款公司,推出"苏宁小贷"	助力中小微企业实现融资
2013 年	成立"商业保理",推出"银行保理"授信业务	提供贸易融资与保理服务
2014 年	推出"供应商成长专项基金""票据贷"	助力中小微企业实现融资
2015 年	推出"信速融""账速融"	提高供应链融资的效率和额度
2016 年	获批成立苏宁银行	提供线上线下融合的产业链金融

(二) 生产型企业的互联网供应链金融

近几年,生产型企业海尔、五粮液、TCL 和信息网集团等作为核心企业,先后发起成立互联网供应链金融平台,为自己的经销商和上下游产业链企业提供供应链金融,进而带动本企业产品的销售。其中海尔集团的海融易最具有代表意义。

截至 2015 年,海尔集团历经 30 多年的发展,深耕网络,细化市场,在全国范围内建立了 17 000 余家专卖店、102 个物流基地,实现了全覆盖。随着市场经济的下行,家电下乡的结束,家电行业进入困境,各家电大鳄市场业绩持平或走低。海尔下游经销商也面临经营困难、资金短缺的问题,这是中国中小企业存在的普遍问题。2014 年 12 月,海尔与青岛银行共同打造海融易，致力于提供供应链金融服务，以带动海尔产品的销售(见图 8-4)。

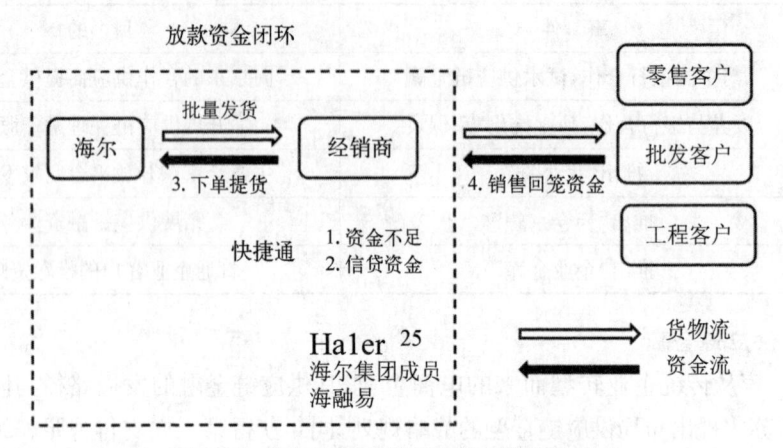

图 8-4 海尔集团内上下游供应链金融模式

请扫描二维码观看案例"海尔集团供应链金融创新启示"。随着互联网技术对金融业的渗透，我国供应链金融领域涌入了一大批加入者，许多实力雄厚的产业巨头开始探路"互联网+供应链"新模式。本案例介绍了海尔供应链金融的发展、现状和问题及解决方案等。

海尔集团供应链金融创新启示

(三) 与核心企业合作的互联网供应链金融

当下，一些互联网金融平台纷纷与核心企业合作，开展供应链金融，开鑫贷的商票贷就属于此类模式。开鑫贷平台于 2012 年 12 月上线，隶属于开鑫贷融资服务江苏有限公司，其主要股东包括国开金融有限责任公司、江苏省国际信托有限责任公司、江苏省信用再担保有限公司、无锡市金融投资有限责任公司、南京舜君协立创业投资有限公司、江苏金农股份有限公司等。2014 年 9 月，开鑫贷平台上线了供应链金融产品，其业务流程如下：

(1) 开鑫贷与供应商核心企业进行洽谈，确定合作意向；

(2) 开鑫贷、供应链核心企业、第三方担保机构签订业务合作协议；

(3) 持有供应链核心企业开出的电子商业承兑汇票的借款人，办理质押手续，并通过开鑫贷申请借款；

(4) 项目筹集期满，资金在 2~3 个工作日内，划转至借款人在资金监管银行开立的账户内；

(5) 项目成立后，开鑫贷定期组织贷后检查；

(6) 借款到期后，开鑫贷安排将投资本息，通过合作银行划转至投资人的网银账户。

为了控制风险，开鑫贷为商票贷产品设计了严格的供应链核心企业(也就是商票贷承兑企业)准入机制、授信总额控制、足额的商票质押、银行核验与保管、引入第三方担保等五层风控措施。

本章小结

金融创新理论包括技术推进理论、财富增长理论、约束诱导理论、制度改革理论和交易成本理论。金融创新内容主要包括金融产品创新、金融市场创新、金融机构创新、金融制度创新、金融管理创新和金融资源创新等。

互联网消费金融指依托互联网技术向客户提供消费贷款、投资理财、保险等一系列相关金融服务。互联网消费金融放贷规模逐年增长,目前已进入整顿期。常见的互联网消费金融的模式有三种,分别为电商平台模式、商业银行模式和P2P消费金融模式。电商消费金融都是无抵押担保,其面临的风险会远远大于传统的消费金融风险。

大数据金融指在对海量数据进行互联网、云计算等信息化处理的基础上,开展线上资金融通和大数据金融征信服务。其运营模式主要包括平台金融模式、供应链金融模式、金融征信模式。大数据金融发展面临着互联网征信相关法律法规尚不健全、原有的征信体系已经不能适应互联网金融等新金融业态的需要、缺乏行业统一、广泛认可的征信模型和评分标准、征信大数据平台之间信息共享难、缺乏强有力的信息安全和隐私保护制度等风险和挑战。

供应链金融指银行将核心企业和上下游企业联系在一起提供灵活运用的金融产品和服务的一种融资模式。其主要包括应收账款融资模式、存货融资模式和预付款融资模式。互联网供应链金融指兼具电商平台经营者、资金提供者、供应链掌控者身份的电商、商业银行、核心企业或其他第三方,在对供应链交易长期积累的大量信用数据以及借此建立起来的诚信体系进行分析的基础上,运用自偿性贸易融资信贷等方式,引入资金支付工具监管的手段,向在电子商务平台从事交易的中小微企业提供封闭的授信支持及其他资金管理、支付结算等综合金融服务的一种全新的金融模式。互联网供应链金融的模式主要包括基于B2C电商平台的供应链金融、生产型企业的互联网供应链金融、与核心企业合作的互联网供应链金融等。

问题与思考

1. 金融创新的理论和内容是什么?
2. 什么是互联网消费金融?互联网消费金融在中国运作的模式主要有哪几种?
3. 简述互联网消费金融的发展环境。
4. 互联网消费金融在中国存在哪些风险?
5. 互联网供应链金融有哪些模式?其风险点有哪些?
6. 结合自身认识,谈谈对互联网消费金融未来的发展趋势。
7. 大数据对金融业产生了怎样的影响?
8. 大数据对征信系统的变革产生了怎样的影响?
9. 大数据金融有哪些风险与挑战?
10. 互联网供应链金融有哪些模式?
11. 京东的供应链金融模式是如何运作的?
12. 案例分析:

大学生"打白条"获刑

蚂蚁花呗,京东白条,微粒贷……这些互联网金融产品凭借互联网巨头们强大的渗透能力在短短数年间就"培养"起了年轻人通过互联网透支消费的习惯。

大三学生汪某2017年偶然发现,"京东白条"存在一个"致命"漏洞——无须本人实名认证,也无须绑定银行卡,用别人的身份信息,就可以注册账号并赊账购物。汪某觉得"好玩",于是找来了小伙伴,以及小伙伴的小伙伴,组织他们冒用别人身份注册京东账号网上购物,然后变卖套现,企图实现真正的"打白条"。3月8日,长沙市天心区法院开庭审理了此案,并对此案进行了一审宣判:汪某、张某以非法占有为目的,采取使用虚假身份骗取"京东白条"的额度进行恶意消费的方法,诈骗京东金融公司财物,数额特别巨大,已构成诈骗罪,均系主犯。最后,法院依法判处汪某有期徒刑十年九个月,并处罚金8万元;判处张某有期徒刑十年六个月,并处罚金5万元。其余七名被告人也均被判处有期徒刑。

此外,长沙市两家法院宣判的京东白条诈骗案中,大学生被告人占到了近一半。被告人被判处的最高刑期为19年,平均刑期为2.35年。此外,判决书提到的大学生受骗人数超过362人,成为受害人中较显眼的群体。

请思考:
(1) 推动互联网消费金融发展的因素有哪些?
(2) 互联网消费金融是否改变了你的消费习惯?互联网金融时代我们应该树立怎样的消费观?
(3) 互联网消费金融存在哪些风险隐患?
(4) 对于这些风险隐患,作为大学生,我们应当如何应对和防范?

拓展阅读

《2020—2025年中国区块链金融行业市场开发与拓展战略制定与实施研究报告》

参考文献

[1] 李建军,罗明雄.互联网金融[M].北京:高等教育出版社,2018.
[2] 唐勇,赵涤非,陈江城.互联网金融概论[M].北京:清华大学出版社,2018.
[3] 赵永新.互联网金融理论与实务[M].北京:清华大学出版社,2017.
[4] 海天理财.一本书读懂互联网金融[M].北京:清华大学出版社,2015.
[5] 谭玲玲.互联网金融[M].北京:北京大学出版社,2019.
[6] 赵华伟.互联网金融[M].北京:清华大学出版社,2017.
[7] 杨嘉伟.大数据时代下互联网金融发展的机遇与风险应对[J].环渤海经济瞭望,2019(11):115-116.
[8] 柯建飞.区块链在金融中的实践与思考[J/OL].广西师范大学学报(哲学社会科学版):1-11[2020-02-29].https://doi.org/10.16088/j.issn.1001-6597.2020.01.007.
[9] 史树萌.区块链技术在银行业应用场景的探究[J].中国市场,2020(05):157-158.
[10] 李美华.区块链技术在保险中的应用研究[J].广西质量监督导报,2020(01):168-169.
[11] 彭麟添.区块链技术应用于个人征信制度研究[J].征信,2019,37(12):48-53.

第九章

互联网金融的风险及监管

本章导读

由于金融监管滞后于金融创新,而互联网金融创新速度又极快,因此其部分业务在创新之初往往游离于银保监会与央行监管之外。与此同时,除了市场风险、操作风险、信用风险等传统金融风险外,互联网金融还面临科技风险、声誉风险、政策风险、法律风险等新风险或其他潜在风险。因此,在充分认识互联网金融风险的基础上对其加强管理与控制,对于从事互联网金融服务的企业机构、参与互联网金融业务的投资人、融资人和国家金融监管部门等十分重要。互联网金融风险与传统金融风险有何不同?各类互联网金融风险的转化及其对系统性风险的传导机制如何?互联网金融监管需要遵循哪些原则?如何监管才能促进我国互联网金融可持续健康发展?本章旨在回答这些问题。

学习目标

了解互联网金融风险的特征及其主要类型,理解互联网金融各类风险转化及对系统性风险的传导,了解互联网金融风险控制的基本方法,灵活运用互联网金融风险理论对互联网金融实践进行风险识别和分析;理解互联网金融监管的概念和理论基础,了解互联网金融监管的国内外发展现状,熟悉互联网金融监管的基本类型和原则,了解互联网金融监管与发展的关系,熟悉我国的互联网金融风险监管体系和措施。

知识架构

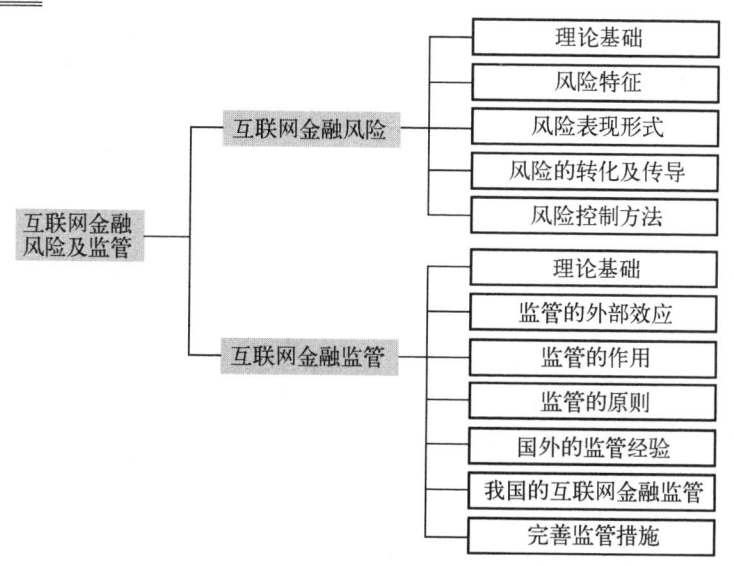

```
                                    ┌── 理论基础
                                    ├── 风险特征
                        互联网金融风险 ─┼── 风险表现形式
                                    ├── 风险的转化及传导
                                    └── 风险控制方法
互联网金融
风险及监管 ─┤
                                    ┌── 理论基础
                                    ├── 监管的外部效应
                                    ├── 监管的作用
                        互联网金融监管 ─┼── 监管的原则
                                    ├── 国外的监管经验
                                    ├── 我国的互联网金融监管
                                    └── 完善监管措施
```

导入案例

"e租宝"非法集资案

2015年12月3日时,有消息称"e租宝"深圳宝安分公司被经侦突查。其官方随后回应称,系深圳某代销公司员工协助当地经侦部门例行了解情况,而且在当日晚间"相关配合检查人员就已全部返回"。

12月8日,"e租宝"位于北京数码大厦的信息化研发中心及位于安联大厦的办公场所被警方调查。当日晚间,新华社消息通报了正在接受调查的事实,后得到"e租宝"方面的证实。

2015年12月8日晚间开始,"e租宝"的官方网站与App就已无法打开。

2015年12月9日午间,"e租宝"又通过官方微博发布《"e租宝"告客户书》称,截至2015年12月8日19:00之前,"e租宝"平台依然可以进行正常的注册、充值、投资、赎回、提现交易。19:00之后,"e租宝"平台配合接受相关部门检查,为防止不实传言引发恐慌和无序赎回、提现,本着保护客户资金安全、平台交易安全的原则,"e租宝"平台向社会各界宣布暂停平台交易。公告同时表示,将在相关部门检查结束后,及时公布结果。

2015年12月10日19:00点左右,"e租宝"在官方微博发布一则声明,证实正在接受调查,原因是"经营合规问题"。由其董事长张敏签发的文件显示,"e租宝"网站及线下机构停止推广、发布新品,亦暂停其他日常业务。

2015年12月16日,广东省公安厅官方微博发布通报,称各有关地方公安机关已对"e租宝"网络金融平台及其关联公司涉嫌犯罪问题依法立案侦查。警方已对涉案相关犯罪嫌疑人采取强制措施,对涉案资产进行查封、冻结、扣押。

"e租宝"上线于2014年7月,截至案发,累计交易发生额达700多亿元。据警方查明,"e租宝"实际吸收资金500余亿元,待兑付380亿元,涉及投资人约90万名,遍布全国。

立案后,经过国家司法机关大量工作,最终案情在2017年11月29日水落石出。2018年2月9日,北京市第一中级人民法院公告其将牵头进行资金清退等相关工作。2020年1月8日消息,北京市第一中级人民法院官微发布"e租宝"案首次资金清退公告,于2020年1月16日对在"e租宝"网络平台参与集资且已经参加信息核实登记的受损集资参与人进行资金清退。

互联网金融的风险与监管

请扫描二维码观看视频"互联网金融的风险与监管",初步了解互联网金融风险产生的原因及其对传统金融监管体制的挑战。本视频主要介绍了互联网金融发展情况,从四个方面说明互联网金融的发展对传统金融监管体制的挑战,在此背景下介绍我国的互联网金融监管体系。

第一节　互联网金融风险

互联网金融风险指的是与互联网金融有关的风险,如互联网金融产品、机构、系统等产生的风险。互联网金融机构在具体的业务交易活动中出现风险,有可能对该机构的生存产生威胁;一家机构生存出现问题,容易引发投资者挤兑、机构"跑路"等风险,进而对整个互联网金融系统产生影响,有可能对整个社会造成危机。总而言之,互联网金融风险最终表现形式是"支付风险",当资金链条断裂无法清偿到期债务,就会引起风险。

一、理论基础

(一) 金融脆弱性理论

该理论由美国经济学家海曼·P.明斯基(Hyman P. Minsky)于1963年发表的一篇著名论文《"它"会再次发生吗?》中首次提出,此后明斯基对金融危机的产生与发展进行了深入的研究,在1991年正式形成了一套理论体系。该理论认为,商业银行的信用创造机制和借款人相关的特征是金融系统不稳定的内在性因素,也就是说不稳定性是现代金融制度最基本的一个特征。他提出了一个从利息成本与收入角度考量的金融循环模型,根据利息支付占总产出的比例,宏观经济会按照顺序经历投资、投机和庞奇三个阶段,直至产生债务违约。明斯基认为金融危机源于经济周期性波动,但其本质原因在于金融内在的不稳定性。银行本质的脆弱和经济周期存在的内生性是市场经济自我调节导致的,所以政府的干预也并不能解决银行的脆弱性。明斯基的金融脆弱理论较好地解释了20世纪30年代初美国、80年代和90年代日本,以及1997年东南亚金融危机、2008年起源于美国次贷危机的全球金融危机的情况。银行作为企业,其追求高额利润的本质内生性地促使银行增加风险活动,导致了系统内的不稳定性。金融行业是一个特殊的高风险行业,它的资金主要来源于外部借债,这也就导致了它运营的高负债率,而高负债率就意味着外部很小的变化都会使他们时刻面临极大的流动性风险、利率风险等各种风险,追求高利润而走上扩张资产的冲动更会加剧它内在的高风险性和不稳定,也导致了金融体系更加脆弱。

在针对金融脆弱性进行研究时主要是将传统的信贷机构作为研究对象,尤其重视对于因银行部门出现债务操作而导致的高风险,进而引发整个国家经济与金融体系产生动荡的研究。20世纪70年代,金融自由化理论已经较为成熟,各个国家的金融业都开始向实现自由化发展,导致金融自由化改革的负面影响与日俱增,金融业变得越发脆弱。值得注意的是,金融脆弱性指的不仅是一种属性,更是以银行为主的金融中介机构的共同特征。金融脆弱性可以理解为金融中介机构于不同时间段、不同位置的个体特征。对于我国而言,金融脆弱性的形成主要涉及以下三个过程:制度变迁、金融开放以及金融自由化。为了从根本上解决我国的金融脆弱性,必须采取有效措施预防并化解金融风险的存量与增量。

(二) 金融中介理论

博迪、莫顿、克利顿认为金融的核心功能包括六个方面:资金在时空上的转移、支付结算与清算、风险和财富管理、价格发现、资本和股份分割以及激励问题。对于金融市场来说,传统金融面对的核心问题是如何连接起资金供给方与需求方、加速资金的合理流动、形成合理配置,这也是金融市场要解决的核心问题。正是在解决资金配置和流转问题的过程中,金融中介作用体现出来,并且发挥了极其重要的作用。

早在古典金融中介理论中,金融中介的关键性作用便被证实,其支付和信用创造等职能被进一步明确。随后,费雪以家庭的效用与福利作为研究对象,进一步证明了金融中介是金融交易全过程的桥梁和纽带。互联网金融的飞速发展,不但没有改变金融中介的作用和重要性,还在信息处理效率和交易成本控制上有了极大改善。互联网金融平台借助互联网技术,使金融中介的职能发挥得更加充分,完成了资金以及信息跨主体、跨时空的快速配置,有效发挥了金融市场的功能。

具体来说,互联网金融平台对于金融中介职能的优化可以概括为以下四个方面:一是在时空变换上,通过云计算等技术完成大数据的自动识别,促进资金供方与需方更快建立联系并有效匹配,最大限度消除信息不对称,并且通过建立供需双方的信誉评估机制来降低交易中的信用风险,增强整个金融交易以及体系的稳定。二是在交易清算过程中,互联网金融活动的数据收集、统计、分析效率要比传统金融的数据处理效率高出很多,从而大幅提高清算速度,提高了金融市场上的流动性。三是在价格发现方面,互联网金融的大数据和云计算优势,使得其对价格形成及变化的判断和分析更加精确。最后,互联网金融的发展使信息不对称的问题大大缓解,其金融中介功能因为互联网金融的技术优势以及理念优势体现得更加充分,与此同时,金融中介的存在也在某种程度上提高了信息收集的准确性和可信性,节约了交易成本。

金融功能由金融市场和金融中介的运作来实现,在不同国家的金融体系中格局不同,在一个国家的不同历史时期金融体系中格局也不同。我国的金融体系格局从静态观察来看,银行占绝对优势,从动态观察来看资本市场发展迅速。近些年,以资本市场为主导的金融市场发展极为强劲,而金融中介尤其是银行却发展受阻,主要原因在于信息技术革命极大地促进了互联网金融的发展,提高了金融体系的效率,降低了融资的交易成本和信息成本。现阶段互联网金融中介凭借其技术优势与信息优势为投资者提供了重要的信息支撑,对于分担和化解金融市场风险起到重要作用。新形势下还需要进一步促进互联网金融中介的发展,为其提供有效的政策和体制保障,优化发展环境,更好地提高金融发展的稳定性。

(三) 金融传染理论

金融传染理论指金融机构之间或金融市场之间的相互关系使得单个金融风险事件发展成为系统性金融危机的传染机制。金融体系中复杂的网络关系既起到了分散风险的作用,同时也会让波动在体系中传播,使系统性金融风险更易发生。在理论框架上,"金融传染"理论建立在银行资产负债表结构上,同时这一理论也催生了大量有关金融传染现象的实证研究,以观察并度量这种金融传染现象。

(四) 金融加速器理论

伯南克认为由于信息不对称,经济系统中存在一个从经济周期到企业资产净值再到企业融资成本的传导机制:在上升周期中高资产净值会降低融资成本进而鼓励更多的投资,下降周期则完全相反。因此，金融体系对于经济波动产生了放大作用，即金融加速器。这也是将企业资产负债表与投资相联系的思路，只是出发角度略有不同——明斯基从利息总额与收入总额出发，伯南克则从利率的顺周期波动出发。沿着这一思路，伯南克等进一步加入了资产价格与货币政策的关系，提出了央行有弹性的通胀目标制，认为央行应兼具物价稳定与金融稳定的双重目标。

二、风险特征

(一) 扩散速度快

无论第三方支付还是移动支付，包括P2P网贷、众筹、大数据金融、供应链金融等在内的互联网金融，都建立在具有高科技特点的网络技术基础之上。这使得互联网金融业务能够在最短时间内得到处理，也为简单快速的金融服务提供了强大的信息技术支持。然而任何事物的任何特点都具有两面性。从另一个角度来说，高速的数据传输也意味着高速风险传输，一旦金融风险发生了，便会很快扩散开来。

(二) 监管困难

在信息高速运转的时代，大部分互联网银行或手机银行都可以在互联网或移动互联网上完成交易和支付。与传统的金融机构不同的是互联网金融采用电子记账、电子化处理业务和支付。众所周知，互联网金融活动都是在网上进行的，从而使这样的交易有了虚拟性，不仅失去了地理方面和时间方面的限制，而且整个交易过程也显得很不透明，包括交易对象都变得极其模糊，这些无疑使得互联网金融风险的形式变得更加多样化。风险形式的不可预料使得风险的防范和化解尤其困难，一旦某个步骤中产生交易风险，就会给客户和提供互联网金融服务的那一方造成难以想象的损失。

(三) 交叉传染率高

在传统意义上的金融活动中，当人们认为有金融风险发生时，可以采取一系列措施将那些可能导致风险的不同源头阻隔开，可以采取分业经营或者特许经营等，尽可能地减少它们之间接触的机会，使这些风险相互传染的概率大大降低。这些风险都在常年的经营中得到预测和分析，并且在监管部门的量化下，可以将这些风险进行划分确定其归属，从而将其定义为某类风险并制定控制措施，以防再一次发生。而在互联网金融中，物理隔离的有效性相对减弱，当这些金融机构之间推进的网上业务之间的相关性增强时，设置在它们中间的防火墙就要具备更强的防护能力。现阶段，各大金融机构之间正展开许多综合的金融业务，在现有产品体系内它们之间的相关性日益增强，同时机构与机构之间乃至国家与国家之间的沟通越来越频繁，这些改变都非常容易引发金融风险的交叉传染。

三、风险表现形式

(一) 信用风险

信用风险也称为信用违约和欺诈风险。互联网金融平台公司在提供金融服务的同时，资金的募集者、发放者以及担保人都承担了一定的信用违约和欺诈风险。互联网金融作为高负债行业,具有特殊信用创造功能,并且这种信用创造更加不透明。其具体表现为融资方违约、担保增信方违约、担保增信缺失,等等。同时,由于互联网金融企业缺乏成熟的风险评估体系与实操经验,在防范风险方面无法与商业银行成熟的运作模式相媲美,对借款人冒用他人信息或利用虚假信息骗取借款、不能按时履约还款等信用违约和欺诈风险难以有效控制。另外,部分互联网金融企业本身存在故意骗取、盗用财产或违反监管规章、法律等欺诈问题。

(二) 科技风险

科技风险包括技术风险与数据风险。

1. 技术风险

互联网金融迅猛发展得益于金融对互联网技术充分利用,然而网络技术的稳定与安全性风险也会转嫁给互联网金融,形成技术风险。如果没有妥善维护和保存相关实体设备,导致设备破损或功能灭失,会形成物理性风险,无法有效抵挡外部恶意攻击。互联网金融运行高度依赖电子支付平台,一旦遭到黑客攻击、病毒入侵等威胁,随时可能会出现系统瘫痪、交易异常、客户资料外泄、资金被盗用、信息篡改和窃取等重大风险事故。与此同时,选择的网络技术若不成熟,则会带来如信息送达速度低、信息传输过程中断及网络不稳定等问题,对主体业务开展造成严重影响,降低顾客的体验。

2. 数据风险

数据风险表现在两个方面:数据噪声和数据库安全。

"大数据金融"时代的到来革命性地降低了金融部门批量获取尾部客户的成本,但在实际应用中,要对其保持客观和理性的态度,技术方面更要谨防"大数据陷阱"。在互联网"全民造数"时代,由于数据在互联网中具有传播速度快、范围广的特点,网上任何的突发信息和好奇者"试试看"信息都可能形成大量数据噪声,影响资本市场。无论是人为或是技术故障导致的资金异常变动都会产生数据噪声,通过网络迅速传达到整个金融系统,加剧资本市场的整体动荡,引起一系列连锁反应,从而使整个金融市场更加不稳定。同时互联网金融资金的大规模快速流动还导致中央银行难以准确了解金融机构资产的实际情况,造成信息不对称,使得风险集中的速度加快,风险形式更加多样化。

另外,互联网金融机构一般都会购买数据库来维护各种交易信息和管理,这些大量集中存放重要数据的数据库系统成为重要的安全隐患。不但网络外部人员希望得到数据库的访问权限,内部员工也可能利用数据库系统的漏洞来获取有价值的数据信息。因此,数据库被不合法地使用造成数据泄露、更改或破坏,也是互联网金融面临的重要风险之一。

请扫描二维码阅读"2019年十大数据泄露事件"。上海社科院互联网研究中心遴选了近年来国内外典型数据安全事件,系统分析了大数据安全风险产生的类型和诱因,并分别从提升国家大数据生态治理水平和加强企业大数据安全能力两个层面提出推动我国大数据安全发展的对策建议。

2019年十大数据泄露事件

（三）法律风险

互联网金融的法律风险是指交易过程中交易主体所依照的交易合约不具备法律效力，或合约变动使得交易合约内容不合法律规范而给交易主体带来的风险。互联网金融处于高速发展阶段，但是还不是非常成熟，在诸多方面都存在不足，目前尚无完备的法律法规、行业制度体系与之配套，且立法存在很大漏洞。在这样的情况下，使得很多时候互联网金融服务主体在开展新的在线业务时面临无法可依的局面，面对原有法律体系，服务主体容易出现违法违规状况，存在法律风险。其表现是多方面的，如因为交易的虚拟性特征，很多交易并没有按照相关法律法规进行，存在诸多违法违规情况，交易主体在金融交易中没有遵守有关权利义务的规定；或法律法规的时效滞后，现有的银行法、证券法、保险法等对互联网金融适应性不强，与现行的金融市场或创新有冲突，使得金融创新工具或金融衍生产品的交易合法性不明确，交易主体的利益无法得到保证；或者由于法律法规的更改、变动，使得现行的金融创新领域面临不可知的风险。

（四）流动性风险

流动性风险是指金融机构以合理的价格销售资产或者借入资金满足流动性供给的不确定性。简单来说，就是金融机构虽然有偿还能力，但由于暂时得不到资金而无法偿还债务的情况。互联网金融流动性风险主要来源于两个方面：一是期限错配，有些网络金融平台公司对归集的资金以及贷出的资金没有进行合理的期限匹配，资金大量投放到长期使用上出现无力周转短期到期需要偿还的资金；二是市场恐慌导致的大规模集中提取、赎回，如某平台被发现是"庞氏骗局"，或者作为第三方的担保机构出现资金链紧张等，普通投资者会迅速将资金抽回。这种类似于银行挤兑的冲击不但会轻而易举地击垮那些资金链紧张的平台，甚至会很快将那些资产负债表非常健康的平台也拖入泥潭。

（五）声誉风险

互联网金融民营资本色彩浓厚；资本金不足，抵御风险与偿付能力较弱；缺乏长期数据积累，风险计量模型科学性有待验证。在金融行业这个以信誉度、诚信度、透明度为生存之本的行业，互联网金融缺乏传统银行隐形的政府信用担保和可靠的资本金补充渠道，因此天然地处于竞争劣势地位。声誉风险对于互联网金融企业非常重要。由于互联网金融的虚拟性，交易双方不需要见面，但交易平台往往由非金融公司控制，游离于监管之外，对交易者身份和交易信息验证的难度大，且互联网技术使得信息传递更为广泛和迅速，使得互联网金融企业和监管机构采取措施的时间大为缩短。一旦互联网金融发生安全问题，对用户会造成巨额损失并在社会上产生严重的不良影响，形成声誉风险，影响公众对互联网金融的信心。

（六）操作风险

操作风险是指由于客户、设计不当的控制体系、控制系统失灵及不可控事件导致遭受潜在损失的可能。在互联网金融中，操作风险的原因和表现形式如下：一是互联网金融企业良莠不齐，除了传统金融机构参与的网上银行、网络平台等专业机构外，其他互联网金融企业往往缺乏专业从事金融业务的人员，其合规意识、风险意识有待增强，损失来自内部。二是互联网企业的内部控制体系建设、管理水平参差不齐，企业内部是否能够形成有效的授权管理存在很大的偶然性。三是互联网金融企业与消费者之间的业务往来主要集中在线上，而其实际投资往往通过线下的实地操作来落实，互联网支付、金融机构创新型互联网平台、基于互联网的基金销售、网络借贷、众筹融资等业态均已处于现有的监管体制管辖范围内，但在线上线下两个业务流程中业务人员的操作是否合法合规还需要多方面保证。

（七）政策风险

互联网金融面临突出的政策风险。由于其新生性，它比传统金融对政策敏感性更强。其表现形式主要有政策造成行业性损失、政策对金融消费者造成损害、政策变化造成成本增加，等等。互联网金融作为诱致性制度变迁，将引起政策强制性变迁并受到政策的巨大反作用影响。

（八）市场风险

互联网金融只是改变了交易方式和手段，扩大了金融参与者范围，并没有改变原有的金融市场。所以利率风险、汇率风险、股票价格风险和商品价格风险等风险依旧存在，而且由于互联网的开放属性使得原来由于门槛限制未能进入金融市场的资金通过互联网金融企业的渠道流入了现有市场，使参与交易的市场主体构成更加复杂化、多元化，这些新增利益主体与各种风险有着千丝万缕的联系，利益主体的诉求更加多样。这些不确定因素的加入会使得市场风险的防范和管理难度增大。

（九）国家风险

国家风险是指在国际经济活动中，由于国家的主权行为变动造成损失的可能性。在主权风险的范围内，国家作为交易的一方，通过其违约行为（如停付外债本金或利息）直接构成风险，通过政策和法规的变动（如调整汇率和税率等）间接构成风险；在转移风险范围内，国家不一定是交易的直接参与者，但国家的政策、法规却影响着该国内的企业或个人的交易行为。互联网金融的边界模糊性进一步加剧了国家风险产生的可能性和影响力。

四、各类风险转化及其对系统性风险的传导

由以上单个风险的分析可以看到，互联网金融各类风险并不是孤立存在的，相互之间具有紧密的联系，并通过一定条件进行转化，最终形成系统性风险。在互联网金融规模还不能与传统金融规模比拟时，互联网金融自身风险、传统金融风险、互联网金融风险对传统金融风险的连锁反应，三者共同构成了系统性风险。在互联网金融规模本身具有系统重要性时，自身也将可能引起系统性风险。

（一）信用风险、声誉风险和流动性风险的转化

在互联网金融市场上，由资金需求方引起的单体信用风险的发生，会由于资金链的断裂和信息的传播，形成更多违约，演化成互联网金融行业的信用危机，同时影响行业声誉，造成资金供给端的大规模流动性需求，通过大规模赎回、抽逃资金的方式造成互联网金融行业流动性紧张，给系统性金融风险带来隐患，特别是由于资金供给者的资金是从传统金融机构融资的情况下，会增加传统金融的信用风险，并造成整个金融行业的信用危机和流动性不足，更可能引起系统性金融风险。图9-1为信用风险、声誉风险和流动性风险的转化路径。

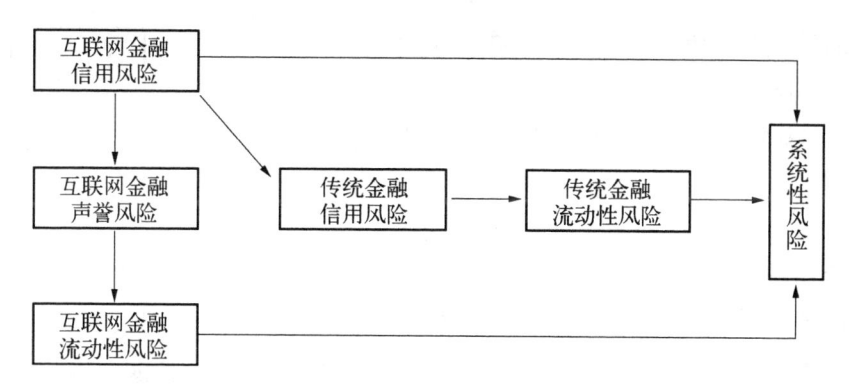

图 9-1 信用风险、声誉风险和流动性风险的转化路径

（二）政策风险、市场风险和信用风险的转化

理论上，政策缺失本身会引起行业混乱，引起系统性风险。更多的情况是，政策的变动引起市场的变动，从而增加互联网金融行业的市场波动，市场波动能够引起信用风险。如上所述，互联网金融信用风险通过自身及与流动性风险的转化形成向系统性风险传导的路径，并与传统金融市场风险共同增加系统性风险。图 9-2 为政策风险、市场风险和信用风险的转化路径。

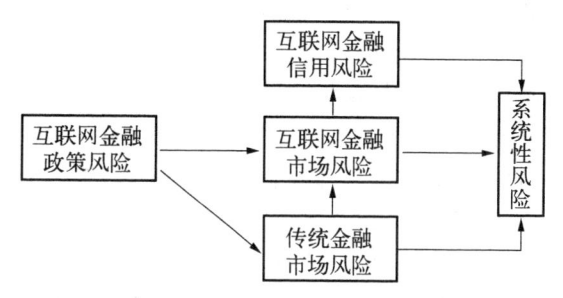

图 9-2 政策风险、市场风险和信用风险的转化路径

（三）科技风险、操作风险、声誉风险和国家风险的转化

互联网金融的科技风险会使内部人利用科技漏洞有机可乘，形成操作风险，操作风险本身也会由于人的道德风险引起系统中断或失灵，二者相互转化，最终给互联网金融声誉造成影响，并引发流动性风险，其路径可见图 9-3，互联网金融声誉风险向流动性风险转化并形成向系统性风险传导的路径。同时，科技的相对落后将使得互联网金融企业寻求他国帮助，并在科技应用和信息技术上受制于他国，引起互联网金融的国家风险。如果内部人由于利益驱动出卖国家信息，这种操作风险也将加速国家风险产生，共同对系统性风险造成影响。

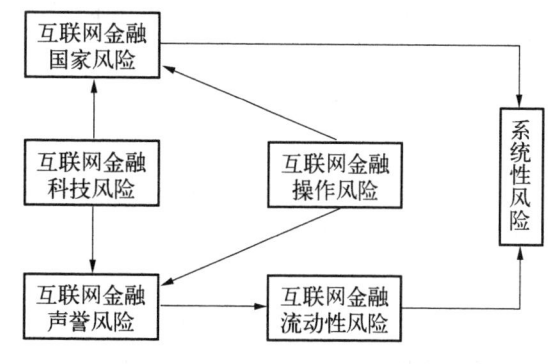

图 9-3 科技风险、操作风险、声誉风险和国家风险的转化路径

（四）法律风险、操作风险、国家风险和信用风险的转化

由于法律不完备或缺失，违约、违法成本很低，操作风险、信用风险和国家风险可能由此衍生。操作风险通过对声誉风险再到流动性风险的传导，对系统性风险产生影响；同时，如上文分析，操作风险与国家风险之间也有传导路径。互联网金融信用风险通过自身及与流

动性风险的转化与国家风险一并对系统性风险产生影响。如图9-4所示。

(五)传统金融风险转移对系统性风险的传导

除了互联网金融各类风险之间的转移,互联网金融风险还将通过影响传统金融风险对系统性金融风险造成影响。互联网金融利用自身优势会把越来越多的资金从传统金融中分流出来,并形成集聚优势。如果互联网金融发展逐步规范,金融科技使金融服务更多地通过互联网来完成,

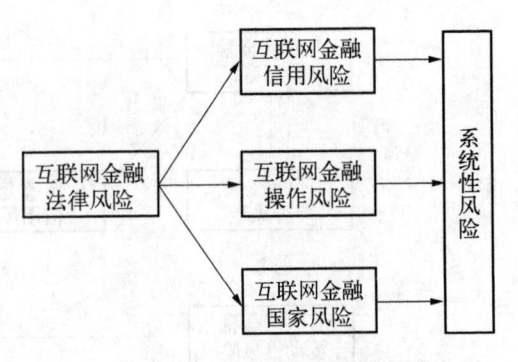

图9-4 法律风险、操作风险、国家风险和信用风险的转化路径

则大量的资金转移,必将使传统金融风险转移至互联网金融,这部分转移的风险,是不同金融领域风险的转移,互联网金融自身的风险增加了整体的系统性风险。在互联网金融尚不成熟的阶段,发生大量的资金转移一方面使这部分资金处于高风险、无监管状态,另一方面,随着资金的流失,传统金融对资金管控能力下降,作用和影响力也将下降,在互联网金融并不具备传统金融强大的政策背景和经济基础情况下,规模相对于能力的严重滞后,将与资金流失导致的传统金融机构流动性紧张共同对系统性风险造成强大冲击。如图9-5所示。

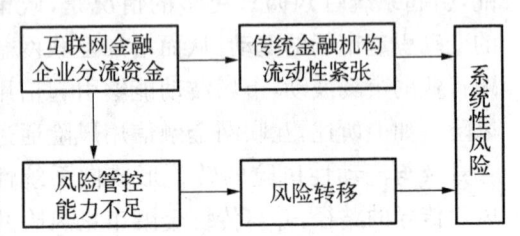

图9-5 传统金融风险转移对系统性风险的传导路径

五、风险控制方法

(一)互联网金融企业与机构的风险控制

1. 加大投入,提高网络安全系数

网络安全系数的提高需要从硬件和网络运行两方面进行改进。首先,要加大对硬件安全措施的投入,提高计算机系统的防病毒能力和防攻击能力,保证互联网金融的硬件环境安全。其次,在网络运行方面,应用分级授权和身份认证登录来访对非法的用户登录进行限制;利用数字证书为交易主体提供安全保障;大力开发数字签名技术、密钥管理技术和互联网加密技术,从而降低技术风险。

同时,互联网金融企业与机构要有效实施风险控制必须加强人才队伍建设。互联网金融风险控制离不开复合型人才,互联网金融作为新兴行业,专业风险控制人才缺失是普遍现象,当前我国这方面人才培养滞后,企业需要加大在职培训投入,建设自己的风险控制人才库。风险控制是互联网金融赖以生存与发展的根本所在,不管是电商、第三方支付企业,还是P2P网络借贷平台,能否掌握风险控制,成为能否形成良性互联网金融业态的关键。风险控制是互联网金融业界最值得投入财力、人力和物力的环节。

2. 创新风险管理技术

互联网金融企业与金融机构应当在全球金融行业风险管理要求不断提高,且金融服务

业对信息系统依赖性持续增强的趋势下,提升专业化的IT风险管理能力,创新风险管理技术。内容涉及等级保护、IT审计、电子银行安全、IT风险管理、企业内控等多个领域。企业应当基于内外部审计及监管要求建立网络控制评估框架;识别潜在网络风险;实施风险处置计划;持续监控网络风险状况;制订风险处置计划;设计各岗位分离的业务流程,同时运用科技手段全流程控制业务风险;完善各业务条线的风险管理组织机构,通过设立风险管理委员会、风险总监、风险官和风险经理,实现对金融业务风险的多级监控;引入发达国家风控技术中的信息交叉检验方法,实现企业非财务信息内部、财务信息内部、非财务信息与财务信息间的多重逻辑验证。

3. 加强内控机制建设和合规性建设

互联网金融企业风险控制的关键在于建立和完善内控机制,对互联网金融风险进行事前预警、事中控制、事后弥补与纠正。网络合规性建设的目的是提升风险管理能力,降低合规运营成本,保证企业谨守行业适用的法律法规,不踩红线,合规经营。同时,在金融行业监管要求不断提升的大背景下,互联网金融企业还要面对诸如内控、安全、外部审计、上级监管单位等多个机构的审计监督。到2020年9月末,全国实际在运营的网络借贷机构已经由高峰时期的5 000多家降至6家,比2019年年初下降99%,借贷余额下降了84%,出借人下降了88%,借款人下降了73%,网贷机构数量、参与人数、借贷规模已连续27个月下降,网络借贷领域风险持续收敛。截至2020年11月,实际运营的P2P网贷机构全部归零。

4. 运用风险管理常用技术方法

1) 绘制风险坐标图

风险坐标图是把风险发生可能性的高低、风险发生后对目标的影响程度,作为两个维度绘制在直角坐标平面上。运用坐标图方法需要首先对风险发生可能性的高低和风险对目标影响程度进行定性或定量评估,之后再依据评估结果绘制风险坐标图。绘制风险坐标图的目的在于对多项风险进行直观的比较,从而确定各风险管理的优先顺序和策略。

2) 蒙特卡罗法

蒙特卡罗法是一种随机模拟数学方法。该方法用来分析评估风险发生可能性、风险的成因、风险造成的损失或带来的机会等变量在未来变化的概率分布。

3) 关键风险指标管理

一项风险事件发生可能有多种成因,但关键成因往往只有几种。关键风险指标管理是对引起风险事件发生的关键成因指标进行管理的方法。

4) 压力测试

压力测试是指在极端情境下,分析评估风险管理模型或内控流程的有效性,发现问题,制定改进措施的方法,目的是防止出现重大损失事件。具体操作步骤如下:

(1) 针对某一风险管理模型或内控流程,假设可能会发生哪些极端情境;

(2) 评估极端情境发生时,该风险管理模型或内控流程是否有效,并分析对目标可能造成的损失;

(3) 制定相应措施,进一步修改和完善风险管理模型或内控流程。

（二）互联网金融系统性风险控制

请扫描二维码观看"网络洗钱典型案例"，初步了解网络洗钱的四种形式及其导致的后果。通过案例分析了解网络洗钱原理和互联网金融活动中的网络洗钱陷阱，认识到"天上不会掉馅饼"，树立正确的价值观、信用观和消费观。

网络洗钱典型案例

1. 防火墙建设

对于互联网金融引起的金融混业经营应当建立必要的风险隔离与保险制度。对于投资者和消费者而言，资金安全是否能够得到保障，是其关心的首要问题。对于互联网金融来说，安全是行业可持续发展的生命线。而要守护这条生命线，以科学合理的监管建立起牢固的"防火墙"至关重要。构筑这道互联网金融的"防火墙"需要政府、行业的深度探讨，针对互联网金融的新业态，制定科学合理的监管方案，建立可靠的覆盖全行业的风险防控体系。

2. 金融消费者权益保护

加强金融消费者权益保护是防范互联网金融系统性风险的关键环节。相关部门除了及时修订专门的消费金融权益保护法律法规，严格执法力度之外，还应当紧紧围绕提高消费者金融素养，持续开展金融消费者教育，不断拓宽投诉渠道和增强纠纷调解处理能力，加大重点领域金融消费监管力度，着力保障金融消费者的消费安全权利，对金融机构金融消费者权益保护工作进行整体评估，引导金融机构改进和完善自身工作薄弱环节。

3. 信用体系建设

社会信用体系的建设可从建立电子商务身份认证体系、个人和企业信用评估体系着手，避免信息不对称造成的选择性风险。国务院《社会信用体系建设规划纲要（2014—2020年）》，提出了政务信息公开、农村信用体系建设、小微企业信用体系建设这三个专项工程，具有很强的针对性和现实意义。其中直接与互联网金融相关的是后两条，主要是针对"三农"领域和小微企业的融资难问题。农户和小微企业的可抵押资产比较少，凭借自身信用进行融资是一条可行的办法，但要开展信用融资，就必须要有信用记录，让金融机构充分掌握信用信息，识别信用风险并且进行合理定价，这些都需要有健全的信用体系作为基础。

4. 法制体系建设

加强互联网金融风险法制体系建设包括加大立法力度、完善现行法规、制定网络公平交易规则，加快立法计算机犯罪、电子商务的安全性和电子交易的合法性，明确电子凭证和数字签名的有效性，对各交易主体的权利义务进行明确的解析；对现行的不适合互联网金融的法律法规进行完善，适时加大量刑力度；对交易主体的责任、保护消费者个人信息、保持电子交易凭证、识别数字签名等做出详细的规定，保证能够有序开展互联网金融业务。

5. 完善互联网金融监管体系

加强市场准入管理并完善监管体系，确定准入条件并对互联网金融创新加大扶持力度；互联网金融对分业监管模式提出挑战，所以应协调混业和分业监管模式，实行综合监管；同时还需借鉴外国经验,及时协调可能出现的国际司法管辖权。

此外,国家宏观经济管理部门还应加强产业政策、财政政策、货币政策、投资政策、汇率政策等政策调整对互联网金融活动的影响研判,对互联网金融可能出现的风险进行提前预警,备好预案,以防互联网金融调整过激产生系统性风险。

第二节　互联网金融监管

互联网金融凭借自身极强的创新性,逐渐从传统的支付业务渗透到转账汇款、跨境结算等领域,实现了快速扩张。由于互联网金融发展迅猛,现有的法律法规无法对其进行有效约束,同时由于互联网具有开放性,潜在风险巨大。因此,只有及时完善互联网金融的监管体系,有效地控制互联网金融所带来的风险,才能充分利用互联网金融的创新性,发挥其资金配置功能,促进经济发展。

一、理论基础

(一) 制度经济理论

新制度经济学与古典和新古典经济学研究经济问题时最大的不同,是认为交易费用脱离于经济运行本身,现实经济世界中交易费用就像物质间的摩擦力一样。交易费用的存在使得制度存在及变迁成为可能。著名的科斯第一定理提出在无交易成本的情况下,无论何种产权初始安排都会通过适当的协调谈判达到财富的帕累托最优配置。反过来,如果经济中存在着交易费用,则在经济活动中就有界定财产权利制度存在的必要性。经济运行中的交易费用源于人的有限理性、机会主义行为和不确定性。由于人的认识和努力的局限性,加之信息的有价性,维护一种交易合约必然要付出相应的成本,即为交易成本。在此过程中,作为经济体的个人具有私利性,出于追求自身利益最大化的需要,还可能利用既有知识和通过学习采取更为隐蔽的行为瞒过利益相关者和可能的监督者,人的行为就会出现机会主义倾向。为避免这种情况,就要尽可能为交易订立详尽的契约,这必然增加各方面的交易费用。由于经济现实中这些交易活动存在较高的交易费用,就构成建立制度来降低各种交易费用、提高经济效率的客观基础,并且,这些制度也会基于交易费用的变化,经历从产生到变迁的过程。从制度变迁的交易费用结构来看,互联网金融监管制度变迁是为了促进金融效率的提高、减少金融不稳定造成的成本,实质是通过降低金融发展的交易成本提高效率。互联网金融监管作为一种以需求诱致性制度变迁为因,国家强制性制度变迁为果的制度创新,其改革本身具有相应的制度变迁成本。

在完全市场化的条件下,参与者具备理性和完全信息,个体经济活动通过"看不见的手"自动调节并达到能够完全反映供求和市场信息的均衡状态,金融监管也需要同样完全的市场化,重点在于排除少量导致市场非有效的因素,最大限度发挥市场的作用,减少行政干预和规制,给予市场理性金融创新以最大的空间。但在不完全市场条件下,导致市场失灵的非有效因素较多,交易费用很高,正如互联网金融市场产生初期,不宜采用放任自由的监管理念,而必须规范、约束及引导金融交易者并改变其行为来达到降低交易费用的目的。这个过程是通过影响产生有限理性、机会主义和不确定性的因素来实现的。

现有的研究表明,长期以来,由于传统金融制度改革滞后于市场经济改革,巨大的民间资本需求被抑制,互联网金融监管通过对交易机构、范围、方式和内容的限制,筛选非理性交易行为,减少了有限理性导致的互联网金融"不完全契约"。通过建立严格的信息披露制度,使交易各方充分预测交易后果和风险发展,实施合同约束,弱化交易过程中的不正当行为,降低机会主义倾向,从而减少合同订立过程中的信息搜寻成本和经济个体追求"确定性"要支付的成本,最终减少金融交易中的交易费用。当费用不断降低使得监管带来的收益提高时,互联网金融监管创新势在必行。正是遵循着节约交易费用的逻辑,互联网金融监管制度创新必将促进互联网金融健康快速发展,最终服务于实体经济整体增长。

(二) 博弈理论

从经济理论来看,博弈理论与制度理论联系十分紧密。比较制度经济学家将博弈纳入对制度的分析,并取得了丰硕的成果。如诺斯(1990)将制度定义为"博弈均衡",认为"制度是社会的博弈规则,或者更严肃地说,是人类设计的制约人们相互行为的约束……"他还将博弈规则分为正式制度和非正式制度,认为应将博弈规则和博弈参与人加以区分,而后者才是制度的制定者和推动制度变迁的主要力量。赫尔维茨(Hurwicz,1996)利用纳什均衡对博弈规则的实施问题进行研究,通过对均衡策略可行性问题的分析,认为这种能够明确限制社会参与人的规则要成为一种制度,是在技术、社会偏好、资源禀赋等一系列环境约束下各参与人行动策略的纳什均衡结果。因此,重点是关注设计一种能够实现既定社会目标的制度。比较经济学家将制度定义为:是对进行博弈的各方信念的一个自我维系系统,其本质具有高度浓缩的制度均衡博弈路径显著和固有特征,各参与方几乎都能认为这种特征与他们选择策略密切相关。制度在自发地制约着参与人的策略互动的同时,也随着在连续变化的环境中参与人的不断决策而不断地再产生。以互联网金融监管为例,由于有限理性的存在,互联网金融的发展增加了市场和人们行为的盲目性,推动制度变迁的主要参与者希望通过对互联网金融参与者行为的约束来实现金融市场稳定和经济增长。但是,互联网金融参与者和市场主体并不一定具有遵守制度的内在激励,有效的监管制度能否形成很大程度上取决于监管介入后各方力量的对比和均衡。

著名的"囚徒困境"和"纳什均衡"分析框架,能够很好地解释互联网金融市场中监管的作用。互联网金融涉及的交易方在策略中均有诚信和不诚信两种策略选择的情况下,双方都选择诚信将会使交易效率最大化;但如果其中一方在交易中欺骗了对手,他将通过侵占另一方的利益而获得额外的收益;双方的最优策略都是选择不诚信,纯纳什均衡将不存在。在无外力作用的互联网金融市场中将形成对这种负面策略的不利预期,削弱互联网金融市场力量。因此,互联网金融亟须第三方约束的存在,达到双方都选择诚信的纳什均衡,并且当某方不讲求诚信时,可以预期到另一方也将采取不诚信交易策略进行回应。监管要着眼于解决一方利用信息和技术上的优势导致这种双方约束无效而造成的效率损失。因为当缺乏使博弈参与人按照机制设定的行为规则行事的约束力时,最优的博弈策略无法通过自我实施而实现,双方行为上的冲突必然导致行为预期上的混乱,进而导致社会资源的浪费和社会效益的低下。

随着博弈理论的发展,特别是演化博弈理论和重复博弈理论的出现,监管的制度理论也随之发展。根据哈姆林和萨格登、鲍尔斯、格雷夫的研究,进化博弈观认为,当惯例演化时,那些更具适应性的行为将被选择和发展,并被证明能有效减少个体选择失误的社会成本后以法律条文的形式固化;重复博弈观提出,在重复博弈中参与人会面临同样的博弈环境,并且由于博弈的重复性而将观察到的其他行为人本周期的策略选择作为下一轮博弈的依据,多次重复博弈也使得自身修正策略选择成为可能,形成一定条件下的子博弈策略均衡。两种博弈观均将不同的参与人和重复的策略选择作为一种整体结构考虑,对互联网金融监管的产生和演变将具有更重要的意义。

金融监管也是一种发展的均衡,博弈域的变化、技术的变化、博弈参与人的变化都是引发纳什均衡发生变化的诱导因素。在互联网金融领域,互联网技术的广泛应用,使金融参与行为人的策略可能性集合扩大,改变了传统金融、互联网金融企业、投资人和融资人的效用函数,博弈参与人的范围也由于互联网技术的普及性而大大扩展,以前封闭或者不明显的交换领域开始和外界扩展的市场进行接触,交易可能性集合扩大。特别是当监管方进入这种博弈时,监管者效用函数同样被迫发生变化,互联网金融监管混合策略均衡发生改变。如果想要通过制度变迁或创新改变已有的均衡状态,满足各方效用函数的变化,对这种制度演化的动态性认识尤为重要。因为互联网金融监管作为一种新的正式制度,在与旧制度转换中常常伴随着参与人思维的混乱和行为预期的异化,只有当互联网金融制度变迁或创新形成的制度均衡能有效制约参与人的行为,并将监管自身的行为内生化参与博弈,才有可能使互联网金融监管成为一种有效实现监管目标的最优制度。

二、监管的外部效应

互联网金融监管的目标、原则、制度改革等都受到其外部效应的实质性影响。研究互联网金融监管的外部效应,重点在于研究互联网金融监管在供求失衡和制度创新中对监管效果产生的影响。

(一)经济效应

互联网金融监管的经济效应是通过互联网金融监管,提高互联网金融效率,规范互联网金融发展,形成一定的经济效益。金融监管是国家利用"看得见的手"进行市场调节的手段。而互联网金融是互联网技术运用过程中的金融业务化。随着市场经济深化、混合所有制和非公有制经济的发展,以及扩大内需政策和供给侧结构性改革的推动,市场中小微经济、民营经济、个体经济的资金需求量大大增加,互联网金融通过将大量"草根"投资者闲散资金集聚,为这种巨大的资金需求寻找对接手段,提高了经济效率。互联网金融监管必须着眼于发展与监管的平衡,给予互联网金融以及由此衍生的金融业务一定的容忍度,同时通过行政手段来惩戒不规范行为,引导互联网金融规范发展。互联网金融监管的经济效应决定了金融监管应该在审慎性监管与发展性监管中寻找合理平衡点。基于此,互联网金融监管应着眼于事前、事中监管,关注准入和运行两个方面。准入标准上,应以审批制为主,备案制为辅,确保机构合规、产品合规,不触碰法律底线,特别是在准入上为金融创新留下试错空间,明确底线标准,放宽具体标准。在运行上,互联网金融监管不可能具有一个统一的规则,应按照行业归属,对不同规模、不同产品形式、业务类型实施分类监管,在功能监管的前提下实施牌照管理,建立差异化监管规则。

(二) 社会效应

互联网金融监管产生的社会效应主要是通过保护金融消费者权益,推动普惠金融发展来实现的。互联网金融面对的是缺乏金融知识、资产实力不足、风险意识和防控风险能力较差的群体。而无论金融产品借助何种媒介,其复杂性和专业性不会降低。互联网金融对于具备金融基础素质的主体来讲,能够大大降低交易成本和信息不对称带来的问题,但对于"草根"金融主体来讲,在提高交易便捷性的同时,凸显了信息不对称的问题。他们缺乏对合规互联网金融主体和适应自身风险承受能力的金融产品的辨别能力,在逐利的互联网金融市场中无法很好地保障自身权益。同时,由于互联网的虚拟性和互联网金融业务处理机制的"隐形化"和"后台化"等原因,信息来源、资金流向的复杂加剧了互联网金融消费者的不对等地位。互联网金融监管当局应注重收集包括资金供需方、信息匹配方、服务方在内的基础信息,以及信息产品、地域、渠道、流程等数据,防止服务提供者将各类金融产品、业务和运作机理、风险程度等模糊化而误导性营销,帮助金融参与方清晰认知自身的投资、交易行为。同时制定强制性的信息披露标准和风险提示义务规定。这种义务应是由在交易中处于强势地位的互联网金融产品提供方来承担,并且如果存在误导销售或由于认识偏差导致的消费者损失,还应具备有利于金融消费者申诉和求偿的机制。从长远发展来看,互联网金融进一步凸显了对金融市场参与者教育的紧迫性。加强并引导开展对互联网金融公众教育,是培育合格市场主体的必然要求,也是监管当局应该承担的社会责任。

(三) 安全效应

从微观来讲,确保资金安全和信息安全是互联网金融最重要的安全效应。资金安全是传统金融最关注的安全,在互联网金融中,资金安全有了新的形式。互联网金融考验互联网金融主体对信息和资金在技术层面的保护能力。但互联网金融作为新生事物,多数提供者的技术能力比较薄弱、风险防控能力有限。大数据是一把"双刃剑",正向运用可以对信息和数据进行深度挖掘并将其转化为经济价值,使用不当则会危及社会公众个人信息的安全,并导致传统隐私保护原则效力大大减弱。对此,互联网金融监管要对互联网金融机构提出全面风险管理体系建设要求,将安全标准、风控标准、内控体系纳入市场准入指标,监管要注重信息产生和使用的全过程监管,强化对数据最终使用者合规性要求,最大限度发挥大数据技术应用的优势,规避并防范其负面影响。从宏观来讲,为避免互联网金融机构倒闭给行业和金融体系带来的冲击,要通过明确定位损失承担主体、惩治违法行为、规范接管清算、合理风险偿付等形式加强事后监管和处置。

一般情形下,上述三种效应与互联网金融监管的三大利益主体相对应,即互联网金融机构推动了经济效应诉求、互联网金融消费者呼吁了社会效应诉求、互联网金融监管部门更注重安全效应。三种效应的均衡实际就是三大利益主体的均衡。很明显,各个主体之间的诉求是相互交叉的,比如,监管部门存在对经济效应的诉求,互联网金融机构也有交易的安全诉求。但三大利益主体的核心诉求,仅仅靠主体之间的谈判、交易、妥协是不能够实现的,这时,法律和秩序就要处于中心地位。互联网金融作为社会进步发展到一定阶段的产物,也对国家法律和软环境提出了更高的要求,当社会风气、信用氛围和道德准则无法规范社会行为、保护个人利益时,则需要法律这个最终的武器,来使违法者付出违法成本。可以说,互联网金融监管效应的源头是对基础制度和法律的根本需求,互联网金融监管本身也是对法治的保障。

三、监管的作用

互联网对金融的重要推动作用主要表现为信息变换和交易脱媒化在互联网金融领域被大大强化,金融风险在互联网金融运作模式中被放大。互联网金融普惠特质决定了互联网金融监管在基于互联网金融主体微观创新最大化的基础上,关注风险的关联性和互联网对风险的放大作用,降低并消除风险快速转化和互联网金融对传统金融机构和整个金融体系风险的影响,也就是要做到微观金融创新和宏观金融稳定并重。

(一)缓解逆向选择和道德风险问题

信息科技发展提高了监管的透明度,传统金融中并不缺乏信息披露和监管透明度,但大数据技术提升了信息披露的精细度和准确度,有助于互联网金融的理性监管。信息被监管当局科学运用,为解决互联网金融监管中的逆向选择和道德风险问题提供了便利。通过准确了解互联网金融各方主体基本信息,监管部门可以更好地对复杂金融产品实施穿透式监管,也有利于对互联网金融行业整体进行统计和分析,并使得前瞻性监管、预测性监管能力大大提升。通过大数据技术在监管中的运用,能够更清晰地掌握互联网金融运行结构,更准确地预判互联网金融运行的脆弱点,有助于把控总体风险和低成本获取监管信息。

(二)减少非理性行为和同质竞争

监管工具需要通过作用于微观主体实现监管目标。互联网金融使得新的创新性产品不同程度地具有普惠性,可复制性和可得性都比较强,必然引发互联网金融企业的同质化竞争,竞争的不利结果也将引起同质性风险叠加。虽然这种损失在整个金融体系总量中占比较低,但在互联网金融环境下,风险具有对金融稳定造成宏观影响的微观技术途径,这更凸显了对信息披露审查的重要性。此外,互联网金融的投资者往往具有区域性特征,在一定区域内投资行为具有一致性和同质化。区域内的投资者将可能暴露在同一风险敞口下,不利于风险的个体分散和空间分离。互联网金融监管就是要通过对资金供求双方和中介方的产品信息披露、资质审查等方面的监管,减少互联网金融市场中的非理性行为和同质化竞争现象。

(三)防止金融风险跨行业和跨类型演化

互联网金融风险的特殊性还在于风险的交叉传染和快速转化。互联网金融的本质决定了互联网金融风险与传统金融风险并无不同,但交叉性金融风险的系统重要性显著提升,单体风险更容易演化成区域性、系统性风险,对社会稳定带来严重的负面影响。比如,放大的声誉风险,在互联网高速发展的今天,必然成为互联网金融监管的一个重要方面。不仅不同的风险之间相互转化更快,金融风险向非金融风险的转化也在加速。2008年的金融危机使得理论界和实践者认识到决定金融机构的系统重要性程度的因素,除了规模以外,还有其对其他金融机构和经济基本面的影响和关联程度。互联网金融监管采取以风险为本的监管原则,采取关联度风险理念,更为关注金融风险的负外部性,通过防止金融风险的关联和传递,使整体风险处于可控范围。

四、监管的原则

(一) 底线思维原则

党的十八大以来,习近平同志多次强调在各项工作中要坚持底线思维,增强忧患意识,特别是在涉及金融安全、风险防范等领域时,强调在抵御重大风险的过程中离不开居安思危、未雨绸缪的底线思维。而底线思维原则与政府监管的前置性特征不谋而合,因此底线思维原则可以说是一切风险治理工作的基本原则。

在互联网金融风险监管治理过程中,因其涉及金融消费者的切身利益,涉及国家经济社会的长治久安和繁荣稳定,因此,要牢牢守住、守好不发生重大系统性金融风险的底线,也要守住互联网金融风险治理工作的底线,严格遵守法律法规和政策约束,坚决打击借互联网金融之名,行诈骗、非法吸收公众存款、非法集资之实的各类犯罪活动,保护社会公共利益安全。

(二) 统筹协调原则

互联网金融的各种形式既相互独立,又彼此关联。传统金融的银行、证券、保险尽管彼此联系,但依然有着比较清晰的业务边界,因此世界上不少国家可以采取分业监管的模式。但互联网金融各种模式的彼此关联度远远超过传统金融,一方面因为各种模式本身就处在逐步完善的阶段,相互影响、彼此借鉴的情况时常发生;另一方面是因为各种模式发展创新的基础都是互联网技术的进步和发展,本质上具有相同的基因。在这种情况下,互联网金融的监管较之传统金融监管的统筹协调性要求更高,不仅需要针对各种模式的特点,科学选择监管方式,而且要充分考虑它们之间的相互联系和影响机制,统筹协调运用好各种监管方式,使其产生合力。

(三) 平衡一致性原则

平衡一致性主要是就互联网金融风险监管的标准而言,在监管过程中政府应掌握统一的标准,特别是在部分传统金融领域风险治理"跨界延伸"到互联网金融领域的过程中,如果金融机构所从事的业务属于同种类型,或金融机构发挥的实际作用和产生价值是相当的,那么进行风险控制的措施和标准就应当统一,不能以其所属行业不同而予以区别对待。在互联网金融发展过程中,因管理标准不统一产生的风险问题普遍存在,部分互联网金融机构为了不被区别对待,选择漠视相关法律法规,规避互联网金融行业特许准入和严格监管,进而引发金融机构监管套利行为,有损于风险监管部门监管效果和权威,引发金融风险,影响金融稳定。

鼓励互联网金融发展必须在互联网金融风险防范中重视平衡一致性原则,不能以金融风险治理过程中的标准和要求异化为代价。只有对不同模式的互联网金融纳入相同的风险治理体系,采取相对一致的监管,实行相同的风险管理标准,才能确保各种互联网金融模式的发展处在同一个水平上,影响其未来发展的因素都是纯市场的。只有这样,互联网金融业态的发展才能具备更强的自我完善和调节能力,这样发展起来的互联网金融产品、业态、模式才是健康的,才符合金融发展规律,才能对整体金融效率的提升做出贡献。

(四) 鼓励创新原则

从当前情况看,互联网金融在供需两端都能够适应金融发展变化要求,并通过金融产品和服务创新来进行有效对接,合理地安排金融资源实现科学配置,在造福于实体经济发展的同时使参与者受惠。这种情况下治理其风险就要顺应其发展的趋势,减小因风险带来的损失。但是,风险治理不能成为政府超常规进行行业规制的理由,如果以风险治理为名过分干预行业发展,就会遏制其创新发展的内生动力,弱化其在金融资源配置上发挥的重要作用,进而降低金融市场效率。因此,对互联网金融风险的治理要把握节奏和力度,坚持开放和审慎、包容与严谨、风险防范和鼓励创新并重的原则,在充分适应行业发展要求的基础上,探索对互联网金融风险开展创新性的治理模式,通过建立风险兜底防控措施和完善日常风险监测机制来确保互联网金融健康稳定发展,同时也要赋予其一定的试错空间与风险容忍度。

互联网金融发展与监管动态

请扫描二维码阅读"互联网金融发展与监管动态",了解各国互联网金融发展相关政策、我国互联网金融监管政策与执行情况,通过权威专家解读认识政府监管与互联网金融发展的关系。

五、国外的监管经验

尽管我国互联网金融发展迅速,甚至在某些业态和规模上已经处于国际领先地位,但是互联网金融监管与国外相比还有不小的差距。我国互联网金融监管起步晚、底子薄,许多监管制度和框架设计还在不断完善当中,有必要对国外尤其是发达经济体的互联网金融监管进行比较研究,从中吸取有益的监管经验。

(一) 美国的互联网金融监管

美国是最早实现互联网民用化的国家,加上其拥有先进的信息科学技术和发达的金融体系,自然而然地成为互联网金融最早出现的国家,但是直到今天,互联网金融在美国还不是一个独立的金融部类。受制于美国强大完善的金融体系和金融监管体系,完全独立的互联网金融企业和业态难以发展壮大,很多时候,互联网金融更像传统金融的"试验田"。当某种模式的互联网金融发展壮大,传统金融就会将其纳入自身体系,用于提升自身的效率和扩大金融服务的范围。

因此对于互联网金融的监管,美国采取的态度是将其纳入整体金融监管框架之下,美国的金融监管机构只需要关注某些已成型的互联网金融业态的特点,通过完善体制机制和法律政策,将其纳入现有的监管框架之下即可。具体做法包括以下方面。

1. 完善法律法规

鉴于美国金融监管的法律环境较为成熟,对于新生的互联网金融监管涉及的法律问题,多采取在原有法律法规基础上完善的做法。监管当局通过补充完善原有银行监管的法律法规,使原有监管规则适用于互联网环境。

2. 强调信息披露

美国对互联网金融的监管高度重视信息披露,在互联网金融业务开设时就会设置准入门槛,包括资金安全要求、第三方存管制度、技术安全标准、内部风险控制、反洗钱措施等等,要求相关互联网金融业务的运营主体详尽披露相关信息,从一开始就防止道德风险的出现。

3. 注重行为监管

考虑到互联网金融动态变化发展的特点,美国在设定互联网金融准入门槛和严格信息披露的基础上,更加注重行为监管。除了联邦层面的监管之外,各州也会对互联网金融的业务经营许可进行监管,以确保其业务是在取得牌照和经营许可后进行的。同时利用《电子转账法案》和《监管指令E》对消费者的权利和义务、争议解决机制做出规定,确保互联网金融相关业务、投资行为是按规定的程序和途径进行的,对不符合规定的业务也明确规定了惩处和补救措施。

4. 强化协调合作

美国金融监管当局对监管职责有明确的划分,美国联邦通信委员会和贸易委员会对非金融机构的互联网金融业务进行监管,而对于金融机构从事的互联网金融业务则是由联邦和州监管机构共同监管。两个层级的监管,加上数目众多的联邦和州一级监管机构参与其中,彼此密切配合,形成监管合力。

(二)英国的互联网金融监管

英国是老牌资本主义强国,首都伦敦是世界上主要的金融中心,良好的金融环境为英国互联网金融的发展提供了有利条件。英国是互联网金融P2P网络借贷的发源地,2005年成立的Zopa是全球第一家P2P公司。此后P2P网络借贷在英国一直发展良好,成为英国互联网金融份额最大的模式。作为世界的P2P贷款平台的发源地,目前,英国的P2P网络借贷市场主要由Zopa、Rate Setter、Funding Circle、Thin Cats、LendInvest、Madiston Lend Loan Invest、Wellesley & Co和Market Invoice等八个P2P在线借贷平台主导。主要通过政府建立的专门机构和行业自我监管的组织对网络借贷进行联合监管。政府制定监管政策,设立专门的机构来监管P2P行业,同时P2P行业也启动了一个自我监管组织,即P2P金融协会,它对网络借贷公司本身施加限制,协助官方法律来监管、规范P2P行业。

在立法方面,2014年3月6日,英国金融行为监管局(FCA)发布了《关于网络众筹和通过其他方式发行不易变现证券的监管规则》(The FCA's regulatory approach to crowdfunding over the internet and the promotion of non-readily realisable securities by other media, PS14/4)(简称《众筹监管规则》),并于2014年4月1日起正式施行。

《众筹监管规则》认为需要纳入监管的众筹分为两类,即P2P网络借贷型众筹(Crowdfunding based on loan)和股权投资型众筹(Crowdfunding based on investment),并制定了不同的监管标准,从事以上两类业务的公司需要取得FCA的授权;对于捐赠类众筹(Donation-based crowdfunding)、预付或产品类众筹(Pre-payment or rewards-based crowdfunding)不在监管范围内,无须FCA授权。

1. P2P 网络借贷

1)最低资本要求

《众筹监管规则》规定静态最低资本和动态最低资本孰高法确定最低资本。静态最低资本在 2017 年 4 月 1 日前为 2 万英镑,在 2017 年 4 月 1 日后为 5 万英镑。动态最低资本是指 P2P 网络借贷企业要根据平台借贷资产总规模的情况,采取差额累计制,达到最低资本限额的要求,具体标准如表 9-1 所示。

表 9-1 众筹最低资本限额标准

平台规模	资本金比例
低于 5 000 万英镑	0.2%
5 000 万~2.5 亿英镑	0.15%
2.5~5 亿英镑	0.1%
5 亿英镑以上	0.05%

2)客户资金

网络借贷平台如果破产,应当对已存续的借贷合同继续管理,对贷款管理做出合理安排。

3)争议解决及补偿

如果网络借贷平台没有二级转让市场,投资者可以有 14 天的冷静期,14 天内可以取消投资而不受到任何限制或承担任何违约责任。投资者在向公司投诉无法解决的情况下,可以通过金融申诉专员(FOS)投诉解决纠纷。

需要注意的是,虽然众筹公司取得了 FCA 的授权,但投资者并不被纳入金融服务补偿计划(FSCS)范围,不能享受类似存款保险的保障。

4)信息披露

网络借贷平台必须用通俗易懂的语言告知消费者其从事的业务,在与存款利率做对比说明时,必须要公平、清晰、无误导,在平台上任何投资建议被视为金融销售行为,需要同时遵守金融销售的相关规定。

5)报告

网络借贷平台要定期向 FCA 报告相关审慎数据,包括客户资金情况、客户投诉情况、上一季度贷款信息等。

2. 投资型众筹

对于投资型众筹,FCA 在原有监管规则的基础上增加了一些新的规定。

1)投资者限制

投资者必须是高资产投资人,指年收入超过 10 万英镑或净资产(不含常住房产、养老保险金)超过 25 万英镑;或者是经过 FCA 授权的机构认证的成熟投资者。

2)投资额度限制

非成熟投资者(投资众筹项目 2 个以下的投资人),其投资额不得超过其净资产(不含常住房产、养老保险金)的 10%,成熟投资者不受此限制。

3)投资咨询要求

众筹平台需要对项目提供简单的说明,但是如果说明构成投资建议,如星级评价、每周最佳投资等,则需要再向 FCA 申请投资咨询机构的授权。

(三) 日本的互联网金融监管

日本的互联网金融基本由网络公司和 IT 服务公司主导。主要因为日本的传统金融机构比较强势,并且能够提供良好的金融服务。日本的互联网企业通过与国外知名互联网金融机构合作,不断将互联网金融的新业态引入日本国内。如三菱、三井住友、瑞穗等日本大型金融集团纷纷同全国知名的互联网金融企业合作,并引入国际上最新的互联网金融模式。日本金融监管当局也适时修改银行法以扩大金融自由度,促进互联网金融的发展。

日本在互联网金融监管方面,总体上是将其纳入传统金融监管体系和框架,并且严格执行相关金融监管政策。金融厅负责维护全国金融稳定,承担各类金融机构的监管职能,只有在落实宏观审慎监管和处理金融破产和金融危机相关事务时,才会同央行日本银行以及财务省发生联系。金融厅下的规划总务局,负责制定金融监管政策,维护动态稳定的金融体系,发展高效公平的金融市场以及金融厅内部事务。检查局负责检查金融机构是否按照法律法规提供优质金融服务,以维护消费者的权益。监管局负责金融机构的监管,内部设有负责银行、保险和证券的监管部门。执行局负责市场监管、检查金融机构、调查市场违规和违法行为等。

从这个监管框架的设置可以看出,日本的金融监管打破了银行、证券、保险等分业监管的模式,着眼于金融业全范围、全业务、全流程监管。由于主要监管标准和准入门槛都是基于传统金融机构设置,互联网金融企业往往很难达到,因此相关业务因为不符合法律法规很难开展。以众筹为例,依据日本过去的金融监管规定,从事有价证券募集者,均属于金融商品交易者;从事股票募集者,要求最低注册资本金 5 000 万日元;从事基金募集者,要求最低注册资本金为 1 000 万日元。带有股权投资性质的众筹很难满足上述规定,因此在日本很难开展业务。日本的金融监管机构已经注意到混业监管带来的问题,尤其是对互联网金融这样的新兴金融创新事物来讲,过严、过高标准的监管会限制其发展,进而影响到整个金融体系的活力。日本金融厅于 2014 年 3 月 14 日向国会提交了《金融商品交易法等部分修改法案》并获得通过,此法案进一步放宽了开展众筹等互联网金融相关业务的准入门槛,同时加强了投资者保护和市场信用维护等方面的约束。再如 P2P 业务,根据相关法律在日本很难开展,因为日本明确规定国内不同个体之间的借贷行为,必须登记注册且严格遵守借贷业务相关法律规定。这些规定有效地防止了 P2P 业务带来的金融风险,但这种过严的要求也使得相关业务失去了发展空间。

总的来看,金融监管必须在鼓励创新和确保安全中间寻求平衡。日本的金融监管总体偏谨慎,对于互联网金融的监管较之其他国家也更为严格。加上日本金融实行混业监管,这种做法在有效防范互联网金融创新带来风险的同时,也极大地限制了互联网金融的创新和发展,使得日本的互联网金融总体落后。日本金融监管当局也认识到了这些,近年来通过修改金融监管法律和规定,从源头上放宽市场准入,在过程中加强管理来促进互联网金融发展。

六、我国的互联网金融监管

(一) 我国互联网金融监管机构及对应职能

我国互联网金融市场的存在和发展对传统金融市场形成一定的冲击,在传统金融市场

"一行三会""一委一行两会"的分业监管模式下,监管当局也能够认识到,随着经济迅速发展和市场规模急剧扩张,金融监管必须针对新兴的行业进行监管方式的调整和监管重点的转移。随着2023年国务院机构改革方案的确立,中国金融监管的新框架正式亮相。新的金融监管框架"一行一局一会"包括中国人民银行(央行)、国家金融监督管理总局(金监局)、中国证券监督管理委员会(证监会)。同时建立以中央金融管理部门地方派出机构为主的地方金融监管体制,统筹优化中央金融管理部门地方派出机构设置和力量配备。地方政府设立的金融监管机构专司监管职责。

1. **中国人民银行**

中国人民银行是我国的中央银行,它的主要职能是从宏观层面制定和执行货币政策,防范和化解金融领域的系统性风险,维护国家金融系统的安全和稳定,同时致力于加强社会信用体系建设,建立健全符合我国国情的金融法治体系。

互联网支付是一种基于网络的货币支付形式,常通过手机移动网络、第三方支付系统、网上银行等媒介实现。对于第三方支付机构和银行业金融机构而言,在互联网支付过程中,应该随时发现其是否存在不当,考察其行为有无遵循现有的法律条例及相关规定。在第三方支付机构和其他机构采取合作的方法时,对双方各自的权利和义务要有明确的划分和规定,并且与客户之间建立权益保障机制与风险隔离机制。

2. **国家金融监督管理总局**

国家金融监督管理总局统一监管银行业、保险业,以及金控公司及其控股的金融机构,强化机构监管、行为监管、功能监管、穿透式监管、持续监管,统筹负责金融消费者权益保护,加强风险管理和防范处置,依法查处违法违规行为。

防止发生系统性金融风险是金融监管工作的重中之重。金监局注重科学防范,早识别、早预警、早发现、早处置,着力防范化解重点领域风险,着力完善金融安全防线和风险应急处置机制。从宏观角度严格规范金融市场交易行为,规范金融综合经营和产融结合,加强互联网金融监管,强化金融机构防范风险主体责任。

3. **中国证券监督管理委员会**

中国证券监督管理委员会依照法律、法规和国务院授权,统一监督管理全国证券期货市场,维护证券期货市场秩序,保障其合法运行。

众筹融资的含义就是以互联网形式进行并且实施股权融资活动。小微企业是主要融资方,在股权众筹融资的中介机构构建过程中,能够对企业信息予以披露,在资金使用状况、经营管理以及商务模式等方面有所体现。对于融资项目的投资者而言,要充分考虑众筹融资活动的风险,提高自身的防风险意识以及承受风险的能力。

(二) 监管现状

1. 监管相对滞后

自2013年以来,我国的互联网金融快速发展,无论是从形态、产品、规模、从业人数,还是业态和模式,各种金融创新层出不穷。加上互联网公司和电信运营商等非金融主体的介入,使得这种发展势头更加迅猛,但是与之相对应的金融监管基本还停留在过去的传统方式上。从我国互联网金融监管发展历程来看,对互联网金融的监管基本上采取先放再管、后续规范的思路。以 P2P 网络借贷为例,在其野蛮生长期,正常运营的 P2P 平台数量就达到 2 090 多家,还不包括多年累计停业及问题平台 3 826 家。由于对网络借贷平台的监管没有及时跟上,很长一段时间里,对网络借贷平台的监管处于"真空"状态,大量网络借贷平台是在无准入门槛、无行业准则、监管机构不明确的情况下诞生的。这也就不奇怪为什么此后会有大量网贷平台出现问题,爆发支付危机,甚至干脆有平台从一开始就打着网贷平台的旗号从事非法金融活动。这种情况不仅存在于 P2P 网络借贷中,在其他互联网金融形态的监管中同样存在。对互联网金融新的变化缺乏跟踪研究,即使后续跟上的监管也基本采用过去的老模式和老办法,这种矛盾已引起监管当局足够重视,目前正逐步解决。

2. 风险识别不足

传统金融监管对于金融业多年存在的信用风险、利率风险、汇率风险、流动性风险以及操作风险等,都有比较完整的理论和模型进行识别和管理。但是,对于互联网金融产生的风险却没有现成的、效果比较好的识别方法。究其原因主要有两点:一是互联网金融遵循长尾理论,传统金融遵循"二八定律",两者开展金融业务的基本逻辑存在差异。现在比较成熟的金融监管理论也是建立在"二八定律"之上,遵循的是大数定律和类正态分布假设。二是互联网金融有明显的跨界融合,传统金融与之相比则显得比较纯粹。互联网金融除了具有传统金融的风险之外,还存在基于信息技术导致的平台风险、技术风险、系统安全风险和基于虚拟金融服务的业务风险,许多互联网金融的具体形态尚处于起步阶段,缺乏明晰的法律界定。所有这些风险的诱因复杂、彼此交叉、传播扩散速度快,较之传统金融风险更趋复杂。而传统金融监管对于技术、网络关注较少,即使有所涉及也是作为其他风险因素予以处理,这就使得采用传统金融监管技术无法很好地识别互联网金融风险。

近年来的监管实践也充分暴露了这一点,很多时候导致较严重互联网金融危机事件的因素,并不在"一行一局一会"的监管视野范围,而其他部门即使发现了,也无法将其同互联网金融整体监管有机结合起来,只能站在行业主管部门的立场,进行职权范围内的行政管理。

3. 监管适度性不够

从 2016 年年初开始,对互联网金融的监管趋紧,而此前很长一段时间,对互联网金融的监管相对宽松,很多领域甚至没有监管。这一"紧"一"松"之间,反映了监管当局还没有适应互联网金融发展现状,尚未完全跳出"一管就死,一放就乱"的怪圈。对于互联网金融这样一个新生且处于快速发展的事物,一定要处理好监管的范围、力度和方式方法,很多时候还要兼顾监管与发展的顺序,使监管更好地适应发展需要。当前,互联网金融监管的适度性显然不够:一是尽管对互联网金融的本质是金融这一点达成了共识,可是对其风险识别不够,也就无法实现穿透式监管,只能停留在表面风险监控上。二是对互联网金融各类业态没有分类,至少对于涉众业务和非涉众业务、业务创新和流程再造等监管没有加以区分。三是监管多是静态思维而非动态调整,传统金融业务模式成熟,金融创新也基本是在原有框架和范围内实现,而互联网金融业务模式尚未成熟,大量创新是在突破原有框架和范围内实现的,如果仍用旧办法,显然无法适应。

4. 监管协调性不足

互联网金融各模式和业态的发展参差不齐,P2P 网络借贷普遍小而散且业务模式同质,传统金融互联网化多是依附发展,第三方支付已呈现寡头垄断格局,而众筹、大数据金融等相对平静。相关部门对其监管未能统筹兼顾,形成有效联动。更为重要的是,互联网金融具有互联网基因,互联互通特质明显,信息数据流动快。目前的金融监管尚没有有效手段,实现监管的分布化和动态化、监管数据治理规范化和监管的协同化。此外,基于长尾理论建立的互联网金融,涉及的对象多是长期缺少金融服务的人群,金融知识和金融素养缺乏,社会监督和行业自律的作用至关重要,需要采取有效手段将这部分内容整合至互联网金融监管当中。此外,我国基础信用体系薄弱,数字化综合管理系统尚未建立,地方具体监管细则没有完全建立,企业合规经营、微观指引缺失,行业信息披露水平整体偏低,这些都需要在完善互联网金融监管时加以考虑。互联网金融风险治理大事记如表9-2所示。

表9-2 互联网金融风险治理大事记

时间	机构	内容
2011.8	银监会	下发《关于人人贷有关风险提示通知》
2015.7	十部委	发布《关于促进互联网金融健康发展的指导意见》
2015.12	中国人民银行	成立中国互联网金融协会,作为行业自律监督机构
2016.4	国务院	下发互联网金融风险专项整治工作实施方案,开展专项整治
2017.4	银监会	推进网络借贷平台(P2P)风险专项整治,专项清理整顿"校园贷""现金贷"等互金业务及相关金融机构
2017.11	中国人民银行	资管新规正式向社会公开征求意见
2017.11	国务院	成立国务院金融稳定发展委员会,加强互联网金融监管,强化金融机构防范风险主体责任
2018.6	国务院	继续开展互联网金融风险专项整治工作,重点整治P2P网贷、第三方支付等
2019.1	银保监会	稳步推进互联网金融和网络借贷风险专项整治
2020.11	银保监会、央行	网络小额贷款业务管理暂行办法(征求意见稿)

七、完善监管措施

(一)监管体制全面法治化

互联网金融以及金融科技的发展,最终将凸显监管体制化和法治化的重要性。互联网金融监管中存在的所有问题最终都可以追溯到监管体制和法制的不完善。

互联网金融的产生是金融市场自我发展的结果,其实质是政府与市场关系的调整。随着市场经济改革的深化,法治经济会从根本上影响法治监管。技术和市场的发展使得公私合作的社会结构已经形成,这种合作源于法律体系和社会规范的组合作用。互联网金融的出现导致既有的监管手段不足,这会促使国家或地区通过立法和政策改变既有监管体制和框架,调整市场和政府中的行为主体单方面违法和自律弱化的现象,这就要求实行法制治理和合作治理。比如,美国金融监管采取联邦与州分权的多元化模式,被监管者选择监管人的过程增强了市场自主权,政府对监管人进行再监管则提高了效率。同时,监管的创新要在法律授权内实行,监管机构权利行使不能超过法律边界。以英国的监管沙盒为例,监管主要通过三种方式进行:一是无强制行动承诺函(No Enforcement Action Letters,NALs),对于在沙盒进行测试的企业,监管者承诺不会对既定规则内的行动进行追责;二是个别指引(Individual Guidance,IG),监管者可以根据沙盒内的企业需求提供政策指引和法律解释;三是豁免(Waivers),监管者有一定的权限,可以根据情况为沙盒内的金融新创企业豁免部分规则。中国台湾地区的监管沙盒实践是通过对涉及证券交易在内的一系列相关立法和法规调整来明确一定限度内的豁免权。沙盒规划都在严格筛选及保障金融消费者权益的前提下展开尝试,在监管沙盒的安全空间内规范其准入和退出机制、强化金融消费者保护,在法治化的前提下提供积极助推。

由此可以看出,无论采取何种监管规则创新,首先要认识该机制下监管的法治思维与体制定位。结合我国现实情况,互联网金融监管要注重完善相关行政参与制度,适应诱导性制度变迁的特征,增加民众参与和互联网金融机构参与决策的广度和深度,充分调动民间、经营者、专家、决策者等各方面的积极性,完善互联网金融监管体制。在监管理念方面,本质上是提高行政决策的法制化水平,加强行政公开,健全诉求表达机制和决策论证机制建设。在监管能力上,除吸收新技术提高行政效率和执法能力外,根本上还是要在全面依法治国战略的大框架下,尽快完善法制体系,并在法治的指导下完善监管体制,通过相对固化和规范化的法治和体制框架实现长远的持续监管,为实现法制治理下的体制动态调整奠定基础。从目前来看,具体可通过有效利用司法权能,通过在现行司法解释的法律实践中发现规则和案例指导,对适用于互联网金融的问题做出司法解释,增强司法对监管的能动性补充,进一步厘清合法和非法之间的界限,从而推动公共政策创新。此外,对于行业自律规则等"软法",要发挥其政策缓冲和弹性互动的作用,结合非正式制度的约束作用和在互联网金融规则中的同化作用,实现互联网金融监管体制的全面法治化。

(二) 明确监管原则与监管标准

由于政府和监管部门之间的权力分配和职责划分不尽相同,各个行动者追求的监管目标不一致,可能导致监管部门之间的冲突。将治理概念整合到每个主题的目标中,将缓解或解决这些潜在的矛盾。

进行互联网金融监管的一般标准是,所有监管机构都在共同管理系统内充分合作、交流和协调,充分了解对方标准,从各种可接受标准中选择最佳标准。在标准一致的同时,互联网金融业务流程的各个方面的监管机构也需要实现追求标准手段的一致性,以有效配置行政执法资源,并通过综合监管有效地提供整个监管流程。此外,在标准和手段一致的同时,需要通过制度程序建立和维护一个长期机制。这就要求互联网金融市场的监管主体在系统中进行创新,将互联网金融监管协调机制视为一种满足协作条件、与组织外部环境保持密切关联、充分合作的制度,考虑实施监管标准制定手段的可行性,以确保合作机制的有效性。

严格的准入和退出制度,提高我国互联网金融业的准入门槛。鉴于我国互联网金融业目前门槛较低、效率不高,监管部门应为不同的互联网金融业务在发起人资格、注册资本、组织结构、内部控制、技术条件等方面设置行业准入标准。同时,限制和许可不同业务的开展要按互联网金融产品的可靠分类标准进行分类和管理。

除了对资本充足率和流动性等常规指标进行监管外,对平台的安全性、电子记录的准确性和数据的完整性,监管机构还需要进行全面评估。如果政府统一出台某些规则仍有困难,监管机构可以敦促互联网金融行业协会带头统一相关标准。

此外,由于互联网金融不同于其他行业的特质,其市场进入机制与借款人和债权人的利益以及金融市场的秩序密切相关。因此,改进互联网金融市场的退出机制也是监管的一个组成部分。首先,必须明确市场退出机制的基本原则,监管机构需要监测互联网金融服务平台的运作情况,并根据不同的实际情况采取各种处置措施。同时,为了保护投资者的利益,建立风险准备金,以保证平台崩溃后,未到期的贷款项目仍能安全保存,直至各方结清款项。

请扫描二维码阅读"我国的互联网金融监管",了解我国互联网金融监管的政策法规体系。互联网金融监管细则是一种统称,包含 2013 年 75 家互联网金融机构审议并通过的《互联网金融专业委员会章程》和《互联网金融自律公约》,2015 年先后出台的《关于促进互联网金融健康发展的指导意见》《互联网保险业务监管暂行办法》等系列法律法规。

(三) 协调监管主体,划分监管边界

对于政府监管机构而言,其首要任务就是要加大监管力度,各相关部门之间应积极沟通与协调,共享信息,突出联席会议的重要性,定期组织会议或是成立专门小组来深入探讨互联网金融的监管问题,相互交流实践中所遇到的各种监管难题,集思广益,寻找解决办法。确定各机构、各部门乃至具体到个人的职责,让监管权力得以进一步强化,促进监管成本的下降,让监督管理的效率能够从整体上得到提升。

监管主体还可基于"一行一局一会"的体制来组建专门的互联网金融监管部门,并由中国人民银行、银保监会等各相关的监管部门来共同组成其部门成员。该部门的主要职责在于制定完善的、详细的互联网金融法规,对各项监管政策的制定与实施进行统筹规划,制定统一的标准,防止各监管部门出现各自为政、监管效率低的问题,并引领其他监管部门来共同监管互联网金融,这也是避免多头监管的一条重要措施。

(四) 健全监管法律法规

我国现行的《关于促进互联网金融健康发展的指导意见》中明确规定,由中国银行业监督管理委员会来负责监督管理互联网金融业务,而《网络借贷信息中介机构业务活动管理暂行办法》中对 P2P 网络借贷的业务性质、消费者行为以及监管主体做出了明确规定。不过,直到目前为止,我国都还没有从法律制度的层面来制定互联网金融服务的具体确定性规则。

互联网筹资及其服务具有多样性的特征,因此要想通过单一的管理策略来统一管理全部的互联网金融产品是不可行的。所以,可在中央及地方分别成立互联网金融监管机构,并将这些机构的金融监管责任以法律条文的形式确定下来。据此有效解决互联网金融监管不到位、各部门相互推卸责任的问题。另外,还应赋予地方金融监管机构一定的管辖权,让其

能够在遵循国家相关法律制度的基础上,结合地方实际情况来对本地区的互联网金融行业管理政策进行适当调整。

(五)实施动态监管

这几年,国内互联网金融行业金融服务创新层出不穷,服务形式也因此有了很大变化,进而加大了互联网金融监管的难度。为此,我国必须尽快实现动态监管,这就要求监管者必须对互联网金融企业的有关业务指标进行动态、实时监测,实际上,这与大型互联网金融机构的需求也是相符的,有利于控制与降低大规模违约风险发生的概率。

动态监管更侧重于灵活性与连续性,其要实现的监管目标就是相关部门应对互联网金融业的发展状况进行定期评估,将其影响及风险水平予以明确,而评估与监督的重点对象就是风险及收益都比较高的机构与行业。另外,可通过信息披露及非标准抽样的方式来监督和管理那些风险相对来说比较低的互联网金融企业。

除此之外,动态监管还要求对互联网金融行业的整体环境变化程度进行监督管理,并能够伴随着行业的发展而不断调整和补充监管的方式与内容。需要注意的是,在网络金融市场的动态监管过程当中需要涉及的人力、物力等各方面资源极其庞大,这就要求各部门必须紧密配合,加大沟通与交流的力度,共享资源,促进监管质量与效率的有效提升。

(六)政府主导建立大数据征信

在一定程度上,推进创建全国范围内统一的征信系统除了能够促进互联网金融行业的发展、提高企业效率,还能够降低互联网金融行业的风险、提高企业风险识别能力,尽可能多地规避可能发生的风险,从而极大地便利互联网金融企业的运行,并且通过构建信用体系有助于建立互联网金融行业准入门槛标准。但是现阶段,国内互联网金融企业存在来源多方的庞大的信用数据信息,且并未接入央行征信系统。

近年来,我国电子商务发展迅猛,各电子商务机构经过多年的发展,其累积和存储的顾客消费数据规模庞大,因此,可充分借助云计算等各种先进的信息技术手段来整理和分析这些数据,进而为个人与企业进行全方位的、信度比较高的征信。就政府层面来看,其征信经验要比民营征信机构丰富许多,也更有权威性。所以,二者应强强联合、共同合作,从各自的角度出发来实现互相融合,让我国的征信工作能够向更为立体化、更为全面且更为准确的方向发展,以免互联网金融平台上有失信黑名单群体的出现。中国人民银行应做好牵头和引导作用,积极鼓励各民营征信机构尽快制定评分或评级标准,最终让征信体系实现全面市场化。

(七)升级数据系统,充分信息披露

数据系统作为互联网金融的主要特质,监管部门可以充分利用这项技术,通过结合新兴科技系统,构建大数据信息检测系统,从而增强对互联网金融行业的监管。与此同时,大数据信息检测系统兼有预警功能,可以实时监控企业的风险情况,若达到了一定的风险程度可以随时报告并对企业进行预警,提高企业防范风险的能力,规避不必要的风险。另外,互联网金融企业有及时依法履行信息披露的义务,若未按时依法履行该项义务,相关政府监管部门应当及时提醒督促。为了切实保护金融消费者的利益,需要扩大公众的知情权以及提高企业透明度。

2008年发生于美国的次贷危机很大程度上便是受到信息披露不完善的影响。由于信息披露不完善,美国的次级贷款者们无法及时了解自身所承担的风险程度,不能及时防范风险,导致数以万计的次级贷款者们陷入了破产的危机,甚至失去所有存款以及房屋。我国应当总结美国次贷危机的后果及教训,从根本上提前防范次贷危机发生,因此应该不断完善监管机制,提高监管标准,时刻提醒并督促互联网金融企业履行其应有的义务,保证互联网金融机构符合资质,且确保投资者可以了解并认识到其投资行为所需承担的风险,从而更加有效地避免互联网金融平台中存在的圈钱跑路的恶性现象,进一步维护市场的稳定和安全。

本章小结

互联网金融风险包括信用风险、市场风险、科技风险、法律风险、流动性风险、政策风险和声誉风险等,具有扩散速度快、监管困难、交叉传染性高等特点。主要从互联网金融企业与机构、互联网金融系统性两个方面进行风险控制。

互联网金融监管是指对互联网金融进行法律规范,以防范互联网金融潜在风险,促进其可持续发展。互联网金融监管应当坚持底线思维、统筹协调、平衡一致、鼓励创新等适应互联网金融发展特点的原则。在充分借鉴国外互联网金融监管经验的基础上,全面认识我国互联网金融监管中存在的问题,从明确监管原则与监管标准、协调监管主体与划分监管边界、健全监管法律法规、实施动态监管、政府主导建立大数据征信,以及升级数据系统、充分信息披露等方面完善我国的互联网金融监管。

问题与思考

1. 互联网金融风险与传统金融风险相比其特征是什么?
2. 什么是金融监管?金融监管的原则与内容是什么?
3. 简述互联网金融的监管与其发展的关系。
4. 我国的互联网金融监管体系应如何完善?
5. 如何处理好分业监管与综合监管的关系?
6. 互联网金融的信息不对称风险有哪些表现形式?试分别说明。
7. 什么是互联网金融的信用风险与流动性风险?
8. 什么是互联网金融的合规性建设?并简要说明其内容。
9. 登录瑞星公司网页(http://it.rising.com.cn/dongtai/18375.htm),下载并认真阅读《瑞星2016年上半年中国信息安全报告》,给出对网络经济技术风险的看法。
10. 登录网易新闻(http://news.163.com/16/0322/14/BIP48N0100014AED.html),下载阅读《"校园贷"变高利贷?》并结合自己和同学的实际谈谈你对互联网金融系统风险的认识。
11. 案例分析:

善林金融"崩塌"暴露的监管问题

善林金融于2013年12月14日在上海自贸区注册,注册资本为8 888万元人民币,法定代表人为周伯云,同时担任执行董事,持股占比100%。2014年9月18日,善林金融将其注册资本由8 888万元增加至12亿元人民币。同年10月,善林金融在2014中国互联网金融高峰论坛暨中国互联网金融价值榜颁奖典礼上获得"P2P卓越服务品牌奖"。从2015年开始,善林金融紧抓"金融科技""互联网+"以及"普惠金融"等热点,分别于2015年3月、2015年6月及2016年5月设立幸福钱庄、善林宝和善林财富三个线上平台。由此开启了善林金融的线上运营模式。

自善林金融成立以来,其问题就不断。在2015年7月13日因违反《公司登记管理条例》等相关规定被上海市工商行政管理局检查总队下令整改并处以55万元罚款;同年12月16日,善林金融因存在虚假宣传,再次被上海市工商行政管理局处以10万元罚款。2016年8月,有自称是善林金融前员工的人士举报善林金融存在"借新债还旧债情况",存在严重自融行为,部分平台资金直接流向善林金融董事长周伯云个人账户中。2017年9月,国家互联网金融安全技术专家委员会对善林金融发出负面舆情二级预警;同年10月,善林金融威海分公司因不具备从事网络借贷中介机构资质,涉嫌违反《网络借贷信息中介机构业务活动管理暂行办法》而被当地监管部门调查。2018年4月9日,周伯云因个人无法承受资金链断裂的压力向公安机关自首,坦白非法集资的事实,上海市公安局浦东分局依法立案侦查。10日,善林金融被经侦查封,善林金融非法集资736亿元,案发时未兑付本金共计213亿余元,警方初步追缴现金15亿元。善林财富、善林宝、幸福钱庄这三家善林金融旗下的线上问题平台累计成交额125多亿元,其中,待还余额约30亿元人民币(不含利息),超过6万名投资者未收回本金,这其中不乏投资高达220~440万元的"土豪投资者"。

善林金融并不是被监管部门查处才"暴雷",而是由于资金链断裂、周伯云自首,这个涉嫌非法集资700多亿元的案子才"浮出水面"。

请回答:

涉案资金规模如此之大的善林金融究竟暴露了哪些监管问题?

拓展阅读

1. 李保旭,韩继炀,冯智.互联网金融创新与风险管理[M].北京:机械工业出版社,2019.
2. 黄震,邓建鹏.互联网金融法律与风险控制[M].北京:机械工业出版社,2017.

参考文献

[1] Adrian T., M. Brunnermeier. CoVaR[R]. Federal Reserve Bank of New York Staff Report, 2009, No.348.

[2] Allen F., Mcandrews J., Strahan P. E-Finance: An Introduction[J]. Journal of Financial Serrices Research, 2002,22(1-2):5-27.

[3] Arnold I J M. Ewijk S E V. Can pure play internet banking suivive the credit crisis?[J]. Journal of Banking & Finance,2011,35(4):783-793.

[4] Artzner P., Delbaen F., Eber J. H., Heah D. Coherent Measure of Risk[J]. Mathematical Finance,1999,(3):203-228.

[5] Anderson C.The Long Tail: Why the Future of Business is Selling Less or More[J]. Information Processing and Management, 2006,(4):1147-1148.

[6] Barth, J., Caprio, G., R. Levine. Bank Supervision and Regulation: What Works Best?[J]. Journal of Financial Intermediation,2003,43(2):785-793.

[7] 张军.我国互联网金融发展及监管研究[J].西部金融,2014(8):8-12.

[8] 刘志洋,宋玉颖.互联网金融风险及监管研究[M].北京:中国金融出版社,2017.

[9] 阿兰·斯密德.制度与行为经济学[M].北京:中国人民大学出版社,2004.

[10] 艾伦·加特.管制、放松与重新管制[M].北京:经济科学出版社,1999.

[11] 奥利弗·威廉姆森.资本主义经济制度[M].北京:商务印书馆,2002.

[12] 埃里克·弗鲁博顿,鲁道夫·芮切特.新制度经济学——一个交易费用分析范式[M].上海:格致出版社,上海三联书店,上海人民出版社,2012.

[13] 保罗·萨缪尔森,威廉·诺德豪斯.经济学[M].北京:华夏出版社,1999.

[14] 黎来芳,牛尊.互联网金融风险分析及监管建议[J].宏观经济管理,2017(1):52-68.

[15] 贾楠.中国互联网金融风险度量、监管博弈与监管效率研究[D].长春:吉林大学,2017.

[16] 何平平,车云月.互联网金融[M].北京:清华大学出版社,2017.

[17] 宋士云.中国银行业市场化改革的历史考察:1979—2006 年[J].中国经济史研究,2008(4):40.

[18] 郑联盛.中国互联网金融:模式、影响、本质与风险[J].国际经济评论,2014(5):108-116.

[19] 周豪.我国互联网金融风险的成因及其防范机制初探[J].金融经济,2016(24):45-47.

[20] 刘旭辉.互联网金融风险防范和监管问题研究[D].北京:中共中央党校,2015.

[21] 阳杨.基于交易成本理论的互联网金融发展研究[D].长沙:湖南大学,2014.

[22] 黄小强.P2P借贷服务业市场发展国际比较及借鉴[J].金融与经济,2013(12):34-37.

[23] 黄震,邓建鹏.互联网金融法律与风险控制[M].北京:机械工业出版社,2017.

[24] 贾楠,年志远.诺斯悖论、国家偏好与银行业市场化改革[J].经济体制改革,2014(6):135-138.

[25] 陈菲.中国银行业监管目标:理论与现实的矛盾[J].东岳论丛,2009(4):42.

[26] 张芬,吴江.国外互联网金融的监管经验及对我国的启示[J].金融与经济,2013(11):53-56.

[27] 张健华.我国互联网金融监管问题研究[J].浙江金融,2014(5):4-8.

[28] 张坤.集体行为与金融稳定:以金融系统论为视角[J].金融监管研究,2013(2):97-112.

[29] 张强,汪东山.提高金融监管效率的成本收益分析[J].金融理论与实践,2004(4):6-8.

[30] 蔡元庆,黄海燕.监管沙盒:兼容金融科技与金融监管的长效机制[J].科技与法律,2017(1):10.

第十章

互联网金融与宏观管理

本章导读

由于具有透明化、民主化、开放性和高效率等特征,互联网金融使得传统金融体系下的各种"高大上"的金融服务草根化和平民化,推动了普惠金融的发展。随着服务覆盖的深度与广度的延伸,互联网金融在一定程度上降低了影子银行带来的系统性风险,从而提升了金融稳定性。因此,互联网金融对于优化收入再分配、丰富货币政策渠道、提升宏观经济的运行效率和增强政府宏观管理能力的作用不容忽视。那么,互联网金融和普惠金融到底是什么关系?互联网金融影响了货币政策哪些重要环节?如何处理好互联网金融创新与金融稳定的关系?如何才能发挥互联网金融对于宏观经济稳定健康发展的积极作用?通过本章学习,可以得到这些问题的基本答案。

学习目标

理解互联网金融发展与宏观管理的关系,了解普惠金融体系的内涵、发展历程和现状,利率管制下传统金融体系的特征以及面临的问题,货币政策体系的基本框架,金融稳定的内涵、特征及形态;熟悉互联网金融所具有的普惠属性,货币政策的重要环节;掌握互联网金融发展与普惠金融体系建设、互联网金融对货币政策的影响以及互联网金融发展与金融稳定的关系。

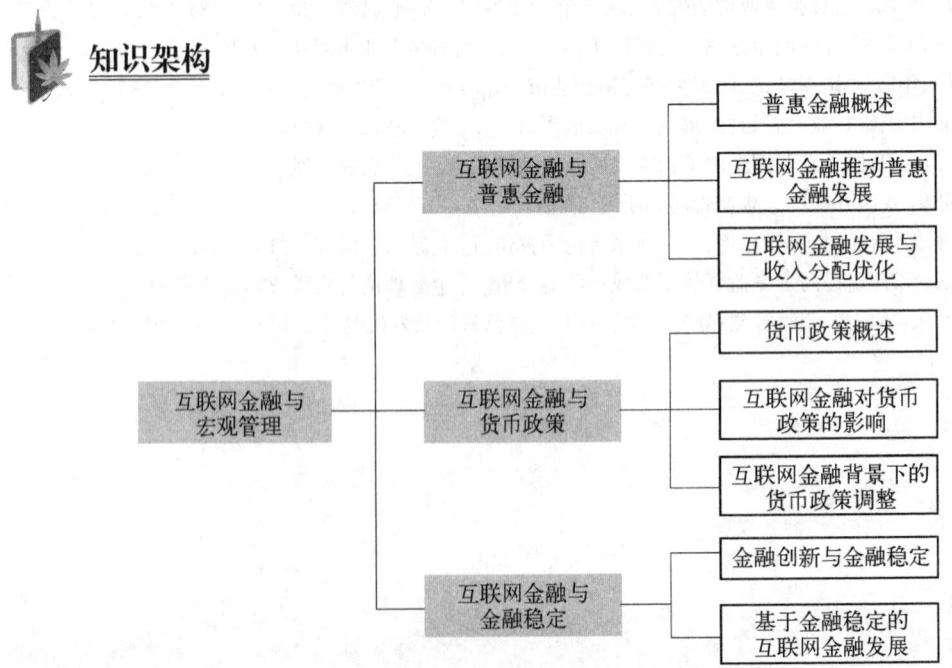

知识架构

```
                                        ┌── 普惠金融概述
                    ┌── 互联网金融与 ────┼── 互联网金融推动普惠
                    │    普惠金融         │    金融发展
                    │                    └── 互联网金融发展与
                    │                         收入分配优化
                    │
                    │                    ┌── 货币政策概述
互联网金融与 ───────┼── 互联网金融与 ────┼── 互联网金融对货币
  宏观管理          │    货币政策         │    政策的影响
                    │                    └── 互联网金融背景下的
                    │                         货币政策调整
                    │
                    │                    ┌── 金融创新与金融稳定
                    └── 互联网金融与 ────┤
                         金融稳定        └── 基于金融稳定的
                                              互联网金融发展
```

导入案例

微众银行，以金融科技助力普惠金融的互联网银行

微众银行是国内首家民营互联网银行，成立于2014年12月。微众银行的目标客户群体是个体消费者，致力于在个人与金融机构间架起金融沟通的"桥梁"。作为一家年轻的互联网银行，借助于金融科技方面的强大实力，微众银行在普惠金融发展道路中走出了一条可持续的普惠金融发展之路。目前微众银行针对普通百姓和小微企业有两大类贷款产品，分别为微业贷和微粒贷。微众银行首先在服务模式上进行了创新，为了更好更全面地服务客户，其开通了手机移动端24小时服务模式，经过一段时间的实践，收到了很好的成效。目前，有大约50%的借款发生在非工作时间，说明手机服务端的服务模式极大地方便了客户。

1. 深入服务实体经济，"微业贷"助力小微企业发展

微众银行的微业贷产品客户均为实体经济范畴的小微企业，基本上都是传统金融机构尚未覆盖的小微群体。这些小微企业大多从事传统的制造业、高科技行业、批发零售业、物流行业、建筑行业等。微众银行的大部分授信客户没有任何贷款记录，从未获得银行贷款，绝大部分（77%）的客户年营业收入低于1 000万元。

缓解小微企业"融资难""融资贵"是当前发展普惠金融的重要一环，而导致这些问题的主要原因是：小微企业和个体业主缺乏抵押物、创业成果尚未转化、担保体系不健全、信息交换不及时等。"微业贷"运用了微众银行的互联网技术和大数据风控优势，通过大数据解决银行与企业间信息不对称的问题，并通过产品线上化，解决传统线下人工服务面临的成本高的问题。微业贷为广大小微企业提供全线上、纯信用、随借随还的贷款服务。微业贷的客户申请门槛低，从申请至提款所有流程全部在线完成，无须担保，只要企业完成工商注册，有纳税记录和信用记录便可申请。微业贷还具有贷款额度高（最高可达300万元）、资金到账快（15分钟到账）、利息计算周期短（按日计算）、随借随还等特点，使用便捷，因此能够切实缓解小微企业通过搭桥资金高息融资问题，降低了企业融资成本。

2. 以中低收入阶层作为主要客户，覆盖传统金融机构空白的微粒贷

微粒贷是微众银行的另一拳头产品，汇集了多项前沿金融科技技术。微粒贷主动向传统金融机构未能覆盖的中低收入人群发起授信，主要服务对象是个人和个体经营户，截至2018年，客户遍布全国31个省、直辖市、自治区的567座城市，有效客户超过1个亿。这些客户的特点是：学历普遍不高，大部分从事蓝领服务业或者是制造业，借款余额低，借款总成本低。

由案例可见，依托云计算、大数据、物联网和人工智能技术的互联网金融是普惠金融下一步发展的重要助力和出路。发展互联网金融，吸引不同金融主体加入，延伸普惠金融服务半径，扩大普惠金融服务在农村和小微群体中的覆盖率，降低融资服务门槛和成本，减少贷款风险，实现客户群体范围扩大和对客户的精确服务。互联网金融借助技术创新来缓解普惠金融领域突出存在的信用、信息和动力问题，可以有力应对普惠金融可持续发展面临的挑战。

第一节　互联网金融与普惠金融

一、普惠金融概述

（一）普惠金融的概念

普惠金融的概念最早由联合国于2005年在宣传"国际小额信贷年"时提出，提倡建立为社会各个阶层的所有成员提供公平、便捷、安全、低成本服务的金融体系。2006年联合国出版《建设普惠金融体系》，旨在推进普惠性金融体系的发展。该蓝皮书描绘了普惠金融体系的前景："每个发展中国家应该通过政策、立法和规章制度的支持，建立一个持续的、可以为人们提供合适产品和服务的金融体系。普惠金融体系将具有以下特征：一是家庭和企业可以用合理的价格获得各种金融服务，包括储蓄、信贷、租借、代理、保险、养老金、兑付、地区和国际汇兑等。二是健全的金融机构，应遵循有关内部管理制度、行业业绩标准，接受市场的监督，同时也需要健全的审慎监管。三是可提供长期的金融服务。四是要在金融领域形成竞争，为客户提供更高效和更多可供选择的金融服务。"简言之，普惠性金融体系应该以小额信贷为核心，并提出微观、中观和宏观层面都是该体系中重要的组成部分。ACCION国际（2009）指出普惠金融是所有年龄段人员都可以在自己能承受的价格下便利获得金融优质服务的状态。

普惠金融理念的提出，是现代金融理论的一大突破，它在一定程度上颠覆了金融主要为富人服务的传统理念。该体系要求转变对传统金融体系的认识，让人们意识到数量庞大的弱势客户应该公平地享有与富人一样的获得金融服务的权利。构建普惠金融体系，对于完善现代金融体系，健全金融服务网络，运用金融手段促进经济社会可持续发展，特别是通过微型金融服务帮助低收入群体脱贫致富、实现经济社会可持续发展，具有重要的现实意义。

狭义来说，普惠金融指的是为传统或正规金融机构体系之外的广大中低收入阶层和小微企业甚至是贫困人口提供可得性金融服务。广义来说，普惠金融指的就是把需要金融服务的所有人纳入金融服务范围，拥有公平的机会，让所有人得到适当的、与其需求相配的金融服务。

由于各国经济和金融发展水平差异较大，因此，普惠金融在各国的实践水平存在较为明显的差异。发达国家由于经济和金融发展水平高，社会福利已经达到一定高度，在发达国家发展普惠金融主要是市场逐利行为，因此更接近广义上的普惠金融概念。而发展中国家发展普惠金融，主要是服务于贫困或中低收入阶层，更接近于狭义的普惠金融概念。大量处于弱势地位的小微企业和低收入者，无法从传统金融机构获得有效的服务。联合国希望通过发展小额信贷或微型金融，来建立一个能够为社会各阶层和群体提供全方位有效金融服务的普惠金融体系。

（二）关注点和内涵

普惠金融就是要建立一个能够为社会所有人，特别是小微企业和贫困、低收入者等弱势群体提供金融服务的体系。该体系特别关注目前尚未被商业金融机构服务所覆盖的那些弱势群体。一个健全、完善的金融体系，应该解决好这部分特定目标客户的金融服务，而要实现这一目标，不仅要巩固现有的运行良好的金融机构，还要将一个个零散的微型金融机构和服务有机地整合成一个系统，并将这个系统融入金融体系整体发展的战略规划中。

普惠金融体系的关注点和核心内涵主要包含以下三个方面：

（1）享受普惠的金融服务权利，是实现共同富裕与社会和谐发展的需要。2006年诺贝尔和平奖得主、格莱珉银行总裁尤努斯教授曾说过："信贷权是最基本的人权。"只有每个人都能获得金融服务的机会，才能参与经济发展，各类人群才能够实现共同发展，和谐社会才能够真正实现。

（2）支持和鼓励创新是实现普惠金融的重要条件和手段。传统金融体系无法满足金融普惠性的要求，源于已经形成的既有利益格局。这种格局使得传统金融制度、金融机构和金融产品在内在机制上不利于小微客户和弱势群体获得金融服务。要让每个人都能够获得金融服务的机会，必须对传统金融体系进行革新，包括制度创新、机构创新和产品创新。信息技术的进步和快速发展，则为创新提供了有力支持，降低了改革创新的成本，增加了通过创新改革打破既有利益格局的可能性。

（3）普惠金融体系建设的主要任务，是增强金融体系服务于弱势群体的能力。由于传统金融机构能够很好地为大企业和富人提供金融服务，普惠金融体系建设的重点，应该是在监管政策上鼓励包括小额信贷和微金融在内的小微金融机构发展。与此同时，鼓励传统金融机构更多地开展小微金融服务，增加对小微企业和贫困低收入群体的支持。

（三）发展阶段

普惠金融大致经历了三个阶段：

第一阶段是鼓励小额信贷快速发展的阶段，小额信贷体系曾经是普惠金融的缘起和主体。

第二阶段是微型金融逐步取代小额信贷阶段。但从20世纪90年代开始，大家越来越形成这样的共识，贫困人群不仅需要小额信贷服务，还需要包括借贷、储蓄、理财、保险以及转账等在内的全方位、多层次金融服务，应该用微型金融逐步去取代小额信贷。

第三阶段是普惠金融阶段。进入21世纪以来，正规传统金融机构、NGO等零售金融服务提供者越来越多地涉足和进入小额信贷和微型金融领域，微型金融这一术语已不能准确描述这些多样化的金融机构，此时，普惠金融比微型金融更能准确涵盖整个体系，它不仅包括专业的小额信贷和微型金融机构，还包括商业银行和其他正规金融机构，形成了一个多层次、广覆盖、可持续的金融服务体系。

（四）我国的普惠金融

我国的金融体系经过多年的改革，已经在诸多方面取得了巨大成就，但一些深层次的结构性问题仍然相当严重，其中一个现象是：金融服务的广度和深度存在明显不适，传统金融机构出于盈利性和风险性的考虑，往往设置了较高的准入门槛。因此，大中型企业比较受金融机构的青睐，资金和信贷支持都流向了大中型企业，财富管理的重点也主要是高收入群体。然而，数量众多且在市场上表现得十分活跃的小微企业和中低收入阶层往往需要通过民间融资的渠道来满足资金需求，其金融服务被严重忽视。金融服务的严重不平衡性，推动了社会贫富差距的扩大。

近几年来,我国已逐步开展普惠金融的探索。2013年11月12日中国共产党第十八届中央委员会第三次全体会议通过了《中共中央关于全面深化改革若干重大问题的决定》,提出了"发展普惠金融,鼓励金融创新,丰富金融市场层次和产品"。这是普惠金融第一次写入党的执政纲领,充分说明我国普惠金融实践迎来全新发展机遇,开启了普惠金融新篇章。

1. 我国发展普惠金融的意义

第一,普惠金融是对现有金融体系的反思和扬弃。现代金融体系在促进我国经济快速发展的同时,其弊端也越来越明显。突出表现在,该体系越来越倾向于去服务那些价值较高的优质客户。这就导致众多的有发展潜力的弱势客户被排斥在金融服务之外,只能通过非正规金融途径去高价获取金融服务。最终的结果是不可持续,甚至可能造成金融秩序混乱并衍生相关的社会稳定风险。普惠金融体系强调从广度和深度上进一步完善金融体系:依靠技术革新和政策支持来推动金融体系的开放和观念的更新;推进多层次金融机构建设;运用政府和社会力量推动发展微型金融。这些措施都可以扩大金融服务的覆盖面,增加弱势群体获取金融服务的可能性。

第二,普惠金融的建设发展,不仅要在增量上促进小额信贷及微型金融的发展,还要在存量上通过创新改革倒逼其提高金融服务的普惠性。普惠金融体系的诞生,与小额信贷、微型金融密不可分,后者在促进弱势地区经济增长、创造就业、增加收入并优化分配、促进小微企业发展等方面功不可没。在我国普惠金融体系的建设过程中,这一认知和理念得到了较好的继承发扬。与此同时,在技术进步支持和利率市场化改革的倒逼之下,传统金融机构在改革创新后也在逐步增加小微金融服务提供的比重。此时的金融体系,作为一种更加广泛的金融体制融合与更加完善的金融服务网络体系,将具有更强的普惠性。

第三,普惠金融实质上体现的是一种金融公平。普惠金融体系的愿景是满足有效金融服务需求,为人们提供获取信贷服务的公平机会,实现融资渠道享用权的公平,消除金融服务歧视和不公。建立一个全民平等地享受现代金融服务的普惠金融体系,是非常必要和迫切的,同时也是一项充满困难和挑战的事业。在当前的技术背景下,小额信贷和微型金融取得的较大成功,以及大型金融机构的转型发展,奠定了建立和完善普惠金融体系。

2. 我国普惠金融的发展

国内最早引进"普惠金融"概念的是中国小额信贷联盟。2005年白澄宇提出用"普惠金融体系"作为 Inclusive Financial System 的中文翻译,较好地涵盖了该体系所要求的金融服务的包容性、广泛性以及让所有人平等享受金融服务的内涵。从2005年开始,联合国开发计划署与商务部国际经济技术交流中心和中国人民银行、国家开发银行、哈尔滨银行、包商银行合作,开展了"建设中国普惠金融体系"项目。由焦瑾璞先生主持翻译出版的联合国《普惠金融体系蓝皮书》,对中国普惠金融体系的推广和研究起到了奠基性作用。

1) 依托互联网构建了普惠金融多元服务渠道

随着互联网的普及,金融机构构建了物理网点、自助银行、网上银行、手机银行等相互依存、互为补充的多元化服务渠道体系,形成了"7×24"小时金融服务模式。同时,对物理渠道布局进行动态调整优化,形成私人银行服务中心、财富管理中心、贵宾理财网点、一般理财网点、金融便利店、社区银行和自助银行并存的格局,更好地满足不同区域、不同客户群体的个性化、多元化金融服务需求,金融服务供给能力不断提升。

2) 构建了普惠金融一体化服务平台

在互联网经营条件下,无论是物理网点,还是网上银行服务渠道,都建立了支付结算、投资理财和贷款融资等一站式服务平台。各金融机构积极布局"支付＋融资"和"线上＋线下"等多场景应用,整合并提出了自己的互联网金融品牌,如兴业银行紧跟互联网金融发展趋势,依托集团综合化经营优势,为客户在手机端打造智能化一站式集团网络金融门户,推出"银银平台""直销银行""兴业管家"等平台,和数字中国研究院(福建)共同建设了"金服云"平台,在支付、融资线上的业务创新有"兴e付""兴闪贷""兴车融"等互联网金融产品。再如中国银行推出了"中国银行微银行"微信公众号,通过微信公众号可以办理投资理财、外币结售汇、外汇牌价、中银E贷、在线质押贷款申请、贵金属购买、金融工具(存贷款计算器、所得税计算器)、中银直播间(可以收看金融资讯、心理课程、诸葛学堂、部分中小学名师课程)、在线预约(可以进行外币取款预约、纪念币预约、存款证明开具、对公在线预约开户)、生活服务(可以进行生活缴费、网点查询、周边商户查询),该平台集合生活工具、学习平台、业务办理、网络快捷贷款、理财投资、贵金属购买等多功能于一体。

3) 加快普惠金融业务和服务创新

在互联网经营条件下,商业银行依托自身客户基础雄厚、渠道网络发达的优势,加快了普惠金融业务和服务创新,普遍开展了一站式服务App手机应用,如招商银行的"掌上生活"、交通银行的"买单吧"、中国银行的"缤纷生活"等,建立了面向他行客户的直销银行、提供金融与非金融消费服务的电子商务平台,如工、农、中、建四大国有银行分别推出了"融e购""e商管家""中银易商""善融商务"等。还推出专门为特定客户群体量身定制的App应用,如大学生App、工银商友俱乐部等。在服务模式上,各家银行不约而同地推出了官方微信公众号、微信在线客服、微金融服务、金融服务信息微信推送等。

二、互联网金融推动普惠金融发展

(一) 互联网金融普惠性的主要表现

普惠金融的核心理念是能够有效、全方位地为社会所有阶层和群体提供服务,因此,发展普惠金融,离不开覆盖城乡的全方位的金融服务网络。然而,由于商业规则和运行平台的约束,传统金融难以实现普惠性理念。互联网金融是依托于大数据、云计算、支付、社交网络及搜索引擎等互联网工具建立的新兴金融模式,其业务以云平台为基础开展,具有交易成本低、服务效率高、覆盖面广、开放和共享等优势,与发展普惠金融高度契合。

1. 提倡平等、开放和共享

普惠金融要立足于机会平等,为更多的人群提供金融服务,实现人人共享。而基于互联网发展起来的互联网金融无时无刻不体现着平等和共享的互联网精神。作为互联网金融的基本形式,第三方支付极大地丰富了线下交易的场景,在以支付宝网络技术有限公司为代表的互联网金融企业的推动下,金融服务跨越了地理障碍,将那些未被重视的区域——覆盖,在一定程度上消除了金融服务的地理排斥;互联网理财为低收入人群、农民、老人等受到金融排斥的群体创造了投资理财的机会,降低了理财的门槛,使得居民投资渠道更加多元化;互联网保险打破了保险行业的固有形式,渗透到生活的方方面面——健康险、寿险、车险、物流险等极大地丰富了保险市场的产品类型。互联网保险生成的电子保单,在办理和理赔的流程上既便捷高效,又更环保。互联网信贷采用大数据对客户进行分析,采用纯信用贷款的策略,破除了抵押贷款在抵押物等方面的限制,降低了金融服务在条件、价格和评估等方面的排斥;互联网金融产品还可以引导客户进行操作,传播金融知识,降低了消费者的自我排斥。金融活动的参与人数逐渐增加,参与度逐渐提高,金融服务的覆盖面不断扩大,这些都完全符合普惠金融的发展宗旨。

2. 注重大众客户群体

普惠金融强调发展金融市场以满足所有社会成员和组织的需要,而传统金融机构由于其制度的局限性和薄弱的技术,在权衡成本与收益后,往往只关注能创造最大效用的客户群体。而互联网金融借由先进的技术手段降低成本,使市场呈现长尾效应,通过累积市场尾部用户而获得发展。

3. 降低交易成本

普惠金融的发展还要求商业上的可持续,需要以可负担的成本提供金融服务。对于传统金融机构来说,信息不对称使得获客成本居高不下,因此,传统金融机构发展普惠金融的进程往往止步于高昂的成本与财富最大化的管理目标之间的矛盾。互联网金融的出现,改变了传统金融行业的盈利模式,比如,网络借贷和网络众筹直接绕过了信用中介,借助大数据技术解决信息不对称问题,进行信用融资,这就直接降低了金融服务提供者和消费者的成本,使得普惠金融在商业上的可持续成为可能。

同时,互联网金融借由互联网平台,一方面能够让信息更充分,资金供求双方可以在网络平台上完成信息搜寻、定价和交易等流程,降低了交易成本;另一方面,所有业务流程均可在网上完成,利用计算机技术减少人工成本,无须对营业网点进行维护,在一定程度上降低了综合成本,助力实现在互联网金融背景下普惠金融的可持续发展。

目前,互联网对金融业的渗透程度与日俱增。在我国,互联网金融的创新和发展正在积极地改变整个金融生态,加剧了金融市场竞争,改善了资本配置的效率并使资本流动空前加速,也有力地推动了利率市场化、金融监管模式变革和银行业的开放。

(二) 我国普惠金融体系的构建与完善

2013年以来,互联网金融、互联网+、大数据、云计算以及共享经济理念与实践的发展,逐渐打破了微观层面提供普惠金融服务的路径依赖,颠覆了提供小微金融服务必须依赖金融机构的传统理念。基于互联网金融服务平台高效、低成本地提供普惠金融服务的模式快速发展,已经对正规金融机构和准正规金融机构的主导地位提出了挑战,同时也倒逼传统金融机构纷纷设立互联网金融部门,加速其面向互联网化的金融创新与转型。在移动互联网助力下的普惠金融快速发展,并不仅仅体现在基础设施较为完善的城镇地区,智能手机大幅降价和农村地区互联网普及率的提高,也大大助推了农村地区普惠金融的快速发展。互联网金融在支持我国普惠金融发展方面,扮演着越来越重要的角色。如何借助于互联网金融的发展,助力我国普惠金融体系的建设和完善,已经成为众多研究者、互联网金融从业者和政策制定者们思考和关注的焦点问题。

首先,互联网金融的长尾市场特性与普惠金融体系建设的要求高度契合。近些年,互联网金融在我国快速发展,也备受关注。诸多互联网金融平台,都在普惠金融的大旗下开展业务。这些平台鱼龙混杂,欺诈现象时有发生,影响了互联网金融和普惠金融的声誉。然而,还需要看到,任何新事物的发展,总有一个曲折发展的过程,互联网金融也不例外。从发展趋势看,互联网金融有着广阔的前景,因为其长尾市场的特性,正好契合了普惠金融的特征和要求。长尾理论是基于互联网技术广泛运用背景下衍生的经济理论,它延伸了传统的"二八定律",为互联网金融发展回归普惠金融方向提供了理论依据。传统的商业逻辑遵循"二八定律",互联网尤其是移动互联网的广泛运用,已经颠覆了这一传统观念和商业模式。在移动互联网时代,由于商家与大量的长尾用户之间可以以极低成本实现良性互动,商家关注并用心照顾80%的"尾部"用户所产生的总体效益,甚至有可能会超过其服务的20%"头部"用户。这也为通过互联网金融发展支持普惠金融体系建设,提供了有力的理论和实践支撑。

其次,借助金融科技和大数据的应用,不断降低互联网金融服务成本,快速提升服务效率,助力中国普惠金融体系的发展和完善。在当前中国经济实现转型升级、创新驱动的背景下,通过金融科技、互联网金融等创新方式来补足传统金融服务的短板,已是大势所趋。随着人工智能、大数据等先进科技的深度应用,金融服务门槛和服务成本将不断降低,金融机构服务小微、"三农"等普惠金融主体的效率在快速提升。移动互联背景下金融科技的发展,使得中观层面的诸多支持性服务和基础设施提供,甚至微观层面的精准金融服务都逐步成为可能。像蚂蚁金服、京东金融,已经在提供基于商品流融资的商业信用、征信、支付、结算、余额投资等一系列优质精准的金融服务,其背后所依托的就是与商品流、资金流、交易信息流以及与此相关的交易者信用积累的大数据和基于大数据的云计算技术。

最后,让互联网金融回归普惠金融本质,已经逐步成为各方的共识。这需要做好以下三个方面的工作:一是各互联网金融运营主体,要切实降低提供金融服务的相关成本。比如,运用大数据和云计算技术对互联网交易信息进行深度挖掘分析。对交易支付、融资结算、资信风险评估等海量数据的处理,既能够帮助客户精准推荐产品服务,降低客户自行寻找、查询、决策的成本,方便小微企业和低收入群体低成本获得金融服务,又能增强金融服务提供商防范风险的能力。二是要搭建互联网金融普惠化发展导向的政策法规体系。严格界定互联网金融交易各方的权利和义务,规范互联网金融监管,厘定其创新边界和发展方向,确保其普惠化导向。三是要完善与互联网金融普惠化相适用的征信服务体系。科学的信用评估、高效的征信服务是互联网金融朝着普惠化方向健康有序发展的基础,要尽快完善与互联网普惠金融相适应的征信体系,为互联网金融回归普惠化创造基础性条件。

三、互联网金融发展与收入分配优化

2016年1月,国务院发布《推进普惠金融发展规划(2016—2020年)》,首次从国家层面确立普惠金融的实施战略,勾勒出我国普惠金融未来发展的路线图。互联网金融借助互联网等现代技术工具,实现金融互联网化与互联网金融化的交互发展,逐渐冲破了利率管制背景下传统金融体系服务弱势群体的阻力,助力传统金融体系改革创新并突破普惠金融实施载体覆盖的广度、深度和区域范畴,成为落实普惠金融战略的有效手段与渠道。这里我们结合传统金融体系的内在特征以及互联网金融发展带来的影响,探讨互联网金融发展对我国收入分配优化的影响问题。

(一) 传统金融体系下的收入分配

1. 传统金融体系的二元结构特征

在利率管制背景下,传统金融体系具有典型的二元结构特征:以极低成本服务于那些具有资本密集特征的国有企业和大型民企的正规金融体系,以极高成本服务于大量小微企业和个人的民间借贷市场。

主要表现为:一方面,间接融资市场过度偏向国有企业和大型民营企业,较少关注居民等储户利益。另一方面,资本市场发展过度偏向于融资企业,较少关注普通投资者利益。具体表现为,间接融资市场中银行以低利率吸收居民储蓄存款,同时以低利率放贷给具有资本密集特征的国有企业和大型民营企业。资本市场中,一级市场通过控制股票供给的方式,来保持股票发行和流通的高估值水平。对于融资企业来说,高价发行、高价流通意味着低成本甚至无成本圈钱,前期以低价进入拟上市企业的机构或者大额个人投资者则可以高价套现以获取暴利。对于二级市场的普通投资者而言,高价买股则意味着整体低收益甚至负收益,他们只能去进行泡沫炒作的击鼓传花游戏。

由此可见,在利率管制背景下,无论是银行体系还是证券市场,本质上都是不利于普通个人投资者而有利于企业融资者尤其是国有企业和大型民营企业的,普通个人投资者在持续地向企业融资者进行利益转移和输送。相较于资本密集型大型企业能够很容易以低成本从正规金融体系获得融资支持,大量处于相对弱势的小微企业和个人则很少能够从正规金融体系获得融资,这些弱势群体通常面对的是融资成本很高的民间借贷市场。中国传统金融体系具有典型的二元结构特征。

2. 传统金融体系下的收入分配效应

传统金融体系的资金支持结构,不利于小微企业发展和促进就业增长,这会导致不利于弱势群体实现就业和收入增长的问题,不利于我国收入分配结构的优化和改善。此外,传统金融体系所具有的从普通投资者向资本密集型国企和大型民企进行利益输送和转移的机制,也不利于处于相对弱势的普通民众通过金融体系实现合理的财富增长。最后,传统银行体系对小微企业和普通个人客户的信贷支持力度小,使得小微企业和普通个人很难从银行获得信贷支持,这种情况不利于其借助信贷资金实现脱贫致富和创业发展,也不利于我国收入分配结构的优化。

(二) 互联网金融资金支持结构的优势

1. 互联网金融改变了金融生态

互联网金融的发展,大大加速了我国利率市场化进程并改变金融生态。伴随互联网科技的快速发展,新兴互联网企业的迅速崛起,其在金融领域的发展不断向支付结算、财富管理以及消费信贷等银行业务范畴渗透,对传统银行业的负债业务、中间业务以及资产业务均产生深刻影响。互联网金融与传统银行的业务边界日趋模糊,通过长尾效应、迭代效应和社区效应等途径冲击传统银行的经营模式与运行格局,弱化银行中介职能,加速金融脱媒,挤压传统银行的盈利空间。

随着我国利率市场化改革的推进,特别是金融脱媒的进一步深化,传统银行的中介效应减弱,同时随着金融市场的发展,国有企业、大型民营企业等优质企业的议价能力不断提高,银行之间为了争夺优质客户,稳定资金来源,价格竞争会愈加激烈。一方面商业银行之间为争夺存款,一味抬高利率,造成存款利率的上涨;另一方面,商业银行降低部分优质客户的贷款利率以拉取更多贷款业务,导致存贷利差的逐步缩小,进一步挤压了商业银行的盈利空间。它们需要在保持对大型企业贷款的同时,通过增加中间业务服务于优质企业来获取额外的利润。

与此同时,银行也会被迫增加零售业务。即增加针对小微企业和个人业务的比重。贷款给小微企业和个人,银行可以进行风险定价并上浮贷款利率。银行只有增加零售业务比重,才可能在存贷利差收窄的背景下,适当扩大存贷款的息差收入。此外,不同于传统公司业务基于财务报表等信息的信贷决策和风险控制机制,随着一些低成本但却有效的信贷决策机制和风险控制技术在零售业务领域的运用,也为商业银行向零售业务的转型提供了有力的支撑,如供应链融资技术以及基于信息技术和大数据的风险控制和信贷决策技术等。

2. 互联网金融的普惠属性

金融科技的发展和互联网大数据的应用,使得利用互联网技术降低审贷和风控成本成为可能。在互联网金融模式下,市场参与者更为大众化。无论是精英还是普通百姓,无论是大中型企业还是小微企业,都可以利用互联网进行各种金融交易。风险定价、期限匹配等复杂的交易都会被大大简化,也更便于操作。作为弱势群体的小微企业和个人,金融服务的可得性会明显增强,融资成本大幅下降。各类主体都可以平等地获取相应的金融服务,金融体系的普惠性增强,金融民主化得以实现。

3. 互联网金融的收入分配和贫困减缓效应

互联网所具有的公开透明特性,能够降低信息不对称并减少交易成本。互联网金融扩大了金融体系的覆盖面,在推进金融服务范围扩大化、平民化的同时,还使得金融服务更加人性化。

首先,互联网金融能够显著降低金融服务的供给成本,在资金供给侧提供一种更高效的渠道,使得"人人享有平等投资权"成为现实。互联网将时空压缩,交易不再受时间和空间限制,其极低的边际运行费用,使得其在大规模聚集小额投资方面具有极低成本的优势。移动互联网的覆盖和智能手机的普及,更是增强了互联网金融机构以极低成本汇集小额零散资金形成巨额规模资金的能力,人们可以足不出户就可以享受到金融服务,解决金融服务"最后一公里"的问题,其运营也就能够具有极强的规模经济效应。

其次,提高了居于弱势地位的小微企业和个人金融服务的可获得性。互联网金融及相关技术的应用与扩散,大幅度降低了金融服务的门槛,扩大了金融服务的覆盖范围。多层次、广覆盖的普惠金融体系的形成,不断推动金融服务下沉。同时互联网金融数字化的服务模式,使得包括支付、信贷、理财、保险等金融产品的门槛更低,更具普惠性,结合其关联的多种应用场景,能解决不同场景的金融服务需求,促进金融服务朝向个性化、定制化发展,在需求侧更好地满足社会各类群体,尤其是资金需要,让他们不因资金周转和贫困而无法平等地参与并享有经济发展的好处。

最后,利用互联网大数据进行风险控制和决策,有利于解决资金需求方尤其是弱势资金需求方的需求问题。小微企业与低收入者融资困难与其融资风险的管理难度大密不可分。风险控制的基础是要实现信用信息的高效收集与分析,互联网金融利用大数据、云计算等科技手段,实现高效与精准兼顾,对金融风险进行有效识别与精准控制。一方面,利用大数据对消费者的各项信用数据进行多维度整合与分析,从而更为精准地刻画消费者的信用状况,且覆盖到的人群更为广泛,为金融机构授信提供依据,能够有效缓解借贷双方之间的信息不对称问题,降低金融机构提供金融服务的风险。另一方面,利用大数据能够对借贷者的风险状况进行实时追踪与评估,实现对于借贷者信用状况的动态监测,使得低成本地实时了解小微企业等资金需求方信息,并将这些信息用于信贷风险的控制成为可能。

因此,互联网金融发展的最大意义,并不在于其将金融产品放在互联网平台上,而在于其用先进的大数据分析技术和低成本的网络手段来降低金融服务成本并提升其效率。这增加了金融服务的覆盖面和可获得性,使得边远贫困地区、小微企业和社会低收入群体也能够以合理价格获得方便、快捷的金融服务,使得人人享有平等的投融资权利。

也正因如此,互联网金融的出现和快速发展,打破了传统金融体系不利于弱势群体的利益和收入分配机制,减少了小额存款人和投资者等弱势群体向强势大中型企业的利益输送和转移,使得弱势群体也能够公平地参与经济发展和投融资活动,这将有利于减缓贫困,实现经济的包容性增长。

第二节 互联网金融与货币政策

一、货币政策概述

所谓货币政策是指中央银行为实现既定的经济目标,运用各种政策工具调节货币供给量与利率,以实现货币均衡和总供求均衡,进而影响宏观经济运行的各种方针和措施。货币政策是当代各国政府干预和调节宏观经济运行最主要的政策之一,也是对市场经济影响力度最大、影响面最广的经济政策之一。

(一) 货币政策分析的基本理论框架

货币政策要达到其最终目标,需要经过一个传导过程,一般是中央银行运用货币政策工具—近期中介指标—远期中介指标—最终目标。也就是中央银行通过货币政策工具的运作,影响商业银行等金融机构的活动,进而影响货币供应量,最终影响国民经济宏观经济指标。

在整个货币政策执行的过程中,中央银行需要时刻关注货币政策中介指标的变化,并根据货币政策中介指标与最终目标之间的相关性,以及中介指标是否进入预定的目标区域,来判定最终目标是否能够实现以及实现的程度,据此调整货币政策工具的使用及其力度。因此,在进行货币政策体系的理论分析时,通常还包括对货币政策传导机制和政策效果等方面的讨论。

中央银行货币政策的基本框架是一个通过中介指标的操作过程,其流程如图10-1所示。货币政策工具变动直接影响的是作为货币政策中介指标中近期指标的超额准备金和基础货币。然后,通过影响商业银行的货币派生能力作用于中介指标中的远期指标,即货币供应量和市场利率。最后,对货币政策最终目标产生影响。

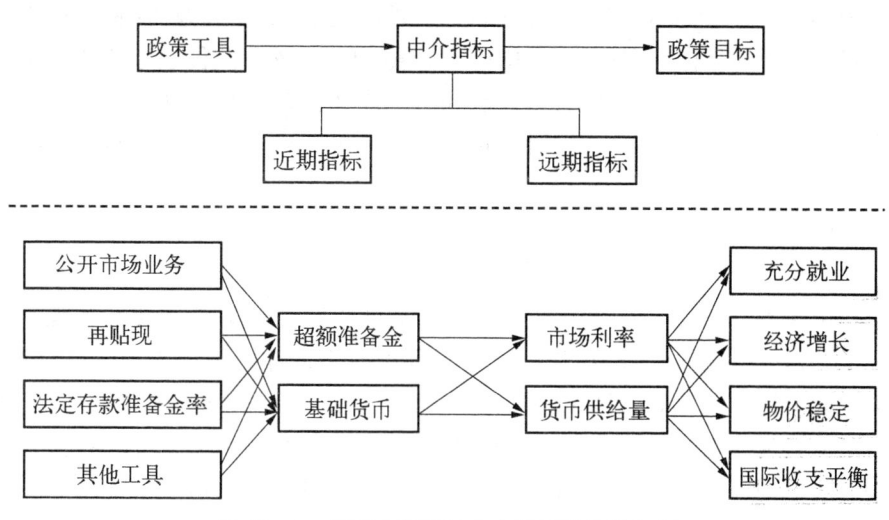

图 10-1 货币政策通过中介指标的传导机制

1. 货币政策目标

货币政策目标,是指中央银行采取调节货币和信用的措施所要达到的目的。按照中央银行对货币政策的影响力、影响速度及施加影响的方式,货币政策目标可划分为两个层次:最终目标和中介目标。

货币政策的最终目标是指货币政策在一段较长的时期内所要达到的目标。目标相对固定,基本上与一国的宏观经济目标一致,因此最终目标也被称为货币政策的战略目标或长期目标。概括地讲,世界各国货币当局货币政策所追求的最终目标主要有四个:稳定物价、充分就业、经济增长和国际收支平衡。这四个方面的货币政策目标之间存在如下关系:① 在一定程度上具有一致性,如充分就业与经济增长;② 相对独立,如充分就业与国际收支平衡;③ 相互冲突。货币政策诸目标之间的矛盾和冲突,主要表现为物价稳定和充分就业之间的矛盾、物价稳定和经济增长之间的矛盾、物价稳定与国际收支平衡之间的矛盾以及经济增长与国际收支平衡之间的矛盾这四个方面。

货币政策的四大最终目标几乎具有同等重要的社会福利含义,但在实际的政策操作中,它们却并非总能协调一致,货币政策目标之间的冲突导致政策目标的选择只能有所侧重而很难兼顾,通常需要在货币政策诸目标之间进行选择和权衡。在不同的国家,或者同一国家的不同时期,货币政策目标可能会根据经济发展态势及特征而有不同的侧重,需要根据一国经济所面临的不同情况有所调整。但从国际经验和货币政策的实践来看,很多国家通常都会将物价稳定作为货币政策的首要目标。

长期以来,我国理论界对货币政策最终目标的理解与认识一直存在着分歧。比较有代表性的观点有两种:单一目标论和双重目标论。前者主张以稳定货币或者经济增长为货币政策目标;后者认为货币政策目标不应是单一的,而应当同时兼顾发展经济和稳定物价两方面的要求。从实践来看,对政策目标的提法也在不断发生变化。1986 年国务院提出的《中华人民共和国银行管理条例》中,首次对包括中央银行和商业银行在内的所有金融机构的"任务"做了界定,即发展经济、稳定货币、提高社会经济效益,这可以算是对中国货币政策目标的首次表述。1994年国务院《关于金融体制改革的决定》以及1995年通过的《中国人民银行法》中，货币政策的目标被表述为"保持货币币值的稳定，并以此促进经济增长"。

事实上，货币当局本身并不能直接控制和实现诸如稳定、增长这些货币政策最终目标，它只能借助于货币政策工具，并通过对中介目标的调节和影响实现最终目标。因此，中介目标是货币政策作用过程中一个十分重要的中间环节，也是判断货币政策力度和效果的重要指示变量。跟踪这些变量的变化，中央银行就可以较快地判断其政策是否处于准确的轨道上。

所谓货币政策中介目标，是指中央银行在货币政策实施过程中，为更好地观测货币政策的效力并保证最终目标的实现，在货币政策工具和最终目标之间插入的一些过渡性指标。货币政策中介目标的概念最早是在20世纪60年代由美国经济学家提出的，但当时的中央银行并不是从宏观控制的角度来考虑中介目标的。直到20世纪70年代中期，货币政策中介目标的思想才得到发展，中介目标才逐渐成为各国中央银行货币政策传递机制的主要内容之一。

货币政策中介目标主要是依据一国经济金融条件和货币政策操作对经济活动的最终影响而确定的。一般认为，货币政策中介目标的选取必须符合三个标准：可测性、可控性和相关性。根据以上标准所确定的中介目标一般有利率、货币供应量、超额准备金和基础货币等。根据这些指标对货币政策工具反应的先后和作用于最终目标的过程，其又可分为两类：一类是近期中介目标，即中央银行对它的控制力较强，但离货币政策最终目标较远，如超额准备金和基础货币，又称为操作指标；另一类是远期中介目标，即中央银行对它的控制力较弱，但离最终目标较近，又称为中间目标，如货币供应量和利率。

2. 货币政策工具

货币政策工具是中央银行为达到货币政策目标而采取的手段。货币政策要达到其最终目标，需要经过一个传导过程，一般是中央银行运用货币政策工具—操作目标（近期中介目标）—远期中介目标—最终目标。也就是中央银行通过货币政策工具的运作，影响商业银行等金融机构的活动，进而影响货币供应量，最终影响国民经济宏观经济指标。根据货币政策工具的调节职能和效果来划分，货币政策工具可分为五类：一般性货币政策工具、选择性货币政策工具、直接信用控制、间接信用指导及非常规货币政策工具。

一般性货币政策工具也称为常规货币政策工具，是中央银行所采用的对整个金融系统的货币信用扩张与紧缩产生全面性或一般性影响的手段，是最主要的货币政策工具，包括存款准备金制度、再贴现政策和公开市场操作，俗称中央银行的"三大法宝"，主要从总量上对货币供应和信贷规模进行调节。

选择性货币政策工具是指中央银行针对某些特殊的信贷或某些特殊的经济领域而采用的工具，是针对某些个别部门、个别企业或某些特定用途的信贷所采用的货币政策工具。与一般性货币政策工具不同，选择性货币政策工具对货币政策与国家经济运行的影响不是全局性的而是局部性的，但也可以作用于货币政策的总体目标，是一般性货币政策工具的必要补充。选择性货币政策工具主要有消费者信用控制、证券市场信用控制、不动产信用控制、优惠利率等。

直接信用控制是指中央银行依法对商业银行创造信用的业务进行直接干预而采取的各

种措施,主要有信用配额、直接干预、流动性比率、利率限制等。

间接信用指导是指中央银行凭借其在金融体系中的特殊地位,通过与金融机构之间的磋商、宣传等,指导其信用活动,以控制信用的措施。其方式主要有窗口指导、道义劝告。

2008年全球金融危机使金融系统的传导机制受到破坏,造成了巨大的损失,影响了流动性及银行和借款者的偿付能力。为了应对金融危机,尽管美联储将美国联邦基金利率降低到接近于零的水平,但实际利率依然高企。传统货币政策不能修复金融市场的信贷功能,无法阻止金融危机的进一步恶化和蔓延,因此丧失了刺激经济的能力。为此,美国等发达国家以及发展中国家相继启动了非常规货币政策工具,通过大规模资产购买等数量型操作方式,对通货膨胀和失业率等货币政策最终目标进行直接干预。实践表明,这一系列非常规货币政策缓解了金融市场恐慌,减轻了金融机构资产负债表收缩的压力,重塑了银行系统的信贷渠道,最终避免实体经济部门陷入衰退。非常规货币政策工具可归纳为三类:前瞻指引、扩大中央银行资产负债表规模、改变中央银行资产负债表结构。

3. **货币政策中介指标**

货币政策的有效实施在宏观经济调控中起着至关重要的作用,在货币政策工具的运用和货币政策目标实现之间有一个相当长的作用过程。在这个作用过程中,有必要判断货币政策工具是否有效,估计政策工具的实施是否能够实现货币政策的最终目标,这就需要借助于中介指标的设置来加以判断。

恰当的货币政策中介指标是中央银行实现货币政策最终目标的前提。根据货币政策中介指标对货币政策工具反映的先后和作用于最终目标的过程,可将其分为近期指标和远期指标。近期指标包括超额准备金、基础货币等,中央银行对其控制力较强,受货币政策工具直接影响,但它们与货币政策最终目标的距离较远,与最终目标之间的相关性也相对较弱。远期指标包括货币供给量和市场利率,中央银行对其控制力较弱,但距离货币政策最终目标的实现较近,与最终目标的相关性更强。货币政策中介指标的选择需要考虑到指标的可测性、可控性、相关性等标准。

(二) 现实货币政策分析需关注的问题

现实中的货币政策分析,通常要比货币政策基本框架所描述的复杂很多。在以上货币政策分析的基本框架下,需要涉及一些更加深入、细化的思考,需要关注对与整个分析框架密切相关的一些重要变量及因素。

1. **货币需求总量及结构**

中央银行实施货币政策的实质,是要通过合理的货币供求状态去影响社会总供求,以达到社会总供求均衡和经济平稳发展的目标。事实上,事后的货币供求,永远都是相等的,但并不意味着实际货币供求一定均衡。因此,这必然需要基于经济发展状况对货币需求总量及结构进行判断和预测,体现为对货币需求及其影响因素的变化进行深入分析。根据凯恩斯的货币需求理论,人们持有货币基于三大动机,并在此基础上形成了三个层面的货币需求:交易性货币需求、预防性货币需求和投机性货币需求。交易性货币需求和预防性货币需求都是收入的增函数,分别用于满足当前和未来交易的货币需要;投机性货币需求是在满足当前和未来交易的货币需求后,用于承担较高风险以博取较高收益的货币持有,它通常与利率负相关。一般来说,基于投机动机的货币持有,即便投资或投机失败也不会影响持有者当前和未来最基本的生活保障;投资或投机成功,则会提升持有者财富数量并进一步提升其生活品质。

2. 货币供给总量及结构

货币供给总量与实体经济发展之间具有高度的相关性,这也是将其选作货币政策中介指标的重要原因。但对实体经济产生影响的,并不仅仅是货币供给总量,还包括货币供给结构,这就涉及货币供给的层次以及货币供给的流动性问题。随着金融创新的发展,一些高流动性的资产是否应该被纳入货币统计,既有的货币供给层次划分是否需要进行调整,可能都会面临着挑战和争议。这些争议会对货币供给总量和结构的统计数据产生影响。例如,同样数量的供给总量(M2),货币结构的变化会直接影响货币流通速度,货币结构中现金比率的变化,则会影响商业银行的货币派生能力和货币乘数,这些都会对实体经济和物价产生影响。这些变化在中央银行监测货币供应量中介指标以及判断货币政策执行效果时都需要关注。

3. 金融结构变化对融资支持方式以及货币供给的影响

货币供给总量及其结构的变化对实体经济指标的影响,在金融结构相对稳定、融资支持渠道和方式相对稳定的前提下,才具有较强的经济学含义。例如,货币供给量与经济增长之间具有很强的正相关性的逻辑支撑,因为货币供给量增长通常与金融体系向实体经济提供的融资规模正相关。但这是以金融体系的融资结构,尤其是间接融资与直接融资的比例结构相对稳定为前提的。需要特别指出的是,在银行主导型金融体系中,银行新增信贷是实体经济获取资金的最重要来源,银行新增信贷占社会融资规模的比重高企,甚至高达90%以上,此时银行新增信贷意味着货币供给量的扩张,同时意味着实体经济获取资金来源总量的增长。但是,在金融结构快速变化的时期,尤其是在一国金融体系由银行主导型金融结构向市场主导型金融结构转变的过程中,金融市场的发展和直接融资规模的快速扩张,使得不依赖货币扩张就能使实体经济得到更多资金支持的情况得以实现。

例如,一家企业通过直接融资方式融资,该企业发行债券、股票或者信托获得了8亿元资金,融资完成后,其购买债券、股票和信托产品的个人和机构存款下降8亿元,该融资企业存款等额增长8亿元,即在货币供给总量不变的情况下,企业获得了8亿元的新增融资。这说明直接融资方式的发展,可以不依赖货币供给扩张就实现为实体经济提供更多的融资支持。再假设该企业用新融入的8亿元资金偿还了前期欠银行的贷款3亿元,则会导致企业存款减少3亿元,即货币供给量下降3亿元。在企业进行的这两笔交易中,企业实际净融资5亿元。然而,这是在货币供给量下降3亿元的背景下完成的。这也意味着随着金融市场发展和银行间接融资比重的下降,实体经济完全可以在货币供给量增速下降甚至绝对量下降的前提下获得更多的融资支持。这种变化,对货币供给量作为货币政策中介指标的有效性提出了挑战。随着互联网金融快速推进利率市场化和金融市场发展,关于是否用社会融资规模替代货币供给量作为货币政策中介指标的讨论,正是在金融市场等直接融资方式迅猛发展的背景下展开的。

4. 货币政策传导机制有效性的问题

前述货币政策的基本分析框架,是以货币政策传导机制有效,各主要核心指标有效、可控为前提,包括金融体系结构在内的变化。如果导致相关指标的有效性和可控性减弱甚至失效、失控,就会导致货币政策分析框架的基础受到挑战。此时,需要重新调整相关核心指标并重新思考和构建货币政策的传导机制。

二、互联网金融对货币政策的影响

互联网金融的出现改变了原有金融业态,对货币乘数、货币供给、货币流通速度、利率市场化等都产生了一定的影响,进而影响一国货币需求和货币供给的总量与结构,影响货币政策工具使用的效率以及货币政策中介指标的有效性,最终对该国货币政策的传导机制产生重要影响,增大了货币政策的调控难度。我们需要根据互联网金融引起的这些变化和影响,适当调整货币政策的分析框架。

(一)互联网金融对货币供给的影响

1. 助推直接融资,抑制货币供给量的增长

互联网金融的发展,会加剧金融"脱媒"、加速利率市场化进程并助推金融市场发展、银行业务结构转型和融资结构优化。银行信贷融资的比重将逐步下降,金融市场发展和直接融资比重将会逐步增长。

在银行信贷融资中,流向资本密集型大型企业的比重趋于下降,流向小微企业和个人的比重则趋于上升,金融体系向着更加市场化和普惠化的方向演进。金融市场发展、直接融资渠道拓宽以及融资成本降低,将降低企业和个人对银行信贷的依赖,对货币派生和货币供给量增长起到抑制作用。近些年,随着互联网金融的发展,我国金融市场发展加速、直接融资比重快速上升,银行新增信贷占社会融资规模的比重趋于下降。需要注意的是,基础货币和 M2 增速出现的快速下降变化,并不必然意味着金融体系对实体经济融资支持的力度减弱,以及导致经济的下行压力和不景气。这种变化对实体经济的影响,还需要结合一国直接融资的规模和比重变化,才能够做出较为可靠的判断。

2. 对货币供给的结构和流动性产生影响

互联网金融的发展,使得电子支付成为常态且更为便利。社会公众对现金的持有大幅下降,现金 M_0 占广义货币 M_2 的比重会趋于下降,甚至会逐步朝着无现金社会的方向发展。随着货币市场基金,尤其是互联网货币基金的发展,相对于活期账户的存款而言,其所具有的高收益特性、与活期账户同样灵活便利的支付能力,使得社会公众倾向于更多地持有货币基金类产品,同时减少其活期账户的资金持有。在社会公众的需求变化和主动选择下,货币供给的结构也会随之变化,主要表现为活期账户存款的占比下降,非银行存款的规模和占比不断上升。

商业银行面对互联网金融发展和利率市场化所导致的金融"脱媒"压力,也在不断通过创新加以应对。比如,通过主动负债、发行大额可转让存单的方式来减缓资金流出压力,通过推出"定活两便"存款,在定期账户和活期账户之间建立连接,让存款人在享受定期存款高利率的同时,还可以享受到活期账户的支付便利。商业银行和社会公众行为的调整,必然会对货币供给的结构产生影响,也需要我们改变基于传统观念对货币流动性的判断。互联网金融和电子支付的快速发展,使得各层次货币之间的转换成本大幅下降,转换速度则快速上

升，甚至可以实现无成本瞬间转换。各层次货币之间转换成本降低以及转换效率的提高，使得货币供给的流动性变得更加不稳定，这就使得传统的基于各层次货币特征所做出的对货币流动性状况的判断面临挑战，需要我们与时俱进，适时做出调整。

（二）互联网金融对货币需求的影响

1. 降低货币需求函数的稳定性

互联网金融的快速发展，为金融市场发展及金融体系结构调整注入了新的活力。金融工具的创新，不仅增强了金融产品的流动性和盈利性，也大幅降低了其交易成本，从而对社会公众的货币需求总量和结构产生影响。在短期收入相对稳定的情况下，交易性货币需求和预防性货币需求是可以预测且相对稳定的，投机性货币需求则受市场利率、投资预期、机会成本等因素的变化而出现波动。随着互联网金融不断深化与发展，各种互联网理财产品都具有了较高收益、较低操作成本及快速转换的能力。如最近几年，我国互联网货币基金发展迅猛，规模增幅高达36.72%，那些较早开展互联网货币基金业务的基金产品，都实现了超常规的增长并大幅提升了行业市场份额，如天弘余额宝、华夏活期通、汇添富余额宝等货币基金。利用互联网平台和资金垫付，诸多货币基金的赎回时间已经由 T+2 提高到了 T+0，最快甚至能实现资金 1 分钟到账。如此高的流动性，使得部分预防性货币资金甚至交易性货币资金的持有，已经失去了存在的意义，它们逐步转换为投机性资金进入金融市场。根据鲍莫尔—托宾方程和惠伦模型，互联网理财产品的快速转换能力会显著提高投资者基于交易动机和预防动机持有货币的机会成本，增强社会公众持有投机性货币需求的愿望，从而刺激部分交易性货币持有和预防性货币持有向投机性货币持有的转变。

由此可见，互联网金融的发展会导致交易性货币需求和预防性货币需求的下降，而投机性货币需求则出现上升。货币需求的结构被改变，同时也会削弱货币需求的稳定性。货币需求稳定性下降，对控制货币供给以达到合适的货币供求状态，对货币政策的有效性，都提出了很大的挑战，中央银行需要关注该变化带来的影响，在货币政策实施过程中进行相应的调整。

2. 改变货币需求的总量和结构

在传统的货币需求形态中，那些直接满足交易动机的货币需求，包括可直接支付的现金和企业活期存款以及居民个人的活期储蓄存款，具有更高的流动性和更快的货币流通速度。这部分货币需求占比的提升，意味着购买意愿增强和经济活跃度增加。然而，随着网络支付和互联网金融的发展，尤其最近几年第三方支付的快速发展，各类货币形态的流动性和转换能力也不再受制于传统的货币需求形态，企业定期存款和定期储蓄存款随着网络支付和互联网金融创新，逐步具备直接支付的能力。各类货币基金，尤其是互联网货币基金的出现，使得社会公众通过将自己的各类存款转化为可即时支付的货币基金，不仅能够继续享受即时支付的便利，而且还可以获得货币基金相对于活期账户存款的更高收益。该转化过程一般会直接导致社会公众对活期存款和活期储蓄存款的需求下降，同时体现为发行货币基金产品的基金公司在商业银行的非银行金融机构同业存款增长。

作为非银行同业存款的这部分货币，在早期要么不被统计入货币总量，要么被视为流通速度极低的货币类型，对总需求和实体经济的影响极小。随着互联网金融创新的发展，这种观念正在逐步被改变。即便是非银行同业存款,尤其是因为货币基金发展和规模增长所导致的非银行同业存款的增长,同样具有直接支付和影响实体经济的能力。传统对货币流通速度高低的观念,是基于各类货币直接购买商品和服务的能力及其购买的频率和交易规模以及各类货币之间转换的成本及便利性。网络支付和互联网金融的发展,实际上已经改变了货币流通速度,因此需要调整有关货币流通速度高低的传统观念。

(三) 互联网金融影响传统货币政策工具的有效性

1. 互联网金融干扰法定存款准备金政策的效果

互联网金融的发展,使得资本市场和货币市场逐渐成熟,也为各类金融机构提供了更加丰富的投资渠道。借助于互联网金融渠道,各类资金可以更加便利地从商业银行流向非存款类金融机构及金融市场,从而导致商业银行需要缴纳存款准备金的存款数量下降。这种借助于互联网进行的金融创新活动,使得中央银行通过存款准备金政策控制货币供给量的机制被弱化。当企业和个人购买各类理财产品、参与购买信托、基金、保险产品以及通过券商投资股票和债券等各类投资活动时,会导致在商业银行的企业存款和个人储蓄存款下降,同时信托、基金、保险、券商等非银行金融机构在商业银行的非银行同业存款增加,这些非银行同业存款在2015年之前没有被纳入存款和货币统计口径,自然也就不存在缴纳法定存款准备金的问题。

非银行金融机构借助互联网金融通道大量分流商业银行资金来源的业务活动,在本质上只是改变了资金存放商业银行的形态。主要体现为原有的低成本活期账户的存款大幅下降,同时高成本的非银行同业存款大幅上升。这会削减银行存贷利差和传统存贷业务的利润,并降低商业银行在整个金融体系中的地位和影响力。为适应互联网金融发展带来的激烈竞争环境,在竞争中求生存、求发展,商业银行也会被迫从传统存贷款业务逐步转向多种业务并重,尤其是积极参与各类金融市场的投资和理财业务,加大开展证券业务、表外业务以及中间业务的比重。这些新兴金融市场业务的发展,不仅导致不纳入存款准备金管理的同业存款的增长,还使得各类金融资产快速膨胀,金融体系的杠杆率明显上升,严重时甚至激励资金"脱实向虚",推升实体经济的融资成本。这些变化都会弱化中央银行通过调整法定存款准备金率来控制信贷规模的货币政策效果,同时也削弱了商业银行作为货币政策传导主体的重要性。为遏制这种货币结构变化所导致的准备金政策的弱化效应,从2015年起中国人民银行将非存款类金融机构的同业存款纳入存款和货币统计口径,包括证券及交易结算类存放、银行业非存款类存放、SPV(资产证券化中的特定目的机构)存放、境外金融机构存放等。央行规定将这些存款计入法定准备金缴存范围,但所适用的存款准备金率暂定为零。这就导致基于各种理财和投资活动的存款类别转换仍会起到弱化存款准备金政策的效果。

2. 互联网金融削弱再贴现政策效果

再贴现政策包括规定贴现条件和调整再贴现率两项内容。但其作用要取决于金融机构对中央银行再贴现的依赖程度。各类新型互联网金融平台,通常具有交易成本低、信息透明度高的特征,其受再贴现率政策影响较小。各类互联网金融平台设立并迅速抢占市场,为金融市场提供了多元化的融资渠道,通过多种方式满足金融市场流动性需求,间接减少了金机构对再贴现政策的依赖,削弱了货币当局调整再贴现率的作用,降低了再贴现率政策在货币政策传导中的效率。究其原因,是互联网金融的发展增加了直接融资手段和工具运用的范围,减少了商业银行对再贴现和央行资金的依赖。传统的金融机构,尤其是商业银行,通常极度依赖中央银行。然而,互联网金融的发展大大拓宽了金融市场的融资渠道,商业银行和其他金融机构在面临资金不足时,可以利用快速、便捷的互联网金融渠道,对再贴现的依赖度明显下降。因此,再贴现作为货币政策工具的效果也就会被明显削弱。

3. 互联网金融发展强化公开市场操作的效果

互联网金融的发展,会促使众多市场化融资工具的创新,并引发金融机构资产负债结构变化,这也为公开市场操作提供了大量可供买卖的金融工具。各金融市场参与主体在需要补充流动性或调整资产组合时,就会更加积极地参与金融市场的活动,从而增加了其对公开市场的依赖。这也在客观上配合了货币当局的公开市场操作,有利于增强公开市场操作政策的效果。此外,互联网金融所具有的信息高效传输的特征,可以增强货币当局公开市场业务的"告示效应"。随着互联网金融的快速发展,市场资金来源由传统的单一依靠商业银行贷款逐步走向依赖多元化的融资工具,其中,国债作为"金边债券",其收益率被视为无风险利率,是其他金融资产定价的重要基准。中央银行可通过公开市场买卖国债来影响其价格和收益率,从而影响金融市场中其他金融产品的收益率及价格,以达到调控信用总量和利率走势,引导金融机构和社会公众对经济前景的预期。

(四) 互联网金融对货币政策传导机制及其有效性的影响

1. 导致货币供给量与货币政策最终目标的相关性下降

互联网金融的发展,加速利率市场化进程、增加直接融资比重。金融体系向着更加市场主导型的方向演进,非银行金融机构在金融资源配置中的作用逐步提升,传统商业银行的地位则相对下降。随着金融市场的发展,直接融资方式的多样化和便利性增加,再加上大额直接融资相对更低的成本,大型企业将会更加倾向于直接融资,尤其是那些利率敏感性更高的资本密集型大型企业更是如此。利率市场化还会助推多层次资本市场和私人股权市场的发展。那些具有创新性和高成长性的初创企业,在传统银行体系下很难获得融资支持,但是在一个逐步完善发展的资本市场和直接融资体系中,将会受到各类创业资本的青睐与追逐。不断完善的多层次资本市场,也为各类私人股权资本投资后的退出转让提供了流动性方面的支持和便利。

随着金融"脱媒"现象日益严重,商业银行的存款,尤其是此前稳定性高且成本很低的中小客户存款大量流失。非存款类金融机构对金融资源的配置能力增强。这会强烈冲击现有的以货币供给量作为中介指标的货币政策框架。此外,传统银行主导型金融体系主要支持资本密集型国企和大型民企,小微企业和个人客户普遍融资困难,"两多两难"问题长期普遍存在,表明金融资源的动员能力和效率都存在一定问题。这种金融支持模式也会对宏观经济结构与平衡产生负面影响,不利于经济的可持续发展。互联网金融发展助推的金融结构优化与变迁,将会改变金融体系对经济总量与结构以及就业与收入分配的影响,对货币政策最终目标产生重要的影响。这也使得主要关注银行体系传导和主要以货币供给量作为中介指标的分析框架面临挑战。

近些年,随着货币供给量作为中介指标的相关性明显减弱,已经有不少研究者建议用涵盖了银行信贷间接融资和金融市场直接融资规模的社会融资规模指标去替代货币供应量作为货币政策的中介指标,并对社会融资规模充当中介指标的合理性进行了较为深入的研究。

2. 增强利率传导机制及价格型货币政策的有效性

古典政治经济学理论中的奥地利学派、凯恩斯货币主义、后凯恩斯主流经济学派都认为应以利率为货币政策中介指标,通过利率来控制经济。在我国的数量型货币政策框架下以宽松型货币政策为例,中央银行增加基础货币投放、降低法定存款准备金率,以增加货币供给量,根据 IS-LM 模型可知,货币供给量增加,利率下降,居民消费增加、企业投资增加,产出增加。市场对利率的敏感性至关重要,互联网金融的出现促进了利率的市场化进程,提高了市场对利率的敏感程度,互联网理财产品、网络贷款等都对利率定价非常敏感,互联网金融本身对利率市场化起到扩大作用,打破了传统金融机构对利率的垄断地位,商业银行不得不上浮利率来应对互联网金融在存贷款市场上的冲击,推动利率定价合理化,资源配置效率提高。

从另一个角度来说,互联网金融对央行货币供给量的控制产生冲击,使得货币供给量传导至利率的效果受到影响,货币供应量与利率的相关性减弱,在一定程度上减弱了利率的传导效果。我国货币政策在原来的数量型调控框架的基础之上,引入价格型管理体系和宏观审慎评估体系,货币政策的调控也向价格型管理体系倾斜,由数量型调控为主向价格型为主的转变中,在这个过程中数量型与价格型调控均会用到,价格型会越来越重要,数量型和价格型调控共同发挥作用。在新的货币政策框架下,货币政策中介目标将会盯住公开市场操作的短期利率,由短期利率传导至中长期利率。未来,利率将会扮演更重要的角色,互联网金融产品对利率市场化的推动将会起到提高货币政策传导效果的作用,利率作为货币政策中介指标的有效性逐步增强。

三、互联网金融背景下的货币政策调整

2012 年以来,由于互联网金融快速发展和利率市场化的持续推进以及金融创新带来的影子银行、资管通道类业务的爆发式增长,我国货币供给量这一数量型中介指标的可测性、可控性和相关性都大幅下降。我国央行货币政策的中介指标,也从过去主要关注货币供应量指标,逐步向更加关注社会融资规模指标转变,同时更加依靠对货币市场利率的调控。进行这样的调整主要是基于以下两个方面的原因:

一是互联网金融发展导致利率市场化实质性推进和金融市场快速发展,加速了金融体系由银行主导型向市场主导型转变的速度。各微观主体对银行信贷这一间接融资方式的依赖度下降,导致货币供给量与实体经济融资规模之间的稳定关系被打破,货币供给量与货币政策最终目标之间的相关性也随之减弱。因此,直接跟踪与货币政策最终目标相关性更高的社会融资规模指标,会更加有利于正确判断宏观经济发展的态势。

二是利率市场化的推进,使得正规金融体系与非正规金融体系之间、正规金融体系各个子系统之间的利率分割状态被逐步打破,各个市场间的资金流动和利率传导渠道逐渐变得更加顺畅。2015 年 10 月我国商业银行存款利率上限的放开意味着我国的利率管制进一步放松,向着利率市场化的方向迈进了实质性步伐。中央银行也进行了诸多货币政策工具的

创新,通过各种货币市场工具,锁定短期货币市场利率,并通过利率走廊机制引导中长期货币市场利率在可控范围内波动。

由于我国利率市场化还未最终完成,尤其是证券市场的利率市场化推进步伐仍受制于存量证券的高估值风险以及首次公开发行(IPO)注册制改革,因此,金融体系各重要子市场的利率市场化传导通道尚未完全畅通。为此央行在注重利率这一价格型指标时,仍然要关注社会融资规模这一数量型指标的变化,才能够更加准确地判断货币政策的效果及其对宏观经济的影响。

综上所述,自2012年以来的货币政策操作,我们既不能单纯地解释为以数量型指标作为货币政策中介指标,也不能简单地解释为以价格型指标作为货币政策中介指标。我国处于由数量型向价格型货币政策中介指标过渡的阶段,也是一种更加符合我国货币政策现实操作状况的判断。随着互联网金融进一步加速以及我国利率市场化的完成,各金融市场之间的资金流动和利率传导会更加通畅,我国央行也会真正实现向价格型货币政策框架的彻底转变,这时,市场化的利率决定机制才会在资源优化配置中扮演基础性作用。

第三节　互联网金融与金融稳定

一、金融创新与金融稳定

金融稳定是对金融体系整体运行状态的反映,是指一个国家的整个金融体系不出现大的波动,金融作为资金媒介功能得以有效发挥,金融业本身也能保持稳定、有序发展的良好状态,并与经济增长之间保持健康的协调关系。在金融发展自由化和全球化的推动下,中国金融稳定正面临越来越多的内外部冲击,互联网金融的良性可控发展能够提升金融体系运行效率,一定程度上降低金融系统性风险,有助于维护金融稳定并促进金融发展与经济增长。

(一)金融稳定的内涵及特征

瑞典中央银行在1998年发布的《金融稳定报告》中对金融稳定进行了定义,所谓金融稳定是指在经济系统运行过程中,金融支付体系可以有效运行。欧洲中央银行则将金融稳定定义为金融机构、金融市场和市场基础设施运行良好,抵御各种冲击而不会降低储蓄向投资转化效率的一种状态。总体来说,金融稳定反映的是一种金融运行的状态,体现了资源配置不断优化的要求,能够很好地服务于一国经济发展的根本目标。这要求金融体系在发展过程中所应有的功能能够正常发挥,整个金融系统能够平稳运行。金融系统不会因为金融发展不足而不能适应经济发展的要求,也不会因为金融发展过度导致金融体系承担过多的风险。

1. **金融稳定具有整体性**

金融体系经过长时间的发展和演进,已经从最初简单的商业银行信贷业务主导,发展为集银行、保险、证券以及其他金融业态并存的复杂结构,从单纯地支持实体经济交易发展到能同时支持实体经济和虚拟经济的交易行为,业务范围也从国内扩展到国外市场。金融市场发展使金融稳定的内涵发生了质的变化,即从早期的维持银行机构稳定扩展到维持整个金融体系与实体经济之间的协调发展。作为金融机构的"最后贷款人"和支付清算体系的提供者和维护者,中央银行应立足于维护整个宏观金融体系的稳定。具体来讲,中央银行需要做到:① 在密切关注银行业运行态势的同时,将证券、保险等领域的动态及风险纳入视野,重视关键性金融机构及市场的运营状况;② 注意监测和防范金融风险的跨市场、跨机构乃至跨国境的传递;③ 采取有效措施处置可能酿成全局性、系统性风险的不良金融机构,以保持金融系统的整体稳定。

2. 金融稳定具有动态性

金融稳定是一个动态的、不断发展的概念。其标准和内涵会随着经济、金融的发展而发生相应的改变。健康的金融机构、稳定的金融市场、充分的监管框架和高效的支付清算体系,其内部及其各部分之间会进行策略、结构和机制等方面的调整及互动博弈,形成一种调节和控制系统性金融风险的整体流动性制度架构,以适应不断发展变化的金融形势。

当金融市场受到外部冲击,影响其正常运行时,金融体系会呈现出一种不稳定的状态。随着市场的自发调节以及政府管制和干预,金融体系又会处于不断调整回归稳定的状态,整个金融市场处于稳定与不稳定相互交替的调整过程,因此,金融稳定也是相对动态的。由于投资者行为具有内生波动性和认知偏差,容易受到外部因素的影响,表现出很强的"羊群效应"。同时,因为区域金融发展水平不一致,各地在信息流传递、监管技术和手段等方面都存在差异性,因而金融体系很难达到绝对的稳定。

3. 金融稳定具有效益性

金融稳定并不是一个静止的、缺少福利改进的运行状态,而应该是不断增进经济和社会效益下的稳定。一国金融体系的稳定,要着眼于促进储蓄—投资转化效率的提升,促进全社会范围内的资源优化配置,推动经济增长,实现财富的创造和积累。建立在效率提升、资源配置优化和抵御风险能力增强等基础上的金融稳定,才有助于构建具有可持续性、较强竞争力和良好经济效益的金融体系。

(二) 金融稳定与金融创新的关系

金融稳定是一个动态的概念,必须在金融发展的动态过程中来分析金融稳定。不同的金融发展状态,会使金融市场稳定性呈现出不一样的形态。

1. 金融发展滞后或不足

当金融发展滞后或者不足时,金融体系的发展状态往往不能满足经济发展变革所提出的新的要求,此时金融稳定存在两种状态。一是虽然金融体系发展满足不了未来经济发展与变革的要求,但其依旧可以满足原有经济发展状态对金融体系的要求。由于此前的金融体系是处于稳定状态的,因此只要当前的经济发展仍能支撑住当前发展滞后或不足的金融体系,那么短期内保持金融稳定的可能性还是非常高的。二是金融体系发展严重滞后或不足,不仅不能满足经济发展变革的要求,而且在发展过程中与维持当前经济状态对资金的需求也出现了较大的偏离,使得当前的经济规模和状态无法维持。这会导致当前经济规模萎缩、坏账增加和金融风险的不断积聚,最终导致金融不稳定。

2. 金融发展过快或过度

当金融发展过快导致金融发展过度以至于超过经济发展的客观要求时，可能会导致金融体系所需要承担的风险快速增加。金融体系的发展如果导致其自身的风险承担能力不断增强时，金融体系在一段时间内会处于一种整体相对稳定的状态。一旦金融发展与经济发展需要之间的不匹配程度拉大，使得金融体系发展脱离实体经济发展的需要而进入一种自我循环发展和膨胀的状态，最初的金融稳定状态就会遭到破坏。风险积聚一旦超过金融体系自身的承担能力，金融稳定就会面临着越来越大的威胁。比如，金融体系的过度发展导致资金"脱实向虚"，不断催生资产价格泡沫并拉高实体经济融资成本，就会破坏实体经济发展的稳定性，动摇金融稳定的基础性支撑。资产价格泡沫随时有被刺破的风险，从而会增大金融体系脱离稳定状态甚至出现危机的风险。在不同的金融发展状态下，金融稳定会呈现出不同的形态。金融发展处于严重滞后或者不足的情形下的金融稳定，对于经济发展变革的助推作用极其有限，甚至一定程度上会拖累经济的可持续发展。这样的金融稳定，虽然在短期内能够满足当前经济发展现状对融资的要求，但是在长期内会因为经济无法创新变革，无法实现可持续的经济增长而为未来的金融不稳定埋下隐患。因此，这种短期内稳定的金融体系是没有效率而且不利于长期支持经济持续发展的。在金融发展过快或者过度的情形下，只要金融稳定维持一定状态，即金融稳定不转换为金融不稳定，金融体系都会在一定程度上推动经济的创新变革，推动经济的可持续发展，对经济创新发展会起促进作用。但是，这种促进作用并不是一直能够维系着的，会因为金融体系过度发展导致问题不断积累，如果金融体系过度发展催生资产泡沫并导致资金"脱实向虚"，对实体经济的支持力度下降时，金融稳定性就有可能无法持续。因此，只有在金融发展状态和经济发展相匹配的情况下，金融稳定的状态才能较好地维持下去，才能有效地推动经济健康和可持续发展。

二、基于金融稳定的互联网金融发展

互联网金融是近年来中国金融发展最重要的产物之一。伴随着信息技术和互联网技术的飞速发展，互联网、金融业、电子商务等相互融合，互联网金融与传统金融不断碰撞和融合，改变着金融体系原有的格局，也对金融稳定提出了更高的管理要求。

（一）互联网金融对金融稳定的积极影响

互联网为金融发展和金融深化提供了重要的技术基础，互联网金融发展大大降低了金融资产交易的成本，并带来资本流动性的提高。资本流动本质上是市场主体根据风险、收益在不同时期、不同地域之间配置资产。在互联网金融推进下，市场机制引导的资本流动性提高，对金融部门提出了更高的要求，对推动发展中国家金融体系的改革与创新，维持其金融体系的长期稳定，产生了积极的促进作用。

1. 促进竞争，提升金融体系效率

一方面，互联网金融的发展，使得金融业面临更加激烈的市场竞争，促使和激励各类金融机构不断提升服务质量、降低服务成本并改进风险管理水平、积极进行金融创新，从而推动金融资源配置优化和金融体系整体效率的提升。另一方面，互联网可以大大提高信息获取的便捷性并大幅降低信息获取成本。金融资源配置能够克服地理空间的限制和

市场地域分割的缺陷,获得更大的地域弹性。在更大范围内进行跨越时空的配置,提高金融资源跨期、跨地域配置的效率,减少甚至消除金融资源错配,为维护金融稳定奠定坚实的基础。

2. 互联网金融发展改进了金融风险的分担

一方面,互联网金融的发展,使得多样化的金融服务、金融资产的有效供给和有效需求显著增加,金融交易的可能性边界被大大拓展,金融交易者能够在更广泛的范围内进行资产组合的配置并分散风险,这使得风险分担能够具有更大的弹性。

另一方面,互联网金融发展会大大降低金融排斥,提高金融包容的水平。互联网金融的发展,冲破并淡化了金融业的分工和专业化水平,使那些不被传统金融所覆盖的、具有"长尾"特征的弱势群体能够进入金融交易和被服务的行列,金融市场的参与者更为大众化,金融体系也因此变得更加透明、平等和开放。

(二) 互联网金融对金融稳定的负面影响

互联网金融的发展,为维护、保持金融稳定提供重要机遇的同时,也对金融稳定带来了诸多考验。大量的实证研究表明,放松金融管制、实行金融自由化会加大金融体系的脆弱性,对金融稳定会产生负面影响。互联网金融的快速发展,使金融体系固有的风险特质与网络空间条件下的风险快速传递结合起来,使得金融体系运行具有更大的不确定性,给包括中国在内的发展中国家的金融稳定带来新的挑战。

1. 互联网金融发展导致市场竞争加剧,金融体系的脆弱性增大

互联网金融的发展,加速了利率市场化和金融自由化进程,各类金融机构之间及其内部的竞争加剧,尤其是传统银行业内部,竞争会变得极其惨烈,这会大幅降低银行的特许权价值,进而加大金融体系脆弱性。在金融抑制和金融约束下,存款利率上限管制和银行业的进入限制,给整个银行业创造了一种垄断租金,使银行牌照具有很高的价值。互联网金融的发展,一方面会加剧"金融脱媒",导致银行与互联网企业在金融领域直接竞争;另一方面也会加剧银行内部的竞争。传统银行业依赖高利差轻松获取高利润的时代随着互联网金融时代的到来而被终结,导致银行收益减少和特许权价值受损,这可能会扭曲银行的风险管理激励,刺激银行去从事更高风险的投资活动,从而加大金融机构的脆弱性,导致金融体系的内在不稳定。

2. 互联网金融的发展,为金融风险传播带来便利

互联网的发展,尤其是5G无线网络的普及与覆盖,使得金融网络的联结更加通畅、范围更加广泛,这也使金融风险在金融体系的传播和扩散更加容易。伴随着金融系统日益复杂和金融工具不断创新,金融体系内各组成部分、各交易主体之间的关联程度不断提高,金融体系内所有主体之间的风险和收益被紧密地联系在一起。这种联系会通过资产负债表等途径增强各市场交易主体收益的联动性,形成金融体系内的风险"捆绑效应",在互联网空间条件下很容易造成金融风险、金融危机的跨部门、跨市场、跨地区乃至跨境传染。不仅如此,金融风险还具有正反馈特征,在金融风险传递的过程中,往往会形成不同机构、不同市场、不同子系统之间的风险共振,从而放大金融风险,导致系统性风险的积聚,进而危及金融稳定。此外,互联网金融所具有的"长尾"风险特征,可能涉及的交易金额并不大,但由于涉及人数

众多,使得互联网金融一旦出现风险,容易对社会造成非常巨大的负面影响。

(三) 稳健发展互联网金融、维护金融稳定

1. 强化互联网思维,建立适应互联网金融发展的金融监管体系

金融监管部门应紧跟时代发展的步伐,重视运用全新的互联网思维尤其是大数据思维来谋划和推进各项监管工作。针对互联网金融交易资金流量大、速度快、创新多的情况,发展基于互联网的金融监管方式,实现金融监管的动态化、大数据化和智能化。推动金融监管创新,构建以金融消费者权益保护为核心,以行为监管为主要方式,使金融监管保持足够的弹性,以适应互联网时代不断创新、变革、发展、深化的金融体系。要促进金融创新与金融监管协同发展,更好地维护和保持金融稳定。

2. 强化互联网基础秩序建设,建立规范、透明、有序的互联网金融环境

金融活动的正常进行,需要有良好的社会基础秩序。互联网金融的正常发展、金融体系的正常运行、金融稳定的维护和保持,也离不开正常、有序的互联网基础秩序的支撑。这需要进一步强化互联网基础秩序建设,完善互联网信息内容管理、关键信息基础设施保护等法律法规,依法治理网络空间。进一步健全网络与信息安全保障体系,提高网络与信息安全保障能力,保障网络空间清净。形成规范、透明、有序的互联网信任环境和市场竞争环境,为维护和保持金融稳定提供良好的互联网基础秩序。

3. 不断完善互联网金融制度,保持互联网金融发展稳健有序

发达国家针对金融创新的制度建设,一般涉及市场准入和退出机制、业务扩展管理制度、日常监管制度等多个方面。根据目前我国互联网金融发展的现状和特点,可以考虑从以下三个方面不断完善互联网金融制度,保持互联网金融发展稳健有序:

(1) 建立严格、规范的互联网金融从业审批条件和退出制度及流程,以更好地保护金融消费者的权益。这些条件包括但不限于:申请机构的注册资本或规模、与互联网金融从业相关的技术协议安全审查报告、申请机构欲从事的业务范围与计划、在从事互联网金融业务中的交易记录保存方式与期限、网络安全保护措施等。

(2) 制定业务扩展管理制度。此项制度主要是针对互联网金融机构在其从事的基本支付业务外,进行业务扩展时所进行的管理。比如,当互联网金融在基本支付业务的基础上再去从事证券、保险、基金、信托等其他金融业务时,就应该制定严格的规章制度进行管理,涉及不同监管部门时还应该建立起细化的管理协调机制。适当的业务扩展管理制度,不仅有利于互联网金融机构稳健有序发展,还有助于减轻金融脆弱性的影响。

(3) 实施日常监管制度。日常监管的内容,主要包括针对互联网金融机构的资本充足率及流动性状况、互联网金融交易系统的安全性状况、对交易客户隐私性的保护状况等方面进行检查。由于互联网金融的风险扩散速度及范围远远超过传统金融,因此必须建立严格的日常监管制度,将发生互联网金融风险的可能性降到最低。

互联网金融的发展对金融稳定具有双重效应,既可能通过金融体系效率的提升化解既有的金融稳定风险,也可能给金融稳定带来新的巨大的潜在风险。通过完善制度建设、建立适当的金融监管体系、加强互联网基础秩序建设,可以更好地规范互联网金融并促进其良性发展。互联网金融的良性发展能够提升金融体系运行效率,一定程度上降低金融系统性风

险。互联网的良性发展既有助于维护金融稳定又有利于金融发展与经济增长之间的相互促进,对于推动包括中国在内的发展中国家的金融发展和金融深化,具有重要的意义。

本章小结

普惠金融就是建立一个能够为社会所有人,特别是小微企业和贫困、低收入者等弱势群体提供金融服务的体系,特别关注目前尚未被商业金融机构的服务所覆盖的那些弱势群体。普惠金融的核心包括享受普惠的金融服务权利、支持和鼓励创新是实现普惠金融的重要条件和手段,以及普惠金融体系建设的主要任务。互联网金融发展将扭转传统金融服务的高端化、精英化的倾向,推进普惠金融发展,并带来收入分配优化和贫困减缓效应。

货币政策分析框架通常涉及最终目标、中介指标和政策工具,通常还需关注货币需求总量及结构、货币供给总量及结构、金融结构变化对融资支持方式以及货币供给的影响、货币政策传导机制的有效性问题。互联网金融发展不会影响货币需求、货币供给总量和结构,进而影响传统货币政策工具的有效性,但却会增强利率传导机制及价格型货币政策的有效性。

金融稳定是对金融体系整体运行状态的反映,其反映的是一种金融运行的状态,体现了资源配置不断优化的要求,能够很好地服务一国经济发展的根本目标。金融发展滞后或不足,或者金融过快发展以及金融发展过度都有可能危及金融稳定。稳健发展互联网金融、维护金融稳定,需要做到:一是强化互联网思维,建立适应互联网金融发展的金融监管体系;二是强化互联网基础秩序建设,建立规范、透明、有序的互联网金融环境;三是不断完善互联网金融制度,保持互联网金融发展稳健有序。

问题与思考

1. 结合普惠金融体系的内涵及发展历程,说明我国构建和发展普惠金融体系的意义。
2. 试分析我国利率管制背景下传统银行的行为,解释商业银行为何普遍具有"傍大款"倾向。
3. 结合我国银行市场资金分割的特征,说明互联网金融为何能够推动利率市场化进程并增强金融体系的普惠性。
4. 请根据凯恩斯的货币需求理论,分析第三方支付和互联网金融发展对我国货币需求总量和结构的影响。
5. 试分析"用社会融资规模替代货币供给量作为货币政策中介指标"这一观点提出的背景及其背后的逻辑。
6. 试分析我国用价格型货币政策替代数量型货币政策需要具备哪些前提条件。
7. 说明经济发展、金融发展与金融稳定之间的关系。
8. 互联网金融发展对金融稳定会产生哪些影响?如何在稳健发展互联网金融的同时维护和保持金融稳定?

拓展阅读

1. 2020—2026年中国互联网金融行业深度调研及投资战略研究报告.北京:智妍咨询集团,2020.
2. 中国人民银行金融消费权益保护局.中国普惠金融发展研究[M].北京:中国金融出版社,2020.

参考文献

[1] 谢平,邹传伟,刘海二.互联网金融手册[M].北京:中国人民大学出版社,2014.

[2] 谢平,邹传伟,刘海二.互联网金融监管的必要性与核心原则[J].国际金融研究,2014(8).

[3] 谢平,邹传伟.网络借贷与征信[M].北京:中国金融出版社,2017.

[4] 谢平,邹传伟.互联网金融模式研究[J].金融研究,2012(12).

[5] 倪姗.从金融服务触达问题的视角看互联网与普惠金融创新案例[J].产业创新研究,2019(12):70-72.

[6] 微众银行2018年年度报告[EB/OL].深圳前海微众银行股份有限公司,2019-05-10.https://www.webankcdn.net/s/hjupload/app/pdf/annual_report_2018.pdf.

[7] 欧阳日辉.互联网金融生态:互联、竞合与共生[M].北京:经济科学出版社,2015.

[8] 欧阳日辉.互联网金融治理:规范、创新与发展[M].北京:经济科学出版社,2017.

[9] 冯科,宋敏.互联网金融理论与实务[M].北京:清华大学出版社,2016.

[10] 吴晓求,等.互联网金融:逻辑与结构[M].北京:中国人民大学出版社,2015.

[11] W A Allen, G Wood. Defining and Achieving Financial Stability[J]. Journal of Financial Stability,2006(2).

[12] 何文虎,杨云龙.我国互联网金融风险监管研究:基于制度因素和非制度因素的视角[J].金融发展研究,2014(8).

[13] 弗雷德里克·A.米什金.货币金融学[M].郑艳文,等,译.北京:中国人民大学出版社,2011.

[14] 王洪栋,廉赵峰,张光楹.财富管理与互联网金融[M].北京:经济管理出版社,2014.

[15] 李建军.互联网金融[M].北京:高等教育出版社,2016.

[16] 许伟,王明明,李倩.互联网金融概论[M].北京:中国人民大学出版社,2016.

[17] 阎庆民,杨爽.互联网+银行变革与监管[M].北京:中信出版社,2015.

[18] 杨涛,程炼.互联网金融:理论与实践[M].北京:经济管理出版社,2015.

[19] 罗明雄,唐颖,刘勇.互联网金融[M].北京:中国财政经济出版社,2013.

[20] 范文仲.互联网金融:理论、实践与监管[M].北京:中国金融出版社,2014.

[21] 刘澜飚,齐炎龙,张靖佳.互联网金融对货币政策有效性的影响:基于微观银行学框架的经济学分析[J].财贸经济,2016(1).

[22] 陆岷峰,王婷婷.互联网财富管理路径[J].中国金融,2016(15):29-30.